近代汉语研究新论

(增订本)

江蓝生　著

2013年·北京

图书在版编目(CIP)数据

近代汉语研究新论/江蓝生著.—增订本.—北京：
商务印书馆,2013
ISBN 978-7-100-09774-1

I. ①近⋯ II. ①江⋯ III. ①汉语－近代－文集
IV. ①H109.3-53

中国版本图书馆 CIP 数据核字(2013)第 015506 号

所有权利保留。
未经许可,不得以任何方式使用。

JÌNDÀI HÀNYǓ YÁNJIŪ XĪNLÙN
近 代 汉 语 研 究 新 论
（增订本）
江 蓝 生 著

商 务 印 书 馆 出 版
(北京王府井大街 36 号　邮政编码 100710)
商 务 印 书 馆 发 行
北 京 市 艺 辉 印 刷 厂 印 刷
ISBN 978-7-100-09774-1

2013年11月第1版　　开本 850×1168　1/32
2013年11月北京第1次印刷　印张 15 $^5/_8$
定价：38.00元

目 录

增订说明 …………………………………………………… 1
前言 ………………………………………………………… 3

时间词"时"和"後"的语法化 ……………………………… 1
跨层非短语结构"的话"的词汇化 ………………………… 23
"VP的好"句式的两个来源
　　——兼谈结构的语法化 ……………………………… 52
句式省缩与相关的逆语法化倾向
　　——以"S+把+你这NP"和"S+V+补语标记"为例
　　…………………………………………………………… 77
同谓双小句的省缩与句法创新 …………………………… 112
概念叠加与构式整合
　　——肯定否定不对称的解释 ………………………… 136
"好容易"与"好不容易" ……………………………………… 168
构式隐含义的显现与句法创新 …………………………… 188
汉语连-介词的来源及其语法化的路径和类型 ………… 207
变形重叠与元杂剧中的四字格状态形容词 ……………… 246
说"蹀躞"与"嘚瑟" ………………………………………… 269
说语音羡余词 ……………………………………………… 284

语词探源的路径
　　——以"埋单"为例……………………………… 301
说粤语词"是但"与"乜嘢"……………………………… 317
台湾地区词(四则)音义考……………………………… 335
也说"汉儿言语"……………………………………… 352
语言接触与元明时期的特殊判断句……………………… 389
《老乞大》语序研究…………………………………… 411
从语言接触的视角研究元代汉语
　　——李泰洙《〈老乞大〉四种版本语言研究》序………… 437

附录:古代白话说略…………………………………… 441
代跋:游谈无根是所忌,龙虫并雕知行一
　　——随吕叔湘先生学步感悟………………………… 479

增 订 说 明

这本集子2008年出版以后,我又陆陆续续写了一些专题论文,这次新增的七篇论文中有四篇是词源考释方面的,即:《语词探源的路径——以"埋单"为例》《说"蹀躞"与"嘚瑟"》《说粤语词"是但"与"乜嘢"》《台湾地区词(四则)音义考》;另有三篇是关于语法的,即:《也说"汉儿言语"》《构式隐含义的显现与句法创新》《汉语连-介词的来源及其语法化的路径和类型》。

同行们知道,自2006年以来我的工作转向辞书编纂和修订,除了主编中国社会科学院重大项目《现代汉语大词典》外,又先后主持了《新华字典》和《现代汉语词典》的修订工作,我把它戏称为"三座大山"。现在后面两座基本上搬走了,还有最大的一座(《现代汉语大词典》)正在一点一点地搬。编词典苦,但苦中也有收获。能把专业研究的成果与应用相结合,使我体会到学术研究的社会价值,内心还是很欣慰的。在编修词典过程中遇到了不少问题,字形的问题,语音的问题,词义的问题,语法的问题,这些问题的解决都离不开进行历史的考察,通过编纂和修订字词典,促使我更加关注现实生活中的语言应用问题,更加自觉地运用现代语言学理论和我国传统语言学的知识和方法来研究问题,解决问题,使我的研究有了一点新的境界。从这个角度来说,这几年的苦没有白吃。

2013 年 3 月

前　言

　　2000年2月，商务印书馆出版了我的论文集《近代汉语探源》，此后，我继续在汉语历史语法和词汇领域学习、思考，又陆续写成若干篇文章（多数已经发表）。最初打算把这些新写成的文章收入前书，出一个增订本，友人闻讯后认为：这些论文加起来字数不少，可以单独结集出版，我觉得这也未尝不是一种办法，就采纳了。

　　本书收录的论文，大都是最近七八年中写成的，研究的内容和方法跟《近代汉语探源》基本一致，但也小有不同。虽仍以近代汉语语法专题为主，但重点转入对语法化、词汇化现象的考察，而且不局限于单个的实词、虚词，较多地涉足于短语、句式的语法化，也尝试从构式语法的角度进行专题研究。这一阶段，我比较注意观察句子成分的省缩和概念整合与句法创新的关系，其中有三四篇文章就是从这两个角度思考的研究心得。与前书一样，集子中也有两篇是讲语言接触的，是我在指导博士生学习过程中跟他们共同学习讨论的副产品。在研读近代汉语文献中，我对其中牵涉到的语音问题也颇有兴趣，而且有些语音问题跟语义、语法密不可分，不面对不行，集子中有两篇是侧重从语音的角度讨论问题的。研究近代汉语，应该尽量通读有关的古代白话文献，我曾经应约写过介绍古代白话文献的两万多字的小册子，篇幅不长，或许对初学者有所裨益,现作为"附录",收在书尾。

　　从1978年师从吕叔湘先生和刘坚老师学习近代汉语专业,迄今已经整30年了,在学业上的点滴进步都很得益于先师的教导。2007年1月,我写了一篇文章追忆吕先生对我的教诲,今年4月又值吕先生逝世十周年,饮水思源,师恩难忘,乃将此文作为"代跋"放在书后,寄托永远的怀念,如果后辈学者也能从吕先生做人与治学的风范中获益,是所望也。

　　谨以此书作为个人学术研究的阶段小结,并借此机会向同行师友和诸位读者请教。

江蓝生
戊子春节于北京

时间词"时"和"後"的语法化

提　要　本文考察了在汉语假设助词系统发展的历史中,曾有时间词加入的事实。文中分析了诱发时间词"时"与"後"语法化的句法环境和内部机制;揭示了"时"与"後"语法化的过程以及随着语法化程度的不断加深其语法功能不断扩大的事实。文章还论证了"後"虽被"呵"取代,但与"呵"并无来源关系。指出由时间范畴进入假设范畴,是汉语跟其他一些语言共有的语用认知规律。

关键词　语法化　时间词　时　後　假设句

本文所要讨论的是,唐宋以来,时间名词"时"和表示时间的方位词"後"怎么会充当假设句的语气助词的。关于"时"与"後"的假设助词用法,此前已有多人论及,但关于诱发它们语法化的根本原因和具体过程则论者寥寥,语焉不详,有必要深入加以探讨。

1. 假设语义的表达

汉语的假设复句可以没有任何句法上的标记,而仅靠主从复句语义上的关系表达,从句表示事况、条件,主句表示结果,即所谓意合法。古今皆然。例如:

无恻隐之心,非人也;无羞恶之心,非人也……(《孟子·公孙丑上》)

这事儿,没有他,办不成。

但同时也有带标记的假设句。加上标记是为了使句子的假设义更为明确,使假设语气或显得突出,或显得委婉、和缓。带标记的假设句分为三种:a. 从句前部有假设义类连词(可称为前置式);b. 从句句尾有语气助词(可称为后置式);c. 从句中既用假设连词,又用语气助词(可称为兼用式)。

1.1 汉语的假设义类连词从古至今有不少变化,古汉语多用单音词"如、若、倘、或、果、苟"等,中古以后多用以这些单音词为主构成的一系列复音词。如"若其、若或、倘使、倘如、假令、假使、脱若、设使"等。到了唐宋金元时期,又出现了来源于俗语词"可中、不争",愿望动词"欲、待",惧怕义动词"怕、恐",疑问副词"还"等的假设义连词。但这些新兴的假设连词使用的范围和历史时期有限,在现代汉语里已不见其行踪;倒是古代汉语的"如、若、倘"以及由它们组成的复音词"如果、假如、倘若"等,一直沿用至今。

1.2 汉语的假设语气助词古今变化更大,上古、中古基本都用"者",少数用"也",唐宋时期出现了新兴的假设助词"时"和"後",元代前后又相继用"呵、么、呢"等,到了清代小说《儿女英雄传》才开始出现现代汉语最盛行的假设助词"的话"。"时"比"後"使用的时间长、范围广,元明白话文献里很常见,就是清代小说里也不鲜见,某些现代方言如连城客家话、湖南永兴话里仍然使用,而假设助词"後"在明代文献里就基本不见了。跟前置的假设义连词相比,后置的假设助词的继承性较差,不仅古代汉语的假设助词"者"或"也"早就销声匿迹,就是唐宋的"时"与"後"、元代盛行的"呵"也都相次退出了现代汉语主流。

2. 古代汉语的假设助词"者"和"也"

2.1 "者"是由其后置代词(一般称为被饰代词)的用法而虚化为助词的。先看 a 组两例:

  a. 仁者安人,智者利人。(《论语·里仁》)

此句的"者"是后置代词,指人,"仁者"可释为"仁爱的人","智者"可释为"智慧的人"。

  a′. 仁者,人也;义者,宜也。(《礼记·中庸》)

此句的"者"意义虚化,既不指人,也不指事。"仁者"只指"仁"这种概念本身,"义者"只指"义"的概念本身。"者"出现在主语之后,相当于话题标记,其句法功能是表示语气停顿,引起下文。再看 b 组两例:

  b. 不有居者,谁守社稷?不有行者,谁扞牧圉?(《左传·僖公二十八年》)

"居者"指驻守的人,"行者"指巡逻的人,"者"为指人的后置代词。

  b′. 鲁无君子者,斯焉取斯?(《论语·公冶长》)

"君子者"即指君子,不可释作"君子的人","者"的指代义弱化。由于"者"出现在这个假设句从句的句尾,因此它就起着加强假设语气的作用。也就是说,此句本是假设句,并不是用了"者"才变成假设句的;"鲁无君子"这个假设条件分句是话题,"者"是它的话题标记,起着提顿语气、引起下文的作用。

2.2 "也"在古代汉语里是个语气助词,可以用在句中(词语后或从句句尾),也可以用在句末,其假设助词用法与其在语词后和在从句后表示停顿的用法直接有关。试看:

  赐也,何敢望回? 回也,闻一以知十;赐也,闻一以知二。

(《论语·公冶长》)

　　其舍人临者,晋人也,逐出之;秦人,六百石以上,夺爵迁。(《史记·秦始皇本纪》)

　　南孺子之子,男也,则以告而立之;女也,则肥也可。(《左传·哀公三年》)

后两句是假设句,其中"晋人也""男也""女也"的"也"虽然可以分析为假设助词,但究其实,跟第一句中做名词主语话题标记,表示提顿的用法没有实质上的区别。

　　由上可知,古代汉语用作假设助词的"者"和"也"实质上都是话题标记,但二者演变的路径不同。"者"由后置代词虚化为话题标记,"也"是作为语气助词在句中表示提顿而成为话题标记的。

2.3　假设从句"VP者"与"若/如 VP者"的范式化

　　除了只用假设连词"如、若、使"等的前置式假设句外,后置式的假设从句"VP者"和前后置词兼用的假设从句"若/如 VP者"是自先秦至唐代使用最为普遍的格式,已成为一个范式句法格式,打开各类资料,皆不难寻见。例如:

　　民众而不用者,与无民同。(《商君书·算地》)

　　如复见文者,必唾其面而大辱之。(《史记·孟尝君列传》,"文"是田文自称)

　　若忆太子犹不已者,我今当与大臣寻求所在。(《大正藏·过去现在因果经》卷二 636a)

　　不得使我银钱,若用我银钱者,出来报官,浑家不残性命。(《敦煌变文集·舜子变》)

这种范式化的假设句,为某些假设句中的时间词"时"发生语法化提供了类推的句法模式。

3. 来自时间范畴的假设助词"时"与"後"

3.1 "时"的语法化

从目前掌握的历史文献资料来看,用作语气助词的"时"在敦煌本王梵志诗中已频见。据项楚(1991)考证,传世王梵志诗并非一人一时之作,其中敦煌出土的三卷本《王梵志诗集》应是初唐武则天时的作品,一卷本《王梵志诗》与唐时童蒙教材《太公家教》的时代相同。因此,假设助词"时"的出现时代不会晚于初盛唐。下面拟以敦煌两种王梵志诗集为主,参照寒山、拾得诗以及唐五代其他可靠的白话资料,对时间名词"时"语法化的句法结构、语义条件和大致路径做一考察和说明。

3.1.1 "VP时"表示未然

作为时间名词,"时"可以指过去、现在、将来任何一个时段或时点。例如:"忆昔少年时,求神愿成长。"(寒山159)此指过去某时段。"闻身强健时,多施还须喫。"(王067)此指现在之时。"嗟见世间人,个个爱吃肉。……阎罗使来追,合家尽啼哭。炉子边向火,镬子里澡浴。更得出头时,换却汝衣服。"(拾得诗)末两句指来生将变作畜生禽兽,身披毛羽,"时"指将来。指过去或现在的表示行为动作或事件业已发生,即已然;指将来的表示行为动作或事件尚未发生、实现,是将然、未然。假设的行为、事件显然是尚未发生的,所以,表示假设的助词"时"应是首先从表示将然、未然的时间名词虚化而来的。

3.1.2 "时"语法化的大致途径

(一)VP时 ≈ VP

在"VP时"表示未然的短语或小句中,"时"表时间的意义弱

化,"VP+时"主要强调的是 VP 本身,但"时"字仍保存有时间意义。例如:

(1)钱财只恨无,有时实不惜。(王 067)

后句虽然可以理解为"当有钱的时候不会吝惜",但由于是指未然,又是跟上句的"无"相对而说的,所以也可理解为"如果有的话就不吝惜"。试比较"吾富有钱时,妇儿看我好"(王 002;当我有钱的时候,妻子对我就好),此句的"VP 时"(有钱时)是过去的事,指已然,"时"没有虚化,是时间名词。

(2)心不逐诸缘,意根不妄起。心意不生时,内外无余事。(拾得诗)

后两句可理解为"当心意不生时,就内外两空",但由于"心意不生"是泛言的,尚未成为事实,所以理解为"心意不生的话,就内外两空"也可以。

从以上两例可以看出"时"由实变虚、刚刚开始语法化的句法和语义环境。在这种阶段,"时"还没有完全失去其时间意义,因而在理解句义时可以两解。

(二)(若)VP 时=VP

"VP+时"已失去指示时间的意义,就相当于 VP。"时"成为谓词性话题的标记,有提顿语气、引出下文的作用。按其语法化的程度又可细分为以下三种情况:

A. 句前不用假设义连词,单音节动词做话题(次话题)较常见。

(3)男女有亦好,无时亦最精。(王 288;没有孩子也很好。与"有"对言,强调的是"没有孩子"这种状况,而不是时间)

(4)双陆智人戏,围棋出专能。解时终不恶,久后与仙通。(王 214;会下围棋的话终不是坏事。"解时"指具有会下棋的能力,非指"会下围棋的时候")

(5)臣妾饮时,号曰发装(妆)酒,圣人若饮,改却酒名,唤甚即得?唤曰万岁杯。(《敦煌变文集·韩擒虎话本》;"臣妾饮时"与后面"圣人若饮"相对,其句义为"臣妾若饮"甚明)

(6)问:"正与摩时如何?"师曰:"是阇梨窠窟。"僧曰:"不与摩时如何?"师曰:"不顾占。"(王267;"与摩":这么、如此。僧人问如果这样如何,如果不这样如何)

以上各例中用如假设助词的"时"多出现在对举事况的句子里,对举时强调的是事况而不是事况发生的时间,所以"时"容易语法化。

B. 与A类语境相同,但从句前面有假设义连词。

(7)若使交他教化时,化尽门徒诸弟子。(《敦煌变文集·破魔变文》)

(8)世尊若差我去时,今日定当过丈室。(同上,《维摩诘经讲经文》)

(9)不知贵朝欲待自守,为复待与夏国?若自守时,与贵朝为邻,甚无害;若是夏国时,恐西人出没,常为边患。(《三朝北盟汇编·燕云奉使录》)

(10)见说一女已倾弃,人道却有一女奇。若是时,却当与君作个道理。(《张协状元》)

由于从句前有假设连词出现,所以"时"所负荷的假设语义相应减轻,其语法化的程度较之不用假设连词的A类要更进一步。

C. 助词"时"出现在紧缩的假设句中,可对译为"就",元代文献中有其例。

(11)你若肯时肯,不肯时罢手,休把人空拖逗。(元·止轩小令《醉扶归》)

(12)我与你四锭钞,肯时卖,你不肯时,赶将去。(古本《老乞大》26a)

上面 A、B、C 三类例子中,"VP+时"都不是指示时间的,而是指行为、动作、性质、状态或事件本身的,"时"字虚化的程度较第一种情况深,可以视作假设语气助词。

(三)"VP 时"用在非假设句中,有以下两种情况:

A. 并列对举句

(13)运命满(漫)悠悠,人生浪諕諕。死时天遣死,活时天遣活。(王 101)

(14)仕人作官职,人中第一好。行即食天厨,坐时请月料。(王 273;"时"与"即"对举)

(15)寒山自寒山,拾得自拾得。……见时不可见,觅时不可觅。(拾得诗)

(16)端坐剩心惊,愁来益不平。看时未必相看死,难时那许太难生。(张鷟《游仙窟》;下句:说难怎么那么难)

在这类对举句中,VP 是单音节动词或形容词,充当句子的话题,"时"既不表时间,又不表假设语气,是话题标记,对译时可译作"则"。仔细体味,这类句子虽不是典型的假设句,但其中的分句跟紧缩的假设句相似;特别是拾得诗一例,动词"见"和"觅"都是未然的行为,看作并列的紧缩假设句也无不可。但"难时那许太难生"一句是不能分析为假设句的。

B. 推论句与让步转折句

(17)既相公不来时,张太尉管军事,节都在张太尉也。(《挥麈录·王俊首岳侯状》)

(18)既恁投大都去时,俺是高丽人,汉儿田地里不惯行,

你把似拖带俺做伴当去不好那?(古本《老乞大》2b9;把似:不如)

(19)既这般时,价钱哏亏著俺。(同上23b9;哏:很)

(20)虽然这般时,房子委实窄,宿不得。(《老乞大谚解》44a)

推论是根据已知条件进行的,让步转折是在承认既成事实、条件的前提下再作转折,因此,推论句和让步转折句的从句是广义的条件句,跟源自时间条件的假设句在语义上有共同性。但是,"既""虽然"表示所论事态是已成的事实,跟假设句表示未然的语义要求正相反,因此推论句和让步转折句从句末的"时"虽然也可看作话题标记,但它不表假设,只表示一般的语气提顿,作用是引起下文。显然,这类用法的"时"语法化程度比出现在时间条件句末的"时"要高。

(四)NP 时＝NP

以上所谈各类情况,"时"都是出现在 VP(即谓词性成分)后面的。到了元明时期,"时"出现了在名词主语后面表示语气停顿,以引起下文的用法:

(21)新罗参时,又好,愁什么卖。(《老乞大谚解》2b7)

(22)系腰时,也按四季。(同上46a7;系腰:腰带)

这两例中的名词主语是典型的话题,其后面的"时"可看作话题标记。这种在名词主语后面做话题标记的"时",与时间名词"时"的词汇意义以及"时"在假设句中表示未然态的语法意义距离最远,跟时间范畴、假设条件最不相干,因而其语法化的程度最高。

3.1.3 小结

A.诱发时间名词"时"语法化的句法语义条件是:出现在时间

条件短语或小句末尾,表示动作或事态是没有实现的;当"VP时"的语义重心倾向于VP,"时"的词义弱化时,就引发了语法化。

B. "时"语法化的内部机制:类化与重新分析

在时间小句或短语"(若)VP时"中,VP与"时"之间是定中修饰关系,"时"是语义重心;而当"VP时"语义重心前移(处于语义重心的部分变为全句的话题)时,原先的定中修饰结构开始松动瓦解,"时"被重新分析为原条件小句的附加成分。这种因语义重心前移而发生的句法结构上的重新分析,跟前面讲过的"VP者"的"者"由后置代词虚化为假设助词的情况类似,而且"(若)VP时"跟"(若)VP者"的句法结构完全相同,由于类推的作用,这种词义虚化的"时"很自然地演变为假设语气助词。

C. 语法化的过程:VP时 ≈ VP →(若)VP时 = VP →既/虽然VP时 = 既/虽然VP→NP时 = NP。从这一过程可以看出,"时"由实到虚、由虚到更虚,语法化程度不断加深;与此同时,它的语法功能也随之不断扩大,即:时间名词 →时间名词或假设语气助词两可 →假设语气助词 → 一般停顿语气助词 → 名词话题标记。假设语气助词、一般停顿语气助词、名词话题标记是话题标记"时"语法化程度不同的三个层次。名词主语后的"时"跟时间条件句最无关涉(在历史文献中也出现得最晚),因而其语法化程度最高,是典型的话题标记。语法化程度深浅不同、句法功能不同的助词"时"可共时存在,尽管其最初出现时应有时间上的先后。

3.1.4 从语法化的发展历程看连城客家方言的助词"时"

某些现代汉语方言中仍使用"时"做假设助词,福建连城客家方言即是其一。据项梦冰(1997),连城客家方言中保存着助词

"时"的多种用法,其功能分布如下:

a. "NP 时 VP"

春兰时是老婢子ə⁵⁵(春兰是婢女)│这时敢毒人个菇都敢 ou⁵⁵(这可能是有毒的蘑菇吧)│三个时敢还忒少(三个可能还太少)│佢时去,我唔去(他去,我不去)│细人个手骨时冰甘雪冷岛 ou⁵¹(小孩的手冰凉冰凉的)

b. "V 时 V"与"VP₁ 时 VP₂"

香时香,唔好看就系(香是香,不好看就是)│去时去,要晚得一惜就系(去是去,就是要晚一些)│去医院一检查时确的实系瘤(去医院一检查,的确是瘤)│佢唔食羊肉时我知得 e³⁵(他不吃羊肉我知道的)

c. "NP₁ 时 NP₂"

今晡时墟日ə⁵⁵(今儿是集日)│姑丈买个时水蜜桃 ou⁵⁵(姑夫买的是水蜜桃)

d. "VP 时 NP"

端起来看时碗底一下都虫(端起来一看碗里全都是虫子)│食饭时又只一壶酒(吃饭呢又只有一壶酒)

e. "S₁ 时 S₂"(S₁ 时假设从句)

病死时一个女都无 ou⁵⁵(要是病死的话就一个女儿也没啦)│打广东转时要着潮州搭船ə⁵⁵(要是从广东回来的话得在潮州搭船)

f. "S 时"(在疑问句句尾)

侪紧去(一般)时(ne³³)(人家要是去呢?)│紧落雨(一般)时(ne³³)(要是下雨呢?)

可以看出,连城客家话助词"时"的功能和分布十分丰富,有的超出了笔者在近代汉语文献资料里所发现的。这有可能是文献资料的局限所致,一般来说任何文献记载都不太可能比实际生活中的语言现象更生动丰富;但也有另一种可能,即在近代汉语时期助词"时"的功能还没有发展到现在连城客家话的地步。连城客家话共时平面上助词"时"的不同用法,是其历时发展变化的反映。从我们上文对"时"语法化过程的描述可知,作为话题标记的"时",内部也有语法化程度深浅之分:"时"最初是在假设小句末尾由时间名词虚化为话题标记的其后又可以用在紧缩的假设句乃至广义的条件句末做话题标记,最后在名词主语后做话题标记。联系时间词"时"语法化的历程,或许可以把连城客家话话题标记"时"的功能细分为假设句中的假设助词(e、f,f为假设疑问句)、紧缩句或顺序叙述句中的提顿助词(b、d)和名词主语句话题标记(a、c)三类。

3.2 "後"的语法化

3.2.1 上面谈"时"的语法化时指出"VP 时"可表示时点(起始点、终结点)也可表示时段(起始和终结两个点之间的持续过程),如"出门时带了把伞","时"表时点;"出门时要注意安全","时"表时段。表示时段的"VP 时"指自事情发生之后的一段时间,因此跟"VP 後"语义相通,甚至可以用"後"替换。例如:"他来时再交给他。"意思是"他来后再交给他。"假设是设定具备某条件之时、或具备某条件之后才会有某种结果出现,所以,时间词"时"和"後"都有机会在适当的语境下虚化为假设助词。

3.2.2 "後"语法化的途径与"时"大体相同,但也有其特点。就目前所知,其例最早见于五代《祖堂集》。

(一)VP 後≈VP

(23)僧问:"只如达摩是祖师不?"师云:"不是祖。"僧云:"既不是祖,又来东土作什摩?"师云:"为汝不荐祖。"僧曰:"荐後如何?"师云:"方知不是祖。"(《祖堂集》3.15;荐祖:推重祖师)

(24)问:"如何是无刃之剑?"师云:"非烹炼之所成也。"僧云:"用者如何?"师云:"来者皆尽。"僧云:"不来者如何?"师云:"也须尽也。"僧云:"不来者为什摩却须尽也?"师云:"不见道,能尽一切。"僧云:"尽後如何?"师云:"方知有此剑。"(同上,2.142)

这两例都是禅师与僧徒的顶真式问答句,"VP 後"可有两种解释。"荐後如何""尽後如何"可从字面理解为"推重之后怎么样""铲除尽后怎么样";也可理解为"推重了怎么样""铲除尽了怎么样"。"後"类似于表示动作完成的动态助词。① 由于这两个问句是对动作行为完成的预设,所以又可以理解为"推重祖师的话怎么样""除尽的话怎么样"。不管作何理解,"後"字意义发生虚化是显见的。由此我们可以窥探到"後"语法化的语境和认知上的原因。

(二)(若)VP 後=VP

在假设句中,"(若)VP 後"的语义重心从"後"前移至"(若)VP","後"虚化为分句话题标记,具体有以下三种情况:

A. 有前置标记

(25)若能晓了骊珠後,只这骊珠在我身。(《祖堂集》1.64;"骊珠"喻禅机、悟性)

(26)我从小生长在村内,霞帔不知怎地披,金冠便与我後,怎戴得?(《刘知远》十二)

(27)则兀那瑞连便是证见,怕你不信後,没人处,问一遍。(关汉卿《拜月亭》;"怕"犹"若")

(28)(锅子)若还破後,难折还他酒钱。(《古今小说》卷十

五;"若还"为同义复词)

这四句是有前置标记的假设句("便"表示让步假设),"後"字虚化程度比(一)更高,"VP後"就相当于VP,"後"可视为假设语气助词。

B. 无前置标记

在宋金元资料中,"後"出现在许多不用前置标记的假设句中,也应视为假设助词。这些句子最常见的是某些否定句和并列对举句:

(29)这个事是天教做,不恁地後,怎生隔着个恁大海便往来的?(《三朝北盟汇编》卷四《燕云奉使录》;"不恁地後":不是这样的话)

(30)有印後,为安抚;无印後,怎结束。(《刘知远》十一)

(31)恋着三娘,欲去不能去;待住後,如何受辛苦?(同上,二)

(32)得後,是自家采;不得後,是自家命。(《董西厢》卷一)

(33)不来後,是众僧大家采;来後,怎当待。(同上,卷二)

(34)是人後,疾忙快分说;是鬼後,应速灭。(同上,卷四)

(35)有酒後,宽洪海量;没酒後,腹热肠慌。(元刊本《遇上皇》)

(36)主人不肯後,要如何?(《古今小说》卷十五)

这类对举句的特点在于先列举两种相反或相对的情况,然后在正句分述两种不同的结果。其分句语义在于摆出情况,而不是指明时间。从句为否定句,意在指出相反的情况,而不是对时间的否定,所以这两种情况下"後"的假设助词身份尤为明显。当然,"後"也能在这两种情况之外的无前置标记假设句中充当假设助词,如:

(37)说谎後,小人图什么?(《董西厢》卷一)

(38)周秀闻言,上覆官人:"问这佳人,说着後话长。"(《宣和遗事》)

(39)不是不思量,说着後教人语长。(杜善夫《太常引》词)

"说着後"犹言"要说的话","说"是未然的行为,所以"後"表假设语气也很明显。

C."时"与"後"互文对举

(40)欲把捉时无把捉,道虚空後不虚空。(吴潜《望江南》词)

(41)谗言可畏,十分不信後须疑;人气好毒,一息不来时便死。(《董西厢》卷七)

(42)怕不问时,权作弟兄;问着後,道做夫妻。(元刊本《拜月亭》一折【金盏儿】;怕:若)

(43)我有酒後,宽洪海量;没酒时,腹热肠慌。(《元曲选·遇上皇》一折【鹊踏枝】)

这些例子说明"後"与"时"的功能和词性是相同的;同时也说明这两个助词曾一度并用。

(三)非假设句中的助词"後"

(44)把酒问春因底意,为谁来後为谁归?(五代·王周《问春》诗;为甚来啊为甚归)

(45)从来不惯伤春泪,为伊後,滴满罗衣。(陆游《一丛花》词)

(46)为你後,甘心憔悴。(赵长卿《贺新郎》词)

(47)瘦後因他瘦,愁後为他愁。(吕止轩《醉扶归》小令)

这几例句式各异。例(44)"後"出现在两个并列的疑问句中间,起语气提顿和连缀作用;例(45)(46)是因果句,"後"为谓词性短语话题标记;例(47)是两个并列的话题句,"後"也为谓词性话题标记,凡话题标记都有提顿语气的作用。与时间条件句中的话题标记相比,这类用法的"後"语法化程度更高。

3.2.3 小结

A. "後"语法化的条件、原因、过程等情况跟"时"基本相同。"後"演变为假设助词是对"时"的直接类推。

B. 从现在掌握的情况看,假设助词"後"在五代时期已出现(见《祖堂集》),纯为提顿语气助词的用法在五代虽仅看到王周《问春》诗一例,但很可能两类用法产生于同一时期,时间相错不会太久。因为上古的假设助词与提顿助词既是用同一个标记(者、也),又是同时期出现的。"时"字也一样,初唐《王梵志诗》中同时出现"时"做假设助词和提顿助词的用法。如果要略分前后的话,从诱发"时"和"後"语法化的句法环境为时间短语或小句来看,应该是假设助词用法在前,一般提顿用法稍后。

C. "後"与"时"同为表示时间的词,二者的句法位置又相同,所以能在相似的语境中发生类同的语法化运动。不过,助词"後"使用的范围和延续的时间都没有"时"广泛和久长。"後"多出现在宋金元词曲中,《刘知远诸宫调》中只用"後"不用"时",明代文献中就基本不见了。与此相对,助词"时"则南北通用,历经唐宋元明清,直到今天还残存在一些方言中。

D. 在功能上,目前还没有见到"後"出现在名词后边做话题标记的用法。这跟另一个语气助词"呵"的兴起有关。

3.3 "後"与"呵"

3.3.1 语气助词"呵"的早期用例见于宋代文献,现参考太田

辰夫(1958)的说明将其语法意义归纳如下:

a. 祈使、命令:

我且归家,你而今休呵。(欧阳修词)|功名事,到头须在,休用忙呵。(杨无咎词)

b. 疑问、推测:

仗何人细与,叮咛问呵?(秦观词)|那日尊前,祇今问有谁呵?|著甚情悰,你但忘了我呵。(周邦彦《满路花·思情》词)|莫是嗔人呵?(周邦彦词)

c. 感叹:

想俺这等人好难呵!(关汉卿《调风月》一折)

d. 停顿:

归来呵,休教独自,肠断对团圆。(李之仪词)|母亲呵,他是唐王驾下差往西天见佛求经者。(《西游记》13回)

以上各例"呵"的位置可分为句末与句中两类:句末,表祈使、感叹、疑问等;句中,表停顿。其中表停顿的李之仪词一例,"呵"也像是假设助词。

3.3.2 假设助词"呵"盛用于元代,前举例(34)金代《董西厢》例中的"後",在元代王实甫《西厢记》里都改成了"呵"。另据李泰洙(2000)考察,在新发现的反映元代本面貌的古本《老乞大》里,假设助词较多用"呵"(共93例),其他用"时"(共70例),而在其后经过修改、反映明初语言面貌的《老乞大谚解》中,93例"呵"被统统改为"时"。例如:

(48)你道的是呵,两三句话,便成了交易。(古本《老乞大》23a)

你说的是时,两三句话,便成了交易。(《老乞大谚

解》9b5)

　　(49)使不得呵,你肯要那?(古本《老乞大》18b9)
　　　　使不得时,你肯要麽?(《老乞大谚解》59b2)
　　(50)既恁卖马去呵,咱每恰好做伴当去。(古本《老乞大》3a4)
　　　　你既卖马去时,咱们恰好做火伴去。(《老乞大谚解》7b8)

在元代直译体文献中,假设助词也用"呵":

　　(51)无体例勾当休行者!行呵,俺每根底奏者!(《元代白话碑——1268年螯郢重阳万寿宫圣旨碑》)
　　(52)五者备矣,然后能事亲。——大官人立下五个肯劝谏的人呵,虽有差的勾当呵,也便改正,不失了管的地面。(《孝经直解》)

元杂剧里虽然也用"时"或"後",但"呵"也常用:

　　(53)若不嫌弃呵,愿与哥哥做个兄弟。(元曲《燕青博鱼》二折)

可以说,假设助词"呵"是元代文献的重要标志之一。到了明代,返回到主要用"时",清代主要用"么""呢","的话"在清代中期才登场。

3.3.3 "呵"与"後"无来源关系

"呵"与"後"虽然都能做假定助词,但二者并没有来源关系。首先,二者句法位置有明显的不同。助词"後"出现于五代,只用在句中(包括从句句尾),从不出现在整个句子的末尾;而助词"呵"在出现之初的宋代主要用于整个句子的末尾,表达各种语气,只有表示停顿一项可用于句中,二者位置不重合。其次,二者的语法意义也有很大的差别。"後"只表示假设和停顿语气,而"呵"最初主要表示祈使、感叹、疑问、停顿语气,只是到了元代才大量用于假设句。"後"表假设、停顿是从时间词虚化而来;"呵"表假设停顿是因为它本身是语气助词,我们知道,很多语气助词都可以用于句中(或从句句尾)表示停顿或假定语气,如"么""呢"等。赵元任(1968b)也指出,a、ne、me、ba 这四个助词都有表疑问和表停顿这两种作用。因此,"呵"与"後"虽然有部分功能重合,但各有原因,并不能说明二者有来源关系。文献中时有"後""呵"互文对举表示假定语气的例子,②也说明它们应是来源不同、功能有交叉的两个语气助词。例如:

(54) 时来呵铁也争光;运去後黄金失色。(元曲《金凤钗》三折)

在《刘知远诸宫调》中,假设助词用"後",非假设语气的句末语气词用"呵",分工明确。如卷三【黄钟吕】:"金印将来归去呵,红日看看西下落。"(尾)"金印奴家紧藏着,休疑怪不与伊呵。"

3.3.4 "後"被"呵"取代

虽然"呵"与"後"没有来源关系,但由于它们功能上的交叉和语音上的相近(刘勋宁[1992]说文献中的"呵"应该读 he,不读 a),使假设语气词"後"自元代渐渐融入功能更广的语气词"呵"之中,从而被"呵"吸收、取代。"後"和"呵"都是语气助词,既然"呵"的功能涵盖了"後",从语言成分的经济原则来看,"後"就显得不太必要,甚至多余了;而且,"後"是个常用方位词,可兼表时间与空间,使用频率较高,再兼做假定和停顿助词容易产生混淆,可能是这两方面的原因促使"後"在与"呵"共存了一段时间后,最终退出了语气助词范畴。

太田氏(1958)认为"呵"不是从"後"变来的,这个观察是对的;

但他认为"後"可能受到"呵"的同化,吸收了"呵"的功能,就是说"後"的假定助词用法是从"呵"吸收来的,则未中肯綮。事实是,助词"後"产生于助词"呵"之前,而且,如我们前面所详述,"後"跟"时"一样,同样具有从时间词虚化为假定助词的义理和语境。"後"的假定助词用法是时间词"後"语法化而带来的;而"呵"表假定是因为它是个语气助词,做话题标记或表示停顿是语气助词本有的语法功能。

4. 余论

4.1 时间与假设

如前所述,"时"和"後"都是由时间词语法化为假设助词的。假设句的从句总是提出或设定某种条件,当这种条件实现时(或实现后),就会出现主句所述的结果,因此假设句大多包含或隐含着时间因素。由此来看,时间词"时"与"後"进入假设范畴并非偶然。吕叔湘(1982)指出时间关系句往往含有条件关系,而且有些时间关系句兼有假设之意,如英语的 when 也常兼有 if 意;德语时间和假设两种关系同用 wenn 一词。我在香港电梯内外都看到如下告示:When there is a fire do not use the lift(如遇火警,切勿使用升降机),可作为一个很好的例子。这反映了在时间与假设的关系上,这三种语言有共同的认知动因。不过,汉语的"时"和"後"位于假设小句的末尾,句法位置使它语法化为一个后置的助词;而在英语、德语中,时间关系词位于小句最前头,所以它通过转喻手段而用作句首假设连词。

4.2 有形与无形

这是就书面上说的。假设句必于句中有停顿(紧缩句除外),

有的有标记,如在从句句末用"者、也、时、後、呵、么、呢、的话"等,有的没有标记,如吕叔湘(1982)所举《儿女英雄传》两例:

你是问道儿的吗?——问道儿,下驴来问啊。(十四回)

这个大礼儿耽错不得;错了,人家倒要笑话。(三十五回)

"问道儿""错了"之后不仅有停顿,而且语调应是上扬或加重的,有时还要带拖腔半拖腔。停顿,在书面上可以用逗号标示,而语调就无法标示了。假设句的这些无标记的要素也很重要,不应忽视。

附 注

① "後"用如完成体助词的例子如:菱花照後容虽改,蓍草占来命已通。(刘禹锡诗)此言虽然照了镜子知容颜改,但是占了蓍草却知命已通。"後"与"来"对举,表示两个动作的完成,"後"字表示时间的意思较虚,既可理解为"菱花照罢",也可理解为"菱花照时",但以实义理解为照镜子之后也可通。

② 元代文献中还有"时"与"呵"互文的例子:玄德公也,若你不来时,万事罢论;若来呵,便插翅也飞不过这大江去。(《黄鹤楼》一、白)|我则道别离时易,谁承望相见呵难。(《太平乐府》卷二【水仙子·怨别离】)

参考文献

艾皓德　1991　近代汉语以"时"煞尾的从句,《中国语文》第6期。
曹国安　1996　"时"可表示假设,《古汉语研究》第1期。
大内田三郎　1990　水滸傳の言語——助詞"時"について,《人文研究》(大阪)第41卷。
胡明扬　1984　《老乞大》复句句式,《语文研究》第3期。
蒋绍愚　1994　《近代汉语研究概况》,第242—243页,北京大学出版社。
李泰洙　2000　《老乞大》四种版本从句句尾助词研究,《中国语文》第1期。
刘勋宁　1992　青海西宁话表示假设的语气词[·xɔ]与近代白话的"呵",《纪念王力先生九十诞辰文集》,第371—376页,山东教育出版社。
吕叔湘　1982　《中国文法要略》第22章,第406—429页,商务印书馆。
庆北大学校出版部(古典丛书9)　2000　《元代汉语本〈老乞大〉》(韩国)。

沈家煊　1999　《不对称和标记论》,江西教育出版社。
石毓智、李讷　2001　《汉语语法化的历程——形态句法发展的动因和机制》,北京大学出版社。
史有为　1995　主语后停顿与话题,《中国语言学报》第五期,商务印书馆。
太田辰夫　1958　《中国语历史文法》,江南书院(东京)。
王克仲　1990　意合法对假设义类词形成的作用,《中国语文》第6期。
吴福祥　1996　《敦煌变文语法研究》,第333—334页,岳麓书社。
项楚　1991　《王梵志诗校注》,上海古籍出版社。
项梦冰　1997　《连城客家话语法研究》,第271—308页,语文出版社。
徐烈炯、刘丹青　1998　《话题的结构与功能》第6章,上海教育出版社。
张炼强　1990　试说以"时"或"的时候"煞尾的假设从句,《中国语文》第3期。
张相　1953　《诗词曲语辞汇释》,第333—336页,中华书局。
赵京战　1994　关于假设义类词的一些问题,《中国语文》第4期。
赵元任　1968a　《汉语口语语法》(吕叔湘节译本),商务印书馆1979年。
―――　1968b　《中国话的文法》(丁邦新译),香港中文出版社1980年。

(原载《中国语文》2002年第4期,收入吴福祥、洪波主编《语法化与语法研究》(一),商务印书馆2003,有修改)

跨层非短语结构"的话"的词汇化

提　要　本文论证话题标记"的话"是"说 NP/VP 的话"短语话题化的产物。"的话"是个跨层次非短语结构,它的词汇化是在话语层面的两种句法位置上完成的:(a)在"说 NP/VP 的话"动宾短语中,当修饰语 NP/VP 是中心语"话"的内容,二者具有同一性时,原短语结构的语义重心前移,"说 NP/VP 的话"近似于"说 NP/VP";(b)"NP/VP 的话"短语摆脱"说……话"框架中动词"说"的制约,前移至句首作话题主语,"的话"被重新分析为后附的助词。本文指出"话"的泛化指代性以及由此形成的"话"与修饰语的同一性是"的话"词汇化的诱因,而省略和移位是"的话"词汇化的特殊机制。

关键词　的话　话题标记　词汇化　跨层非短语结构　省略和移位

1. 开头的话

1.1　"的话"是现代汉语口头和书面上使用频率都很高的助词,它最主要的语法功能是在主语后面做话题标记(老王的话,人很实在｜爬楼梯的话,他比我强),在条件小句句尾表示假设语气(下雨的话,我就不去了),此外也可以在句中表示一般的停顿语气(今天呢,大家对我的话,进行了耐心的帮助)。关于"的话"的句法功能、性质和作用,学者及一些通行的虚词词典都多所论及,但是关于"的话"的来源,讨论者寥寥,至今语焉不详。这个人们每天都会用到的常用词,居然在大型辞书如《辞源》《辞海》《汉语大词典》中都查找不到,其原因,可能跟它的结构不像个复合词有关。

1.2 语法化通常包括虚化(有实在意义的词演变为意义空灵的语法成分的过程)和词汇化(短语或词组逐渐凝固或变得紧凑而变为单词的过程)两个重要方面,"的话"成词是词汇化现象,而且是不在同一个句法层次上(在"X的话"结构中,"的"属于修饰语X的后附成分,"话"是中心语),只是表层形式上相邻近的两个成分的组合,因谓之"跨层非短语结构"。按照汉语的句法规则,结构助词"的"和名词"话"根本不能结合成一个词,更何论充当一个句法成分而独立使用,有人对把它看作一个助词持怀疑态度的原因正在于此。但是从它的句法特征和表达功能来看,它确实是一个能够独立使用的、有语法意义的最小单位,应该看作一个虚词。

"的"与"话"结合成一个跨层结构的语法词的情况要比一般跨层结构双音词复杂得多,既有共性,又有其特殊的动因和机制。正确揭示这种跨层结构语法化的演变过程、演变机制,可以更深刻地认识语法化现象的复杂性、多样性及其本质特征,用汉语特色的语法化现象和理论来丰富一般语法化理论。

1.3 在正式讨论问题之前,还需要明确本文涉及的"话题标记、假设助词、停顿助词"等几个概念之间的关系。汉语句子的话题标记有不同的来源和形成途径,因而也有多种标记。由于词、短语和分句都可以充当话题成分,又由于话题后必有停顿,因此停顿(现代书面上用","号标示)、语气词(如"也、呵、呢、么、啊")、假设分句后的助词(如"者、时、的话"[①])等都可以充当话题标记。本文认为助词"的话"的直接来源是话题句(名词和名词性短语是最典型的话题),助词"时"的直接来源是时间条件假设分句,但是由于话题句与假设句有同质关系:话题是预设的陈述对象,而假设是以一个虚拟的条件为话题,二者有本质上的相似性(假设分句都可以看作话题成分,但话题成分却并不都是假设分句),于是通过功能扩展,它们的语法功能又都相通。为了对"的话"的各种语法功能加以区别,文中拟称假设条件分句后的"的话"为假设助词,称其他话题成分后面的助词"的话"为"话题标记",称以上两种用法之外纯表停顿语气的"的话"为停顿助词。

2. "的话"的来源

2.1 主要资料——《绿野仙踪》

"的话"最早出现在清代白话小说中,但是较少见。前人只在《儒林外史》(作者吴敬梓 1701—1754)和《儿女英雄传》(作者文康,同治年间 1862—1874 尚在世)中各发现一例:

> 差人道:"……老实一句,'打开板壁讲亮话',这事一些半些,几十两银子的话,横竖作不来。没有三百,也要二百两银子,才有商议。"(《儒林外史》14 回,张谊生 2001 举)

> 华忠道:"……还有一句话嘱咐你,这项银子,可关乎着老爷的大事;大爷的话,路上就有护送你的人,可也得加倍小心。"(《儿女英雄传》3 回,太田 1957 举)

这两例"的话"都用在名词性成分后面,格式都是"NP 的话",一个用在数量名短语后面,一个用在称谓呼语后面。

从《儒林外史》的用例可以推断助词"的话"至迟在清代中叶就已出现,但仅靠这两个例子(两例时间相距一百多年)很难掌握"的话"产生之初的详细情况。我们通过电脑检索了《金瓶梅词话》《红楼梦》等十几种明清小说资料,《金瓶梅词话》不用说,连《红楼梦》里也未见可确认为助词"的话"的例子(《红》假设语气用"呢",少数用"时"),倒是在乾隆时期的小说《绿野仙踪》中找到了一些确切的用例,成为本文立论的主要材料和依据。

《绿野仙踪》,作者李百川(约 1720—约 1771),书创作于乾隆十八年(1753 年)至乾隆二十七年(1762 年)间,稍晚于《儒林外史》《红楼梦》,有抄本 100 回(北京大学图书馆藏)和刻本 80 回,此据北京大学出版社百回排印本。这部书比《儒林外史》晚不了多少年,但助词"的话"的用例有十几处,是目前所见到的最早、最重要的资料。

2.2 《绿野仙踪》中的话题标记"的话"

A. "NP 的话"

(1)萧麻子道:"苗三爷的话,我责备了他半夜,为他多嘴。……"(《绿》57·454;述题小句中的第一个"他"回指话题)

(2)萧麻子道:"苗三爷的银子,都交在我身上。温大爷的话,我与你们尽心办理。"(《绿》57·456)

(3)苏氏回复道:"太太的话,我费了无限唇话,倒也有点允意……"(《绿》83·676)

(4)周琏听了这几句话,便和提入冰盆内一样,呆了好半晌,方向苏氏道:"你还须与我在太太前留神。老爷的话,我再设法。"(《绿》83·677)

B. "VP 的话"

(5)内中有几个道:"他如今四面添了巡逻,日夜稽查,投降的话,断断不能。……"(《绿》34·265;此言"投降,断断不能")

(6)于冰道:"你今年秋天,恐有美中不足,然亦不过一二年,便都是顺境了。生子的话,就在下月,定产麟儿。"(《绿》70·558)

(7)我若过去,他不知怎么欢喜。这喊叫不依从的话,是

断断没有的。(《绿》81·670;此言不可能喊叫不依从)

C."至于 NP/VP 的话"

(8)知县道:"这宗银子和赃罚银子一样,例上应该入官。至于遮羞钱的话,朝廷家没有与你留下这条例。"(《绿》22·161)

(9)(周琏)道:"这有什么不依,便与他终生不见面,何妨?至于我父母的话,我一力担承。家中上下,有一个敢藐视你,你只和我说。"(《绿》87·718)

(10)如今你穷困之至,求他推念先人奉上垂怜。至于凑办厚礼的话,徒费钱而且坏事。(《绿》43·332)

这类话题句前用介词"至于",后用助词"的话"。"至于"用于转换话题的场合,它跟"关于、对于"等介词一样,用词汇手段使话题概念凸显出来,不妨把它看作个前置的话题标记。

《绿野仙踪》为我们提供了助词"的话"相当数量的早期用例,但仅从这些例子还很难看出它演变为助词的诱因和过程,为此我们对"话"的词义变化以及这个时代与"的话"相关的句法结构进行了全面的考察,发现在"话"的词义发展过程中,有一种特殊的泛化指代义。

2.3　"话"的指代性

2.3.1　"那话(儿)"

"话"是个名词,最基本的意义是"话语"。到了唐代又特指"说唱的故事",如元稹《酬翰林白学士代书一百韵》诗:"翰墨题名尽,光阴听话移。"自注:"又尝于新昌宅,说《一枝花话》,自寅至巳,犹未毕词也。"后来所说的"话本",就指宋元以来艺人说唱故事的底本。到了金元明戏曲作品和明清白话小说中,"话"产生了一种新的用法,即用在指代词"那"后面("这"极少见),"那话(儿)"做主语、宾语,指代不便或不愿明说的人、事或物,例如:

(11)不合道,浑如那话初出产门来。(《董西厢》卷二,指男根)

(12)顾三郎悄悄问道:"那话儿歇在那里?"(《古今小说》卷二十一《临安里钱婆留发迹》,指王节使家小所在的船)

(13)(丑)这个果然有些本事,快拿那话儿来。(末)什么话儿?(丑)戴在头上生疼的。(净取盔跪介)(《幽闺记》九出,指头盔)

(14)你去,你去,我知道了。说的那话儿,早早的送将来。(《闹铜台》三折王太守白,指银两)

(15)我不管你,但是有些儿伤损,我只把那话儿念动念动,你就是死了。(《西游记》16回,指紧箍咒)

(16)骨查腊收泪看时,巴恍龙两手擎拳,双眸紧闭,眼见的那话儿了。(《禅真后史》29回,指人将死)

(17)多是那话儿见我们在此,想躲在黑暗里去了。(明·王錂《春芜记·阻遇》,指宋玉)

(18)我在这里算着,那话已有个完的意思。(《儒林外史》32回,指银子)

(19)(宝玉)心下自思:"这话他如何知道?他既连这样机密事都知道了,大约别的瞒不过他……"(《红楼梦》33回,指红汗巾子事)

2.3.2 "VP/NP 的话"

A. 在这种格式中,"话"的意义较"那话(儿)"虚泛,已基本不指代具体的人或物,仅指代事情、情况或抽象的话题等。"话"处于定心结构的中心语位置。

(20)冯紫英道:"这个脸上,是前日打围,在铁网山教兔鹘捎一翅膀。"宝玉道:"几时的话?"(《红楼梦》26回,指冯受伤的事)

(21)凤姐笑道:"怨不得你不懂,这是四五门子的话呢!"(《红楼梦》27回,指掌故)

(22)探春笑道:"林姐姐终不脱南边人的话。"(《红楼梦》84回,指话题)

(23)宝二爷定亲的话,不许混吵嚷;若有多嘴的,堤防着他的皮。(《红楼梦》90回,指事情)

(24)凤姐道:"是他么?他怎么肯这样?是再没有的话。"(《红楼梦》112回,指事情)

(25)"无闻"二字不是不能发达作官的话。(《红楼梦》82回,指意思)

B."把 VP/NP 的话说了一遍"

"VP/NP 的话"短语经常被介词"把/将"提在"说"义动词前面,"VP/NP 的话"短语是"说"的受事,"说"义动词必带补语,"话"指代有定的情况、情节。

(26)李逵却把夜来同娘到岭上要水吃,因此杀死大虫的话,说了一遍。(《水浒传》43回)

(27)这道国把往回一路的话,告诉了一遍。(《金瓶梅词话》38回)

(28)贾珍见问,便将里面无人的话说了出来。(《红楼梦》13回)

(29)道婆们将昨夜听见的响动,被煤气熏着,今早不见有妙玉,庵里软梯刀鞘的话说了一遍。(《红楼梦》112回)

(30)公子便把失了那块砚台的话说出来。(《儿女英雄传》13回)

C."说 NP/VP 的话"("说"代表跟说话义有关的动词,如"讲、提、商议、问"等)

(甲)"NP/VP 的话"是"说"义动词的宾语,"话"是中心语,仍有"话题"义,"说……的话"就是"说跟……有关的话题"。例如:

(31)公孙见过乃祖,进房去见母亲刘氏,母亲问了些路上的话,慰劳了一番,进房歇息。(《儒林外史》8回)

(32)薛姨妈感激不尽,说了些薛蟠的话。(《红楼梦》97回)

(33)大爷,你可千千万万见了这两个人的面再商量走的话,不然,就在那店里耽搁一半天倒使得。(《儿女英雄传》3回)

(乙)修饰语"NP/VP"就是中心语"话"的内容,二者具有同一性;"说 NP/VP 的话"就相当于"说 NP/VP","的话"近似于一个羡余成分,去掉它对句义也没有什么影响。由于语义重心前移,短语内部结构关系发生了由"说……话"向"说 NP/VP"变化的趋势。

(i)修饰语为 NP

(34)伯爵道:"休说五两的话,要我手段,五两银子要不了你的……"(《金瓶梅词话》45回,不要说给五两银子)

(35)据我看,园里这一项费用也竟可以免的,说不得当日的话。(《红楼梦》78回,说不得当年,比不得当年)

(36)若要官中的,直管要去,别提这月钱的话。(《红楼梦》83回,别提这月钱)

(37)列公,话下且慢讲那位姑娘的话,百忙里先把安公子和张金凤的情形交待明白。(《儿女英雄传》8回,且慢讲那位姑娘)

(38)及至奴才说到那弹弓的话,他便说:"这更不必讲了。"(《儿女英雄传》14回,说到那弹弓)

(ii)修饰语为VP

(39)尤氏等送邢夫人王夫人二人散去,便往凤姐房里来商议怎么办生日的话。(《红楼梦》43回,商议怎么办生日,而不是商议话)

(40)两人吃着酒,段祥又问起那妇人的话,于冰备细说了一遍。(《绿野仙踪》8回,问起那妇人,不是问妇人说的话)

(41)(公子)又给嬷嬷爹写了一个字条儿,说已经到了茌平的话。(《儿女英雄传》4回,说已经到了茌平)

(42)讼师答应立刻先替他写两封外国信:一封给仇五科的洋东,说要退机器的话一封是给新衙门的。(《官场现形记》9回,说要退机器)

(iii)修饰语是"VP不VP"

(43)这原不是什么争大争小的事,讲不到有脸没脸的话上。(《红楼梦》55回,谈不到有脸没脸)

(44)一家子骨肉,说什么年轻不年轻的话。(《红楼梦》11回,说什么年轻不年轻)

(45)十三妹用手把他扶起来,说:"你且起来,我才说去不去的话。"(《儿女英雄传》22回,我才说去还是不去)

C之(乙)类各例中"的话"的"话"虽然并没有完全虚化,但跟A、B两类和C之(甲)不同,这类例句显示出即使略去"的话"也无碍句意的特点。这表明"的话"词汇化的诱因在于结构内部的语义关系发生了变化。即:在"说VP/NP的话"小句中,"NP/VP"就是"话"的具体内容,这使得"说"义动词的语义指向发生了变化:由明确指向中心语"话",变为侧重指向修饰语,即修饰语"NP/VP"有变为"说"义动词宾语的倾向,这样原来的中心语"话"就容易被架空,在语义上"说NP/VP的话"就等同于"说NP/VP";语义重心前移,引发结构关系的变动,"的"由后附于NP/VP变为前附于"话",在语音上"的话"也会发生轻读现象。上述种种变化,都为"的话"演变为后附的话题标记提供了前提。时间名词"时"语法化为假设助词的过程也有与此类似的现象。时间词"时"最初处于定心结构的中心语位置,后来也是因为语义重心前移,"时"被架空而演变为假设助词的。(参看拙文2002)

2.3.3 元明清小说中的大量语言事实,为探究助词"的话"的来历提供了重要的信息和线索。最迟在金元时代,名词"话、话儿"有指代义,可以代指某人、某物、某事。这种用法最初是为了应隐晦表达的需要而产生的,后来其指代义不断泛化,正是"话"的泛化指代性使它可以比较便利地在短语或小句后面充当被饰成分。

那么,这种指代不便明说的人或事物的用法为什么由"话"而不是由其他名词承担呢?我们认为,这跟"话"与话题的语义联系直接有关。如前所说,"话"的基本词义为"话语",话语所及就是话题,话题的内容无非是交谈中涉及的有关人、事、物。因此,在实际的话语交际中很容易引发这样的语用推理:所谓"说话",其实就是说有关的人、事、物(这也是唐代把说故事叫作"说话"的原因),在一定的语境里,所说的"话"指某人,在另一语境中,"话"指某事或某物,"把……的话说了一遍",其实就是"把……的事情、情况说了一遍",于是通过这种转喻性的语用推理,名词"话"就产生出了指代义。

尽管 2.3.2 节中的 C 之(乙)类现象揭示了"的话"语法化的诱因,但是上述各类处于宾语位置上的"NP/VP 的话"并不具备使"的话"演变为话题标记的条件,还需要相应的机制才能最终完成这一演变。

2.4 省略、移位与话题标记"的话"的产生

C 之(乙)类"说 NP/VP 的话"短语提供了"的话"语义虚化、结构关系变动的初始条件,但在"说……话"框架的背景下,它的进一步虚化受到"说"义动词的制约,很难彻底演变为助词;即使介词"将/把"把"NP/VP 的话"提到了"说"义动词的前面,但是仍然没有摆脱"说"义动词的控制。看来,"NP/VP 的话"只有跳出这个框架,位移至主语或条件分句的位置上才有可能完成质的飞跃。这里所说的移位是指把本不处于句首位置的句法成分前移到句首位置,并加上停顿(或助词),使之成为语用上的话题成分。[②]

下面,我们试用还原法来解释《儒林外史》《绿野仙踪》中的三类话题句是经过省略和移位才成为话题句的。

2.4.1 "NP 的话"话题句

我们先以前举《儒林外史》中的话题句为例,这是迄今所知最早的一例:

打开板壁讲亮话,这事一些半些,几十两银子的话,横竖作不来。③

对此话题句进行还原,就是在"几十两银子的话"前添加"说"义动词,成为:"说几十两银子的话,横竖作不来。"由于在"说几十两银子的话"短语中"几十两银子"就是"话"的内容,"说几十两银子的话"在语义上就是"说几十两银子",所以"的话"变得羡余,当省去"说",并把"几十两银子的话"置于句首时,"的话"就被重新分析为后附的话题标记。

请将下面三栏例句横向一一加以对照。中间一栏"NP 的话"移至句前,但还没有摆脱句尾"说"义动词的支配;右栏既移位又去掉"说"义动词,"的话"演变为话题标记。也就是说,去掉左栏各句中的"说"义动词(及其前后附加成分),就能生成右栏的话题主语句,前提是左栏各例中的"NP 的话"都不是领属关系,NP 就是"话"的内容(带♯号的句子是笔者自拟的,下同)。

(i) 说 NP 的话

    a. 休说五两的话(《金》)

    b. 且慢讲那位姑娘的话(《红》)

    c. 别提这月钱的话(《红》)

(ii) NP 的话……说

    ♯ 五两的话休说

    ♯ 那位姑娘的话且慢讲

    ♯ 这月钱的话别提

(iii) NP 的话

    ♯ 五两的话,根本用不了。

    ♯ 那位姑娘的话,我还没见过。

#这月钱的话,不归他管。

这说明 NP 与"话"的同一性是"的话"语法化的诱因,而省略和移位是"的话"演变为话题标记的重要机制(参看下文例 53、54)。

2.4.2 "VP 的话"话题句

前面 2.2 节举出《绿野仙踪》中"VP 的话"话题句(5)(6)(7)三例。严格地说,这三例中"的话"的"话"还有一定的指代义,虚化未尽,还处于可两解的状况中。比如例(5)"投降的话,断断不能","投降的话"可以理解为"投降的事";例(7)"这喊叫不依从的话,是断断没有的",可理解为"这喊叫不依从的情况"。从这种可以做双重分析的例句更可以看出"话"的泛化指代性跟"的话"词汇化的内在关系。下面以例(6)为例详加说明。

例(6)的上下文如下:

　　a. (朱文炜道)就是小侄,也还问终身的归结并生子的年头。

　　b. (于冰道)生子的话,就在下月,定产麟儿。

a 句可简化为"问生子的年头"("问"也是"说"义动词),由于"话"的泛化指代性,我们完全可以用"话"替换"年头",改为"问生子的话";b 句"生子的话"既可理解为"生子的年头",也可理解为话题小句。"问生子的话"的话题化就是省略"问",并把"生子的话"移至句首完成的。

2.4.3 "至于 NP/VP 的话"话题句

"至于"的功能是引出话题,它跟"要说"的功能相近,是个前置的话题标记,所以凡是句首有"至于"的句子一定是话题句。我们注意到,《绿野仙踪》三例中的"NP/VP"都是在上文的对话中曾经提到过的话题,因此把"话"还原为"话语"义或指代义都可说得通。比如例(8)(9)(10)可以依次扩展为:至于刚才说的遮羞钱的话/事｜至于说我父母的话/方面｜至于你说的凑办厚礼的话/事。由此能够看出"至于"小句深层隐含着"说……的话"结构框架,当表层省略了"说"义动词,"NP/VP"与"话"有同一性时,"的话"就容易演变为并非必要的后附成分。

2.4.4 《绿野仙踪》中可确认做助词的"的话"都产生于话题成分 NP/VP 末尾,这说明"的话"最初、最本质的功能是做话题标记。它的产生需要这样两个前提:

a. 在"说 NP/VP 的话"动宾短语中,"NP/VP"就是"话"的内容,二者具有同一性,在语义上"说 NP/VP 的话"可理解为"说 NP/VP";

b. "NP/VP 的话"短语摆脱"说"义动词的支配,移位到句首做话题主语,"话"的词义进一步虚化,"NP/VP 的话"在语义上就相当于"NP/VP"。

这两个条件,一个是语义上的,一个是句法位置上的,缺一不可。

3. 从《小额》看"的话"功能的扩展

如上节所证,助词"的话"在《儒林外史》《绿野仙踪》中都产生于话题句,是个纯粹的话题标记。但是在现代汉语里,它更经常用作假设语气助词,以至一般人只知道它是假设助词。这是为什么呢?因为"的话"功能的扩大。一个虚词产生之初,其功能往往比较狭窄;其后,经系统内部的调整和影响,其原有功能得以扩展,这是汉语史上十分常见的、带有规律性的现象。为了观察"的话"功能的发展,我们利用了距《绿野仙踪》约 150 年、原刊于光绪三十四年(1908年)的社会小说《小额》(作者为旗人松龄)。此小说是用当时的北京话写成的,语言十分俚俗,简直就像是口语的笔录;其中有21个"的话"可以看作助词,都出自下层市民之口。④ 在《小额》中,助词"的话"既充当话题标记,又兼做假设助词,还做一般的停顿助词;其做话题标记的用法也较《绿野仙踪》有所发展。下面略做介绍。

3.1 做话题标记

A. "NP的话"(NP除了称人名词外,还有时间词、事物名词)

(46)我们哥儿几个的话呀,今儿个是特意给伊老大爷请请安。(28页)

(47)小连的话呀,我们哥儿几个也问明白了他啦,他实在是无心中碰了老爷子一下儿。(同上)

(48)皆因是昨儿个的话呀,我们连大兄弟,跟您家里的老爷子,他们老爷儿俩抬了两句杠。(同上,"昨儿个的话"标明事件发生的时间,是外围性的场景话题)

(49)说善大兄弟,这回事我算受了人家的害啦。前场的话呀,招老大爷生气,一百不好,是我的不好;这回事的话呀,有我们明五叔在头里,你们老爷儿们,算是高抬贵手,大兄弟,我这儿给您磕头啦。(80页,"前场的话呀""这回事的话呀","的话"用在对举句中,点出两个相对的场景话题)

B. "要说VP的话"

(50)要说他打[老]爷子的话呀,他魂也不敢。(28页)

(51)要说办这些个事的话,火纸捻儿比号筒,你差的粗呢。(57页)

"要说 X 的话"小句跟通常的"如果 X 的话"假设分句不同,它的句首不是假设义连词"如果、假如、假使"一类,而是"若说、要说、要问"一类动词性短语。话题的本质是在信息交流的动态过程中临时设定的陈述对象(史有为 1995),而"要说"类短语的作用就是用词汇手段在交谈中预设话题,引出话头,而不是提出一种假设。因此,可以认为,分句句首的"要说、要讲、要问"等,相当于前置的话题标记,不论分句末有无"的话",只要看到这类短语,就可以认定其后就是话题,正如一看见句首有"如果、倘若"之类,就知道这是假设条件分句一样。在这类"要说……的话"前后标记并用的话题句中,由于动词"说"对"话"在句子表层有支配性,因此"的话"的虚化程度不如单用"的话"的话题句高。⑤

C. "VP 不 VP 的话"("的话"用在正反问小句句尾,使问句具有话题性)

(52)别说这点儿事,不怕您过意的话,⑥三头六臂,红黄带子,霹雷立闪的事情,这个兄弟都了过。赏脸不赏脸的话,给我们一句干脆的话。(29 页,第二个"的话"为助词)

这是新出现的话题句型,仍可用"话"的泛化指代性和省略与移位说对它的产生做出解释。我们把 2.3.2 节 C(乙)(iii)举的《红楼梦》里"说 VP 不 VP 的话"两例 a 加以变换,生成新句子 b、c:

a. 讲不到有脸没脸的话上。(《红》例 43)

说什么年轻不年轻的话。(《红》例 44)

b. #有脸没脸的话,讲不到。

#年轻不年轻的话,说什么。

c. #有脸没脸的话,我也顾不得许多了。

#年轻不年轻的话,没什么关系。

这三类句子里"VP 不 VP"在语义上都跟"话"有同一性,"话"有虚化的条件。但是,b 类两句虽然做了移位处理,由于后一小句中仍有"说"义动词,所以"VP 不 VP 的话"在语义上还是"说"的受事,"话"仍带有实义,"的话"不是话题标记。c 类两句不仅移了位,而且完全摆脱了"说"义动词的支配,"VP 不 VP 的话"形式上为名词短语,语义上跟"VP 不 VP"相同,名词短语(哪怕是形式上的)更适合做话题主语,所以"的话"没有脱落,在新的话题句中被重新分析为助词——话题标记。《小额》"赏脸不赏脸的话,给我们一句干脆的话"就属于 c 类。

D. 过渡阶段的特指问话题句"VP 的话……说"

(53)上回让您拿钱,您说不忙,眼下官司是有信完啦,应该多少的话,您只管说吧。(67 页)

(54)您有药好极了,您这也是为救人。药钱多少的话,您自管说。(120 页)

《绿野仙踪》中也有这种过渡阶段的话题句:"起兵攻围的话,尚须缓商。"(31 回)这类句子述题小句中有"说"义动词,还不能把"的话"看成严格意义的话题标记。句法演变是一个连续统性质的渐变过程,这两例处于中间过渡阶段的话题句,更让我们看清了话题标记"的话"跟"说……的话"结构在来源上的联系。

3.2 做假设助词:"要是/要 VP 的话"

(55)老爷子要在家的话,赏我们个脸呢,我们哥儿几个带着小连进去,让小连给他(音贪)磕个头,我们哥儿几个也给他(音贪)磕个头;要是不赏我们脸的话,把他老人家请出来,就在您门口儿,让小连给他(音贪)磕个头。(29 页)

(56)要是见好的话,很好喽;要是作什么的话……(115 页)

(57) 要是不见效的话,让您孙子给您送信去。(同上)

(58) 只要我好啦的话,加倍的必有人心。(120页)

"要是、要"是假设义连词,"只要"是表示必要条件的连词。跟"说"或"要说"不同,"要"和"要是"跟名词"话"没有直接的语义和结构联系,它不可能提供非短语结构"的话"语法化的初始语境,因此助词"的话"不可能产生于"要/要是 X"假设分句。

3.3 "的话"用在称谓名词呼语句后面,做停顿助词

(59) 好善哥的话,就说这件事,跟您说句外话,黄雀儿的母子,很算不了麻儿。(30页)

前举《儿女英雄传》"大爷的话,路上就有护送你的人,可也得加倍小心"也属呼语类。这类用法是对 A 类用法的扩展,《绿野仙踪》未见,应是比较后起的。

3.4 把《绿野仙踪》跟《小额》的用法加以比较,可以看出《绿野仙踪》中助词"的话"的功能只是做话题标记,《小额》中助词"的话"可兼做话题标记和假设助词。以做话题标记而论,《小额》的用法比《绿野仙踪》丰富得多:除了做名词主语句话题标记外,还能在句首为"要说"的话题句后以及正反问小句后做话题标记;它又从做名词主语句话题标记的用法扩展到在面称呼语句后表语气停顿。

如前所说,可以用虚词功能的扩展来解释"的话"由话题句扩展到假设句的用法,不过也许有人要问,为什么扩展到假设分句而不是其他句子呢?我们认为,话题标记与假设助词的通用性和一致性是"的话"由话题句扩展到假设句的根本原因。假设分句跟话题有同质关系。徐烈炯、刘丹青(1998)介绍,Haiman 1978 年在 *Language* 杂志上发表了题为 *Conditionals are Topics*(《条件句就是话题》)的论文,他所说的条件小句,就相当于汉语语法中成为

条件聚合假设句的分句。汉语假设句的历史也表明,话题标记与假设助词向来是通用的,话题是预设的说明对象,而假设是以一个虚拟的条件为话题,二者之间具有本质上的相似性。这便是最初为话题标记的"的话"扩展应用到假设分句的根本原因。无论话题小句还是假设分句,其后都有语气停顿,所以"的话"与表停顿的语气词也有同质通用关系。

根据拙文(2002)的考察,助词"时"产生于时间条件分句,它最初是以假设助词的面貌问世的,到了元代,才看到它在典型的话题句——名词主语句后做话题标记的用法("新罗参时,又好,愁什么卖。"《老乞大谚解》)。这一点跟"的话"不同,"的话"是产生于话题句,扩展到假设句。因此,从来源上看,"的话"是更地道的话题标记,把"的话"看作话题标记比把它看作假设助词更符合语言实际。

4. 问题讨论与思考

4.1 前人跟"的话"有关的研究不多见,其中朱德熙(1983)、徐烈炯、刘丹青(1998)的论著中有所涉及。朱文云:"表示假设的'VP的话'本身显然是名词性结构,原先大概是作为动词'说'的宾语在假设句里出现的(要说下雨的话,就去不成了)。等到它能够离开动词'说'独自表示假设的时候,就显得像一个谓词性结构,后头的'的话'也变得像语气词了。"朱先生的推测有两点与本文不谋而合:(i)"的话"产生于"说VP的话"短语;(ii)"的话"的语法化跟摆脱了动词"说"有关。在没有全面考察历史资料的情况下朱先生作出这样的推测是令人钦佩的。

徐烈炯、刘丹青(1998)认为,"'……的话'的字面义几乎就是词汇意义的话题,并且反映这个条件小句最初就是被看作名词性短语的,'下雨的话'字面上就是'下雨这个话题'",这一看法点出了"的话"与话题的关系,是颇有见地的。

以上两家只对"的话"的来历或本质属性做了简略的推测和说明,并没有对"的话"的产生进行系统详尽的考察和讨论。倒是张谊生(2001)有一段文字专门讲到"的话"的来源,这是笔者迄今所见唯一一篇对来源进行正式讨论的文章。张文用语境吸收(absorption of context)来解释助词"的话"的产生,他举出下面两个例句进行解释:⑦

若依平儿的话,你琏二哥可不抱怨我么?(《红楼梦》118回)

若信了人家的话,不但姑娘一辈子受了苦,便是琏二爷回来怎么说呢?(同上)

张文认为这类句子有两种理解:A 若信了人家说的话;B 倘若相信了人家。"若信了人家说的话"就等于"倘若相信了人家"。"由于句式义所起的作用,'的话'字面义已经成了羡余。随着此类句式的一再使用,'的话'不断地吸收假设句的句式义,终于变成了一个协助表示假设的助词。"

对于这一解释我们很是怀疑。根据上下文提供的语境,"平儿的话""人家的话"都是典型的领属关系("话"是"平儿""人家"说的),其中的"话"指话语,没有歧义,看不出语法化的条件。如按张文的分析,"若信了人家的话"就等于"倘若信了人家",那么"若信/依了人家的意见"也应该就等于"倘若信/依了人家",是不是"的意见"也可能吸收假设句的句式义,变成表示假设的助词呢?为什么只有"的话"而不是"的"跟其他名词的组合变成了助词呢?也就是说,需要对"话"的特殊性加以说明,而上述语境吸收说没有触及这个问题。从容易歧解的句子入手去捕捉语法化的信息,是十分正确有效的方法,但我们认为最好选择那些能够反映语法化渐进过程的歧解句,即在大语境明确的前提下仍可以两解的句子才有说服力。比如"钱财只恨无,有时实不惜"(王梵志诗 067 首)。后句虽然可以理解为"有钱的时候不会吝惜",但由于"有时"的"有"是未然的,又是跟上句的"无"相对而说的,所以也可理解为"如果有钱就不吝惜"。这个歧解句透露了"时"语法化的特定语境。张文所举两例并非歧解句,未能提供渐变的信息,仅用语境吸收来解释还难以令人信服。

4.2 "时"与"的话"

"时"和"的话"这两个助词语法化的路径很不一样,"时"自始至终是在一种句型即时间条件句中虚化并演变为助词的,而"的话"却是在两种不同的句法位置上完成其语法化的——先是由动宾短语"说 NP/VP 的话"引发"话"义的弱化、虚化,使"话"变成具有泛指义的被饰成分(有点儿像"者");然后名词短语脱离原结构中"说"义动词的支配和影响,由宾语转作主语,在新的主语句中取得话题标记的身份。

"时"也有复音节形式"之时、的时、的时候",但这是在"VP/NP 时"中间添加结构助词"之/的"而成的,例如:

(60)若也相公欢喜之时,所得钱物,一一阿郎领取。(《敦煌变文集·庐山远公话》176)

(61)若得官人如此周庇之时,待奴托与终生,未为晚矣。(《小孙屠》三出 267)

(62)不然之时,待他长成,就县择个门当户对的人家,一夫一妇,嫁他出去,恩人坟墓也有个亲人看觑。(《醒世恒言》

卷一）

(63)这们的时,下的你。(《老乞大谚解》60b6)

(64)"既这般的时,休只管的缠张。……"(同上46b)

(65)姑爷,你换下来给我快拿去罢。不的时候,姑娘他也是着急。(《儿女英雄传》11回)

(66)有啥笨活,只管交给我,管作的动;不的时候儿,这大米饭,老天可不是叫人白吃的。(《儿女英雄传》13回,张老语)

"之时/的时/的时候"中的"之/的"是添加成分,而"的话"是原生的。与"时"主要单独做助词不同,"话"一般不单用,只以"的话"的面貌出现。⑧

助词"时"前加上"之"或"的"应是表达上韵律节奏的需要。名词话题句或假设分句必有停顿,而且在停顿处往往有上扬的拖腔或半拖腔,以引出下句;用两个或三个音节,腔调就拖长了,使得话题跟述题的分界更加分明,语气也显得和缓。

在汉语各种句子成分中,名词性成分尤其是指人名词成分是最典型、最常见的主语,一般来说,汉语的主语就是句子的话题,这说明名词性成分尤其是指人名词成分的话题性较之其他类成分强,更容易做话题。在迄今发现的最早的例句中,助词"的话"分别用在指物("几十两银子的话")、指人("太太的话、老爷的话、苗三爷的话")名词后面,这应该不是偶然的,因为最早的用例通常最能反映语法化的语境和动因。在乾隆年间的小说《绿野仙踪》中,可以确切看作助词的"的话",都是用在名词主语后面的。在光绪三十四年刊本《小额》中,助词"的话"共有21例,除去假设分句的6例,话题标记15例中做名词成分话题标记的有9例,超过一半,这比例明显高于现在,跟假设助词"时"早期几乎全出现在VP后面形成鲜明的对比,具有互补性。因此可以说,"的话"是从话题标记扩展为假设助词的,"时"是从假设标记扩展为话题标记的,由于话题跟条件小句本质上的一致与相通,使得二者的句法功能殊途而同归。

4.3 "说"义动词与假设范畴

拙文(2002)在考察时间词"时"语法化为假设助词时曾说,由时间范畴进入假设范畴是汉语跟其他一些语言共有的语用认知规律,例如英语的 when 也常兼有 if 义,德语时间和假设两种关系同用 wenn 一词。在本文中我们论证了话题标记"的话"的产生跟"说"义动词有关,这里另要说明的是,由于假设范畴与话题范畴的同质性,"说"义动词也经常用于假设范畴。汉语中凡是有设定义的连词后面都可以加上"说",比如"如果说、假使说、即使说、只要说、除非说、虽然说、既然说"等。唐诗有与假设表达有关的短语"论时","论时"为"说"义动词"论"加假设助词"时",用在紧缩的假设句句首。如:"自有无用身,观他有用体。子细好推寻,论时几许骏。"(王梵志诗 368 首;要说的话有多么愚蠢)"贮积拟儿孙,论时几许错。"(王 390 首;说起来大错而特错)"有一餐霞子,其居讳俗游。论时实萧爽,在夏亦如秋。"(寒山诗 22 首;要说的话真是很凉爽)由此也可以看出讲"说"义动词跟假设范畴的密切关系。

据古屋昭弘、秋谷裕幸二先生告知,日语中也有类似的用法。现代日语中"の話"(相当于"的话")可用于假设分句之后。⑨比如:

あした　雨　なら　の話　ですが　私は　行きません．
明天　　下雨　如果　的话　是　　 我　　不去
明天如果下雨,我就不去。

而且这种用法多用于后加的从句句尾:

私は 行きませんよ、あした 雨ならの話.
我不去哟，明天如果下雨的话。

4.4 省略与添加

在现行的话题句中(无论是"X 的话"还是"如果 X 的话")，已看不到"说"义动词的影子，"说"义动词的丢失使人们不容易看出助词"的话"的来源跟"说……的话"结构的关系。只要稍加注意就会发现，实际话语中省略现象比比皆是，有时还会连续省略，年代一久，人们就很难了解省略形式的本来面貌了。举一个跟"的话"有关的例子。

"哪里"一词(早期作"那里")在现代汉语里可以单独或反复用在答句里，表示否定。这个处所疑问代词为什么会有这种用法呢？请看《红楼梦》下列例句(前三例引自张谊生文)：

(67)紫鹃听见，唬了一跳，说道："这是那里来的话？只怕不真。"(89回)

(68)宝玉听了，只道昨晚的话宝钗听见了，笑着勉强说道："这是那里的话！"(109回)

(69)周瑞家的说："……只怕是你宝兄弟冲撞了你不成？"宝钗笑道："那里的话，只因我那种病又发了，所以这两天没出屋子。"(7回)

从"这是那里来的话"到"这是那里的话"，再到"那里的话"，是递相省略的关系，通过省略使句子转化为短语；现代又简作"哪里话、哪儿话"，最后减省为"哪里"，通过省略使短语词汇化。再看下面的例句：

(70)尤老娘笑道："咱们都是至亲骨肉，说那里的话。"(64回)

"说那里的话"则是在"那里的话"前添加了动词"说"，显然这是由

"的话"逆向黏带出来的,是"说……的话"这个惯用性的句法框架在人们语用实践中得以贯彻的反映。在明清白话小说资料中,"说……的话"格式使用频率极高,作为一种认知框架,在人们的心理上具有很强的现实性,以至于人们往往不自觉地或者在"说NP/VP"之后补上"的话"煞尾,或者在"NP/VP 的话"前面补出"说"义动词来,即便这个"的话"或"说"未必是句子或短语的必要成分。省略和添加是语言发展变化中的普遍的现象,在考察语词或结构的变迁时也不能忽略。

"说话"是一个黏合性和离散性都很强的离合动词,其黏合性,使人们一看到"说"就会联想到"话",反之亦然;其离散性,使"说"与"话"之间可以插入短语或小句,甚至"……的话"可以出现在"说"之前,乃至完全摆脱"说"的控制。这种离散性也对"的话"的语法化起了推动作用。

5. 结语

过去对语法化的研究,大多是对实词虚化、短语或句子词汇化的原因和过程的研究,本文所论证的却是位于句尾的、两个跨层次的句法成分是怎样结合并转化为一个语法词的,这对拓展观察语法化现象的视野,加深对语法化机制多样性的认识提供了一个重要的实例,也再次提醒我们,语言现象的复杂性、多样性往往超出研究者的想象。本文在以下几方面提出了新的事实、方法和观点:

(i)不仅实词可以虚化,短语可以词汇化,语段可以结构化,而且在一定的条件下,跨层次的非短语结构也可能演变为一个虚词。如同受韵律规则作用而产生的跨层音步是韵律上的重新分析,语法化产生的跨层结构是句法结构上的重新分析,其结果都是打破原有句法结构的边界,造成错位。

(ii)考察一个结构的语法化,有时仅做静态的结构和语义分析是不够的,需要从语用的角度在话语的范围内做动态的研究。"的话"在原来定中结构的句法环境中不可能演变为助词,它是在语用过程中脱离"说……的话"框架的束缚,更改句法位置后,在新的语境中才得以完成的。

(iii)"话"是个特殊名词,它跟"话题"有直接的语义联系,并通过转喻性的语用推理产生指代义,这种指代义的泛化、虚化促使"说 NP/VP 的话"短语的语义关系和结构关系发生变化,这正是话题标记"的话"产生的直接诱因。以往的研究没有触及这一关键,因而未能做出中肯的解释。当"说 NP/VP 的话"短语中"话"与 NP/VP 语义上具有同一性时,当"NP/VP 的话"摆脱"说"义动词的支配并移位至句首时,它就被话题化了,"的话"在新的句法位置上被重新分析为后附的话题标记。

附 注

① 除此之外,元明清白话文献中也可见"的"做假设助词的用法。香坂顺一(1987)曾举出《水浒》中的例子(470 页、501 页),如:"我若是躲闪一棒的,不是好汉。"(28 回)"你晓事的,留下那十两银子还了我,我便饶了你。"(14 回)在时代相近的其他资料里也有反映,把元明清四种版本的《老乞大》中的假设句加以对照,可以证明"的"确实相当于假设助词"时":

旧本:既你待卖时,咱每商量。(22a8)

谚解:你既要卖时,咱们商量。(7b2/142)

新释:你总要卖的,咱们好商量。(25a10)

重刊:你总要卖呢,咱们好商量。(7b10/148)

《新释》的"的"与《旧本》和《谚解》的假设助词"时"相对应,又与《重刊》的假设语气词"呢"相对应,说明它的作用是表示假设语气,"的"就相当于后来的"的话"。

② 袁毓林(2002)举了一些口语中通过移位生成的话题句,例如:
　　a. 我觉得篇幅吧,太长了……
　　b. 篇幅吧,我觉得太长了……(张、方 27 页)

③ 通观早期助词"的话"出现的语境(话题句),应把《儒林外史》"几十两银子的话,横竖作不来"看作名词主语话题句,而不应该看作假设句。

④ 《小额》中假设助词还用"么"和"呢",例如:"要说他的外科么,好像少差一点。"(115 页)"你要听我的话呢,好好儿的安分当差,永远不准惹事;你要是不听我的话呢,拿着你的钱粮,带着你的媳妇,自己混去。"(131 页)

⑤ 《小额》中"要说 X"式话题句为数相当多(38 例),例如:要说外科,王先生简直的不懂得。(89 页)| 要论这点儿药怎么贵重,我也不用跟您说啦……(121 页)"要说、要论"是用词汇手段提出一个预设的话题,而不是提出一个假设的条件;"要问"句是自问自答,用设问的方式提出话题,本质上跟"要说、要论"一样。

"要说 X"式话题句很早就已出现,如:若论常快活,唯有隐居人。(寒山诗)| 若说我家夫主,不是等闲之人。(《敦煌变文集·难陀出家缘起》)从历时资料来看,"要说 X 的话"话题句是从"要说 X"话题句扩展来的,由于"说……的话"框架的惯用性,使得"说"义动词原来的宾语 NP 或 VP 黏带而扩展为名词性短语"NP/VP 的话"。

⑥ "不怕您过意的话",意思是"说一句不怕您在意的话","话"有实义,"的话"不是助词。

⑦ 张文所举《金瓶梅》一例恐理解有误,"今日与你说的话"应理解为"这是我今日与你说的话",暗含着让对方听清楚的意思,跟假设语义无关。《儿女英雄传》:"就说我的话,合他们借两个牲口……"(1079)"就说我的话"意思是"就说是我说的话"。

⑧ 《绿野仙踪》中有一些该在"话"前用"的"而不用的例子,如:
　　城璧笑了笑,又说到救沈炼之子沈褒并分银两话。(27 回)
　　周琏道:"买香料话你也知道。"(82 回)
　　周通将何氏听赵瞎教唆,用木人镇压周琏话,详细说了一遍。(87 回)
　　此刻请到小的家中住些时,再商酌去福建话。(94 回)
有时连话题标记"的话"也省去"的",只用"话":

金钟儿道:"温大爷话,到底该怎么处?"(50回)

这种用法在同时代的其他白话小说中未见,在《绿野仙踪》中也属少数现象,应是作者个人的语言习惯所致。

⑨ "話(はなす)"是日语的"说"义动词,其名词形式是"話(はなし)"。

参考文献

董秀芳　2002　《词汇化:汉语双音词的衍生和发展》,第 273—292 页,四川民族出版社。
———　2003　音步模式与句法结构的关系,《语言学论丛》第二十七辑,商务印书馆。
冯胜利　1996　论汉语的"韵律词",《中国社会科学》第 1 期。
———　1998　论汉语的"自然音步",《中国语文》第 1 期。
江蓝生　2002　时间词"时"和"後"的语法化,《中国语文》第 4 期。
蒋绍愚　2002　"给"字句、"教"字句表被动的来源,《语言学论丛》第二十六辑,商务印书馆。
吕叔湘等　1999　《现代汉语八百词》,商务印书馆。
史有为　1995　主语后停顿与话题,《中国语言学报》第 5 期。
太田辰夫　1957　《中国语历史文法》,江南书院(东京)。
王洪君　2000　汉语的韵律词语韵律短语,《中国语文》第 6 期。
香坂顺一　1987　《〈水浒〉語彙の研究》,光生馆(东京)。
项　楚　1991　《王梵志诗校注》,上海古籍出版社。
项梦冰　1998　连城方言的话题句,《语言研究》第 1 期。
解惠全　1987　谈实词虚化,《语言研究论丛》第 4 辑,南开大学出版社。
徐烈炯、刘丹青　1998　《话题的结构与功能》第 6 章,上海教育出版社。
袁毓林　1996　话题化及相关的语法过程,《中国语文》第 4 期。
———　2002　汉语话题的语法地位和语法化程度——基于真实自然口语的共时和历时考量,《语言学论丛》第二十五辑,商务印书馆。
张炼强　1990　试说以"时"或"的时候"煞尾的假设从句,《中国语文》第 3 期。
张谊生　2001　说"的话",《现代中国语研究》(日)第 2 期。
朱德熙　1983　自指和转指:汉语名词化标记"的、者、之、所"的语法功能和语义功能,《方言》第 1 期。

主要引书目录

《绿野仙踪》(百回本),清·李百川著,北京大学出版社1986年。
《小额》,清·松龄著,太田辰夫、竹内诚整理,汲古书院(东京)1992年。
《儒林外史》,清·吴敬梓著,人民文学出版社1977年。
《红楼梦》,清·曹雪芹著,人民文学出版社1957年。
《儿女英雄传》,清·文康著,西湖书社1981年。
《旧本》:《元代汉语本〈老乞大〉》,(韩)庆北大学校出版部影印本2000年(反映元代语言面貌)。
《谚解》:《老乞大谚解》,奎章阁丛书本第九,(日)京城帝国大学法文学部影印(反映明初语言面貌)。
《新释》:《老乞大新释》,乾隆二十六年(1761年)刊本,奎章阁藏书4871号(汉城)。
《重刊》:《重刊老乞大谚解》,乾隆六十年(1795年)刊本,弘文阁1984(汉城)。

(原载《中国语文》2004年第5期)

"VP 的好"句式的两个来源[*]

——兼谈结构的语法化

提　要　本文把现代汉语中表示取舍义的"VP 的好"句式依据句中有无疑问代词区分为甲式和乙式两种，认为无疑问代词的甲式源自自指的"VP 底"主语句，有疑问代词的乙式源自有标记的话题主语句，即由"VP$_1$ + Z, VP$_2$"紧缩为"VP$_1$ZVP$_2$"（Z 为助词）。紧缩的诱因是，谓语是单音节，不足一个音步。本文从句法功能的降位、语义的主观化和结构的紧密化几方面考察了"VP 的好"结构语法化的原因、过程和特点；文中还对唐宋祈使句"VP 好"的语法化一并做了说明。

关键词　自指　取舍句　祈使句　语法化

1. 引语

1.1　偶从报上看到一个标题——"这样的'哲学家'还是少些的好"。由此想起平时常说的"还是不去的好"，"你让我怎么说你的好"等类似的句子。在这类句式中，VP 可以是单音节动词（单音节形容词后面要加"些"或"点"），也可以是谓词性短语或小句，"VP 的"就相当于"VP"，在一般情况下，加不加"的"意思没有不

---

[*] 本文初稿写出后曾向曹广顺、刘丹青、吴福祥、杨永龙、梁银峰、李明等多位同事请教，蒙他们提出宝贵意见，在此一并致谢。

同,只是加"的"在语气上显得较为和缓、委婉。"VP的"做主语对谓语限制很严,只能是单音节形容词"好",显示出相当的格式化、固定化。"VP的好"句式通常在句中做谓语,前面常用副词"还是、倒是、宁可"等修饰。此类句子不管是表示祈使还是陈述,其语义都含有斟酌取舍的意思,因此有人称之为"取舍句"(李立成1999)。在众多研究"的"字结构的文章中,涉及这类用法的不多[①];就是专门描写、讲解现代汉语虚词、常用词用法的词典目前也未见提及,有必要对其句式、语义进行共时和历时的考察研究。

1.2 自指和转指

朱德熙(1983)把谓词性成分的名词划分为自指和转指两种:是单纯的词类转化,语义保持不变,即"VP的"与VP所指相同的是自指;除了词类的转化以外,词义也发生了显著的变化,即"VP的"与VP所指不同的是转指。朱先生把转指的"的、者"记作"的$_t$、者$_t$",把自指的"的、者"记作"的$_s$、者$_s$"。按照这种分别,本文所论"VP的好"句式中的"VP的"显然都是自指的,应记作"VP的$_s$好";由于本文是专谈自指的,为了简便,除了正文小标题外,一般不标作"的$_s$",文中"VP的好"及其早期的各种形式如"VP底是""VP的是"等,均代表这种自指义的句式。

1.3 甲式和乙式

现代汉语"VP的好"句式可以分为两类:一类是句中没有疑问代词的,如"还是少些的好""还是不去的好"等;另一类是句中有疑问代词"怎么、哪儿、什么、谁"等,VP一般是小句,疑问代词在小句中做状语或宾语。如"你让我怎么说你的好""咱们往哪儿逃的好""不知对他说什么的好""遇到难处,让我求谁的好"等。为了称引方便,本文把不带疑问代词的非特指问句形式称作甲式,把带疑问代词的特指问句形式称作乙式。其实只有甲式的语义表示取舍,乙式表示不知如何是好,不表示取舍。此前还没有人根据有无疑问代词来给"VP 的好"句式分类,本文区分甲乙两式,是因为这两式最初的来源不同,语义功能也不尽相同。

2. 甲式的来源

2.1 "VP 者 s"

要探求"VP 的好"句式的来源,自指的"VP 的"是个关键。在古汉语中,与"的"相当的"者"早在先秦时期的文献中已出现表示自指的用法,它既可以用在 NP 后面,也可用在 VP 后面。"NP 者 s"的例子如:

> 仁者,人也;义者,宜也。(《礼记·中庸》)

"仁、义"在这里指古代的道德观念,"仁者""义者"与"仁""义"所指相同,加上了自指的"者",增强了"仁"和"义"的指示性,指示"仁"和"义"这种概念本身。

再看"VP 者 s"的例子:

> 鱼,我所欲也;熊掌,亦我所欲也。二者不可得兼,舍鱼而取熊掌者也。(《孟子·告子上》)②

"舍鱼而取熊掌者"与"舍鱼而取熊掌"同指。正如朱德熙(1983)所分析,加上了自指的"者","舍鱼而取熊掌"从陈述转化为指称,"者 s"有一种指示作用。

2.2 "VP 底 s"

结构助词"底"最早见于唐代,与结构助词"者"渐被"底"替代一致,表示自指的"者"也因词汇的替代变为"底"。唐代白话文献中助词"底"的用例很少见,晚唐五代渐多。在晚唐五代的白话文献里"VP 底 s"很少见,但在宋代禅宗语录和《朱子语类》中就比较多了。下面转引刘敏芝(2004)的 5 例:

时有人便问:"承师有言:大家识取混崙,莫识取劈破。如何是混崙?"师良久。问:"如何是劈破底?"师云:"只这个是。"(《祖堂集》卷十三福先招庆和尚)

"穷神知化",化,是逐些子挨将去底。(《朱子语类》卷七十六)

闻左右迩来亦忙,只这著忙底,便是腊月三十日消息也。(《大慧普觉禅师书》)

学问,就自家身己上切要处理会方是,那读书底已是第二义。(《朱子语类》卷十)

以琼观之,不如观己底稳贴。(同上,卷二十六)

前两例"VP 底"做宾语,后 3 例"VP 底"做主语。"VP 底 s"做主语句的存在为甲式的出现准备了必要条件,当然,并不是所有以"VP 底 s"做主语的句子都能够句法化,格式化,只有当谓语恰好为"是"一类单音节形容词时才具备了充分条件。

2.3 "VP 者 s 是"与"VP 底 s 是"

2.3.1 "VP 底 s 是"

按说,"VP 者 s 是"应该出现在"VP 底 s 是"前,但是,在五代禅宗语录《祖堂集》中只见"VP 底是"却未见"VP 者是",倒是在后出的宋代白话文献中见到少数"VP 者 s 是"的用例(见 2.3.2),这可能跟说话者和语录编纂者的语言倾向有关。

据刘敏芝(2004)考察,"VP 底 s 是"句最早见于《祖堂集》,她举了如下 3 例:

(1)师曰:"默底是,说底是?"对曰:"默底是。"(《祖堂集》卷五云岩和尚)

(2)因道吾卧次,师曰:"作什摩?"吾云:"盖覆。"师云:"卧底是,不卧底是?"吾云:"不在两处。"(同上,卷五桦树和尚)

(3)悟底是,不悟底是?若便悟去,亦不分外;若便不悟去,亦不分外。(同上,卷十一保福和尚)

很显然,《祖堂集》这3例中的"VP底s是"都跟选择问有关,或者用作正反并列的选择问小句(正反两项:"默"与"说","卧"与"不卧","悟"与"不悟"),或者是陈述句——对选择问的承前回答("默底是")。选择问句要求对选项作出或取或舍的抉择,在选项后加上自指助词"底",就可以使选项所指更加明确,增强了VP的指称性。《祖堂集》里的3例"VP底是"都是独立的主谓句(选择问小句也是主谓结构),其语义是对事物的是非对错加以判断。

宋代白话文献中"者"与"底"并用,"底"的数量大增。"VP底s是"的用例也明显增多,主要见于宋代禅宗语录和宋儒朱熹的语录。例如:

(4)且道遍身是底是,通身是底是?(《碧岩录》)

(5)遂宁府西禅文琏禅师,郡之张氏子,上堂:"一向怎么去,直得凡圣路绝,水泄不通,铁蛇钻不入,铁锤打不破,至于千里万里,鸟飞不度。一向怎么来,未免灰头土面,带水拖泥,唱九作十,指鹿为马,非唯孤复先圣,亦乃埋没己灵。敢问大众,且道怎么去底是?怎么来底是?"(《五灯会元》卷二十)

(6)且如一个人坐亡立化,有一个人仗节死义,毕竟还仗节死义底是。坐亡立化,济得甚事!(《朱子语类》468页"仗节死义底"跟下文"坐亡立化"对说,指仗节死义这种行为,为

自指)

(7)问:"昨与刘公度看南轩为先生作韦斋记,其间说'观过知人'一段,以所观在己。及洙泗言仁论,又以所观在人。不知二说先生孰取。"曰:"观人底是。……"(《朱子语类》659页)

(4)(5)两例用在选择问句中,跟《祖堂集》相同。(6)(7)两例用在陈述句中,虽不是对选择问句的直接回答,但都是对上文提到的两种情况的对错优劣表示意见。其中例(6)是对"坐亡立化"和"仗节死义"两种行为的是非优劣做出判断,例(7)是对"所观在己"和"所观在人"两种说法的优劣做出判断,跟《祖堂集》对选择问的承前回答句相似。因此,可以认为五代和两宋时期的"VP 底 s 是"句用法语义基本相同。这时期"VP 底是"是个主谓句,"是"的意义很实。

2.3.2 "VP 者 s 是"

"VP 者 s 是"句式较少见,如前所说,《祖堂集》中未见,目前只在宋代语录体文献中找到 3 例:

(8)师在筠州九峰,辞众晚参,遂举拂子云:"昔日世尊拈花,迦叶微笑;今夜归宗举拂,大众寂然。为复寂然者是?微笑者是?"(《古尊宿语录》)

(9)祖曰:"我有时教伊扬眉瞬目,有时不教伊扬眉瞬目;有时扬眉瞬目者是,有时扬眉瞬目者不是。子作么生?"山于言下契悟,便礼拜。(《江西马祖道一禅师语录》)

(10)又有一说,"怀刑"作恤刑,"怀德"作施德。要之,不如好善而恶不仁者是。(《朱子语类》665 页)

例(8)是选择问句,例(9)为并列的陈述句。这两例都是主谓句。值得注意的是例(10)。例(10)虽也是陈述句,但句中有动词"不如",陈述对事物加以比较斟酌后的取舍意见,即比较优劣,在语义上跟前此各句主要判断是非优劣不同。在句子结构上,"不如 VP 者是"是兼语式("VP 者"为兼语),"VP 者是"从独立的主谓句降为句子成分。兼语"VP 者"跟它前面的动词"不如"结合得紧密,使"VP 者是"原来双重心(重+重)的主谓结构受到冲击,发生了语义重心前倾(重+轻)现象。即在"不如好善而恶不仁者是"句中,"不如"跟"好善而恶不仁"相邻,二者支配与被支配的关系紧密,兼语小句中的谓语"是"被边缘化,语义分量大为减轻,甚至去掉它在语义上也并无大碍。从独立成句到做句子成分,句法地位的变化,引起了语义和结构的细微变化,结构的语法化由此开始。宋代以后"VP 的是/好"主要做谓语(主语时常隐而不现,例见2.3.4),跟最初独立成句不同。

2.3.3 促使"VP 底是"结构句法化的还有韵律的因素。并不是以"VP 底 s"做主语的句子都能够凝聚成一个结构紧密、格式固定的句式(如"以琼观之,不如观己底稳贴"),只有当谓语是单音节的"是"类形容词时,这种句子结构才有进一步凝聚的内需。自指助词"底"的存在,使主语"VP 底"跟谓语"是"之间界限分明。汉语的韵律规则是两个音节组成一个独立的音步,以单音节词做谓语,在韵律上不稳定,句子的韵律规则促使"是"打破句法界限向前依附,跟"底"结合成一个双音节跨层音步,即:"VP 底-是"→"VP -底是"。此外,这个结构得以固定化,还在于"是/好"这种单音节形容词的语义涵盖面宽,凡是正面的、积极的词义都可以用"是/好"来代表。比如前举"不如观己底稳贴"一例,说成"不如观己底是/好"也可以。正是由于句法与语义功能、韵律规则以及"是/好"的词义特点等几种因素的综合作用,使得这一结构在长期大量使用的过程中最终得以固定化。③

2.3.4 从"是"到"好",元明清时期甲式语义功能的发展变化

元代白话资料如元刊杂剧三十种中始见自指助词"底"作"的"。元代甲式用"VP 的是";明代仍用"VP 的是",但已出现少量"VP 的好";到了清代绝大多数为"VP 的好",只遗存少量"VP 的是"。从表达功能来看,元明清三代的甲式除沿用宋以前用于选择问句和陈述句外,又发展出新的功能——用于祈使句。下面分别举例说明:

(一)充当选择问句的两个分句。选择分句不限于正反项,而且比早期复杂得多(如例 13);有时只有一个分句用"的"(如例 14)。

(11)他问我要休书,我问师傅咱:"与的是?不与的是?"(元刊杂剧《任风子》三折)

(12)我等分兵前去征讨的是?只打城池的是?(《水浒传》120 回本 83 回)

(13)还是坐着同老爷打躬作揖的好?还是捧茶给老爷吃,走错路,惹老爷笑的好?(《儒林外史》22 回)

(14)"……是在洛阳好,还是投唐的好?"罗成道:"何用商量,自是投唐好"(《说唐》50 回;此例或作"VP 好",或作"VP 的好",表明语义无区别)

这些选择问句的语义跟早期的最大区别是:不是问孰是孰非,而是问应该如何做,增加了表情态的成分。如例(11)"与的是?不与的是?"是问该不该"与",跟《祖堂集》"悟底是,不悟底是"询问是非不同。

(二)用于陈述句,多陈述经斟酌、比较后的取舍意见或决断。

(15)罢罢罢,我知道了也,师父则教我休了的是。(《元

曲选·任风子》三折)

(16)我前日该听他们劝,置些货物来的是。(《拍案惊奇》卷一;[我该]置些货物来的是)

(17)刘姥姥道:"庄家孩子没有见过世面,没的在这里打嘴。我带他去的好。"(《红楼梦》113回)

(18)想了想,还是当强盗的好。(《儿女英雄传》11回)

(三)用于祈使句,表示劝诱或劝诫。句中多用副词"还是",使劝导的语气更显委婉。如:

(19)(白士中云)则怕反落他彀中。夫人,还是不去的是。(《元曲选·望江亭》二折)

(20)陛下还是进宫去的是,不要因了妾们拂了娘娘的兴。(《隋唐演义》30回)

(21)只劝官人莫惹事的好。(《拍案惊奇》卷三)

(22)何、张二人道:"生冷非病人所宜,还是喝点茶的好。"(《儿女英雄传》65回)

从地域上看,"VP的好"南北通用。上面的文献已经表明,不仅北方地区广泛使用,南方地区也用。下面是见于吴语区作家笔下的用例:

(23)心想两雄不并立,还是不叫他们见面的好。(《孽海花》31回)

(24)还是换个地方秘密些儿的好。(《九尾龟》123回)

祈使句的语义核心是劝导取舍,它的产生是"VP底是"陈述句句义引申的必然结果。因为陈述句无论是陈述对是非的判断、对优劣的比较,还是对利害的权衡,都隐含着"应当VP"的意思。比如"默底是"就意味着应当"默";"仗节死义底是"就意味着应当

"仗节死义";"还是当强盗的好"就意味着应当"当强盗"。当句子的主体是第二人称时,陈述句就转为祈使句了。比如:

事已如此,我还是当强盗的好。(陈述句)

事已如此,你还是当强盗的好。(祈使句)

祈使句是依据个人的利害关系提出取舍的建议,其判断的标准主观性强,具有相对性,不像陈述句中判断是非和比较优劣的那一类较有客观性。因而可以认为,用于祈使句的甲式语法化的程度较深。

2.4 甲式的语法化

综上所述,甲式的语法化可以从三方面来观察:

(i)句法功能的降位

五代时"VP 底是"是主谓结构的独立句,但自宋代开始降为句子成分,通常在句中充当谓语(或兼语小句),而不是独立成句。这种现象随着时代推移而更加普遍化、固定化了。从独立的主谓句到句子成分是句法功能的语法化。

(ii)句法结构的紧密化

由于句法地位的下降,引起原来双重心的主谓结构(重+重)发生语义重心前移(重+轻)的变化,由此引起位于句末的"是/好"词义一定程度的虚化;又由于句法韵律规则的作用,促使"是/好"前附于"VP 底"之后,并与"底"构成一个跨层音步,使得"VP 底是/好"结构紧密化。从另一方面来看,结构的紧密化、格式化也制约了"好"进一步虚化。在唐宋祈使句"VP 好"中,由于 VP 后面没有自指助词"底",其结构不如"VP 底是"紧密,致使在一定语境中,位于祈使句句尾的"好"虚化为语气词(详见第 4 节),而"VP 的好"结构中的"好"至今仍是实词。④

(iii) 语义的主观化——祈使句的出现

从五代到元代以后,"VP 底是/好"结构的语义有如下变化:

判断是非─→比较优劣─→权衡利弊─→劝导取舍

在《祖堂集》时代,"VP 底是"句表示对是非的判断(如"默底是";一律用"是"字),可看作判断性的陈述句;宋代陈述句中新增了对优劣的比较(如"不如好善而恶不仁者是""毕竟还仗节死义底是");元代以后主要表示对利害的权衡(如"与的是,不与的是?""还是当强盗的好";逐渐用"好"替代"是"),同时还新出现了劝导他人取舍的祈使句("夫人,还是不去的是")。事物的是非对错一般有公认的客观标准,判断者一般也须参照客观标准,因而相对较有客观性;比较优劣时会带有个人的主观价值取向,客观性不如前者;权衡利弊、劝导取舍主要从个人立场出发,主观性较强——基于主观立场做出的取舍判断跟事物客观的是非属性可以没有关系(如"还是当强盗的好")。因此,从判断是非─→比较优劣─→权衡利弊─→劝导取舍,"VP 底是"结构表现出语义客观性递相减弱、主观性和表情功能渐次加强的趋势。与此相应,随着句子语义上主观性的加强,"是"的本义(正确,对)日渐虚化,最终被词义具有相对性的"好"字替代。"是"与"好"词义有联系也有区别,其区别就在于"好"既是个非常主观化的概念,又是意义具有相对性的概念。再者,随着结构语义的主观化,结构的指称功能变弱,表情功能增强,"底/的"作为自指助词的指示性也不断削弱,变得越来越可有可无,到了现代似乎只起使语气委婉的作用。以上各种变化都说明"VP 的好"结构离其原发点渐行渐远,其语法化程度在不断加深。

3. 乙式的来源

乙式是指"VP 的好"句式中带疑问代词的一类,如 1.3 所举"你让我怎么说你的好"一类。乙式句中的"的"是否与甲式一样同为自指助词呢？自指助词"的"具有指示性,具有把陈述转为指称的功能,而疑问代词的所指不明,只有指代性没有指示性,在有疑问代词的小句后加上自指助词"的"从逻辑上说不通,有违义理。因此,我们怀疑乙式的原始来源与甲式不同。乙式最早见于元代的白话文献,根据我们对《元典章》和古本《老乞大》等可靠资料的调查与分析,它的产生跟话题为特指问小句(句尾有标记)、述题为单音节形容词"是/好"的话题句有关,下面试加论述。

3.1 "VP 呵是"与"VP 的是"

《元典章》、古本《老乞大》等元代可靠白话文献中有一种"VP 呵是"句是乙式的前身,"VP"是特指问小句,"呵"为语气词(可以表示疑问、假设、停顿等多种语气)。例如：

(25) 窝藏作贼的,俺一百个来人得了也。一半拿着,分付管民官了也。俺如今怎生般理会呵是？(《元典章·刑部卷三·禁断贼人作耗》;我抓到一百来个作贼的,其中一半交给管民官了。我如今该怎么处理才好?）

(26) 这底每根底不要罪过呵,更后头急慢呵,怎生治呵是？(又,《草贼生发罪例》;如果不处罚他们,草贼以后更加骄横,可怎么治理才好?）

以下两例是《老乞大》元明清各代版本相对照的情况,[⑤]可以看出元代的"VP 呵是"与明清的"VP 的是"的对应关系：

(27) 古本:二两半钞,与怎多少呵是？ 由你,但与的是。(15b)

谚解:一百个钱,与你多少的是?随你与的是。(48b)

新释:这一百钱,与你多少米呢?随你馈我多少就是了。(17b)

重刊:这一百钱,与你多少的是?随你多少就是了。(49a)

此例《古本》作"VP 呵是",《谚解》《重刊》作"VP 的是",《新释》是活译("但与的是""随你与的是"意思是"随便你给多少钱都行",其中"与的"指"给的钱",为转指)。

(28)古本:不争你这般胡索价钱,怎生还呵是?(23a;不争:如果)

谚解:不要你这般胡讨价钱,怎么还你的是?(9b7)

新释:不要这样混胡讨谎价,教我怎么还你是?(26a)

重刊:不要这样胡讨虚价,教我怎么还你是?(10b)

此例也是《古本》作"VP 呵是",《谚解》作"VP 的是"。联系到《元典章》只见"VP 呵是",说明这两种形式有时间上的先后关系⑥。清代两本都作"VP 是",显示出"的"并非必要成分。

3.2 "VP 呵是"源于"VP 呵,是"

我们认为,这类特指问形式的"VP 呵是"句式是由带标记的话题句紧缩而成的。话题后面有语气词的主谓句,即"VP 呵,是",要比甲式的前身"VP 底-是"结构更为松散,当这种结构松散的话题句的述题部分为单音节形容词"是"时,缺乏韵律上的稳定性,当话题与述题间的语气停顿缩短、边界不分明时,在韵律规则作用下,就很容易紧缩为一个黏聚性强的简单句。可以用下面的式子说明(S 指主语,Z 指助词):

$$(S)VP_1 + Z, VP_2 \longrightarrow (S)VP_1 Z VP_2$$

下面用文本中假设复句变为紧缩句的实例加以说明⑦：

(29) 那般呵,更好。(《古本》3a)

(30) 到那里便早时,也好。咱每歇息头口,明日早行。
(《古本》3b)

这两例中主句分别为双音节的"更好""也好",如果是单音节的"好",就容易紧缩为"那般呵好","到那里便早时好"("时"为语气助词)。恰好文献中就有这样的例子：

(31) 咱们买些什么回货去时好？(《谚解》59a)

再看下面两例：

(32) 我与你四定钞,肯时卖；你不肯时,赶将去。(26a7)

(33) 添不得。肯时肯,不肯时罢！(26a10)

这两例中"肯时卖""肯时肯""不肯时罢"三句为紧缩式假设句,"你不肯时,赶将去"为假设复句。把"不肯时罢"与"你不肯时,赶将去"一对比,就可以看出假设复句变为紧缩句的原因和条件。这三个紧缩句有一个共同的特点：VP_2"肯、卖、罢"为单音节动词。这说明引发假设复句自然紧缩的原因主要在于VP_2的音节数,当VP_2为单音节时,受句子韵律结构的制约,就引发了复句向黏聚性强的紧缩句变化。

下面两例是《古本》与《谚解》相对应的一段话,其中假设复句与紧缩句同现：

(34) 似这等布宽呵好……宽呵,做出衣裳余剩,又容易卖；窄呵,做衣裳不勾。(《古本》36b)

(35) 似这等布宽时好……宽时,做衣裳有余剩,又容易卖；窄时,做衣裳不勾。(《谚解》56a)

试将左右两句加以比较：

"宽呵好"～"宽呵,做出衣裳余剩,又容易卖"

"宽时好"～"宽时,做衣裳有余剩,又容易卖"

可以看出左边的"VP呵好""VP时好"确实是右边假设复句的紧缩形式,紧缩的诱因与句子的韵律有关。在"VP呵,是/好"这种松散的句子中,"是/好"是一个不入音步的单音节,韵律规则拉动它贴附于相邻的音节"呵",重组为一个独立的跨层音步,致使从句与主句黏聚在一起,形成紧缩句。

从分析型的句子结构变为黏聚型的句子结构,从双小句复句变为紧缩句,都是一种语法化现象。"VP呵是"句结构由松散变紧凑,语气词"呵"由原先位于话题或话题小句尾部,变为位于紧缩结构的中间,其原先的疑问语气功能必然被削弱以至完全消失,它不像甲式的"的"表示自指,它只起韵律上的衬音作用。另一方面,"呵"原先是紧附在话题或话题小句后面的,其语调上扬,甚至带着拖腔;而在紧缩形式里,"的"念轻声,与"好"结合为一个跨层音步,不是念"让我怎么跟你说的-好",而是念"让我怎么跟你说-的好",这是韵律规则的作用所致。跨层音步的形成增强了句式的黏聚性,这一点跟甲式的情况相同。

3.3 乙式与甲式功能的互补

元代以后,乙式使用非常普遍,跟甲式不同,其表达功能主要表特指疑问,少数情况下不表疑问表陈述或祈使,跟甲式有互补性。

(一)用于特指问句,表示疑问。

(36)我待要问人,问谁的是?(《元曲选·罗李郎大闹相国寺》一折白)

(37)嫂嫂问呵,着我说什么的是?(又,《神奴儿大闹开封府》二折白)

(38)风又大,雪又紧,身上无衣,肚里无食,可着我往那里去的是?(又,《冻苏秦衣锦还乡》二折白)

《元曲选》各剧中的宾白应是明代演出本的反映,一般应看作明人的口语。

(二)"不知+VP 的是/好",不表疑问,只陈述不知所措。

(39)都是好的,你不知叫我夸那一个的是。(《红楼梦》71 回)

(40)我回去同他们商量,又不知往哪里追寻的好。(《九命奇冤》30 回)

(三)句中的疑问代词是虚指,不表疑问,表示的是祈使语气。

(41)怎么想个法子预先布置布置的好。(《官场现形记 17 回》,此例"的"字不可少,少了有歧义)

乙式出现频率不如甲式,在清代白话小说中还不时可见,但是在我们调查的 16 位现当代作家如茅盾、老舍、浩然、王朔等的小说戏剧作品中,竟然一例未见。其兴也晚,其衰也早,或许正说明它跟甲式不同,其中的"的"一开始就不是必须的。不过,在现代汉语口语中乙式有时还会用到,并没有到完全绝迹的程度。这说明文献资料哪怕是白话资料还是有其局限性,并不能完全反映口语的实际情况,这也再次印证了"说无难"这句至理名言。[⑧]

3.4 乙式与甲式的合一

从发生学的角度来看,乙式的来源不同于甲式,这从二式的语义功能和"底"的句法功能明显不同也可以看出。但是,当甲式大量使用之后,由于以下因素的推动,类推作用也可能产生出乙式,致使甲乙二式殊途同归,合为一式。即:乙式在表层形式上与甲式相似,都是"$VP_1 + Z + VP_2$"(Z 表示句中助词),而且 VP_2 都是单音节形容词"是/好",所以很容易受类推心理的作用,使甲式功能

扩大到特指问句。也就是说,乙式后来的大量使用是类推作用下甲式功能的扩展。比如:

(42)设有人唤上座,应他好,不应他好?(《景德传灯录》卷二十五)

(43)你道破家散宅好,解作活计好?(《古尊宿语录》卷二十四)

(44)师曰:"道者前时,谢汝请我,将什么与汝好?"(《景德传灯录》卷二十五)

例(42)是正反选择问句,例(43)是一般选择问句,这两例都可以在选择问小句句中加上自指的助词"底",意思不变。例(44)是特指问句,其谓语小句也是单音节的"好",跟选择问小句有相似处,因此有可能出于类推心理在特指问句句中也加上助词"底"。

元代以后,随着语气词"呵"的退出,乙式也相应地变为"VP的是/好",例(27)(28)《古本》中的"VP呵是"被明代《谚解》本的"VP的是"替代,就是这种变化和类推心理的反映。

在汉语的发展历程中,最初来路不同而后归为一体的语言现象并不鲜见,只不过合一的原因、方式、程度等各异罢了。拙文(1999)说明"似的"和"是的"是来源不同的比拟助词,由于二者语法意义相同,读音相近,于是功能相互渗透,最终在北方话中,"似的"被"是的"归并。梁银峰(2004)指出事态助词"来"是由连动式"V(＋NP)＋来"中的趋向动词"来"虚化而来的,由于其中的"V(＋NP)"和"来"存在着两种语义关系(时间上的先后关系和逻辑上的目的关系),"来"便循着两种途径渐进演变,最终都变为事态助词。这种经由两种途径形成的事态助词"来",由于句法位置和语法意义相同,最终合而为一。再比如,据钱曾怡(1993)记录,山东博山方言中来源不同的五六个语法成分如相当于"子"的名词后缀、用在名词和指代词后面相当于"里"的方位词、相当于"了"的完成体助词、相当于"的、地、得"的结构助词、相当于"个"的量词等,其语音形式都是央元音[ə]。这些是异源同形现象。此外也有来源相同,后来语义、功能、读音发生分化,变成形式不同的两个成分,这是同源异形现象。拙文(1995)论证疑问代词"什麽"的"麽"跟复数词尾"们"同源于名词"物"就属于此类。这些研究的结论是否正确,尚待后人检验,但是我们相信,无论是对这类现象的揭示,还是对内质的探索都是十分有意义的。在语言史的研究中,厘清最初的来源与后来的合流,以及大量由语法化引起的异源同形或同源异形等现象,对于认识语言变异的本质、深入探索语言演变的内在规律是十分必要的。

4. 唐宋祈使句"VP 好"

唐宋禅宗语录中有一种祈使句"VP 好",跟本文所讨论的"VP 的好"在形式和语义上有相似之处,有必要一并考察讨论。向熹(1993)、刁晏斌(2001)等曾讨论过这种祈使句,认为句末的"好"大都已虚化为语气词。这里对"VP 好"句式加以分类,分别说明"好"的虚化原因及程度差别。

A. "不如+VP 好"

(45)不如子细体取古人意好。(《景德传灯录》卷二十七)

(46)若更不会,不如且依古语好。(又,卷二十八)

动词"不如"与 VP 紧邻,二者之间的支配与被支配关系更紧密,引起"VP 好"语义重心前移,"好"义有所虚化,去掉"好"句义仍能成立;但"不如"表示比较,在有比较义的句子里,"好"的实义不容易完全消失。

B. "VP"前无副词、助动词

(47) 师曰:"长老房内有客,归去好。"(《景德传灯录》卷六)

(48) "秀才还曾题否？"云:"未曾题。"沙云:"得闲题一篇好。"(《圆悟禅师语录》,《大正藏》卷四十七)

根据句义,这两句表示劝请,没有比较义,应该理解为"归去吧"、"得闲题一篇吧",这说明"好"已虚化为语气词了。

C. "VP"前有祈请动词或表示应该义的情态助动词、副词等

(49) 请和尚合取口好！(《五灯会元》卷十九端裕禅师；请和尚闭上嘴)

(50) 亦须著精神好！(《祖堂集》卷七,雪峰和尚；要用心理解)

(51) 大不容易受,大须恐惧好。(《景德传灯录》卷十八；要心怀怵惕)

(52) 何妨进前,著些功夫体取佛意好。(又,卷十五；应该努力用些功夫体会佛意)

(53) 何不觅取个管带路好！(又,卷十八；何不求个地方官当当)

"请"是祈请义动词,它出现在句首,表示希望或命令,并不是比较好坏。"须、大须"为应该义；"何妨""何不"都是用反问语气表示应该。"应该 VP"表示祈请不表示比较好坏。

有祈请义动词或情态助动词的祈使句"请 VP""应该 VP"在语义和句法上都是自足的,可以独立表达祈使义,加上"好"反而多余,这就促使位于祈使句句尾的"好"由句子成分演变为情态成

分——语气词。

D. "VP"前有否定副词"莫"

(54)莫见与摩道,便道非悟非不悟,莫错好!(《祖堂集》卷十一;别理解错了)

(55)仰山云:"莫道无人会禅好!"(《景德传灯录》卷九;别以为没人懂得禅)

(56)师曰:"莫把那不净涂污人好。"(又,卷十九)

"莫"是禁止词,表示希望、命令,毫无比较好坏之义。"莫 VP"表示希望、命令在句法和语义上也是自足的,位于句末的羡余成分"好"就被重新分析为语气词。"好"在此类祈使句中虚化程度最深。

在以上四类祈使句中,"好"的虚化程度依次加深。在 A 类祈使句中,"好"正处于由句法成分向情态成分演变的过程中;而在 B、C、D 三类祈使句中,可以认为"好"已经演变为祈使语气词了,由于 B 类没有形式标记,其虚化程度不如 C、D。决定"好"虚化程度的关键因素是祈使句的语义,凡祈使句中含有比较义者(比较优劣、权衡利弊),就跟"好"有意义上的联系,"好"就很难完全虚化;凡祈使句中不含比较义的(有的有祈请动词、情态助动词或禁止词),"好"就容易虚化为句末语气词。如上文 2.4 所说,甲式"VP 的好"都含着比较优劣、权衡利弊的语义,因而迄今"好"的实义仍然保存着。

蒋冀骋(1991)指出湖南祁东方言用"好"做语气助词,可表祈使、劝诫。如:

慢点走好!|在我屋里吃饭好!|莫打野眼好!|莫听别个的闲言闲语好!(见86页)

可以看出祁东方言的用法跟唐宋"VP 好"祈使句一脉相承,现代汉语方言中至今仍保留的近代汉语情态成分,对前面的分析是很好的佐证。根据上文的分析,祁东方言有禁止词"莫"的两句中"好"为语气词没问题;"慢点走好""在我屋里吃饭好"两句虽无祈请动词和情态助动词,但是这两句句义是祈请,不表示比较,因此"好"也虚化为语气词了。

5. 结语:"VP 的好"结构的语法化

"VP 的好"甲乙二式的来源恰好反映了语法化的两种主要现象:形态化和句法化。形态化是指结构式或实义词变成语法词或形态标记的过程,被饰代词"者"虚化为表示自指的助词,成为自指标记,是词义较实的词形态化的例子;自指助词"底/的"在甲式中功能的退化、在乙式中变为衬音助词,是虚词进一步形态化的例子。句法化指松散的篇章或话语模式变成相对紧密的句法结构,或者从分析型的句法结构变成黏聚型的句法结构的过程,甲式是由双重心的结构演变成前重后轻型的句法结构的;乙式是由分析型的话题主谓句"$VP_1 + Z$,VP_2"紧缩为黏聚型的句法结构"$VP_1 Z VP_2$"的。

在"VP 底是"结构语法化的过程中,语义、句法、韵律、语用等因素交互作用,交相促动,一个因素发生变化,就有可能引起连锁反应,诱发形态化和句法化的发生和发展。我们上文主要从句法功能降位、语义主观化和结构紧密化等方面去观察的。首先是句法功能的变化(由独立成句到做句子成分);句法功能的变化,引起语义功能的扩大("VP 底是"由判断是非到比较优劣);与此同时,句法地位的降级,引起结构语义重心的前移;语义重心的前移,引起位于句尾的成分"是"的虚化;位于句尾的"是"既不是语义重心,又是单音节,很难占据一个音步的位置,这促使它前附于"底",跟"底"构成一个跨层音步;跨层音步的形成,使"VP 底是"结构凝聚得更加紧密。语用实践推动"VP 底是"结构语义功能不断扩大(判断是非→比较优劣→权衡利弊→劝导取舍),而语义功能的不断扩大,是推动该结构语法化的主要动力。从主要用于判断是非到主要表示劝导取舍,其语义呈现出客观性越来越弱、主观性越来越强的趋势(至于乙式的普遍使用,是由语用类推心理而产生的功能扩大,与甲式性质不同)。主观化程度的不断提高,正表明该格式语法化程度的不断加深。

  过去研究汉语语法化现象,关注较多的是实词是怎样虚化的,短语是怎样词汇化的,较少涉及语篇或分析性强的话语模式是如何句法化的,其实这两种现象同样都应该加以关注。我们注意到洪波等先生(2003)在这方面已经做了一些颇有启发的专题探索。从语法化的角度解释一些紧缩的句法格式的产生和发展是一种新的视角,其中还有许多新的有趣的现象和规律等待我们去进一步发掘。

附 注

  ① 杉村博文(1999)注 20 称"还是不说的好"为选择句中单用的表示自指意义的"的"字结构(65 页);袁毓林(2003)指出这种自指的"VP 的"在特定的语境中可以独立做主语和宾语(9 页);李立成(1999)称"VP 的好"句式为取舍句;刘敏芝(2004)考察了自指的"的"从五代至清代的发展演变,也讨论了它的来源。

  ② 此例取自朱德熙(1983)。

  ③ 清代以后文献偶见"VP 的为是"的用例,如:可是这话,竟是我们这里应了起来的为是。(《红楼梦》61 回)还有省去"的"作"VP 为是"的:克君

还是小心为是(《孽海花》17回)|还宜觅一乡导,遣兵直穷其穴为是(《八洞天》卷1)。以双音节的"为是"结句,或以"为是"替代"的是",都是韵律规则所致。

④ 唐宋时期普遍使用句尾带语气词"著、者"的祈使句,如:愿闻法者合掌著,都讲经题唱将来。(《敦煌变文集·八相押座文》)须差行营都指挥使赴寿州西面备御,讨逐黄巢党徒者。(《桂苑笔耕集》卷十四)前辈(吕叔湘1955、向熹1993等)已有详论,可参看。

⑤ 《老乞大》是旧时朝鲜人学习汉语的教科书,有不同时代的多种版本,其中主要有四种:(i)2000年发现的古本《老乞大》,学界推定是元代编写的,具体年代不详,本文简称"古本";(ii)《老乞大谚解》,为明代修改本,与1507—1517年的《翻译老乞大》内容相同,只有少数几处用字不同,多存元本之旧,反映了元末明初的语言,简称"谚解";(iii)《老乞大新释》,刊行于1761年,简称"新释";(iv)《重刊老乞大谚解》,刊行于1795年,简称"重刊"。后两本为清代乾隆年间的修改本,二本相差34年。

⑥ 甲式偶有元刊本作"VP的是",明代本作"VP呵好"用例,如:元杂剧《马丹阳三度任风子》三折白,元刊本作"有任嫂儿问徒弟要休书,与的是?不与的是?"《元曲选》本作"俺浑家问你徒弟要休书,我休呵好?不休呵好?"应该是明代甲式受元代乙式影响所致。

⑦ 假设条件小句其实就是话题句(见徐烈炯、刘丹青1998),因而假设语气助词与话题标记有通用性。如"者、时、的话"等都兼做话题标记与假设助词。

⑧ 这些作家的小说中甲式也并不多见,据杨永龙调查,老舍的长篇小说中,只有《四世同堂》中有3例,短篇小说集3部中仅1例,剧本9部中仅2例;16位作家作品中共有甲式25例,其中"还是VP的好"共17例,"不如VP的好"有6例,占了绝大多数。

参考文献

曹广顺　1995　《近代汉语助词》,语文出版社。
刁晏斌　2001　《近代汉语句法论稿》十《杂论·〈景德传灯录〉中的几个虚词》,辽宁师范大学出版社。
董秀芳　2003　音步模式与句法结构的关系,《语言学论丛》第二十七辑,商务印书馆。

洪　波　2003　使动形态的消亡与动结式的语法化,吴福祥、洪波主编《语法化与语法研究》(一),商务印书馆。
洪　波、董正存　2004　"非X不可"格式的历史演化和语法化,《中国语文》第3期。
江蓝生　1995　说"麽"与"们"同源,《中国语文》第3期。
――――　1999　从语言渗透看汉语比拟式的发展,《中国社会科学》第4期。
――――　2000　语法化程度的语音表现,《近代汉语探源》,商务印书馆。
蒋冀骋　1999　《近代汉语词汇研究》,湖南教育出版社。
李崇兴　1999　《元典章·刑部》中的结构助词,《语言研究》第2期。
李泰洙　2000　《老乞大》四种版本从句句尾助词研究,《中国语文》第1期。
李立成　1999　自指的"的"字短语,《语言教学与研究》第3期。
梁银峰　2004　汉语事态助词"来"的产生时代及其来源,《中国语文》第4期。
刘敏芝　2004　近代汉语中表自指的结构助词"的",《语言学论丛》第二十九辑,商务印书馆。
吕叔湘　1955　释景德传灯录中在、著二助词,《汉语语法论文集》,科学出版社。
钱曾怡　1993　《博山方言研究》,社会科学文献出版社。
杉村博文　1999　"的"字结构、承指与分类,《汉语现状与历史的研究》,第47—66页,中国社会科学出版社。
沈家煊　2001　语言的"主观性"和"主观化",《外语教学与研究》第4期。
向　熹　1993　《简明汉语史》(下),第6节,高等教育出版社。
徐烈炯、刘丹青　1998　《话题的结构与功能》第6章,上海教育出版社。
姚振武　1994　关于自指和转指,《古汉语研究》第3期。
袁毓林　1995　谓词隐含及其句法后果――"的"字结构的称代规则和"的"的句法、语义功能,《中国语文》第4期。
――――　2003　从焦点理论看句尾"的"的句法语义功能,《中国语文》第1期。
朱德熙　1978　"的"字结构和判断句,《中国语文》第1、2期。
――――　1983　自指和转指:汉语名词化标记"的、者、所、之"的语法功能和语义功能,《方言》第1期。

主要引书目录

《祖堂集》:柳田圣山主编《禅学丛书》之四,据日本花园大学藏高丽覆刻本影印,中文出版社(京都)1972年。

《朱子语类》:中华书局排印本1986年。

《古本》:《元代汉语本〈老乞大〉》,(韩)庆北大学校出版部2000年。

《谚解》:《老乞大谚解》,奎章阁丛书第九,(日)京城帝国大学法文学部影印。

《新释》:《老乞大新释》,奎章阁藏书4871号(汉城)。

《重刊》:《重刊老乞大谚解》,弘文阁1984(汉城)。

《元典章》:《大元圣政国朝典章》,影元刊本(日)。

(原载《中国语文》2005年第5期)

句式省缩与相关的逆语法化倾向

——以"S+把+你这NP"和"S+V+补语标记"为例

提 要 本文以"S+把+你这NP"和"S+V+补语标记"为例,论证了句式省缩的过程:从基础句式专化为特定句式,再从特定句式省去VP变为省缩句式。前一阶段形式总体不变,意义有别;后一阶段意义基本不变,形式有别。省缩的动因有高频使用、完形认知、会话原则三个层面,是不同层面的动因交互作用的结果。省缩之后,通过回溯推理和重新分析,"把"和"补语标记"在一定程度上表现出由虚变实的逆语法化倾向。

关键词 句式省缩 构式 把字句 补语句 逆语法化

1. 引言

本文讨论如下句式演变,并进而探讨与之相关的句式省缩:

(一)处置式省去谓语,变成"S+把+你这NP",如:

A式:我把你这个孽障,直打杀你!＞B式:我把你这孽障!

(二)补语句省去补语,变成"S+V+补语标记(以下省作'补标')",如:

A式:我吓得来要死。＞B式:我吓得来!

演变之后,A、B两式结构大不相同,B式省去了A式中作为句法上的主干和语义上重心的谓词性成分,但句式意义基本不变,仍然还是(一)表示威胁和骂詈,(二)表示程度高。

　　这种句法演变现象不同于一般所说的"省略"。一般所说的"省略"有两个条件:"第一,如果一句话离开上下文或者说话的环境意思就不清楚,必须添补一定的词语意思才清楚;第二,经过添补的话是实际上可以有的,并且添补的词语只有一种可能。"(吕叔湘1980[1990:534])即,一般的省略,通常是共时的、临时的、依赖特定语境的,可以补出具体省略成分;而这里所说的省略是历时的、固定的、可以不依赖特定语境的,不能或不必补出具体省略成分。

　　不过,从源头上看,B式确实是由A式省缩而成(详下),只是省去的不是具体的词,而是特定句式的一个重要组成部分。为便于区别和说明,我们把这种省掉特定句式的一个组成部分,从而缩减为一个新的句式,在整体上不影响原句式的构式意义的语法演变现象称作"句式省缩"。需要说明的是,这里所说的"句式",即我们以往所说的"句法结构式"(江蓝生1992),如果说词缀、词、短语、单句、复句等任何一个语言层面的"形式-语义匹配"(form-meaning pair, Goldberg 1995:4)都是一个构式(construction)的话,那么"句式"就是单句层面的构式,"句式省缩"就是"构式省缩"的一种。对复句层面的构式省缩,我们已有专文讨论(江蓝生2005),本文将讨论单句层面的构式省缩。

　　以往对"S+把+你这NP"的句法语义特点,刁晏斌(1987)、高万云(1997)等已经进行了详细讨论,但对其产生过程和原因目前尚无系统研究;对"V得来"的省缩过程和原因,我们(江蓝生 1992)曾予讨论,但那篇文章的重点在于探讨吴语助词"来""得来"的来源和演化过程。本文将在以往研究的基础上,把上述两种句式演变联系起来,以此为例探索句式省缩的过程和动因,附带讨论与之相关的逆语法化(degrammaticalization)倾向。

2. 元明以来的"S+把+你这 NP"

现代汉语中,可以见到"后面没有动词"的"我把你这个……"句式(吕叔湘等 1999:56),如:

(1)我把你这个小淘气鬼!|我把你这个胡涂虫啊!

这类句式虽然没有动词,但语感上是自足的,在历史上已经沿用了五百多年,而且西北方言中至今仍广泛使用。

2.1 在《元曲选》宾白和明清小说中,这类例子已经相当常见。刁晏斌(1987)、张美兰(2001)、王文晖(2001)、黑维强(2002)、许光烈(2005)等都举过一些例子。如:

(2)我把你个无分晓的老无知!……我把你个老不死的老贼!(《元曲选·生金阁》三折白)

(3)我把那精驴贼丑生弟子孩儿,原来则这个醋务巷!着我沿城走了一遭,左右则在这里。(《元曲选·魔合罗》二折白)

(4)行者骂道:"我把你这个泼怪!谁是你浑家?连你祖宗也还不认得哩?"(《西游记》31 回)

(5)西门庆也不等夏提刑开言,就道:"我把你这起光棍,如何寻这许多人情来说?"(《金瓶梅》35 回)

(6)大喝一声:"我把你这孽障!你认得我么?"(《封神演

义》63回)

(7)晁思才说:"我把这不识抬举不上芦苇的忘八羔子!"(《醒世姻缘传》57回)

(8)尤氏因悄骂凤姐道:"我把你这没足厌的小蹄子!这么些婆婆婶子来凑银子给你过生日,你还不足,又拉上两个苦瓠子作什么?"(《红楼梦》43回)

(9)林之洋指着药兽道:"俺把你这厚脸的畜牲!医书也未读过,又不晓得脉理,竟敢出来看病!岂非以人命当耍么!"(《镜花缘》22回)

(10)何氏大喊道:"你们众人打我么!把你们这一群傍虎吃食、没良心的奴才!"(《绿野仙踪》85回)

(11)用手一指骂道:"我把你不知死活的小畜生!我与你旧仇未报,你又来欺负我的兄弟,我若不将你拿来劈做万段,誓不为人!"(《儿女英雄传》48回)

上述作品一般认为都是用北方官话写成的,其中《西游记》略带江淮官话特色,而像《海上花列传》等具有明显吴方言色彩的作品中未见用例,《三言》《二拍》这类南方人编写的作品虽然总体上也属于官话系统,但只能见到极少例子,如:

(12)李信扑地一掌打过去道:"我把你这瞎眼的贼秃!我是斋公么?"(《二刻拍案惊奇》卷二十一)

2.2 在现代汉语方言中,这种句式仍然十分活跃,如下表:

地域	例句	出处
山西运城	我把你个贼羔!|把你个死挨刀的。|我把你个聋耳朵,连我的声音都听不出来了!	王雪樵(1986)
山西临汾	我把你马日的!|把你个贼坏子!|把你个贼东西,你死到哪里去哩呢?	乔全生(2000)

地域	例句	出处
内蒙古	走！我把你个老糊涂！｜把你个没头鬼！｜把你个没良心的！｜把个挨刀子的！	乔全生(2000)
陕西户县	我把你个狗日的！｜我把你个碎崽娃子小崽子！｜把这号这种没良心的！｜把这些不懂王法的娃娃！｜把乃那伙吃屎吃尿的东西！	孙立新(2003)
甘肃环县	我把你个骚货！｜我把你个狼不吃的！	自调查①
青海	我把你个死娃！｜我把你个贼骨都比喻不争气的人！	靳玉兰(1995)
新疆	把这么个怪张人。｜我把这个胖儿子呀！｜我把你个机灵鬼。	王景荣(2002)
中亚东干汉语	我把你这个没良心的东西！｜(我)把你这个哈尔瓦尼小畜生，往几时里睡呢？	海　峰(1993)
湖北孝感	我把你个没良心的家伙。｜我把你个苕东西。｜我把你这个小妖精。	左林霞(2001)
湖北武汉	我把你个苕傻东西·ə！	朱建颂(1995)

从所见报告看，这种句式主要分布在广大西北官话和晋语区（中亚东干汉语是西北官话的方言岛），其他地方这类报告很少，如湖北武汉、孝感。

2.3 对这种句式的构成，刁晏斌(1987)、高万云(1997)、张美兰(2001)、王文晖(2001)、邹洪民(2000)、许光烈(2005)等先后都有论述，意见不尽相同。参照各家说法，结合例句，可归纳如下：

（一）S 是第一人称代词单数形式"我"，偶用"俺"（如例 9）；可以不出现。

（二）"把"的位置只能出现"把"，不能是"将"等。

（三）"你这 NP"是同位语短语，最完整形式是：第二人称代词＋指示代词＋量词＋修饰语＋名词中心词。

如"你这个没良心的东西"。可以从语义角度看作"NP_1＋NP_2"。NP_1用于定指听话者，形式上通常是"你这个"，可省作"你

"这""你个""这个""这"。其中指示代词偶见"那",甚至用"那"指第三者(如例 3);量词偶用"号、起、些、伙"等。NP$_2$ 用于对听话者进行定性归类,大多具有贬义色彩,形式上通常是"修饰语＋名词中心词",如"没良心的东西"。由"的"字结构做修饰语时,中心词有时可以不出现,如"没良心的";修饰语偶尔也可以不出现,如"东西",但中心词一般应该含有修饰成分,如"孽障""机灵鬼"。有少量不具有贬义色彩的例子,如新疆汉语方言的"我把这个胖儿子呀""我把你这个机灵鬼"。

(四)"S＋把＋你这 NP"后面不出现 VP,但却是一个独立的感叹句。有时可以带后续小句,但它与后续小句都是各自独立的,如例(3)(5)。

2.4 对该句式的意义,各家看法也不尽相同:吕叔湘等(1999:56)认为"表示责怪或无可奈何";刁晏斌(1986)认为表示威胁恐吓;张美兰(2001)认为"整个句子不强调动作的处置,以表达骂詈有力为目标","有时这种詈骂还带有嘲讽、戏谑、亲昵的语气";高万云(1997)认为其深层逻辑语义是"你这个 NP,我 D(处置)你!";许光烈(2005)说它"表示对对象的定性和处置"。

这些说法表面差异较大,但就各自所举例子来看都有一定道理,其实这种差异是不同的时间层次、不同的典型性程度、不同的语用环境造成的。从来源和典型性角度看,该句式的意义可概括为:表示惩处威胁和骂詈。惩处威胁源自特定处置式,骂詈源自特定的表示定性归类的同位语短语。[②]

该句式在有些语境中可能具有嬉闹、亲昵色彩,如恋人嬉闹的时候说:"我把你这个坏东西!"这时既非惩处,也非骂詈,但是严格地说,嬉戏、亲昵之类并非"S＋把＋你这 NP"专有的意义,在这种场合如果换成"我拧死你"(威胁)、"你这个坏东西"(骂詈)、"我拧死你这个坏东西"(威胁加骂詈)等其他说法,甚至不使用语言而通过语言之外的动作行为,如举手做出要打的架势,同样可能具有亲昵色彩。可见,这种亲昵是威胁、骂詈这类言语行为甚至肢体动作在一定场合所共有的意思。俗语说"打是亲,骂是爱",这话正好道出了打骂与亲爱的联系,也正好是对本来表示威胁和骂詈的"S+把+你这 NP"为什么会有亲昵色彩的一个精彩注释。请看《红楼梦》中的例子:

(13)黛玉听了,翻身爬起来,按着宝玉笑道:"我把你烂了嘴的!我就知道你是编我呢。"说着,便拧的宝玉连连央告。(《红楼梦》20回)

(14)凤姐笑道:"鸳鸯小蹄子越发坏了,我替你当差,倒不领情,还抱怨我。"……(平儿)口内笑骂"我把你这嚼舌根的小蹄子!"……凤姐也禁不住笑骂道:"死娼妇!吃离了眼了,混抹你娘。"(《红楼梦》38回)

这两例都具有亲昵色彩,但例(13)"按着宝玉""拧的宝玉连连央告"暗示出惩处威胁,例(14)"我把你这嚼舌根的小蹄子"与"鸳鸯小蹄子""死娼妇"这类表定性骂詈的短语具有同样的亲昵色彩。

威胁和骂詈两个方面或强或弱,或隐或显。在敌对的场合、愤怒的场合,往往是典型的威胁和骂詈;而在嬉闹的场合、亲昵的场合,当然不是真打真骂。而且我们在调查咨询中注意到,西北一些方言中"S+把+你这 NP"有两种重音模式:模式一,"把"重读;模式二,NP 重读。两种模式的意义有区别:重读"把",强调的是惩处威胁;重读 NP,强调的是定性骂詈。如:

(15)a.我ˊ把你这个贼坯子!(重在惩处威胁)

b. 我把你这个‵贼坯子！（重在定性骂詈）

3. "S＋把＋你这 NP"的来源和省缩过程

对"S＋把＋NP＋VP"以往有两种对立的意见，一种认为是把字句的省略形式，一种认为不是省略而是自足的句子。我们的看法是，从来源看是省略而成，但省略之后则变成了一个自足的句式。下面将通过历时语料显示这一省缩过程。

3.1 基础句式：把字句

以"把"为标记的处置式自唐代产生以后得到迅速发展，到元明时期使用频率已经很高，在《元曲选》《水浒传》《醒世姻缘传》中，把字句的出现次数都远远超过了 1000 次（据张美兰 2001:202）。把字句的高频使用为该句式的省缩奠定了基础。

一般把字句的构成是"S＋把＋NP＋VP"，其句式意义即王力（1943、1944）早已指出的"处置"，也就是 S 对 NP 施加影响，至于所施加的具体是什么影响，通过什么方式来影响，在具体句子中可能千差万别，如：

(16) 前日把亚爹袄子上许多饿虱都烫杀了。（《张协状元》二十一出）

(17) 凛凛地身材七尺五，一只手把秀才揪住，吃搭搭地拖将柳阴里去。（《董西厢》卷一）

(18) 他若说道是得了个小厮儿呵，那老子偌大年纪，则怕把那老子欢喜杀了。（《元曲选·老生儿》一折白）

(19) 众人只得把石板一齐扛起。（《水浒传》1 回）

(20) 反贼，你如何不识羞耻！昨夜引人为打城子把许多好百姓杀了，又把许多房屋烧了……早晚拿住你时，把你这厮

碎尸万段!(《水浒传》34回)

从上述例子可以看到,具体的影响有损害、移动、变化等,甚至有"欢喜杀了"之类,难以全部列举。有的影响是已经发生的,有的是将要发生或尚未发生的。例(20)有三个把字句,前两个是陈述已经发生的事情,后一个是预示将会发生的事情。正是因为具体处置方式不确定、已然未然不确定,而且具体的"处置"手段和结果主要是通过VP来体现的,VP是句子的谓语部分,同时又是语义重心,所以VP是不能缺少的。如:

(21)*前日把亚爹袄子上许多饿虱。|*一只手把秀才。|*众人只得把石板。

可见,一般把字句不是"S+把+你这NP"句式的直接来源,只是它产生的前提和基础,它的直接来源是一般把字句特定的下位句式——表示惩处威胁与骂詈的特定把字句。

3.2 特定句式:特定把字句

表示惩处威胁和骂詈的特定把字句是一般把字句的一种,是作为构式的一般把字句的一个特定的下位构式(sub-construction)。

3.2.1 在"S+把+你这NP"句式出现之前,有很多以损害、惩处为处置方式的把字句,前举(16)(20)属于此类。说话者可以用这种把字句表达自己将要对听话者加以惩处。这种未然的惩处也许真的将会实施,但更多的只是说话者借此表达对听话者的威胁与愤怒。③例如:

(22)我将这快刀儿把你来挑断那脊筋,有一日扭折你腿脡,打碎你脑门。(《元曲选·后庭花》一折曲)

(23)我如今赶着去,若赶的上呵,万事罢论,若赶不上呵,

回来一把火烧了你这草团瓢,把你一家儿都杀了。(《元曲选·朱砂担》二折白)

(24)鲁智深喝道:"你这两个撮鸟,洒家不看兄弟面时,把你这两个都剁做肉酱!"(《水浒传》9回)

(25)刘高喝道:"胡说!你们若不去夺得恭人回来时,我都把你们下在牢里问罪。"(《水浒传》32回)

(26)实对我说,饶你这条性命;但瞒了一句,先把你剁做肉泥。(《水浒传》46回)

3.2.2 在"S+把+你这 NP"出现之前,汉语中还存在着"NP_1+NP_2"这类名词性同位语短语,其中包括与本文论题有关的"你这 NP",并一直延续至今。例如:

(27)师住后示众曰:"我当时若入得老观门,你这一队噇酒糟汉向甚么处摸索?"(《五灯会元》卷七)

(28)只被你个多情姐,噁得人困也、怕也!(《董西厢》卷五)

(29)不是我自夸,我已经箱里真个强。你个老畜生!(《张协状元》19出)

(30)田牛儿痛哭了一回,心中愤怒,跳起身道:"我把朱常这狗忘八,照依母亲打死罢了!"(《醒世恒言》卷三十四)

作为一个构式,这类短语的句式意义是认定 NP_1 具有 NP_2 所具有的属性,如"你个多情姐"含有"你是多情姐"的意思,"朱常这狗忘八"含有"朱常是狗忘八"的意思。如果 NP_2 具有贬义,那么用于指人往往是对人的侮辱,因此这种句式可用于骂人,如例(29)(30)。其中(29)针对听话者,(30)针对第三者。

这类短语在句中可以充当主语、宾语,也可以独立成句。如

(27)中做主语,(28)中做"被"的宾语,(29)中是独立的句子,(30)做"把"的宾语。

3.2.3 当面威胁和当面骂詈都是说话者对听话者怨恨、恼怒的一种发泄,所以二者可以在同一个句子中出现。当表示骂詈的"你这 NP"充当表示威胁的把字句中"把"的宾语时,便有了"我+把+你这 NP+VP"句式。该句式在整体上表示威胁,同时又有骂詈的意思。在"S+把+你这 NP"经常出现的语料中,还可以看到这种"我+把+你这 NP+VP"。如:

(31)你说出半个字来,我就知之,把你这猢狲剥皮锉骨,将神魂贬在九幽之处,教你万劫不得翻身!(《西游记》2回)

(32)一朝风云际会,把你这苗狗碎尸万段!(《禅真逸史》37回)

(33)驸马听言,心中大怒,说:"把你这奸贼碎尸万段!"(《说唐后传》46回)

(34)我只把你这牢头淫妇,打下你下截来!(《金瓶梅》8回)

(35)我只将这简贴儿告与夫人去,把你这小贱人,拷下你下半截来!(《元曲选·㑇梅香》二折白)

(36)(西门庆)提起拳来骂道:"狼杀我罢了!不看世界面上,把你这小歪剌骨儿,就一顿拳头打死了!"(《金瓶梅》43回)

(37)大圣骂道:"你上来,你上来!我把你这个孽障,直打杀你!"(《西游记》53回)

(38)爹来家等我说了,把你这贼忘八,一条棍撑的离门离户!(《金瓶梅》22回)

(39)行者轮着铁棒道:"我把你这个孽畜,若到边前,这一

棒就打死你!"(《西游记》49回)

（40）指着杜应元骂道:"我把你这两个贼胚死囚,不要忙,定弄得你家破人亡,才见手段!"(《禅真逸史》24回)

从意义上看,在上述特定把字句中,无论具体的VP是什么——诸如"剥皮锉骨""碎尸万段""拷下下半截""一顿拳头打死""撵的离门离户""弄得家破人亡"——都是对听话者加以惩处,都是充分表达说话者的愤恨和不满。这种句子用多了之后,只要说出前面一部分,后面一部分就会不说自明。既然怎么说都一样,说与不说都一样,从语义自足的角度看,VP的存在就不是必需的了,"S+把+你这NP"便可能独立成句。

从形式上看,上述例子都属于结构完整的把字句,但仔细观察可以发现,在"S+把+你这NP"与后面的VP之间,存在几种不同的情况:(一)有的没有语音停顿,如(31)(32)(33);(二)有的可以出现语音停顿,尤其是句子较长,结构较复杂时,如(34)以下各句;(三)有的可以加进副词或状语,如(36)的"就",(37)的"直",(38)"一条棍"(表工具,相当于"用一条棍");(四)有的甚至可以加进小句,如(39)的"若到边前",(40)的"不要忙"。后三种情况的蕴涵关系是后者蕴涵前者,即,如果可以加进副词或状语,那么也可以加进语音停顿;如果可以加进小句,那么也可以加进副词或状语,还可以加进语音停顿。这实际上是从形式上反映了"S+把+你这NP"对VP的依赖程度的不同,从(一)到(四),"S+把+你这NP"对VP的依赖性逐渐减弱,独立性逐渐增强。试比较(34)(35)(37):(34)有副词"只"置于"把"前,"把+你这NP"在副词的辖域之内,独立性较弱;(37)的副词"直"置于VP前,"把+你这NP"不在副词的辖域之内,独立性相对较强;(35)没有副词,大体介于二者之间。"S＋把＋你这NP"的独立性还可以从VP的宾语观察到,在典型的把字句中,VP的受事就是"把"后NP,VP中不再重复出现该受事宾语,但是在一些特定把字句里,VP中可以再次出现被处置者"你",以至于这个"你"前后重复,如(37)(39)(40),这也表明"S＋把＋你这NP"与VP各自独立性的增强。

由于各自独立性的增强,这类处于中间状态的"S＋把＋你这NP＋VP"一方面可以看作特定把字句,另一方面又可以看作两个独立的句子。如(39)(40),一方面,"你这NP"还可以看作VP的论元,看作其处置对象(把你这孽畜打死、把你这两个贼胚死囚弄得家破人亡);另一方面,VP后另有论元"你","你这NP"可以不看作VP的论元,这样"S＋把＋你这NP＋VP"就成了两个独立的句子:

(39′)行者抡着铁棒道:"我把你这个孽畜！若到边前,这一棒就打死你！"

(40′)指着杜应元骂道:"我把你这两个贼胚死囚！不要忙,定弄得你家破人亡,才见手段！"

3.3 省缩句式:"S＋把＋你这NP"

(39′)(40′)尽管可以分析为两个独立的句子,但两句有密切联系,句法语义限制还很明显:(一)前后句主语相同,都是"我";(二)后句的VP具有惩处义;(3)前句"你这NP"语义上相当于后句VP的受事。当"S＋把＋你这NP"完全独立之后,即使后面跟有相关句子,也不再受到这种限制,如前面已经举过的(3)(4)(5)(6)。有时即使后面有表示惩处威胁的VP,但如果"你这NP"与之不具有题元关系,也会各自属于不同的句子。④如:

(41)行者跑近身,掣棒高叫道:"我把你这伙毛团！什么好机会？吃吾一棒！"(《西游记》79回)

"S+把+你这NP"成为新的句式后,虽然在形式上没有表示惩处的VP,但其句式意义仍然是原来句式的"惩处威胁与骂詈"。骂詈自不用说,惩处威胁的意思常常还可以从说话者的言语或行为中明显看出。如《西游记》例:

(42)被八戒喝声:"那里走!我把你这个哄汉子的臊精!看钯!"(79回)

(43)八戒骂道:"我把你这个孽畜,你是认不得我!……若似前猖獗,钯举处,却不留情!"(20回)

(44)八戒闻言大怒,举钉钯当面骂道:"我把你这血皮胀的遭瘟!你怎敢变作你祖宗的模样,骗我师兄,使我兄弟不睦!"你看他没头没脸的使钉钯乱筑……(61回)

(45)行者大怒,骂道:"我把你这个偷灯油的贼,油嘴妖怪!不要胡谈,快还我师父来!"赶近前,轮铁棒就打。(91回)

3.4 小结

综上可见,"S+把+你这NP"源于处置式,其省缩过程是:

(A)基础句式(把字句)>(B)特定句式(特定把字句)>(C)省缩句式("S+把+你这NP")

A、B、C可以视为三个阶段,但A和B,B和C的关系是不同的:从A到B是意义的专门化、特殊化,形式总体上不变,意义有较大不同;从B到C是形式的省缩,意义总体不变,形式大为不同。相应的句法语义表现是:

句式	形式	意义
(A) 基础句式(把字句)	把+NP+VP	处置
(B) 特定句式(特定把字句)	把+你这NP+VP	惩处骂詈
(C) 省缩句式(S+把+你这NP)	把+你这NP	惩处骂詈

4. "S＋V＋补标"句式的省缩

4.1 "S＋V＋来/得来"

在吴语中,"来""得来"可以放在形容词或某些心理动词后面,表示程度高或行为动作之强烈。如"远来"即很远,"哭来"即哭得很厉害,"时髦得来"即时髦得什么似的,"牵记得来"即非常牵挂(参见闵家骥等 1986,袁家骅等 1983,江蓝生 1992)。我们(江蓝生 1992)曾经论证过这类"来""得来"的来源和演化过程,认为它们本来是引出补语的结构助词,因为省去补语,于是"S＋V＋来/得来＋C"变为"S＋V＋来/得来"。如果与上述"S＋把＋你这NP"句式联系起来,可以看到,它们的省缩过程和相应的句法语义表现是平行的。其省缩过程可概括为:

(A)基础句式(补语句)＞(B)特定句式(特定补语句)＞
(C)省缩句式("S＋V＋补标")

相应的句法语义表现是:

句式	形式	意义
(A) 基础句式(补语句)	S＋V＋补标＋C$_{状态}$	状态
(B) 特定句式(特定补语句)	S＋V＋补标＋C$_{程度}$	程度高
(C) 省缩句式(S＋V＋补标)	S＋V＋补标	程度高

这一省缩过程和句法语义表现不仅适用于"V＋来/得来",也适用于其他"V＋补标"(详下),这里先以"V＋来/得来"为例略加说明:

补语句(吕叔湘等 1999:35)由主语加上带状态补语的述补结构组成,形式上是"S＋V＋补标＋C"。其中 S 可以不出现;V 包括动词或形容词;"补标"即引出补语的结构助词,不同方言不尽相同;C是形容词、动词、谓词性短语、小句等。其中C是句子的语义重心,用于说明情况、结果或程度(参吕叔湘等 1999:35)。如"S+V+来/得来+C":

(46)铁砲砲来身粉碎,铁叉叉得泪汪汪。(《敦煌变文集·大目连变文》)

(47)他的母亲刘娘娘,也生来细腰长颈,甚是标致。(《何典》2回)

(48)如云有十二因缘,只是一心之发便被他推寻得许多,察得来极精微。(《朱子语类》卷十六)

(49)女孩儿諕得来一团儿颤。(《董西厢》卷三)

特定补语句是补语句的一个次类,这里专指表示程度高、动作强烈的一类,是作为构式的一般补语句的下位构式。⑤其中V仍然是动词或形容词,但动词限于跟心理、情感活动有关的一类,如"諕、气、牵记"等;C仍然是形容词或谓词性短语,但无论具体的描写是什么,都是表明程度高、动作强烈,而且往往是非写实的,具有夸张色彩。"V+来/得来+C"例如:

(50)太守既到那里,飞虎諕来痴,群贼倒枪旗。(《董西厢》卷四)

(51)知远惊来魂魄俱离壳,前来扯定告娇娥。(《刘知远诸宫调》第十一)

(52)回头儿观觑女婵娟,早諕的来胆破心惊战。(《元曲选·勘头巾》四折曲)

(53)俚㗲小干件碰着仔一点点事体,吓得来要死。(《海上花列传》25回)

(54)耐看俚,三日天气得来,饭也吃勿落。(《海上花列

传》52回）

前四例是非写实的,补语"痴""魂魄俱离壳""胆破心惊战""要死"都是夸张的说法,用于极言程度之高。后一例可能是写实的,是因为生气而吃不下饭,但即使是写实的,"饭也吃勿落"也是对生气程度之高的描写,而且如果把它换成意义相反的"饭量特大"之类,仍然还是描写生气程度之高。可见,无论C具体是什么,特定补语句在整体上都是表示V的程度之高。而从形式上看,在"V+来/得来"和C之间往往可以有语音停顿,补语部分越长、越复杂,就越是如此,这表明特定补语句中"V+来/得来"对补语的依赖程度的减弱。下例"自家来哚笑"(自己在那笑)既可分析为补语,可分析为独立的句子,这正是重新分析的体现,反映了省缩过程中的过度状态：

(55)子富指道："哪,还有一位大太太,快活得来,自家来哚笑。"(《海上花列传》8回)

特定补语句省去补语,就成了独立的"V+来/得来"。例如：

(56)老三是丑来,倒贴我钱还不高兴哩。(《商界现形记》6回;引自官田一郎、石汝杰主编2003)

(57)阿唷,阿唷,我吓得来！(《海上花列传》5回)

前一例有后续小句,"倒贴我钱还不高兴哩"还能勉强看作补语;但后一例则是彻底的省缩句式。

我们曾经指出,结构助词"来""得来"不是吴语所独有,也不限于南方某些方言,唐五代西北方言和金元燕京一带都使用这两个助词(江蓝生1992)。近年的方言调查报告显示,在陕西神木、甘肃陇东话中"得来"至今仍在使用,而且有意思的是,含有"得来"的补语句(A)、专表程度的特定补语句(B),以及省缩句式"S+V+

得来"(C)一应俱全。如:

陕西神木（据邢向东2002）⑥

(58) A. 我夜黑地瞌睡得来（了），甚响动也没听见。｜真真儿前晌公安局的来了，把花花怕得来（了），钻在门背后不敢出来。

B. 我这想孩伢子想得来（了），一满不行了。｜把个张柱柱喜得来（了），嘴也合不住。

C. 正房家买回来几个香瓜子，把咱秀秀爱得来了！｜耀华把手割了，血糊害煞血淋淋地，把人吃瘆得来了！｜nie²¹³你婶婶家里红火得来了！

甘肃陇东（据吴怀仁2004）:

(59) A. 我眼睛麻得来，啥也没看见哇。｜他妈把娃惯得来，一天光知道耍哩。

B. 他家里乱得来，像个狗窝样。｜这个东西真好得来，跟神物似的。

C. 我今年挣了几万元，把我高兴得来！｜娃从崖上跌下来，把人吓得来！｜我们食堂生意红火得来！｜庄稼今年长势好得来！

4.2 "S+V+得"

"得"是近代汉语最重要的状态补语标记，与"来、得来"一样，"得"（也写作"的"）可用于一般补语句、特定补语句，以及省缩句式"S+V+得"中。如：

(60) A. 直欲危他性命，作得如许不仁。（《敦煌变文集·燕子赋》）

B. 喊得山崩石烈（裂），东西乱走，南北奔冲。（《敦

煌变文集·庐山远公话》）|你要问俺名姓？若说出来，直諕的你尿流屁滚。（《元曲选·李逵负荆》四折白）

C.贾母听了笑道："猴儿，把你乖的！拿着官中的钱你做人。"（《红楼梦》35回）|宝钗笑道："偏这个孽儿惯说这些白话，把你就伶俐的！"（《红楼梦》52回）|又叫他与王夫人叩头，且不必去见贾母，倒把袭人不好意思的。（《红楼梦》36回）

下面的例子很好地反映了"V＋得"与"V＋得＋C"的源流关系：

(61)凤姐道："你瞧瞧我<u>忙的</u>！那一处少了我？既应了你，自然快快的了结。"老尼道："这点子事，在别人的跟前就<u>忙的不知怎么样</u>，若是奶奶的跟前，再添上些也不够奶奶一发挥的。"（《红楼梦》15回）

(62)A.<u>把个张太太一旁乐的</u>，张开嘴闭不上，说道……（《儿女英雄传》12回）

B.<u>把个舅太太乐得</u>，倒把脸一整，说……（《儿女英雄传》22回）

(63)宝钗见他怔了，<u>自己倒不好意思的</u>，丢下串子，回身才要走，只见林黛玉蹬着门坎子，嘴里咬着手帕子笑呢。（《红楼梦》28回）

例(61)"忙的""忙的不知怎么样"所指相同，意义相同，前者是省缩句，后者是特定补语句。例(62)都是"把个N乐得，VP"，但(62A)"张开嘴闭不上"是说明"乐"的程度，是补语；(62B)"倒把脸一整"（倒，反倒；整，变严肃）与"乐"的状态无关，是与"把个张太太一旁乐得"有转折关系的另一个小句。因此(62A)是特定补语句，(62B)是省缩句。例(63)是省缩句，但又像是特定补语句："不好意思"已经熟语化，相当于一个动词(另见例60C)，"丢下串子"既可看作补语，属于前面；又可看作另一小句，属于后面。

值得注意的是，《红楼梦》《儿女英雄传》的省缩句式"S＋V＋得"大多是"把"字句，即形式上是"把＋N＋V＋得"，如(60C)类、(62)，其他形式比较少见，如(61)(63)。

在现代北方方言中，"得"仍然是最重要的、有的甚至是唯一的状态补语标记，其他方言也能见到，通常都可用于一般补语句、特定补语句以及省缩句中。前两类例多不举，这里只举省缩句。有的方言像《红楼梦》一样，省缩句通常以"把"字句的形式出现，有的方言则没有这种限制。不管有无限制，都是由表示程度的特定补语句"S(＋把＋N)＋V＋得＋C"省缩而成。有限制的如：

普通话(吕叔湘等 1999)：

(64)这番话把他气得｜看把你美得｜瞧你说得

山西及内蒙古西部(乔全生 2000)：

(65)把你美的｜把人晒的｜把佣他高兴的

内蒙古呼和浩特(李作南、辛尚奎 1987)：

(66)把你日能的｜把你美的｜看把你美的

陕西西安(王军虎 1996)：

(67)把人忙得｜把他急得｜娃不听话，把我气得｜看你□[tṣaŋ˥]得意得

甘肃户县(孙立新 2004)：

(68)把娃吓得——把孩子吓得够呛｜看你把事办得——瞧你把好端端一件事办成什么样子了｜你看田禾长得——你看庄稼长得多么好

哇|写字写得——写字写得胳膊疼

新疆(王景荣2002,"得"写作"底"):

(69)把你翠底,一冬天连个棉裤都不穿|舌头尖尖子上起咧个泡,吃开饭咧把人疼底|把人渴底

不受限制的如：

甘肃陇东("V+得来"也可以说成"V+得","得"音拖长。吴怀仁2004):

(70)庄稼今年长势好得|你买的这个东西,叫人家哄得

云南昆明(杨云2003):

(71)你泡的茶浓得|我最近烦得|他让我担心得|我们被他骗得|他把自己夸耀得

广西南宁平话(覃远雄1998):

(72)今日热得今天热极了|佢高兴得他高兴极了|你看佢急得你看他急得要命|亚只笑话笑得这个笑话好笑极了

湖南长沙湘语(张斌1997,张小克1999):

(73)这场球赛紧张的|咯碗汤咸得|大年三十晚上,街上热闹得|店子里人挤得|咯件事把他妈气得

4.3 其他"S+V+补标"

补语句不仅见于上述北方话和吴方言等,其他方言同样存在。其中补语标记除了"得""来""得来"以外,典型的还有客家话的"去"、粤语的"到"、闽语的"遘"等。那么,这些方言的"V+去+C""V+到+C""V+遘+C"是否也可以从表程度的特定句式省缩为"V+去""V+到""V+遘"呢?答案是肯定的。

4.3.1 平远客家话

据严修鸿(2001),平远客家话的状态补语标记比较多样化,有

"得、去、成、倒、下、唻"等。如：

(74) 老鼠分佢痨得（去、成、倒、唻）怔怔子老鼠被他毒得晕晕的｜我当昼食得（去、成、倒、唻）饱 ku⊃ku⊃尔我中午吃得饱饱的

其中"去、得、成"可以引出程度补语，如：

(75) 我恼佢恼去会死我恨他恨得要死｜佢气去话都讲唔出来｜佢丑得会死他丑得很｜佢两个人当时好得会死当初他俩好得很｜佢急成会死他急得要命

"去、得"后面可以省去程度补语，但需加上"唻"，并把音节拖长。如：

(76) 佢恼我恼去唻——他恨我恨得要命｜佢气去唻——他气得很｜街上人多得唻——街上人多得要命｜身上疼得唻——身上疼得很

4.3.2 香港粤语

据张洪年（1972）、张双庆（1998），香港粤语的状态补语标记是"得"和"到"，如：

(77) 我食饭冇佢食得嗷多我吃饭没他吃得那么多｜你写到边个都唔识睇你写得谁也看不懂｜洗得/到好干净洗得很干净｜佢嬲得/到讲唔到话他气得说不出话来

但"得"和"到"分工明确："得"表状态，"到"表示所达到的程度。因此表程度的特定补语句中只能用"到"，一般不用"得"。如：

(78) 靓到极美极了｜恶到得人惊凶得怕人｜癐到死死吓累得半死｜俾佢激到又喊又笑给他气得哭笑不得

"V+得+C"不表程度，也不能省缩为"V+得"；而"V+到+C"可以表程度，也可以省缩为"V+到"。如：

(79) 我辛苦到呀——｜睇你急到看你急得｜件事激到佢啊这

件事将他气得

这种情况从一个侧面表明，省缩句式不能直接从基础句式省缩，只能从特定句式省缩而成。同时也表明，句式省缩过程中，基础句式和特定句式有时可以合而为一。

4.3.3 闽南话

据李如龙(2001)，在泉州、漳州、厦门等闽南话中，状态补语句的结构助词有"遘、了、着、去"等。"去"不多见，"遘、了、着"大体可以互换，如（例句及标音以泉州话为准）：

(80) 伊洗遘（了、着）野诚清气他洗得非常干净｜暗冥菜煮遘（了、着）伤咸晚上的菜煮得太咸

其中"了、着、去"还兼用作动词体、态标记，补语标记的用法还没有完全从中分化出来，只有"遘"是最稳定最常见的结构助词。"遘"原是动词，义为"到"，虚化为助词，强调时读本音变调 kau^{31-55}，快说时脱落韵尾说成"甲" $ka^{ʔ5} \sim ka^{31-55}$，甚至声母脱落说成"鸭" $a^{ʔ5} \sim a^{31-35}$。例如：

(81) 曝遘足燋则会做得种晒得足干才能作种子｜伊走遘（甲）直直喘他跑得一个劲地喘｜我辣甲归身过尽汗我热得满身都是汗｜皮鞋拭遘金遘会照得镜皮鞋擦得亮，亮得能当镜子照

"遘"（甲）也可以用在表程度的特定补语句"V+遘（甲）+C"中，如：

(82) 许号息路辛苦遘哭爸/买命那种活儿辛苦得要命｜跋输缴气遘卜死/会死/无命/卜痟赌钱赌输了气得要死。卜死，要死；卜痟，要发疯｜即两日热遘无天无地这两天热得不得了｜搠许个贼拍遘半小死/半条命/半命把那个贼打得半死

特定补语句"V+遘（甲）+C"可以省缩为"V+遘（甲）"，"遘

读音只能是弱化形式 ka⁽ʔ⁵⁾、ga⁽ʔ⁵⁾、a⁽ʔ⁵⁾。如：

(83) 质量好甲_{质量好得很}|两个姊妹仔厮亲像甲_{俩姐妹相像得很}|即本册逐个爱看甲_{这本书大家都爱看得很}|落田作息曝甲乌甲_{下地干活晒得黑得很}|汝骗甲护伊畅甲_{你骗得他高兴得很}

(83) 的后两例有两个"甲",是省缩句式"V+甲"充当补语句"V+甲+C"中的 C。

4.4 小结

综上可见,"V+补标+C"省缩为"V+补标"在汉语史和汉语方言中是相当普遍的现象。其省缩过程除粤语的"V+到"外大体相同,都是分两步走:从表示状态的补语句(基础句式)专化(specialize)为表示程度的补语句(特定句式),再由表示程度的补语句省去补语部分,变为省缩句式"V+补标"。从基础句式到特定句式,形式不变,意义有别(后者是前者的专化);从特定句式到省缩句式,意义不变,形式有别(后者是一个表面看来似乎结构不完整的新句式)。省缩句式不能跳过特定句式直接从基础句式省缩而来,但是可以没有基础句式,直接从第二步开始。如粤语的"V+到+C"就没有走第一步,"到"由到达义动词虚化为程度补语标记,"V+到+C"一开始就是表示所达到的程度。

5. 句式省缩的动因

无论把字句省去谓语变为"S+把+你这 NP",还是补语句省去补语变为"S+V+补标",所省去的都是 VP,都是原句式的重要组成部分,而且经历了大致相同的省缩过程:

基础句式 ＞ 特定句式 ＞ 省缩句式

从基础句式到特定句式是句式意义专化(specialization)的结果,

形式总体不变,意义有别;从特定句式到省缩句式是句式省缩的结果,意义基本不变,形式有别。这种省缩不是临时省略而是句法演变,是从一个句式变为另一个新的独立的句式。现在的问题是,VP既然是原句式的重要组成部分,为什么会最终省掉?换句话说,句式省缩的动因是什么?

5.1 以往的解释

关于把字句的省缩,有如下解释:(1)与委婉和避讳有关;(2)一时想不出来;(3)因为众所周知或不便说出。

刁晏斌(1987)说:"说话者的重点在于表达出一种恐吓威胁的意味,而不在于究竟要把对方怎么样,这样才有可能不出现谓语。很显然,这与汉语表达中的委婉和避讳等因素有关。"

高万云(1997)认为取决于语用需要,要谴责、处置,但一时想(说)不出处置的手段,于是便把动词性部分省去。许光烈(2005)也持类似观点:"这是因为说话者急于表达非常强烈的感情,太想处置对方,于是当面斥责,劈头便说,用了一个表示处置的'把'字句,而实际上并未想好如何去处置对方,所以便出现了这种特殊句式。"

俞光中、植田均(1999)认为是因为"謂语动词或为周知或为不便说出而隐去"。

黑维强(2002)不同意刁晏斌的解释,说:"在这些'把+NP'句里都有表达粗俗的骂人的贬义词(如下流种子、囚根子等),因此也难以说是与委婉和避讳有关了。我们推测可能是与句子里出现这类贬义词有直接的关系。"同时提出多种可能:"在开始的时候,说话者因表达比较强烈的感情,没有把话说完就停止了,或者要说的词语可能为人周知没有说出,或者因找不到非常狠毒的骂人词语而语塞,到后来逐渐固定成为一种专表骂人的句式。"

关于补语句的省缩,也有不同解释:可概括为(1)字眼不吉利,避讳;(2)一时难以措辞;(3)信息量过剩;(4)借"V/A 得没法说"的言外之意来强调。

严修鸿(2001)认为:"这类省略补语的用法,大概是由于'会死''要命'一类的词在字眼上不吉利,说话人由于语言禁忌的原因造成的。""若然,这就是修辞因素对语言句式选择的影响。当然还有另外一种可能,即由于程度的抽象性质,一时难以措辞形容所致。"

赵日新(2001):"既然'形得补'结构都具有(深的)程度意义(这是'形得补'的语法意义),这就使'形得补'结构信息量过剩,成为一种完形结构,这样即使补语不出现,'形得'同样能够表达'形得补'的意义;另一方面,程度补语的省略也可能是因为形容词所带的程度补语大都是'很(狠)''要死''死''会死''死绝''哭爸''哭父'等不吉利的字眼,出于避讳人们不愿意直接说出来,或者因为这种极端的程度难以描摹,因而无法说出来。"

邢向东(2002)解释说:"其目的是借'V/A 得没法说'的言外之意来强调动作、性状的程度之深,使句子感情强烈又意味深长。"

上述各种解释,都是很有意义的探索,尤其是赵日新(2001)"信息量过剩,成为一种完形结构"的说法,是相当有道理的。⑦但也有不足之处:大多是从修辞出发,从临时使用出发;大多点到为止,推测、感觉的成分居多,推理、论证的成分不足,而且不少解释者自己也不能确定,用"或者"云云提出多种可能。

我们(江蓝生 1992)曾经提出补语句的省略有语义和形式两方面的原因。形式上的原因是有语音停顿,意义上的原因是:"当这些描述成为一种套话时，人们就不看重也不细究它的具体内容了，光从这种句式就可以获得程度深、情况严重的信息。在这种情况下，补语部分就显得不是那么重要了，就有可能被省略。补语虽然被省去了，人们依然能凭着对原句式所表达的语法意义的了解，理解省略后的句义。"

5.2 本文的解释

虽然"S+把+你这 NP"与"S+V+补标"的句式意义不同，但省缩过程是相同的，省缩的动因也应该是一致的。本文在江蓝生(1992)的基础上，从省缩过程出发，对两者做出统一的解释。为了更加简明，这里按省缩过程从后往前逆向逐层说明。

（一）VP 为什么可以省掉？

VP 之所以可以省掉，是因为它变得不太重要了。主要表现是，在特定句式中，形式上 VP 之前可以出现停顿，可以加进别的成分；语义上 VP 对整个句式的意义影响很小，在特定语境中，人们只要一听到"我把你这个 NP"，不等后面接下来说如何处置，都能想到要跟的是惩处义的 VP；只要一看到"S+V+补标"，还没听到 VP，就知道是描写程度之高的词语。既然如此，按照会话原则，如 Horn 的"R 原则"（说的话应该是必要的，只说必须说的。参见姜望琪 2003），VP 就可以省掉。省掉之后，虽然句式变了，但整体意思没有改变。[⑧]

（二）本来很重要的 VP 为什么会变得不重要了？

VP 之所以变得不重要了，是因为所在句式成了一种套话，成为人们认知心理上的一个完形(gestalt)。人们不再看重也不去细究它的具体内容，光从这种句式就可以获得句子的总体意义，即特定把字句表示说话者对听话者的惩处威胁与骂詈，特定补语句表示 V 的程度之高。至于 VP 出现不出现、出现的是什么,句子的总体意思都一样。甚至有时 VP 意思相反,句子的句式意义也不会改变。如下面句子都是他很生气的意思:

他气得大哭——他气得大笑

他气得躺着不动——他气得到处乱跑

(三)为什么特定句式会成为一个完形?

VP 所在句式之所以会成为表示特定意义的特定句式,之所以会成为一个完形,是因为特定意思的句子反复出现,高频使用。高频反复使用,可以使一些原本独立的个体所组成的序列逐渐打包为一个单一的组快(Boyland 1996,吴福祥 2004)。"将"和"把"都是汉语史上重要的表处置的介词,但是在明清语料和现代西北话中有"我+把+你这 NP",却不见有"我+将+你这 NP",原因主要是,在明清时代的北方话中,把字句是使用频率很高的口语句式,而将字句是使用频率较低的书面语用法(张美兰 2001)。在现代北方话中,也是如此。闽南话"遘、了、着、去"都可以用作补语标记,但只有"遘"可以引出程度补语,可以出现在省缩句式中。这是因为"去"不常用,"了、着"的补语标记用法还没有完全分化出来,自然使用频率也不很高,只有"遘"是最稳定常用的补语标记。

上面涉及的动因有高频使用、完形认知、会话原则三方面,各处于不同的层面,句式省缩就是不同层面的动因交互作用的结果。

6. 余论——与句式省缩相关的逆语法化倾向

一般认为,语法化是单向性的(unidirectional),通常沿着从实词到虚词、从自由到黏着、从具体到抽象、从客观到主观的方向发展,也有人提出反例,甚至否定单向性的存在。(详见吴福祥2003)应该看到,作为一种强烈倾向,语法化的单向性是客观存在的,这在汉语的实词虚化和句式演变过程中表现得非常明显。但是,一般所说的实词虚化都是在特定格式中比较自由地、逐步地走向虚化的,而被裹挟在句式之中、伴随着句式省缩而产生的一些词语的句法语义演变,则未必符合单向性原则。

在省缩之前,把字句的"把"是介词,补语句的补语标记是引出补语的结构助词,但是在完成省缩过程之后,"S+把+你这NP"和"S+V+补标"都独立为相当常见的自足的句式,此时如果"把"还是介词,"补标"还是引出补语的结构助词,那么在汉语的句子类型中,就没法找到这两个句式的位置。这不光是语法分析问题,更是涉及汉语的句法系统、句子的结构类型问题。除非这两种句式各自代表了一种句子类型,否则按一般结构分析,只能分析为:

(甲): S 把 你这NP　　或者(乙): S 把 你这NP
　　　 主　 谓　　　　　　　　　　 语气词 名词句
　　　　　 动　 宾

(丙): S V 补标　　或者(丁): S V 补标
　　　主 谓　　　　　　　　　主 谓 语气词
　　　　 动 补

先看"S+把+你这NP",有两种可能的分析。分析为(甲),"把"成了动词。不少研究者的语感正是如此。如高万云(1997)说:我们可以将句中的"把"理解为一个兼具动词功能的介词,甚至理解为一个虚化了的动词。李志忠(2005)则说:"北疆方言把字句为何可以不要谓语动词,我们认为这里有方言存古问题",唐以前"把"都是纯粹的动词,北疆方言中后面省略动词的"把你……"结构带有很强的动词意味,本身就是"不知如何对待你、整治你、收拾你"的意思。"我们大胆猜想,由于'把'字带有很强的动词意味,省略了动词后,'把'多少临时承担了一点动词的任务,勉强在语法上支撑了句子的完整性。"这里说方言存古显然不对,但却告诉我们"把"确实给人以动词的语感。

分析为(乙),那就类似于名词短语句式"你这NP",前面的"我把"或"把"可以重新分析为句首语气词。如前所述,现在西北话中"S+把+你这NP"有两种重音模式,"把"重音,就是(甲);NP重音就是(乙)。也许有两个方向的发展趋势,也许一个方向会最终消失,如(乙)因为与"你个NP"重复,消失的可能性就比较大。

如果分析为(甲)是正确的,那么其中的"把"就是在特定把字句裹挟着的情况下参与了句式省缩之后,又被重新分析为动词的。相应的句法、语义、语音表现是:

句法:由非谓语变为谓语;

语义:由无实在意义变成"整治、收拾"之义;

语音:由不能做句子重音变为可以并且往往是句子重音。

再看"S+V+补标","补标"本来是引出补语的,既然补语不存在了,它就不是补语标记,不是引出补语的结构助词,只能是依附于谓语或整个句子的东西。如果依附于谓语,则分析为(丙),"补标"就是补语;如果依附于句子,则分析如(丁),"补标"是语气词。分析为(丁)的可能性太小,许多研究者的语感是分析为(丙)。如袁家骅等(1983)把"来""得来"称为后附的程度副词,从历时的角度看它们本来不是副词,但是如果从共时的语感出发,这种分析自然有其道理。许宝华、陶寰(1997:337)也指出：上海话的"得来"是后置副词，有感叹意味，相当于"多么""……得不得了"。叶祥苓(1998:292)说，苏州话的"得来"是后附程度词语，表示程度极高并有感叹语气，并进一步分析道："得来"本是引出程度补语的助词，如"好得来勿得了"，因程度补语经常省去而使"得来"本身成为程度词语。张斌(1997)有类似语感：长沙话"得"是"单独作补语，相当于普通话'极了'"。对这个"补标"的读音，许多研究者都提到了重读、拖长。如覃远雄(1998)："'得'可以单独表示程度，后面没有补语出现，此时读得比较重。"

如此看来，分析为(丙)已经基本成为共识。那么，其中的"补标"是在特定补语句的裹挟下参与了句式省缩之后，又被重新分析为程度副词的。相应的句法、语义、语音表现是：

句法：从仅具连接功能到做补语，由相对黏着的结构助词变为相对自由的程度副词[9]；

语义：从没有实在意义到表示程度高；

语音：从不可以重读到可以重读。

按照(甲)(丙)分析，"把"和"补标"都经历了或正在经历从没有某种功能到获得某种功能的过程，这个过程也可以说是一种语法化，但总体上是从虚到实，与语法化的单向性不合，是一种逆向的语法化。"把"和"补标"的这种逆语法化倾向不是独立演变而来，而是被裹挟在特定句式之中，经历了句式省缩之后重新分析的结果。这种演变或演变倾向虽然与众不同，但也是可以解释的，其机制和动因与实词虚化并无区别，也涉及重新分析和语用推理：通过重新分析由介词变为动词、由结构助词变为副词；通过回溯推理(abduction)会把"S＋把＋你这NP"的句式意义认定为"把"的意义,把"S+V+补标"的句式意义认定为"补标"的意义。

附 注

① 该方言资料是向清华大学解志熙教授调查所得,特表感谢。

② 同位语短语"NP_1+NP_2"表示定性归类,本来没有骂詈的意思,但是如果 NP_1 指听话者,NP_2 又是贬义词,那么,认定听话者是那个贬义词所指之物,自然就有骂詈的意思了。在新疆汉语方言中,NP_2 有时可以是褒义词或中性词,此时整个句式就不会有骂詈义。如"我把这个胖儿子呀""我把你这个机灵鬼"。我们把"S+把+你这 NP"的意义概括为"表示惩处威胁和骂詈"是就绝大多数用例而言的,更高一层的概括应该是"表示惩处和定性"。

③ 有时将要对听话者加以惩处,并不包含威胁的意思,如作品中描写人物的心理活动:"张三心中暗想:一朝风云际会,我把你碎尸万段!"这只是一种隐性的威胁。

④ 这一点多谢刘丹青提醒。

⑤ 这类特定补语句可以直接称作"程度补语句",但一般教材所说的"程度补语"一方面范围较窄,只涉及补语已经格式化的一类;另一方面,又有用"得"连接的(如"好得很")和不用"得"连接的(如"好极了")两类。特定补语句自然不包括不用"得"连接的一类。用"得"连接的一类中,大多是表示程度高的,如"好得不得了、好得要命、好得要死",也偶有程度不太高的,如"闷得慌",前面可以加"有点儿"(参吕文华等 2001:610),说明程度不是很高。特定补语句也不包括程度不高的一类。

⑥ 邢向东(2002:590)指出,神木话"得来[tə^{24} lɛ^{44}]"后面"都可加已然体助词兼语气词'了 lɛ^{21}'"。今按,这种情况比较特殊,尤其是后面出现补语的情况下,还能加上具有已然体意义、通常有结句功能的"了",这是很难解释的。有一种可能是,这个"了"不是已然体助词"了",而是"来"语音拖长之后孳生出来的音节变体,只有增强语气的作用而没有体意义。邢文提到:"在部分陕北晋语中,'得来'后的'了'受'来'同化,也读 lɛ^{21},于是听起来就成了'得来来'。不过,神木话'了'的韵母仍与'来'不同,指示其他方言并不是叠用'来来'。"不是叠用"来来"的看法是正确的,但后一个"来"未必是由"了"变来,而可能是直接由"得来"语音拖长之后孳生出来的。神木的"(得来)了"倒可能是从"(得来)来"变来,是其弱化形式。

⑦ 不过,我们的看法是先有完形,然后才出现信息量过剩。

⑧ 这个整体意思是就句式意义来说的,至于具体句子的意思,省与不省还是有所区别。省缩句式是泛泛地表示惩处威胁或程度高,而要更为具体形象地说明如何惩处、程度如何之高时,仍然需要用把字句和补语句来表达。这也就是省缩句式产生之后,原句式仍然存在的原因。

⑨ 当然,这类"程度副词"并不能像其他程度副词那样可以在 V 的前面做状语,只能出现在 V 后。

参考文献

刁晏斌　1987　近代汉语"把"字句的省略式,《大连教育学院院刊》第 2 期。
高万云　1997　"我把你这个 NP!"的句法、语义、语用分析,《张家口师专学报》第 1 期。
宫田一郎、石汝杰主编　2003　《明清吴语词典》,上海辞书出版社。
海　峰　1993　《中亚东干语言研究》,新疆人民出版社。
黑维强　2002　试论"把＋NP"句,《宁夏大学学报》第 1 期。
江蓝生　1992　吴语助词"来""得来"溯源,载刘坚、江蓝生、白维国、曹广顺《近代汉语虚词研究》,语文出版社;另见《中国语言学报》1995 年第 5 期。
───　2007　同谓双小句的省缩与句法创新,《中国语文》第 6 期。
姜望琪　2003　《当代语用学》,北京大学出版社。
靳玉兰　1995　浅析青海方言"把"字句的几种特殊用法,《青海民族学院学报》第 3 期。
李如龙　2001　闽南方言的结构助词,《语言研究》第 2 期。
李志忠　2005　北疆方言特色虚词"把"书证,《语言与翻译(汉文)》第 4 期。
李作南、辛尚奎　1987　呼和浩特汉语方言的一些句法特点,《内蒙古大学学报》第 2 期。
刘月华、潘文娱、故铧　2001　《实用现代汉语语法》(增订本),商务印书馆。
吕叔湘　1980　《汉语语法分析问题》,载《汉语语法论文集》,收入《吕叔湘文集》第二卷,商务印书馆 1990 年。
吕叔湘主编　1999　《现代汉语八百词》(增订本),商务印书馆。
闵家骥等　1986　《简明吴语词典》,上海辞书出版社。
乔全生　2000　《晋方言语法研究》,商务印书馆。

孙立新　2003　户县方言的"把"字句,《语言科学》第6期。
——　　2004　户县方言的"得"字,载邢向东主编《西北方言与民俗研究论丛》,中国社会科学出版社。
覃远雄　1998　南宁平话的结构助词,《广西民族学院学报》第4期。
王　力　1943、1944　《中国现代语法》,中华书局1985年新1版。
王景荣　2002　新疆汉语方言的"把"字句,《新疆大学学报》第2期。
王军虎　1996　《西安方言词典》,江苏教育出版社。
王文晖　2001　近代汉语中的一种特殊把字句,《中国语文》第4期。
王雪樵　1986　山西运城话中一种"把"字句,《中国语文》第4期。
吴福祥　2004　近年来语法化研究的进展,《外语教学与研究》第1期。
——　　2003　关于语法化的单向性问题,《当代语言学》第4期。
吴怀仁　2004　谈陇东方言中"得来""得"的用法,《河西学院学报》第1期。
邢向东　2002　《神木方言研究》,中华书局。
许宝华、陶寰　1997　《上海方言词典》,江苏教育出版社。
许光烈　2005　维纳斯句型——近代汉语中一种特殊的"把"字句,《语言教学与研究》第4期。
严修鸿　2001　平远客家话的结构助词,《语言研究》第2期。
杨　云　2003　昆明话中一种独特的述补结构,《学术探索》2003年专辑。
叶祥苓　1998　《苏州方言词典》,江苏教育出版社。
俞光中、植田均　1999　《近代汉语语法研究》,学林出版社。
袁家骅等　1983　《汉语方言概要》(第二版),文字改革出版社。
张　斌　1997　《动词谓语句》序,李如龙、张双庆主编《动词谓语句》,暨南大学出版社。
张洪年　1972　《香港粤语语法的研究》,香港中文大学出版社。
张美兰　2001　《近代汉语语言研究》,天津教育出版社。
张双庆　1998　香港粤语的结构助词,"中国东南部方言比较研究计划"学术讨论会论文(苏州)。
张小克　1999　长沙话结构助词浅论,《广西民族学院》第2期。
赵日新　2001　形容词带程度补语结构的分析,《语言教学与研究》第6期。
朱建颂　1995　《武汉方言词典》,江苏教育出版社。
邹洪民　2000　简论"我把你这个NP!",《新疆大学学报》第4期。
左林霞　2001　孝感话的"把"字句,《孝感学院学报》第5期。

Boyland, Joyce Tang. 1996 *Morphosyntactic Change in Progress: A Psycholinguistic Treatment*. Berkeley: University of California Dissertation.
Goldberg, Adele E. 1995 *Construction: A Construction Grammar Approach to Argument Structure*. Chicago: Chicago University Press.

(此文与杨永龙教授合写,原载《山高水长:丁邦新先生七秩寿庆论文集》上册,《语言暨语言学》专刊外编之六,[台北]中研院语言学研究所 2006)

同谓双小句的省缩与句法创新

提　要　本文以现代汉语方言中重叠式正反问句和北京话由省缩而来的三字格"爱怎怎"、"爱谁谁"、四字格"爱吃不吃"等短语为例,说明语言经济原则驱动下的省略和紧缩是汉语构式语法化的一种推力和机制。这种带有普遍意义的句法创新模式,可以合理地解释汉语语法史上反复问句"VP不VP"句式的历史发展过程,也能对先秦已见的"VP不"问句和晚唐五代盛用的"VP也无"句式的产生作出恰当的解释。

关键词　同谓双小句　省缩　句法创新　构式语法化

　　功能语法学家区别语法创新和语法演变,通常把在特定的语用环境中随机发生的语法变化称为语法创新;当这种个体创新形式在语言内部扩展使用的语境、在社会上扩散传播到相当广泛的人群并被规约化后,就能达至语法演变的最终完成。也就是说,语法的演变是一个从发生、发展到完成的过程,演变的发生引起语法创新,演变的扩展、扩散与规约化导致语法演变的完成。

　　引起语法创新的认知策略和语用动因有多种,本文所讨论的是同谓双小句在语言经济原则驱动下,经省略和紧缩这类机制而产生的句法创新现象。这里所说的同谓双小句包括:

　　(i)结构比较紧凑的承接性复句"VP$_1$就VP$_1$"(如"爱上哪儿,就上哪儿");

　　(ii)小句独立性强的正反并列复句"VP就VP,不VP就不

VP"(如"爱吃就吃,不爱吃就别吃");

(iii)正反选择问句"VP,还是不VP?"(如"出门,还是不出门?")

其中VP是相同的动词或动词短语。由于这类句式有凝固的框架,因而对其中的重复成分做些删除或使原来比较松散的双小句紧缩为单句也不致妨碍表达;由删除和紧缩而产生的创新格式在语言生活中站住脚后,句法演变最终得以完成。下面以现代汉语方言特别是北京话为例,说明这是一种有普遍性的句法创新模式,依据这一创新模式,可以合理地解释汉语语法史上尚存疑云的几桩公案,如反复问句"VP不VP"句式的产生时代,先秦已见的"VP不"问句和晚唐五代盛用的"VP也无"句式的产生机制与过程等。

1. 现代汉语方言里的重叠式正反问句

朱德熙(1985)认为汉语方言的反复问句主要有两种类型:"VP-neg-VP"和"K-VP",而且认为这两种句型在同一方言中互相排斥,不共存。他在其后的文章(1991)里指出,有些方言里有共存的现象或两式混合的句型存在,但那属于不同的语言层次。在(1991)这篇文章里,朱先生还有一个与本文论题有关的重要论断,即他指出:有的"V-neg-VO"型方言里,"V-neg-VO"经常紧缩成"VVO"的形式。如果不能带宾语或宾语不出现,紧缩式为"VV"。以上两种情况可用"VV(O)"概括。他还明确指出:"这种反复问句的紧缩句式看起来很像动词的重叠式,其实不是。"所言极具慧眼。朱先生文中举了福州话、连城(新泉)客家话、吴语绍兴话和嵊县话的例子,下面本文仅就阅读所及,更广其例,以说明省略与紧缩导致句法创新。

1.1 江西于都客家方言

谢留文(1995)指出,北京话"VP 不 VP"反复问句在江西于都客家方言里可以不用否定词而通过动词(包括动词短语)重叠或形容词重叠的形式表达。如果动词形容词是单音节,其反复问句为"VV"式,如果是双音节,则为"AAB"式。不过,这两种反复问句的前字(V 或 A)要变调,总是读入声 5 短调,后字仍读单字调。例如:

明朝你去去赣州?(明天你去不去赣州?)|绳子猛猛?(绳子长不长?)|你食食酒?(你喝不喝酒?)|你愿愿意话还俚?(你愿不愿意告诉我?)

例中"VV""AAB"中的第一个 V 和 A 都读入声 5 短调。

于都方言中另有跟北京话"VP 不 VP"对应的"V 唔 V""A 唔 AB"反复问句,因此我们可以断定"VV"式和"AAB"式是紧缩式,紧缩的方法一是省略否定词,二是前字变调。谢文谈到福建连城(新泉)客家方言、长汀客家方言以及江西安远县龙布镇客家方言都有类似的重叠式反复问句,但是关于变调的原因,谢文尚不得其详。

关于变调的原因,从目前掌握的研究成果看,一般认为,是否定词跟它前面的动词或形容词融合成一个音节,前面的动词或形容词仅吸收了否定词"唔"的字调。典型的例子是福建连城(新泉)客家方言。项梦冰(1997:386-394)介绍,连城客家话有两种反复问句,一是"A 唔 A"正反并列式,另一是"AA"重叠式,前一个 A 不管其原来单字调是什么,在这种句式中一律读调值为 35 的阴入调。这是因为,"A 唔 A"的"唔"是个 35 调的阴入字,A 与"唔"合音仅吸收了"唔"的字调,"A35"的产生改变了 A 的声调、减省了"唔"这个音节,从而使原来正反并列式反复问句紧缩为重叠式反复问句,创新了连城客家话的反复问句格式。

1.2 山东招远、长岛方言

罗福腾(1996)介绍山东招远市和长岛县方言中有以"V+VP"重叠方式表达未然体反复问句的现象。其特点是,如果提问部分是单音节词,就直接重叠该音节;如果是多音节词或短语,就只重叠第一个音节,中间一律不带否定词。例如:

招远:你去去?(你去不去?)| 这是是你的东西?(这是不是你的东西?)| 你肯肯给他?(你肯不肯给他?)|愿愿意吃干饭?(愿不愿意吃干饭?)

长岛:你会会?(你会不会?)|花儿香香?(花儿香不香?)| 长得苗苗条?(长得苗不苗条?)|电影好好看?(电影好不好看?)

罗文认为招远、长岛方言的"V+VP"式反复问句用紧缩句解释不通,因为这两地以及其周边方言都不存在与"V+VP"并列的"V+不+VP"式反复问句。我们认为,判断这两处方言中的重叠式是不是"V 不 VP"的紧缩式恐怕不能仅从现代共时层面考虑,同时也不宜局限在其临近周边地区。从历史线索和今天大多数山东方言"V 不 VP"占优势的情况来看,把这两处的重叠式看作紧缩句是说得通的。招远、长岛两地方言中重叠式正反问句中的前一个动词或形容词没有吸收否定词"不"的字调,其句法创新度要比于都、连城等客家话更高。

1.3 湖北浠水方言

郭攀(2003)介绍湖北浠水方言在通常的正反问表达形式之

外,有时还使用一种简明的叠合式正反问表达形式。从他所举的例子来看,这种紧缩式反复问句限于"VVC"式:

  买这个牛你出出不起钱?｜这话说说不得?｜她顶会骂人,你骂骂不赢她?

显然句中正问小句动词后面的补语被省略了:

  你出(得起钱)出不起钱?｜这话说(得)说不得?｜你骂(得赢)骂不赢她?

通过省略正问小句动词后的补语,使原来的双小句反复问句紧缩为重叠式反复问句。正反问句变得更加紧凑,符合经济简明的表达原则。由于正反问小句的补语有相同的部分,在保持反复问句大框架的前提下,省去重复的部分不会妨碍语义表达。

  在各地方言中,正反问的紧缩式有多种,例如:

  VP＝VO 你吃饭不吃饭——吃不吃饭｜吃饭不吃｜吃饭不｜吃饭吗｜可吃饭

  VP＝VC 你吃得完吃不完——吃不吃得完｜吃得完不｜吃得完吗｜可吃得完

  VP＝V 你吃不吃——你吃不｜你吃吗｜你可吃

浠水方言的重叠式正反问只能用在 VP＝VC 的句子中,这可能因为带补语的 VP 音节较长(中间还有助词"得"),说起来不顺口所致。

  以上各点方言中的紧缩式反复问句只是缩短了句式的长度,并没有引起句子语义上的变化,而北京话中的情况就不同了。

2. 从同谓复句到三字格、四字格短语

2.1 "爱××"

  北京话口语中有一种三字格"爱××","×"仅限于疑问代词

"怎、咋、哪儿、谁、啥"。例如:爱怎怎、爱咋咋、爱哪儿哪儿、爱谁谁、爱啥啥。①

这种三字格表面上看是动词"爱"后面加一个疑问代词重叠式,其实它也是由同谓双小句紧缩而来的。

2.1.1 "爱怎怎、爱哪儿哪儿"

王朔小说里的如下例子使我们可以据以推断此类三字格的来历和演化过程。

a."爱怎么 VP 就怎么 VP"(VP 多为单音节动词):

(1)你们爱怎么转就怎么转。(《顽主》)

(2)不管了,你爱怎么写就怎么写吧。(《一点正经都没有》)

b.省去句中的"就",作"爱怎么 VP 怎么 VP":

(3)那随你便,爱怎么玩怎么玩去吧。(《一点正经都没有》)

(4)偷来的抢来的骗来的,爱怎么来的怎么来的,我们只管花。(《玩的就是心跳》)

c.再进一步,省去 VP,作"爱怎么(着)怎么(着)":

(5)我不要你了,你爱怎么着怎么着吧。(《玩的就是心跳》)

d."怎么"合音为"咋",因此在口语中又可听到"爱咋着咋着",甚至还有三字格"爱怎怎""爱咋咋"的说法。

与"爱怎怎、爱咋咋"相类似的三字格"爱哪儿哪儿"的紧缩过程可以推导为:

a. 爱上哪儿,就上哪儿 ⟶ b. 爱上哪儿上哪儿 ⟶ c. 爱上哪儿哪儿 ⟶ d. 爱哪儿哪儿也就是说,"爱哪儿哪儿"短语与"爱怎怎"同样,都是由"爱VP,就VP"双小句紧缩而来的。b句省略连接词"就",使两个小句的形式分界消失;c句省去后一小句的动词,使两个小句紧缩为单句;而当d句连前一小句的动词也省去时,剩下的成分就成为一个难以直接从字面上理解的短语,短语的意义存在于这个三字格形式中。引发省略与紧缩的因素是两个分句中有相同的结构与词语,表达不经济。从感情色彩看,双小句相对比较中性,而随着结构的缩短,"任随、管不着"的冷漠消极的主观色彩越来越浓。这说明,随着结构的语法化程度的加深,结构的主观感情色彩不断加强。省缩引发了句法创新,"爱××"这种新结构简洁、感情色彩鲜明,它得以在市民阶层特别是青少年中推广开来,从而完成了句式的演变是不难理解的。

2.1.2 "爱谁谁"

"爱谁谁"的语义从字面更难推知,通过分析王朔小说中的用例,可以把其中的"谁"区分为与"谁"的字面义(人)有关和与"谁"的字面义(人)无关两类:

(甲)跟"谁"(人)的字面义有关

a. 随便是谁(谁都可以)

(6)"咱们处境不一样,你跟他们谁也不认识,可我一个是爸一个是妈,都是亲人——你就胡乱判吧,判给谁我也没掉虎口里。""你要这么说,那我可真就乱判了——爱谁谁。""爱谁谁,胡判吧你就。"(《我是你爸爸》)

b. 不管是谁(任指)

(7)"爱谁谁,一律活该!"高洋斩钉截铁地说。(《玩的就是心跳》)

c. 谁爱怎么着怎么着(与我无关)

　　(8)牛:唉,戈玲,戈玲,大姐劝一句。大姐也是女的,总没偏向吧。咳,甭说男的听女的,就女的听女的有几个得了好的。

　　戈:哎唷,好好好好。好,我不管了,行吗? 爱谁谁了。

　　(《编辑部的故事》)

(乙)跟"谁"的字面义无关

d. 爱怎么着怎么着(听天由命,无所谓)

　　(9)刘会元问我高洋有无眉目。我说:完了,我没戏了。证人找不着干系脱不清我认命了。也没劲跑了,现就等着警察来抓了,爱谁谁吧。(《玩的就是心跳》)

　　(10)我们这种老百姓既没什么荣誉也没什么自尊,涎着脸回去也没什么不好意思的,犯不上,爱谁谁吧。(同上)

从 a 到 d 可以看出"爱谁谁"三字格语义的不断虚化:a 例的"谁"有明确所指——马锐的父或母;b 例的"谁"是任指,无具体所指,已有所虚化;c 例的"谁"兼指人和事,是从(甲)到(乙)的过渡用法;d 类两例的"谁"都跟人无关,相当于"怎么",虚化程度最深。

我们不能因为"爱谁谁"短语来源于同谓结构"爱 VP,就 VP"双小句,就以为甲、乙两种用法的"爱谁谁"都可以还原为双小句。只有"谁"的意义较实的 a 类可以还原为双小句形式,而 b、c 类意义已虚化得不能还原为双小句形式,比如:

　　a 例"爱谁谁"←── 爱判给谁就判给谁

　　b、c 例"爱谁谁"←── *爱是谁就是谁

至于 d 类用法,就更不能还原推导了,它已抽象为一个感情色彩很浓的情绪词,类似于"无所谓""随你的便"。

2.2 "爱 V 不 V"

北京话口语中还有一种四字格"爱 V 不 V",在王朔的小说里用得很多。例如:

(11)打我参加工作,我就没给过吃饭的好脸子,爱吃不吃,不吃就滚,谁也没请你来。(《千万别把我当人》)

(12)"说不吃就不吃——你别烦我了。""爱吃不吃,真他妈不识好歹。"(《我是你爸爸》)

(13)我也不知道他会不会来,爱来不来,反正今儿天气不错,暖风熏熏。(《一半是火焰一半是海水》)

(14)"我信吗?"他说,"那个阿凡提的笑话怎么说的,要是有人说他是世界上最大的傻瓜,你可千万别信。""你爱信不信,他就是带着钱走了。"(《橡皮人》)

其中的 V 都是单音节动词。这种格式的能产性很强,几乎所有的单音节动词都能进入这个格式。根据动词 V 的意义,可以分成两大类:

(甲)V 为动作动词、行为动词、趋向动词、给与动词、使令动词等:爱吃不吃、爱干不干、爱信不信、爱去不去、爱给不给、爱让不让

(乙)V 为心理动词、消现动词:爱想不想、爱恨不恨、爱死不死、爱活不活

这类"爱 V 不 V"格式的表层意思是"随便对方 V 或不 V",实际是表达一种"不 V 拉倒"的无所谓、不相干或不满的态度。比如,"爱吃不吃"意思是"不吃拉倒"。"爱信不信"意思是"不信拉倒"。语言经验告诉我们,"爱吃不吃"应该是从"爱吃就吃,不爱吃就别吃"紧缩而来的,"爱信不信"是从"愿意信就信,不愿意信就别信"紧缩而来的。也就是说,这种四字格源于正反并列的双命题、双小句构

成的复句。检验这种推论是否正确的方法就是看"爱 V 不 V"能否还原为"爱 V 就 V,不爱 V 别 V"。

我们注意到,(甲)类动词(除使役动词外)大都可以这样还原。如:

爱干就干,不爱干就别干 | 爱去就去,不爱去就别去 | 爱给就给,不爱给就别给

这就是说,当 V 为行为动词、趋向动词、给与动词时,"爱 V 不 V"一般都可以扩展为正反并列的双小句。这种扩展开来的正反复句,都是前一小句为正句,后一小句为反句,而且每个小句都是动词主语句,主语和谓语为同一动词。但是,我们同时又会发现,扩展句的语义跟四字格有差异,最大的差别是扩展句的语义感情色彩比较中性,不像四字格那样消极、负面。这是因为,从正反并列的双命题双小句省略、紧缩为四字格短语,经历了一个句子结构语法化(词汇化)的过程,在语法化的过程中,随着句子结构的紧缩,其语义也发生了不断主观化、情态化的变化。

以"爱吃不吃"为例,在现代汉语共时平面上有以下各种互有差异的表达方式,这些恰好可以据以推测从正反并列双小句到四字格短语大致经历的语法化过程:

a. 爱 V 就 V,不爱 V 就不要 V 了:

爱吃就吃,不爱吃就不要吃了。(语气缓和,态度客观)

b. 爱 V 就 V,不爱 V 别 V:

爱吃就吃,不爱吃别吃。(语气较生硬,态度较冷漠)

c. 爱 V 就 V,不爱 V 拉倒:

爱吃就吃,不爱吃拉倒。(语气生硬,态度不满)

d. 爱 VV,不 V 拉倒:

爱吃吃,不吃拉倒。(语气很生硬,态度很不满)

e. 爱 V 不 V：

爱吃不吃。(语气极生硬,态度极不满)

从 a 句到 e 句,句子越来越短：b 句省去 a 句否定小句的副词"就"和事态助词"了",用合音词"别"取代双音节词"不要"；c 句用词义抽象、消极色彩浓厚的"拉倒"类动词替代 b 句语义具体、色彩较中性的"别 V"；d 句省略了正小句的"就"字和反小句的"爱"字——至此,在双小句框架内能省去的成分都省去了；最后,e 句通过省略和紧缩把双小句变为短语形式的"爱 V 不 V"。从 a 句到 d 句主要通过成分省略不断缩短双小句的音节长度,从 d 句到 e 句通过省略与紧缩双重手段使双小句双命题合并为一个四字格,从而发生了句子结构的质变——句法创新。

随着句子结构的缩短和反句中词汇的替换(不要 V－别 V－拉倒),句子的语义和感情色彩都发生了客观性越来越弱,主观性越来越强烈的主观化趋势。发展到最后,四字格短语的意义已不体现为结构中各成分的意义及其相互的搭配关系,而是由这个四字结构式抽象出来的意义。"爱吃不吃"所表达的不是"要吃就吃,不吃就不吃"的意思,而是表达如前所说"不吃拉倒"的那种无所谓、不相干或不满的态度。原来由双小句共同表达的意思(双命题、双重心)逐渐后移(双命题、轻＋重),最后几乎全部落在后一小句上(单命题)。

我们注意到,在甲类动词中唯有使役动词构成的"爱 V 不 V"式不能扩展。例如,父亲不让儿子打球,儿子不高兴又无奈地说："爱让不让"。这句"爱让不让"就不能扩展为"*爱让就让,不爱让就别让"。这说明使役动词进入"爱V不V"四字格是类推作用引起的语境扩展。

乙类动词即一些心理动词、消现动词构成的"爱V不V"式也不宜扩展。其中词义消极的尤其不能扩展,如:＊爱恨就恨,不爱恨就别恨｜＊爱死就死,不爱死就别死。这说明心理动词和消现动词跟使役动词一样,都是在类推作用下直接进入"爱V不V"格式的。

从正反并列的双命题、双小句紧缩为单命题的四字格短语,是由省略和紧缩而产生的句法创新。这种新的紧缩格式中的动词最初限于能跟喜爱义的"爱"搭配的动作动词,如"吃"等;后来扩大至行为动词、趋向动词,再后来又扩大至使役动词、心理动词、消现动词等。在语境范围不断扩展中,"爱"由"喜爱"义虚化为"愿意、要"等义;而随着结构语法化程度的加深,语义表达的承担者逐渐由结构中的各个成分及其句法关系转向结构的整体框架。这一结构的凝固化、通用化及其能产性,表明它已在语言中站住了脚跟,已由句法创新达至句法演变的完成。

上面两节所讨论的紧缩形式都发生在同谓双小句,尤其是正反并列的双小句中,这绝非偶然。由于正反项并列的双小句句式的固定化、格式化,这种话语模式作为一种固定框架在人们脑中打上了深深的烙印,形成了一种思维定式,当人们出于语言交际的经济原则、效率原则而省略其中部分内容时,由于原框架的隐形作用,人们仍能正确理解形式变化了的句义。

3. 汉语语法史中的紧缩式反复问句

正反并列的双小句容易产生相应的紧缩式,这一带有普遍性的句法现象为我们解释汉语史上有关句型的来龙去脉提供了有力的依据。

3.1 "VP 不"句式的来源②

甲骨卜辞里已出现"VP 不"式正反问句。向熹(1993)列举卜辞中关于询问是否下雨的句式有七种:

1)雨?(《续》4.12.1;下雨吧?)(再如:甲寅,乙雨?《合》34217;"乙"为"乙卯"之省)

2)不雨?(《续》4.11.2;不下雨吧?)(再如:甲戌卜,大贞:今日不雨?《合》24741)

3)其雨?(《续》4.10.3;会下雨吗?)(再如:贞:今辛丑其雨?《合》12077)

4)不其雨?(同上;不会下雨吗?)

5)雨不雨?(《粹》610;下雨不下雨呢?)

6)雨不?(《前》3.19.4;下雨不下呢?)(再如:翌日允雨不?《合》20903)

7)其雨不?(《续》4.17.3;到底下雨不下雨呢?)

其中例5)应标点为"雨?不雨?"是正反并列的双小句选择问式,而不是"V 不 V"式反复问句(详见下文)。第 6)、7)两例是"VP 不"式反复问句,它是"V?不 V?"句式省略后一个同类项后形成的紧缩式。即:雨?不雨? → 雨不?

睡虎地云梦秦简里有 33 例貌似"VP 不 VP"反复问句的例子,此处仅举如下四例(转引自朱德熙 1991):

(15)迁者妻当包不当?

(16)吏从事于官府,当坐伍人不当?

(17)今郡守为廷不为?

(18)臧者论不论？

朱先生认为这些反复问句有的为"VP 不 VP"式，有的是"VO 不 V"式。但是使他困惑的是："秦简以后这种句式突然在文献中消失,在长达千年的时间里,连一点痕迹也看不到。"事实正如朱先生(1991)和吴福祥(1996)所指出的,在传世中土文献里,"VP 不 VP"直到隋唐时期才见到用例,如(引自吴福祥 1996)：

(19)借问行人归不归？（隋无名氏诗）

(20)吾打汝,痛不痛？（《六祖坛经》）

如果秦简里已经出现了为数众多的"VP 不 VP"式,那么从秦代或战国末期到隋唐这一千多年间竟然没有见到其他用例,这是无法解释的。我们认为,正如甲骨卜辞的"雨不雨"应分析为双小句"雨？不雨？"一样,秦简中看似"VP 不 VP"句式的问句也应该分析为列项式双小句选择问句式（"V？不 V？""VP？不 V？""VO？不 V？"）。

显然,从句子的表层结构上是无法区分何者为双小句"VP？不 VP？",何者为紧缩式反复问句"VP 不 VP",区分的标准须求诸语义。在语义上,甲骨文和秦简中的例子都是就正反两方面发问的：下雨还是不下雨、应当包还是不应当包,等等,两方面的情况发问者都不清楚。这一点,从甲骨卜辞中既有"雨？""其雨？"这种从正面发问的句式,也有"不雨？""其不雨？"这种从反面发问的句式得到证明。

成书于东汉的《太平经》中有如下一些小句末有语气词"邪"的列项式正反选择问句：

(21)今见凡人死,当大冤之,叩胸心而呼天,自投擗而告地邪？不当邪？（卷九十）

(22) 今欲有可乞问,甚不谦,不知当言邪?不邪?(卷三十九)

(23) 今人当学为善邪?不当邪?(卷四十九)

(24) 子宁解邪?不解邪?(卷五十一)

显然,这些正反项并列的问句不是反复问句。在《太平经》里有数十例"VP＋不/未/非"反复问句,但尚未见"V 不 V"或"VP 不 VP"式反复问句,这有助于说明上举甲骨文和秦简中的例句不宜看作正反反复问句。虽然甲骨文和秦简中的正反项后面没有带疑问语气词,但汉语的疑问句自古就可以用语调而不一定非用语气词来表示疑问语气。

上举隋唐文献中的用例情况不同,它们在语义上是侧重于正项发问的,"归不归"问的是是否"归"(归吗),而不是问是否"不归"(不归吗),"痛不痛"问的是是否"痛"(痛吗),而不是问是否"不痛"(不痛吗)。也就是说,甲骨文和秦简用例在形式和语义上是并列的正反选择问,而隋唐用例在形式上是反复问,语义上却无异于是非问。

由上可知,双命题、双小句反复问"VP?不 VP?"句式可能产生两种紧缩式,一是通过省略和紧缩产生"VP 不"式(先秦),二是紧缩为"VP 不 VP"式(不晚于隋)③。这两种结构紧凑的反复问句式是一种句法创新,其机制就是省略和紧缩。"VP 不"句式在历史上通行了很长的时期,虽然今天已被"VP 吗"取代,但在方言口语中仍未绝迹;而"VP 不 VP"则成了今天绝大多数地区反复问的标准句式。

3.2 "VP 也无"句式的来源

关于《祖堂集》中的"还 VP 也无"问句的来源,梅祖麟(2000)

说明它是"为知邪？不知邪？"句式通过省略和紧缩变成"为知邪不？"后来"邪"换成"也"④，"不"换成"无"，"为"换成"还"就变成"还知也无"句式了。即：

为 VP 邪？不 VP 邪？ → 为 VP 邪不？ → 还 VP 也无？

梅氏的观点在思路上很有见地，只是未加论证，因此在细节上还与实际有一定距离。按照本文的观点，"还 VP 也无？"句式其实就是双小句反复问句的紧缩形式。下面试做论证。

3.2.1 "VP 不/否"与"VP 与不/否""VP 已/以不"

正如 3.1 节所说，甲骨文中已见"VP 不"句式。此后，先秦两汉魏晋南北朝文献中"VP 不/否"式并见。例如：

(25) 宦三年矣，未知母之存否。(《左传·宣公二年》)

(26) 闻诸道路，不知信否。(又，《定公四年》)

(27) 二世曰："丞相可得见否？"(《史记·秦始皇本纪》)

(28) 秦伐韩，军于阏与。王召廉颇而问曰："可救不？"(又，《廉颇蔺相如列传》)

(29) 上古以来颇有此事否？(《洛阳伽蓝记》卷三)

(30) 尊君在不？(《世说新语·方正》)

隋唐以后，这类紧缩式反复问句仍长期沿用，其例随处可寻，此不赘。

在"VP 不/否"句中，"不/否"有指代性，代表"非 VP"。与"VP 不/否"并行，先秦又有"VP 与不/否"式反复问格式，"与"是连词，连接正反两项。如：

(31) 晋人侵郑以观其可攻与否。(《左传·僖公三十年》，引自吕著)

(32) 犹由善于是者与不？(《荀子正论》，引自吴福祥 1996:478)

六朝时期开始有"VP以/已不"式正反问句,"以/已"因跟"与"音近而被借用(说详吴福祥1996:479)。例如(引自吴福祥1996:479):

(33)若无母弟,来归以不?(《魏书·刘休宾传》)

(34)今始九月,可尔已不?(《洛阳伽蓝记》卷四)

到了唐五代,"VP以/已不/否"句式习见,《敦煌变文集》中用例甚夥,此不举。借字"以/已"的大量使用,说明"以/已"源自"与"的连词作用已虚化,只不过充当句中语气助词,或曰中缀。"VP以/已不"句式的长期普遍运用为"VP也无"句式的产生准备了现成的句法模式。

3.2.2 "VP也无"句式的形成

假设(一):"有×邪?无×邪?"→"VP也无?"

尽管"VP也无"句式跟六朝以来的"VP以/已不"句式结构十分相似,但是我们认为"VP也无"句不是从"VP以/已不"句直接变化或类推而来,而是有可能跟"有×邪?无×邪?"这种以动词"有、无"构成的正反选择问句有关。"有×邪?无×邪?"这种分析型的正反双小句选择问句,经过合并同类项,紧缩为一个黏聚型的反复问单句"VP邪无?"。其过程大致可描述为:

(i)有×邪?无×邪?→(ii)有×邪无?→(iii)VP邪无?→(iv)VP也无?

从(i)到(ii)是省略和紧缩,把第二个分句中跟第一个分句相同的内容"×邪"省略掉,把双小句紧缩为单句。由于功能的扩展,可以用在"有"以外的语境中,于是有了第(iii)式。在唐代,语气词"邪"已被"也"替代,所以有了(iv)式"VP也无"。

这种假设从大的思路上非常合理,但遗憾的是,跟文献中反映的实际情况不尽吻合。且不说在现存唐代以前的文献中尚未找到"有 VP 邪无?"或"VP 邪无?"这样的实际例子,更重要的是"VP 无?"句式的出现远远早于"VP 也无?",从语言事实出发,我们提出第二个假设。

假设(二):有×? 无×? ⟶ 有×无? ⟶ VP 无? ⟶ VP 也无?

目前掌握的历史资料表明,"有×无?"比"有×也无?"早出现四百多年。也就是说,先有的"VP 无",后有的"VP 也无"。早在东汉和南北朝译经中已见到少数"VP 无?"问句,其中的"无"当然还是否定词(前两例蒙汪维辉示知,后两例据张敏博士论文):

(35)幻与色有异无? 幻与痛痒思想生死有异无?(《道行般若经》卷一,8/427a)

(36)佛言:"譬如幻师于旷大处化作二大城,作化人满其中,悉断化人头,于须菩提意云何? 宁有所中伤死者无?"须菩提言:"无。"(同上,427c)

(37)世间羸瘦,有剧我无?(《贤愚经》)

(38)不知彼有法无?(《佛说义足经》下)

这两个"VP 无?"最早的例子是"有、无"并现的,可以支持上面两种假设的大思路。即:

幻与色有异? 无异? ⟶ 幻与色有异无?

有剧我? 无剧我? ⟶ 有剧我无?

在唐五代禅宗语录中,"有、无"对举的正反选择问句仍常见:

(39)沩山问:"有不立? 无不立?"(《祖堂集》卷十八仰山和尚)

(40)师云:"打有道理? 打无道理?"(《祖堂集》卷十一保

福和尚）

(41)尔既善知识……有师承？无师承？(《仰山慧寂禅师语录》)

这些小句句尾不带疑问语气词的正反选择问复句经省略和紧缩后，就产生了紧缩式反复问句"有×无"，如：

(42)帝唤司马迁向前想(相)陵母妻子面上有死色无："陵在蕃中有死色无？"(《敦煌变文集·李陵变文》)

我们注意到，虽然"VP无"反复问句比"VP也无"句式早出现四百年左右，但是在晚唐五代资料中，"VP无"反复问句却大大少于"VP也无"。据吴福祥(1996)，敦煌变文中"VP无"反复问句有5例；据张美兰(2003)，《祖堂集》中"VP无"仅4例，绝大多数为"VP也无"句(276例)。原因何在呢？是类推机制所致。唐五代时期"VP已/以不"式大为盛行，原本没有句中语气助词的"VP无"句式，由于受同时期普遍使用的、语义与之相近的反复问"VP以/已不"句式的类化影响，遂在句中加上语气助词"也"(跟选择问小句后的语气词"邪"有渊源)，由此产生了"VP也无？"句式。⑤

先看谓语动词为"有"的"VP也无"句：

(43)既是巡营，有号也无？(《敦煌变文集·汉将王陵变》)

(44)彼中还有这个也无？(《祖堂集》卷四石头和尚)

(45)侍郎又问曰："未审佛还有光也无？"(《祖堂集》卷五大颠和尚)

(46)沩山云："为复长弄，还有置时也无？"(《祖堂集》卷五云岩和尚)

这类与"有"同现的"无"还多少带有对"有"的否定，还不能看成纯粹的语气词；但是从语境看，这类"有 VP 也无"问句问的是"是否有"（有号吗？有这个吗？有光吗？），并不是问"是否无"，所以"无"的否定义已有所减弱，这跟在正反并列选择问句"有×？无×？"中的情况是不同的。也就是说，在"有×无"问句中，"无"的否定功能减弱，情态功能增强，处于可两解的状况。⑥随着"VP 无"句式功能的扩展，"VP 无"可以用在不是"有"做谓语动词的其他反复问甚至非反复问场合。这样，"无"的虚化程度更深，最终被重新分析为疑问语气词（详见杨永龙 2003）。例如：

（47）直待修行有次第，为汝宣扬得也无？（《敦煌变文集·妙法莲花经讲经文》；"得也无"：行不行/行吗？）

（48）师曰："佛还曾迷也无？"对曰："不曾迷。"（《祖堂集》卷三靖居和尚；佛可曾迷过吗？）

（49）进曰："与摩道莫屈人也无？"（同上，卷十一保福和尚；这样解说大概使对方理屈吧？）

（47）（48）例为跟"有、无"无关的反复问句，"无"已虚化为疑问语气词；（49）例不是反复问句（为测度问句），"无"的虚化程度最高，相当于"吧"。

从上面的分析可以看出，分析型的选择问双小句通过紧缩省略机制的作用，演变成一个黏聚型的反复问紧缩句；随着"VP 也无"句式使用范围的扩大和功能的扩展，否定词"无"不断地形态化，最终虚化为一个疑问语气词。与此同时，有些"VP 也无"问句也由反复问句演变为是非问句或测度问句。我们看到，在这一过程中句法化和形态化是互相促动发展的，这启示我们，研究语法化要把词或短语的形态化跟结构的句法化结合起来考察，找出其中的互动关系这样才能更贴切地做出科学的解释。

4. 结语

(1)本文以现代汉语方言重叠式反复问句和北京话三字格"爱怎怎"、"爱谁谁"、四字格"爱吃不吃"等短语的由来为例,说明语言经济原则驱动下的省略和紧缩,是一种带有规律性的、具有类型学意义的句法创新手段和机制。这种带有普遍意义的句法创新模式,可以启发我们透过表面现象推知一些句式的深层结构或来源,还能把一些看似不相干的有关句型系联起来,从而对他们的产生和演变做出科学合理的解释。

(2)谓语中有相同成分是双小句省略与紧缩的必要条件。前举现代北京话的"爱吃就吃,不爱吃就别吃"、"爱怎么着就怎么着"、甲骨文的"雨?不雨?"、晚唐五代的"有师承?无师承?"等句子都具备这一特点。由于句式的凝固性,对其中的重复成分进行删除或使原来比较松散的双小句紧缩为单句并不妨碍表达。删除同类项是一种脱落现象,是人们在交际过程中,为了使表达更经济、更便捷,而尽最大可能地减省掉格式中的羡余成分或准羡余成分而采取的手段。

(3)在由省略和紧缩而产生句法创新的过程中,发生了句式的语法化。本文所涉及的新句式或由双小句变为单句(VP不、VP不VP、还VP也无),选择问变为反复问、是非问(VP吗),或更紧缩为短语(爱吃不吃、爱谁谁);与此同时,在语义上也发生了主观化、情态化的诸多变化,对于结构式语法化过程中显现出来的各种现象与特点,应该动态地、全方位地进行观察和研究。

本文所论是与省略句子成分,紧缩句子结构有关的句法创新,至于单纯由简省而引起的句法创新现象就更多见了。比如许多方言里有"把"字句包孕的"得"字动补结构省略式"把他给吓得、瞧把你美得、把老师给气得"等等；不带"把"字的"得"字动补结构也有省略式：这天气热得、天气热来（上海话），其语义都是完足的。再如"我把你个没良心的、我把你个混账东西"等这类特殊"把"字处置式，也是由简省产生的句法创新，我们已在另文（江蓝生、杨永龙2006）讨论。

附　注

① 另有"爱 VV"式，不一定是消极义，如"爱吃吃，别客气"、"爱去去吧"，中间省略了副词"就"。

② 吕叔湘先生曾指出"VP 否"问句中的"否"具有指代性。这种句式与"VP 不"有异，不在本文讨论范围之内。

③ 戴庆厦先生告知，景颇语"VP 不 VP"式反复问句的出现也晚于列项式正反选择问句和"VP 不"式问句。

④ 梅祖麟(2000)说"也"为"邪"的变读，引《颜氏家训·音辞篇》为证："'邪'者未定之词……《汉书》云：'是邪，非邪？'之类是也。而北人即呼为'也'字，亦为误矣。"
此说或可信，吴福祥(1996：484)也持此观点。

⑤ 《祖堂集》中频用的"VP 也无"句式至今仍保存在闽南话中。李如龙(1999)指出今闽南话有"VP 阿无？"问句，如："汝有读册阿无？"(你有没有读书)"汝爱去阿唔？"(你要去吗？江按，"唔"也应写作"无")温州方言中也有与此相近的"VP 也否"式，如"你后半日去泗河也否？"(见吴福祥 1996：475)。由此可以推断，《祖堂集》虽然主要用早期官话，但其中也掺入了一些南方方言成分。

⑥ 现代汉语方言里有类似现象。据项梦冰(1997：377—379)介绍，连城客家话的选择问句用"抑还是"将并列的几个项目加以连接，例如：
渠食粥抑还是食饭？
当选择项是动词"有"和"无"这一对反义动词或其词组时，则为"有(NP)抑还

是无(NP)?"如果出现 NP,则两个 NP 必须同现。例如:

  有抑还是无?
  有钱抑还是无钱?

这种"有(NP)抑还是无(NP)?"句式可减省为"有(NP)抑无?"例如:

  这东西尔有抑无这东西你有还是没有?
  尔有鱼钓钩抑无你有鱼钩还是没有?

"抑还是"减省为"还是"只是词汇的减省,句式并没有改变;而省去"无"后面的 NP,则改变了原来的句法格式,产生了新句式,是句法创新。

参考文献

陈伟武 1999 出土战国秦汉文献中的缩略语,《中国语言学报》第九期,商务印书馆。
——— 2003 商代甲骨文中的缩略语,《中国语言学报》第十一期,商务印书馆。
冯春田 1987 秦墓竹简选择问句分析,《语文研究》第 1 期。
郭 攀 2003 湖北浠水方言中的叠合式正反问,《中国语文》第 3 期。
江蓝生 1995 吴语助词"来""得来"溯源,《中国语言学报》第五期。
江蓝生、杨永龙 2006 句式省缩与相关的逆语法化倾向——以"S+把你这 NP"和"S+V+补语标记"为例,《山高水长:丁邦新先生七秩寿庆论文集》上册,《语言暨语言学》专刊外编之六,(台北)中研院语言学研究所。
李如龙 1999 闽南方言的代词,《中国东南方言比较研究丛书》第 4 辑《代词》,暨南大学出版社。
罗福腾 1996 山东方言里的反复问句,《方言》第 3 期。
梅祖麟 2000 现代汉语选择问句法的来源,《梅祖麟语言学论文集》,商务印书馆。
乔全生 2000 《晋语语法研究》,商务印书馆。
孙锡信 1997 语气词"么"的来历,《汉语历史语法丛稿》,汉语大词典出版社。
——— 1999 《近代汉语语气词》,语文出版社。
吴福祥 1996 《敦煌变文语法研究》,第 475—491 页,岳麓书社。
伍 华 1987 论《祖堂集》中以"不、否、无、摩"收尾的问句,《中山大学学报》第 4 期。

向　熹　1993　《简明汉语史》(下册),高等教育出版社。
项梦冰　1997　《连城客家话语法研究》,语文出版社。
谢留文　1995　客家方言的一种反复问句,《方言》第3期。
邢向东　2002　《神木方言研究》,中华书局。
杨永龙　2003　句尾语气词"吗"的语法化,《语言科学》第1期。
张美兰　2003a　《〈祖堂集〉语法研究》,商务印书馆。
―――　2003b　近代汉语几种句式结构成分的变化及其句法后果,吴福祥、洪波主编《语法化与语法研究》(一),商务印书馆。
张　敏　1990　《汉语方言反复问句的类型学研究:共时分布及其历时蕴含》,北京大学博士学位论文。
朱德熙　1985　汉语方言里的两种反复问句,《中国语文》第1期。
―――　1991　"V-neg-VO"与"VO-neg-V"两种反复问句在汉语方言里的分布,《中国语文》第5期。

(原载《中国语文》2007年第6期)

概念叠加与构式整合*

——肯定否定不对称的解释

提　要　本文以"差点儿 VP"与"差点儿没 VP"、"VP 之前"与"没 VP 之前"等正反同义结构为研究对象,回答(1)否定式是怎样产生的?(2)否定式与肯定式语义上的异同;(3)否定式为什么与肯定式语义不相对称?指出否定式是由语义具有同一性的正反两个概念表达叠加整合而成的;否定式与肯定式语义基本相同,但语义重点、感情色彩有异,因而适用范围或有所不同;否定式是一个与其原型句同形异构的新句式,异构式造成语义异指,因此在语义上跟肯定式不相对称。文章还对这类否定式进行了历史的溯源。

关键词　概念叠加　构式整合　正反同义结构　异构式　语义异指

1. 解题

1.1 正反同义结构

1959 年朱德熙先生在《中国语文》上发表了《说"差一点"》一文。在这篇只有一千多字的文章里,朱先生很敏锐地观察到以下现象:A 类,肯定式"差一点打破了"和否定式"差一点没打破"意思都是否定的,都是说没打破;而 B 类,肯定式"差一点及格了"和否定式"差一点没及格"意思却不一样,肯定式表示否定的意思,否定

---

* 本文初稿 2007 年 9 月在法国国家科研中心东亚语言研究所口头发表,贝罗贝、曹广顺、杨永龙、赵长才等诸位均贡献了意见;此后,沈家煊、张洪明、吴福祥、洪波、林华、方梅、李明等先生和博士生谷峰同学也提出重要修改意见,冯力先生赠送法文文章并将重要段落译成中文,谨在此一并致以诚挚的谢意。

式表示肯定的意思。就一般情况来说，A类都是说话人不希望实现的事情，而B类都是人们希望实现的事情。这篇选题独特、观察细微的短文引起不小的反响，一直到现在仍是语法学界常谈常新的话题。吕叔湘(1980)主编的《现代汉语八百词》"差点儿"条在揭示这类句式的语义色彩方面有所推进，指出依据希望或不希望等不同情况，"差点儿"与"差点儿没"或表示庆幸或表示惋惜。吕叔湘(1985)用否定的模糊化解释某些否定式与肯定式语义相同的现象，并举出若干组这类正反格式：

好容易＝好不容易　好不热闹＝好热闹

差点儿没/不＝差点儿　就差没＝就差

难免不＝难免

小心＝小心别

怀疑……不＝怀疑

除非……不＝除非

没……以前＝……以前

这些为数不少的正反格式提醒我们，在对"差一点"进行深入的个案研究之外，还应该对这一类格式进行系统考察，看看其内部成员有什么共性与特性，看看促使这类现象产生的动因与机制是什么，本文试图在朱先生、吕先生研究的基础上进一步回答上述诸问题。

有人将上述正反格式称为"悖义结构"(马黎明2000)，本文则将它们统称为正反同义结构，用VP代表受上述词语修饰的谓词性成分，为了避免重复繁琐，仅就最有代表性的几种正反格式进行讨论：

(甲)(i)差点儿VP～差点儿没VP

(ii)难免VP～难免不VP

(ⅲ)VP 之前～没 VP 之前

(ⅳ)X 之外～除了 X 之外(X 代表体词或谓词性成分)

(乙)(ⅴ)好容易 VP～好不容易 VP:好容易找到他～好不容易找到他

(ⅵ)好 VP～好不 VP:大家聊得好痛快～大家聊得好不痛快

一般认为,上举各肯定式与其相应的否定式意思基本相同,可以互换。但是,两种表义完全相同的格式存在于共时平面是不符合语言的经济原则的,它们之间至少在话语-语用上一定有某种差别。以往的研究主要在这两种格式语义和用法上的区别,其中有些研究者的观察相当细密,但是关于为什么表示不如意的"差点儿VP"跟"差点儿没 VP"语义不对称,特别是对否定式产生的动因较少论及。我们认为,探明否定式产生的原因,正确说明其来源,才能从源头上说明肯定式与否定式语义和使用上的差别,而且还能丰富我们对于汉语句法创新手段的认识。本文拟用同义叠加与构式整合统一解释(甲)组四类格式中否定式的来源,至于(乙)组的两种格式,其起因与(甲)组毫不相干,笔者已另文讨论。①

1.2 概念叠加与构式整合

所谓概念叠加和句式整合,是在两个意义基本相同的概念之间发生的,意义相同的两个概念叠加后,通过删减其中的某些成分(主要是相同成分)的方法,整合为一个新的结构式。概念叠加与构式整合是发生在不同层面、前后相续的两个过程:概念叠加是意义层面的一种概念操作,发生在前;句法整合是语法层面的一种句法并合,出现在后。叠加现象的产生是基于词或概念的同一性,这种句法创新现象,既发生在构词层面,也发生在句法层面。

2. 构词层面的概念叠加与词形整合

构词层面的叠合指两个同义词（多为双音节）或短语的叠加以及叠加后如何整合为词的，可以分为聚合层次和组合层次的两类。

2.1 同义词的叠加和词形的整合

说话人从心理词库中提取两个意义相同或相近的词语，通过成分删减后整合为一个新的词项。这是聚合层次的叠加与整合，可细分为以下三类：

a. 两词同义，后一语素相同，省略前词相同语素，省缩为三音词：AB+CB→ACB

　　早先＋以先→早以先

　　瞎混＋胡混→瞎胡混

　　现今＋如今→现如今

　　眼前＋面前→眼目前

　　眼下＋目下→眼目下

b. 两词同义，前一语素相同，省略后词相同语素，省缩为三音词：AB+AC→ABC

　　自己＋自个儿→自己个儿

　　一块儿＋一堆儿→一块堆儿

　　家伙＋家什→家伙事儿（器具；用具。"什"音变为去声）

c. 两词同义，省缩为三音词：AB+CD→ACD

　　回头＋待会儿→回待会儿

2.2 相邻或同现的两个同义或近义概念的叠加与词形的整合（组合层次的叠加整合）

跟 2.1 情况不同，此类概念叠加和形式整合涉及的是具有组合关系的两个同义或近义概念。

a. 果然＋不出所料→果不然

副词"果然"表示事实与所说或所料相符,也说"果不然"或"果不其然"("果不其然"是"果不然"的增字四字格)。今以为"果不然"是"果然"与"不出所料"这两个同义概念叠加后整合而成的,不同于格式中有否定词"不"的三字格如"动不动、时不时、偏不偏"等。②

"果然"可兼用于表示主观预测和客观规律的场合,而"不出所料"仅用于主观预测的场合,二者语义同中有异。从表达方式来看,"果然"从正面说,"不出所料"从反面说,在说话和文章中为了加强肯定语气,经常将"果然"与"不出所料"一正一反连用,例如:

(1)老爷听罢,暗暗点头道:"看此道不是作恶之人,果然不出所料。"(《七侠五义》21回)

(2)我从昨夜与密斯谈天之后,一直防着你,刚刚走到你那边,见你不在,我就猜着到这里来了,所以一直赶来,果然不出所料。(《孽海花》10回)

(3)未曾出榜之前,早决他们是一定要发达的,果然不出所料:足见文章有价,名下无虚。(《官场现形记》1回)

经常性地连用,使这两个表达式浑然一体,从而整合为"果不然"这种新的构式。例如:

(4)狄希陈道:"我说你没有好话,果不然!……"(《醒世姻缘传》58回)

(5)徐良……料着韩天锦必跑,东方明必追,要从树下一过,就可以结果他的性命。果不然,先把韩天锦让将过去,他在树上叫声:"大哥别追了。"东方明不知是计,猛一抬头朝树

上看,徐良二指尖一点,嗖的一声,正中咽喉,东方明噗咚一声摔倒在地。(《小五义》182回)

"果不然"中间插进一个"其"就成为四音节副词"果不其然","然"义为"那样",有指示性,"其"为指示词,"其然"连用也是一种叠加强调(口语中也有把"果不其然"省略为"果不其"的说法)。"果不其然"清代白话小说已见,如:

(6)狄员外道:"我说这两个不是好人,果不其然!"(《醒世姻缘传》34回)

叠合式"果不然、果不其然"都是对"果然"语义和语气的加强。

b. 难道+不成→难不成

反诘副词"难不成"的产生跟"莫不成"有关。疑问副词"莫"宋代有了反诘用法,例如:

(7)汝内淫父妾,奸污弟妻,行如禽兽,这事莫也是咱教汝么?(《五代史平话·唐上》)

"不成"大约在北宋由表示评议的否定副词演变为反诘副词,出现在反问句句首,例如:③

(8)如出行忌太白之类,太白在西,不可西行,有人在东方居,不成都不得西行?(《二程集》216页)

(9)归去休,归去休,不成人总要封侯。(辛弃疾《鹧鸪天》词)

反诘副词"莫"与"不成"叠加连用作"莫不成",从宋至清文献中皆有用例:

(10)上问:"莫扰否?"奏云:"才扰莫不成?"(宋·徐元杰《进进日记》)

(11)也是跟你一场,莫不成这些人意儿也没有了?(《西

游记》27回)

(12)我看看他去,看他见了我傻不傻。莫不成今儿还装傻么?(《红楼梦》97回)

到了明代,反诘副词"不成"被"难道"取代,其后"莫不成"也渐被"难不成"替代:

难道＋不成→难不成

"难不成"的早期用例见于清末:

(13)我这么一个人,难不成就这样冷冷清清守着孙三儿胡拢一辈子吗?(《孽海花》31回)

(14)老残笑道:"难不成比唐僧取经还难吗?"(《老残游记》20回)

"难道"和"不成"虽然并无比邻而用的例子,但它们是比邻而用的"莫不成"的替代形式,在整合过程中又省略了一个音节"道",可看作特殊的组合关系。

2.3 三音节叠合词的成因

构词层面的叠加现象大多发生在口语中那些高频使用的同义常用词之间,叠合而成的三音词多是通行在某些方言中的口语词,这说明口语和高频使用是叠合词产生的土壤。上举发生叠加的各对同义词绝大多数都有一个相同的构词语素,为避重复求简约,自然要删减其中重复的语素,这符合语言表达的经济原则。汉语的韵律特点是双音节为标准音步,三音节为超音步,符合这种韵律节奏的结构就和谐稳定,多音节的名词往往省缩为双音节或三音节就是这个道理(如:北大、清华、社科院、中科院),上述叠合词变为三音节,也有韵律规则在起作用。这些口语词在句中多充当副词,多半都可以停顿,整合为三音节的超音步比较和谐自然,容易固化为一个词。

3. 句法层面的同义叠加与构式整合

同义叠加不仅存在于构词层面,同样也存在于句法层面。所谓句法层面的叠加,是指两个语义相同或相近的句式叠加后整合成新的构式。为叙述方便,下文仍把不带否定词"不"或"没"的句式称为肯定式,带"不"或"没"的称作否定式。

3.1 差点儿 VP～差点儿没 VP

差点儿摔一跟头(没摔)　　差点儿没摔一跟头(没摔)

险些掉到沟里(没掉)　　　险些没掉到沟里(没掉)

几乎晕倒(没晕倒)　　　　几乎没晕倒(没晕倒)

上面几例均属朱先生划分的 A 类,即都是不希望发生的事情。左右两边的句式一边为肯定式,一边为否定式,当否定式用于说话人不希望发生或实现的事情时,它跟肯定式一样,都表示事情没有发生(否定)。为什么上述截然相反的两个句式的语义却相同呢?这是很多人都困惑不解的问题。中国人虽然会用,对其中的理据却不甚了了。笔者受"瞎胡混、果不然、难不成"这类构词层面的同义概念叠加紧缩现象启发,认为"差点儿没 VP"这类句式的生成同样可以用同义概念的叠加与构式整合来解释。

副词"差点儿"(也作"差一点")、"险些"、"几乎"的词义相近(以下举"差点儿"以赅"险些、几乎"),一经它们修饰,VP 所表述的事态就被否定,故朱德熙先生称"差一点""相当于一个否定词"。如果以 VP 的实现作为线轴的终点,以 X 代表事物所处的状态:

$$\underline{\qquad\qquad}\ X \rightarrow VP$$

那么,"差点儿 VP"所表示的 X 跟 VP 之间的语义关系是:

  a. X 接近到达 VP

  b. X 还没有到达 VP

与这两层意思相对应的句式是:

  a′. 差点儿 VP

  b′. 没 VP

这里的语义关系实际上是一种衍推(entailment):"差点儿 VP"衍推出"没 VP","没 VP"是"差点儿 VP"的衍推义。所谓衍推义,"是一种纯逻辑推导义,它是句子固有的、稳定不变的意义成分"(沈家煊 1999:65)。"没 VP"是"差点儿 VP"固有的意义,但是不是表意重点,在句法平面没有得到表现。句子平面凸显的是 a′的意思,"差点儿"是焦点。当说话人为了达到某种交际意图(加强语义强度、突显主观情态等),就有意识地把这层蕴含的语义明示到句法平面上来,从而整合为否定式"差点儿没 VP"。这种新整合而成的句式从表层看并没有违背汉语语法的规则,因此被看作一个合格的句式(详见 4.1)。由于 a′、b′这两个句式的核心语义相同:表示事件没有发生,因此可以通过同义叠加来增强语义和感情色彩——同义叠加是最常见,也是最简便的用增量来加强语义强度的语法手段。否定式产生的过程可以图示如下:

  差点儿 VP+没 VP→(差点儿+没)VP→差点儿没 VP

  通常说"差点儿没摔倒"跟"差点儿摔倒"语义相同,都表示否定(没摔倒),这是从基本意义说的。如果否定式跟肯定句没有任何区别,它就违反了语言表达的足量原则,成了一个语义羡余句,没有存在的必要了。事实是,整合前的肯定式"差点儿VP"主要用来描述一种事态,一般不涉及说话人对这种事态的态度或看法,因此语句传递的主要是一种客观性的命题意义;而整合后的"差点儿没VP"则不仅描述真实世界中的一种事态,而且也表达出说话人对该事态的态度或看法,语句中同时传递出一种主观性的评价意义。也就是说,这两种构式在话语-语用功能上有客观性和主观性之别。例如"上山时我差点儿摔一跟头",这句话带有陈述事实的客观性,而"上山时我差点儿没摔一跟头"则是渲染事态的严重性,表达自己后怕的情感,有较强的主观性。进一步说,语言形式的主观性/客观性又跟信息量的大小密切相关:语言形式的主观性越强,其信息量越大,反之亦然。举例来说,有辆公交车出事故了,某甲说"我差点儿上那辆车",某乙说"我差点儿没上那辆车",显然,某乙的话比某甲的话表达的语义更丰富:既为差点儿上那辆车感到后怕,又为没上那辆车感到庆幸。在现实生活中,当人们要表达主观评判的情感色彩时倾向于选择否定式,这恰好可以用来解释上述概念叠加与构式整合的语用动因。④

任鹰(2007:428)有一段对"差点儿来晚了"句的语义分析,跟本文的观点有相通之处,现照录于下:

> 在"差点儿来晚了"中,"差点儿"是对"来晚了"的修饰与限定,说明"来晚了"虽然处于临界状态,可终究还是没有出现的状况;"差点儿没来晚了"则是两个意象在说话人头脑中的映现,"差点儿"是对一种状况几近出现的印象,"没来晚"则是事情的结果,说话人把头脑中最为突出的两个意象组合在一起,就反映了整个事件。

任文所说"两个意象组合在一起",跟本文所说同义概念的叠加看法相近。但是任文说这"两个意象"的"组合"(即否定句)才"反映了整个事件",还值得斟酌。因为肯定式"差点儿来晚了"本身就蕴含着这两种意象(差一点来晚;终究没来晚),只不过否定式凸显在句子表层,肯定式蕴含在句子深层。采用概念叠加的方式(即任文所说意象的组合),就是出于表达上的需要而把肯定式蕴含的语义(意象)凸显在句子表层。整合后的新句式(否定式)仍然包含两重意思或者说意象,只不过重心移到了后者(终究没来晚),也正因为这种变化,才带来了语义色彩的变化——由客观陈述到庆幸事态未发生。

3.2 难免 VP～难免不 VP

"难免"可以受程度副词修饰,又能做谓语(战争中死人的事很难免),是个形容词。它最常见的用法是在动词前做状语:

难免出问题(要出问题)　难免不出问题(要出问题)

难免犯错误(会犯错误)　难免不犯错误(会犯错误)

肯定式和否定式语义相同,都表示肯定的意义。这是为什么呢?我们认为,否定式是正反两个表达式叠加后整合而成的。当我们说"难免出问题"时,潜意识里就存在着"要想不出问题很难"的意念。而且,通常人们在思考问题时总是习惯于从正面和反面两个角度进行,从正面想想,又从反面想想;在说明问题时,为了周到或强调起见,往往也从正反两方面阐述表达。这类例子在日常口语中司空见惯,例如:

你可得加把劲,要不就考不上大学了。

开车注意安全,别出事故。

快点儿走,否则该迟到了。

人的潜意识的作用和正反并行的思维惯式是产生否定式"难免不VP"的认知上的原因:

这样做难免出问题(正说)+这样做不出问题很难(反说)→这样做难免不出问题

一个人难免犯错误(正说)+一个人不犯错误很难(反说)→一个人难免不犯错误

虽然"难免VP"跟"难免不VP"都表示肯定的意义,但二者的语义侧重点是有差别的:肯定式从正面强调出现某种情况难以避免,否定式从反面强调不出现某种情况是不可能的。在肯定式中,"难免"的"免"意思很实,不可缺少;而在否定式"难免不出问题"中,"免"的意义虚化,"难免"的意义相当于"难(难以/难于)"。

吕叔湘(1985)在附记中列举了8例跟否定义词语的使用有关的病句,从本文的观点看来,这些病句正是人们头脑中两种意念的表达方式相叠加组合的产物。下面仅举其中4例说明其产生的缘由。⑤

病句(1):以免在教学工作上少受一些影响。

说话人想说"以免在教学工作上受影响",但他潜意识里的意念是:要使教学工作少受影响。当他说前面的话时,受潜意识的干扰,思维发生了瞬间的断裂,使另一意念浮现出来与上句话发生连接,两种意念的叠加,就生成了病句(1):

以免在教学工作上受影响+使教学工作少受影响→以免在教学工作上少受影响。

病句(2)：只有这样才能避免不使学生的思想发生混乱。

说话人想说"只有这样才能避免学生的思想发生混乱"，他的潜意识里存在另一意念：不要使学生思想发生混乱。当他说到一半的时候，由于潜意识的干扰，使思维发生了瞬间的断裂，浮现出来的潜在意念与前面的话叠加在一起，就生成了病句(2)：

避免学生的思想发生混乱＋不要使学生的思想发生混乱→避免不使学生的思想发生混乱。

病句(3)：总不免有个别地方会拒绝不执行。

说话人想说"总不免有个别地方会拒绝执行"，他潜意识里的意念是：总有个别地方会不执行。当他说前面的话时，脑中浮现出另一意念，使思维发生瞬间的断裂，潜在的意念跟原来的话叠加在一起，就生成了病句(3)：

总不免有个别地方会拒绝执行＋总有个别地方会不执行→总不免有个别地方会拒绝不执行。

病句(4)：美国国务院被迫发表声明，抵赖美国政府并不知情。

说话人本想说"美国国务院抵赖美国政府知情"，他潜在的意念是：美国政府谎称他们并不知情。当他说到半截时，潜在的意念冒出来，跟原话叠加，产生了病句(4)：

抵赖美国政府知情＋(潜在意念)美国政府谎称他们并不知情→抵赖美国政府并不知情。

通过上面的分析可以看出，这类病句的产生，都是说话者头脑中一正一反两种意念相叠加造成的。从句法和语义的层面来说，一个句式除了其表层显现的外在语义外还可能有蕴含义("抵赖美国政府知情"就蕴含着"美国政府谎称他们不知情"这层意思);反过来说,正反两个不同的句式能够表达基本相同的语义,在语用动机的驱使下,蕴含义明示到句子表层就会发生概念叠加现象。这些就是产生概念叠加的认知和句法语义基础。语言实践中这类病句的产生对本文的观点是一个很好的佐证。此外,上面的分析也让人想到,"难免不 VP"最初也应该是不合乎逻辑的"病句",只是由于句式简短,使用频率高,在使用过程中又发生了成分虚化,因而习非成是地合法化了。

3.3 VP 之前～没 VP 之前

"VP 之前"与"没 VP 之前"是表示时间的短语,使用频率较高,一般认为二者在表达时间概念上大致相同,可以互换,例如:

(i)在毕业之前我不会结婚。 在没毕业之前我不会结婚。

但是像下面的例子否定式就不能成立:

(ii)来之前给我打个电话。 *没来之前给我打个电话。

与上面(ii)相反,下面的例子一般用否定式,如果用肯定式反而显得有些别扭:

(iii)*在想好之前不表态。 在没想好之前不表态。

这是什么原因呢?还是要从否定式的产生说起。

任何动作或状态在时间线轴上都可以大体分为没有实现和已经实现两个阶段,如果以 VP 做定位的时点,那么在 VP 之前,是没有实现,即"没 VP";在 VP 之后是已实现,即"已 VP":

```
        VP 之前              VP 之后
    ─────────────── VP ───────────────▶
        没 VP                 已 VP
```

"没 VP"表示事情所处的状态,如"没毕业"表示某人处于毕业尚未实现的状态;"VP之前"表示在时点VP以前的时段,如"毕业之前"表示在毕业实现之前的一个时段。一个主要表示状态,一个表示时段,而这两个范畴在时间的线轴上具有同一性:某种状态总是处于某一时段之中。没毕业这种状态一定处在毕业这一时点之前,没结婚这一状态一定处于结婚这个时点之前。正是这种同一性,使得"没VP"可以跟"VP之前"进行概念叠加和构式整合,整合之后的新构式"没VP之前"则兼表状态和时段:

没VP(状态)+VP之前(时段)→没VP之前(状态+时段)

没毕业我不会结婚+毕业之前我不会结婚→没毕业之前我不会结婚

客人没来不能开饭+客人来之前不能开饭→客人没来之前不能开饭

前面说过,两种表义完全相同的格式同时存在于共时平面是不符合语言的经济原则的,因此"VP之前"与"没VP之前"的使用一定有某种差异。

"VP之前"表示客观的时间概念:它既可以(a)表示接近VP发生或实现的一个时点,例如"吃饭之前先洗手、睡觉之前吃了一片安眠药",也可以(b)表示以基点为原点向反方向延伸的一个较长的时段,例如"参加工作之前我一直在学校读书""身体康复之前不要上班"。总之,"VP之前"的核心功能是表示时间。换言之,表示时间要用肯定式"VP之前"。

否定式"没VP之前"后接肯定式时,兼表状态和时间,如"他没毕业之前就结了婚、客人没来之前就开饭了"。不过,"没VP之前"虽然兼表 VP 没有实现的状态和时段,但其焦点在"没 VP",主要表示状态、情况,这可以从"没 VP 之前"≈"没 VP"得到印证(不管其后接肯定式还是否定式):

他没毕业之前就结了婚≈他没毕业就结了婚
客人没来之前就开饭了≈客人没来就开饭了
没毕业之前我不会结婚≈没毕业不结婚
客人没来之前不能开饭≈客人没来不能开饭

而且,当"没 VP 之前"后接否定式时,它所表示的是"在什么情况下不 VP",强调的是 VP 实现的条件。如"没毕业之前我不会结婚(强调只有毕业了才会结婚)""客人没来之前不能开饭(强调只有客人来了才能开饭)"。综上,否定式(即叠加式)的功能可以概括为:强调状态、情况或条件。

依据这一规律性的概括,可以回答上面所举三例为什么有的肯定、否定两式都可以成立,有的却只有一种句式成立,另一种不能成立。

(i) 在毕业之前我不会结婚。 在没毕业之前我不会结婚。这两句都可以成立,因为前者强调的是时间(用肯定式),后者强调的是情况、条件(用否定式)。另两例违背了上述规律,因而不能成立:

(ii) * 没来之前给我打个电话。此句指明打电话的时间,表时间应该用肯定式。

(iii) * 在想好之前不表态。此句要表明的是在什么情况或条件下(没想好)不能表态,而不是在什么时点或时段不能表态,表状态或条件应该用否定式。

3.4 除了 X ~ 除了 X 之外

与以上各节的解释一样,"除了 X 之外"源自"除了 X"和"X 之外"的叠加与整合(X 可为 NP 或 VP):除了 X ＋ X 之外→除了 X 之外。

"除了 X"的例子元曲已见,明代更为普遍,如:

(15)大人你明如镜,清似水,照妾身肝胆虚实。那羹本五味俱全,除了此百事不知。(《窦娥冤》二折【牧羊关】)

(16)佛祖道:"你除了长生变化之法,再有何能,敢占天宫胜境?"(《西游记》7 回)

在明代白话小说中,"X 之外""除了 X 之外"与"除了 X"三式并存,以下是"X 之外"早期的例子:

(17)贫僧虽则募化,一饱之外,别无所需,出家人要此首饰何用?(《喻世明言》29 卷)

(18)此身之外,别无报答。(《警世通言》21 卷)

(19)我家当之外还有些本钱,又没第二个兄弟分受,尽够你夫妻受用。(《警世通言》31 卷)

(20)话说宋时汴京有一个人姓郭名信,父亲是内诸司官,家事殷富,止生得他一个,甚是娇养溺爱,从小不教他出外边来的,只在家中读些点名的书。读书之外,毫厘世务也不要他经涉。(《二刻拍案惊奇》23 卷)

"X 之外"跟"除了 X"核心语义一样,区别是焦点不同。"除了 X"语义重点在前,强调刨除、减去某人或物(包括事物);"X 之外"语义重点在后,强调在某范围之外。"除(了)X 之外"涵盖了此二式的语义,是一个强调式:

(21)况此童除饮酒之外,并无失德。(《警世通言》15 卷)

(22)冯相道:"岂非除此色身之外,别有身那?"金光洞主道:"色身之外,元有前身。今日相公到此,相公的色身又是前身了。若非身外有身,相公前日何以离此?今日怎得到此?"(《拍案惊奇》卷28)

末例问话者说"除此色身之外",答话者说"色身之外",两相对比,可以看出后者只是客观地指明在某范围之外,不像前者那样具有强调限定某一范围的作用。

比"除了"更早的形式是"除""除却",它们既能单用,也有叠加式"除 X(之)外""除却 X 外",仅各举一例于下,以为佐证:

(23)房内除四人外,更无客僧及沙弥俗客等。(《入唐求法巡礼行记》卷4)

(24)除此之外,何者是心?(《祖堂集》卷5)

(25)除却慵馋外,其余尽不知。(白居易《残酌晚餐》诗)

4. 否定式与肯定式语义不对称的解释

肯定与否定是一对相反的概念,一般来说肯定式与否定式所表达的语义是相反的,呈两相对称的整齐关系,而本文所涉及的否定式却与其相应的肯定式语义相同,不相对称。上面的论述只从概念整合的角度回答了否定式是如何产生的,接下来还需要进一步回答为什么否定式跟肯定式在语义上不对称。

4.1 差点儿没 VP

这一节我们既要回答为什么表示不希望、不如意的"差点儿 VP"跟"差点儿没 VP"不对称,同时也要回答为什么表示希望、如意的"差点儿 VP"跟"差点儿没 VP"相对称。

按照通常的结构分析,否定式"差点儿没 VP"的表层结构应该是"差点儿+没 VP",这符合汉语两层副词做修饰语的常规结构层次句法规则,在句法平面上是个合格的句式,如同"老是+没来""特别+不好",是一种常式(下称原型句)。但是,根据本文上面对否定式来源的说明,叠合成的否定式的结构实际上却是"差点儿没+VP",这跟汉语两层副词做修饰语的常规结构层次不同,是一种异构式(下称叠合句):

差点儿+没VP(原型句、常式)
差点儿没+VP(叠合句、异构式)

具体来说,在原型句"差点儿+没VP"中,有两层修饰关系,第一层"差点儿"修饰"没VP",第二层"没"修饰VP。可是在叠合句中,否定词"没"并不是在第二层次单独修饰VP,而是在第一层次上跟"差点儿"叠加在一起共同修饰VP。也就是说,叠合式发生了不改变表层形式(差点儿没VP)的结构变化,是对原型句的重新分析。相对于原型句来说,叠合式是一种同形异构式,这种异常的结构式必然带来异常的语义(语义异指)——否定式与肯定式语义相同。这就是否定式"差点儿没VP"跟肯定式"差点儿VP"不相对称的原因所在。

当"差点儿"用于希望实现的事情时,肯定式"差点儿VP"表示没有实现("差点儿考上"是没考上),否定式表示实现了("差点儿没考上"是考上了),呈对称状态。这是为什么呢?因为当"差点儿"用于希望的事情时,使用的是原型句"差点儿+没VP","差点儿没考上"就是"差点儿"修饰"没考上",没有发生句法异位,也就不存在语义异指,所以其肯定式与否定式一表否定一表肯定,两相对应。

综上所述,根据VP是否为主体所希望实现的事情,由"差点儿"构成的肯定式和否定式形成了如下或不对称或对称的局面:

	希望的事情（考上大学）	不希望的事情（摔倒）
差点儿＋VP	否定（没考上，惋惜、遗憾）	否定（没摔倒，后怕、庆幸）
差点儿＋没VP	肯定（考上了，后怕、庆幸）	
差点儿没＋VP		否定（没摔倒，强调后怕、庆幸）

说到这里，还可以进一步问一下：为什么表达不希望的事情（如摔倒）时"差点儿摔倒"跟"没摔倒"发生了叠加，而表达希望的事情（如考上）时"差点儿考上"与"没考上"没有发生叠加？这个问题是沈家煊先生提出的，问到了根子上，需要做出回答。这个问题的关键在于：为什么当"差点儿"用于希望的事情时，肯定式和否定式都可以成立，而用于不希望的事情时，只有肯定式成立，否定式（即原型否定式）不成立，或曰缺位。

希望的事情、如意的事情是人们期待的，它可能差一点实现，如差点儿考上大学：只差一分没考上，也可能差一点不能实现，如差一点没考上大学：刚够分数线考上了。相对于其他一般情况（考上的或没考上的）来说，刚达到录取分数线或只比分数线少一两分都是比较特殊的情况，都属于有标记的信息，能够刺激人们的交际欲望，有实际的交际意义（肯定式：虽然只差一点但毕竟没考上，感到惋惜、遗憾；否定式：为差一点就考不上而后怕，也为总算考上了而庆幸）。所以当"差点儿"修饰希望的事情时，以这个希望的事情的实现为基准，从正反两个方向表达离这个基准的量的差别（差一点实现或差一点没实现）都有交际意义，因而存在着两个语义不同的正反对应的非叠合句式。

与此不同，"差点儿"用于不希望的事情时，以这个不希望的事情的实现为基准，只有表达离事件或情况的发生还差多少的正向表达式（从未发生到发生）才是有意义的，因为如果不如意的事情已经发生了,还从反向计量它离没有发生有多少距离(从已发生到未发生)通常是没有什么实际意义的。如果不希望的事情不幸而发生了,人们只要说它发生了就可以了,这是关注的焦点,不会管它离没有发生还有多少量的差别。例如一个人患了轻微的感冒,不会说自己"差一点+没感冒",因为既然已经感冒了,再说"差点儿+没感冒"是毫无意义的。所以,"差点儿"修饰不希望、不如意的事情,原型否定式"差点儿+没 VP"(*差点儿+没感冒)不成立,只能用肯定式正向表达量的差距,不能像用于希望的事情时可以从正反两个方向来表达量的差距,在这方面,二者是不对称的。

不希望的事情、意外的事情没有发生(没 VP)是事物的常态,属于无标记信息,在通常情况下,不会刺激人们的交际动机,没有必要去说。但由于不希望的事情是人们不喜欢、想要避免的,所以不希望的事情差一点儿发生,是不同寻常的事情,属有标记信息,会刺激人们的交际欲望。当人们说不希望的事情差点儿发生时,如"差点儿摔倒",其交际动机是为了表达"真危险"这种后怕的感情,或是为总算没有发生而表示庆幸,其肯定式"差点儿 VP"存在的必要性即在于此。

这就是说,由于交际原则和语言逻辑的制约,当"差点儿"修饰不希望的事情时,实际生活中只有正向表达的肯定式"差点儿 VP",而没有与之相对应的反向表达式——原型否定式"差点儿+没 VP"。原型否定式的缺位为叠合式(异构否定式)的出现留下了空间,叠合式只是肯定式的强调式,而不是真正意义上的否定式。在希望与不希望这对范畴中,希望的是无标记的,不希望的是有标记的;在不希望的事情中,肯定式"差点儿 VP"是无标记的,否定式"差点儿没+VP"是有标记的。

4.2 没VP之前

"VP之前"的结构是"VP+之前"（达标+之前、毕业+之前），仿此，"没VP之前"的结构按照汉语语法通例应该在VP与"之前"之间切分，分析为"没VP"修饰"之前"：

＊没VP+之前（原型句，定中结构）

分析为定中结构的句式是不符合语言逻辑的。因为在实际的话语交际中，当人们要表达离某一时间点或空间点还有多少距离时，总是以到达这个时间点或空间点为基准，而不是以没有到达这一基点为基准，因为前者是确定的，可以做标准，后者却不确定，无法做标准。比如我们说三点以前（以三点为基准），而不说"不到三点+以前"（不以"不到三点"为基准，因为"不到三点"可以是两点五十分，也可以是两点四十五分等等）；同样，我们只会说"毕业之前"（以毕业为基准），而不说"没毕业+之前"（不以"没毕业"为基准）。这就是说，原型否定式（定中结构）不合语言逻辑，因而在语义上是不成立的。要让它成立，就要在不改变表层结构的前提下对深层结构进行重新分析——变为叠合式。原型否定式的缺位为叠合式的产生留下了句式空间，叠合式的结构既不是"没VP+之前"，也不是"没+VP之前"，而是像兼语式那样的叠层的结构：

没 VP 之前

叠合式只是在表层上维持了原型句的形式，其深层是一个与原型句结构异常的句子(同形异构式)。表层结构与深层结构的不对应,造成句法异位,句法异位导致语义异指,所以"没 VP 之前"不表示跟"VP 之前"相对立的语义。

"除了 X 之外"的情况跟"没 VP 之前"类似,这里就不再赘述了。

5. 小结

以上的论述回答了四个问题:A)否定式是怎样产生的? B)否定式与肯定式语义上的异同;C)否定式为什么与肯定式语义不相对称? D)原型否定式为什么缺位? 文中指出否定式是由语义具有同一性的正反两个概念表达式叠加整合而成的;否定式与肯定式语义基本相同,但语义重点、感情色彩有异,因而适用范围或有所不同;否定式是一个与其原型句同形异构的新句式,异构式造成语义异指,因此在语义上跟肯定式不相对称。

我们用概念叠加和构式整合对汉语中的诸多正反同义结构的生成及语用动机做了统一的解释。这种解释不只适用于一两个正反同义结构,而是对几乎所有这类现象都具有简明的、可还原的说服力。当然,细分起来,以上各句式产生的动因也有差别,"差点儿没 VP"和"没 VP 之前"是由原型否定式缺位引起的,"难免不 VP"是正反同义表达式因思维的断裂而叠加在一起的,"除了 X 之外"是语义相同的前置式与后置式的叠加。需要强调的是,两种概念的叠加不是任意的,它要以意义相同或曰概念的同一性为前提。我们首先从词汇层面的概念叠加和构式整合现象受到启发,进而意识到这种现象不仅仅局限于同义词之间,同样存在于句子层面。这再一次印证:汉语的词法大体上就是汉语的句法。

概念叠加反映了一种客观事实,这就是一个概念往往可以从正反两个方面进行表述,尽管表述的角度不同、侧重点不同,但核心语义相同。所谓概念叠加,其实就是人脑对某一概念的正反两个角度的表达式的叠加,或曰两种心理意象的叠合。当说话人使用其中一种表述方法时,脑中又浮现出与之意思基本相同的另一种表达方式,从而在某种语用意图的促动下把两种意念叠加在了一起。基于经济原则和句法规则的约束,概念不能简单叠加,需要在结构上进行整合,使之既简约又能在表层结构上与汉语语法的原型句式兼容。

叠合式一般都具有强调的功能,其语义蕴涵并不简单地等于原来两式意义之和,而是仍有侧重,往往产生出主观化的新的情态语义,使之在表达上独具特色,从而不会被作为羡余格式而淘汰,这就是一些叠合式得以存在的原因。

6. 否定式的历史回溯

如上分析,同义概念叠加与句式整合有其语用动机和句式生成上的理据性,所以此类与肯定式语义不相对称的否定式的产生不会是个别现象。而且,这类现象也非自现代汉语始,在历史文献中也有所反映(以下例句有一部分为杨永龙、赵长才两位提供)。

6.1 "争些儿不"等

"差点儿没"出现很晚,最初为"差一点没",较早用例见于清代白话小说《醒世姻缘传》(共11例),如:

(26)差一点儿没叫那狐狸精治造了个臭死。(6回)|刚才差一点没惹下了祸。(37回)|你忘了那一遭为你说舌头差一点儿没打杀呀?(66回)|叫他治治,他就使上毒药,差一点儿没把裴大爷疼杀。(67回)

至于"差点儿没",电子语料库中最早的用例出现在老舍小说《二马》中(共2例):

(27)马先生的手差点儿没贴着她的胸脯儿│马老先生……把脊梁往后一仰的时候,差点儿没把电话机碰倒了。

在"差点儿没"出现之前,宋元文献中所见为"几乎不、险不、险些不、争些儿不",清代则以"险些儿不曾"多见。这些否定式的基本语义都跟其相应的肯定式相同,只是增添了一些感情色彩:

(28)几乎不唬杀岳司公,见条八爪渗金龙,拽满三石黄桦弓。(金《刘知远诸宫调》38页)

(29)子孙险不失故物,社稷陵夷从此始。(宋·王安石《开元行》诗)

(30)险不绊倒了我那!(元·关汉卿《绯衣梦》二折)

(31)险些儿不曾哭了出来。(《儿女英雄传》1回)

跟"差点儿VP""差点儿没VP"最相对应的是元明时代多见的"争些儿VP""争些儿不VP"("争"的意思就是"差","争些儿"就是"差一点儿"):

(32)(糊突虫云)哥也,休怪您兄弟来迟。我有些心气疼的病,今日起的早了些儿,感了些寒气,把你兄弟争些儿不疼死了。(《全元曲·降桑椹蔡顺奉母》二折,刘唐卿)

(33)我为一贯钱,打杀一个人;平白的拿奸情也没有,争些儿不杀了一个人。(《全元曲·布袋和尚忍字记》二折,郑廷玉)

以上各例否定词都用"不、不曾",不用"没",应跟否定副词"没"出现较晚,出现了也不常用有关。⑥其内部结构应为"几乎不＋VP""险不＋VP""险些儿不曾＋VP""争些儿不＋VP",加上

"不"以后语义内涵更为丰富。

6.2 "未至之前"等

6.2.1 "未至＋处所＋数量"

否定式"没 VP 之前"最早可追溯至魏晋六朝时期的"未至之前"句式。"未至之前"句式又脱胎于始见于西汉的"未至＋处所＋数量"句式。《史记》(中华书局标点本)等汉魏六朝文献表明,表示某处离目的地还有多少距离时,使用这一格式,例如:

(34)未至井陉口三十里,止舍。(《史记·淮阴侯列传》P.2616;在离井陉三十里的地方停下驻扎)

(35)广令诸骑曰:"前!"前,未到匈奴陈二里所,止,令曰:"皆下马解鞍!"(《史记·李将军列传》P.2868;在离匈奴阵地两里处停下)

(36)绍在后,未到桥十数里,下马发鞍。(《三国志·魏书·董二袁刘传》裴松之注引《英雄记》P.193;在离桥十几里处下马)

(37)(麋竺)常从洛归,未至家数十里,见路次有一好新妇,从竺求寄载。(《搜神记》卷四;在离家数十里处见路边有一美妇……)

(38)东南上十五里,到者阇崛山。未至顶三里,有石窟南向,佛坐禅处。(《水经注》卷一;在离山顶三里处有一朝南的石窟)

拙著(1988)"未至"条曾指出:这种格式不是客观地介绍两地的距离,而是指明事件发生的处所,其意义中心在处所,而不是距离(所以对译为"在……处")。这种格式实际上表达了两层意思,既表示没有到达目的地(泛而空的事况),又表示所在地(A)到目的地的距离(具体的情况),这两层语义蕴含在同一事况中,在空间与时间轴上同处一点(A),具有同一性,叠加后就整合为"未至家数十里"这种句式:

(———— A→家)

未至家＋去家数十里→未至家数十里

6.2.2 "未至＋数量(距离)"

由于这种格式的习用和具体的语境因素,格式中的处所词往往被省略,产生了省略式"未至＋数量(距离)",例如:

(39)公乃引军兼行趣白马,未至十余里,良大惊,来逆战。(《三国志·蜀书·武帝纪》P.19;承前省略"白马")

(40)军吏梅平得病,除名还家,家居广陵,未至二百里,止亲人舍。(《三国志·魏书·方技传》P.800;承前省略"家")

(41)曹公遣张郃毁庙,未至百里,(神)君遣兵数万,方道而来。郃未达二里,云雾绕郃军,不知庙处。(《搜神记》卷十七;承前省略"庙")

同事赵长才先生调查先秦文献及《史记》后告知,"未至＋处所＋数量"句式始见于汉代,《史记》全书共出现8例,其中7例为"未至/到＋处所＋数量",只有1例处所词在句中不出现,为"未至＋数量"格式,可以看作是承前省略的结果。"未至/到＋处所＋数量"应该算是全式,"未至＋数量"是省略式。《三国志》及裴松之的注中共出现此类格式11例,其中有10例是省略式,只有1例是全式。这跟《史记》所反映的情形恰好相反,可以说明早期以全式为主,而魏晋时期则是以省略式为主。拙著(1988)中叙述的情况也是如此。

6.2.3 "未至+数量(时间)"

如果不表示事件发生的处所,而是表示事件发生的时间时,可以径用"未至+数量(时间)"句式表达,其例见于六朝笔记小说,拙著(1988)曾举梁释慧皎《高僧传》中数例,如"未至一日"(在客人到达前一日)、"未亡二日"(在临死前两日)、"未至之夜"(在来之前的那天夜里)等,其中的数量词是时间的数量,是从空间距离数量扩大用法而来。值得特别注意的是,在《搜神记》中出现1例在时间数量词后加"前"的例子:

(42)未生二月前,儿啼腹中。(卷六;在生产两个月前,胎儿在腹中啼哭)

从《高僧传》诸例可知,不加"前"字,"未生二月"也是"生产前两个月"的意思,而且更符彼时通例,因此拙著(1988)曾怀疑此"前"字或为后人所加。其实以本文的观点来看,不管这个"前"字是晋干宝原著本就有,还是后人所添加,都是对句式隐含义的明示。"未V"这一格式本身就含有"V之前"这一语义,加上"前"字使这个语义在格式表层得到彰显,这同样是语义叠加句式:

未生+生二月前(生产两个月前)→未生二月前

6.2.4 "未至之前"

"未生二月前"句式再进一步,如果不必指出具体的时间数量,只泛指某时间之前,就会产生省略时间数量词的新格式"未至之前"。例如:

(43)文休为选官,在卓未至之前,后迁中丞,不为超越。(《三国志·蜀书·庞统法正传》裴松之注 P.960)

未至+至之前→未至之前

"未至之前"(没到之前)就是现代汉语中"没 VP 之前"的直接前身。

从上面对"差点儿没""没 VP 之前"句式的溯源可知,概念叠加和构式整合是汉语句法创新的一种重要手段,存在于从古汉语到现代汉语的历史发展过程中,目前对这一重要现象的了解还很不够,这里只是略举其二,希望引起同行们的关注。

在写作过程中,笔者很想知道本文所讨论的正反同义结构的现象是不是汉语所特有的。2007 年 9 月,我在法国国家科研中心东亚语言研究所研讨会上报告此文时,与会的法国汉语语法学家贝罗贝先生等告知,法语中也有类似的现象,但不清楚二者的生成机制是否相同。由于笔者完全不懂法语,无法理解和具体比较其异同,只能抱憾不已。会后冯力教授介绍我一篇法文文章,并将其中结论性的段落译成中文给我,读后我模糊地感到法语里的否定赘词应跟汉语句法层面的叠加式的产生有某种相同之处,但又不甚了了,故将这几段译文放在附注⑦里,供感兴趣的同行参考。沈家煊先生认为,从本文所列举的种种现象来看,汉语里的叠加现象绝对不比法语少,只会比法语多。在法语里,叠加现象集中在句法层面(框式否定词 ne…pas 的形成是句法层面叠加的结果),但形式不多,不像本文举出这么多的形式。词法层面的叠加(如"现如今"等)则很少。我们期待拙文的发表能引起更深入的讨论,把多年来语焉不详的问题搞清楚。

附 注

① 见本书《"好容易"与"好不容易"》一文。
② 吕叔湘(1985:246)说:"'不'插在重叠的词或重叠式的词中间,没有

否定作用:时不时、动不动、这河水平常不大,偏不偏那几天涨水了,浪像野牛一样翻滚。"笔者认为这里的"时不时、动不动、偏不偏"跟同义叠词不同,"动不动"是"动"和"不动"的并列,"偏不偏"是"偏偏"受"X不X"三字格的影响类推出来的。"时不时"虽然用同义词"时时"与"不时"的叠加整合解释也说得通,但更有可能跟"偏不偏"一样,是受"X不X"三字格影响类推出来的。

③ 关于"不成"的发展过程及用例参考了杨永龙(2000)。

④ 在现代北京话中,"差点儿没VP"如果是个"把"字句,如"差点儿没把我累死",则常常可以省去"差点儿"而仅说"没把我累死"。这种现象在《红楼梦》《儿女英雄传》中已有反映,陈刚(1985)举出如下几例:

没把姑娘急疯了呢!(《红》43回)

好太太,你别说我了,没把个妹妹急疯了呢?(《儿》35回)

我的菩萨!没把我唬(吓)煞了!(《儿》10回)

在语感上,这种省略式的感情色彩反而显得更浓,语气也显得更加夸张。

⑤ 另4例病句也能做如是分析,这4例是:

为了避免今后工作中不发生错误……

谁也不能否认这些戏没有教育意义吧?

他怀疑甚至最严密的防御能否防止一切轰炸机不飞进来。

史蒂文森一面又抵赖美国对柬埔寨没有进行侵略或怀有侵略意图。

⑥ 陈刚(1985:329)指出,"没"初见于宋代,但至明代仍极少使用。其前身为"不曾"。《水浒》《西游记》"不曾仍占优势","没"仅偶尔出现。《红楼梦》开始普遍用"没",但在几乎同时的《儒林外史》及更晚的《儿女英雄传》中仍以"不曾"为主。现在北京话中"没"完全替代了"不曾"。

⑦ 冯力教授帮我翻译了法国《东亚语言学报》上 Qiu Haiying(1998,pp.3-50)文中的几段文字,现转录于下:

P.4,第17行:在否定赘词的使用程度和频率上,法语中的使用情况明显比汉语中的使用来得更为活跃和频繁。在法国语言学家 C. Muiier(1991)所列的令人印象深刻的词条中,一共有56条用例,出现在不同的句法层级上:不论是独立的短语,还是补语结构中;从句或是比较分句中,都能出现。法语中的广泛可使用度,衬出了汉语中这种使用范围的限度。但是,如仔细观察,它们之间有相似性:一个否定词素的出现,在某种条件下,不会使表达的原意发生理解上的困难。

P.12,第3行:我们要提出的问题是否定赘词存在的理由何在。我们认为 Damourette 和 Pichon 提出的"断裂"说值得注意。对他们来说，否定赘词反映了"一种心理态度，即主体意愿与现实可能性之间的断裂"(1940:2195)。然而 Martin 指出了这个假设的不足之处，并在他的语义-逻辑学说中加以讨论。他解释说：这种"断裂"可以理解为：赘词 ne 是运用中的语句表达同时属于两个价值内容相对立的世界的反映(Martin 1984:106)。一个是意念(或联想)中的世界，另一个是可能中的世界。在后一个世界中，命题 P(即 PROPOSITION)为真，而在另一相对的世界中，P 为假。与 Damourette 和 Pichon 不同之处，还在于他进一步指出，这两个世界的对立并不必然导致 ne 的使用，是因为相对(或相隔)的世界受到一些限制，它必须与"可能的世界"相一致(而非对立)(Martin 1984:108)。

虽然我们对法、汉两种语言中否定赘词的用法如此接近而感到吃惊，但是我们发现，在使用的语境条件方面两种语言之间可能会有差别。然而上文引述的理论解释对汉语的事实也是有说明意义的。例如"难免"(例 6)，表"很难避免"或"不容易避免"，共同的语素是"可避免性"。P 出现在表避免性的状语部分(即"难免")的辖域内：意念世界也就是一个可能世界，其 P 为真(一个人难以避免会犯错误)。可是 P 为假的另一个相对世界，也是可能的(一个人不犯错误)。

P.28：Muiier(1991)的条目中列出了 24 个动词和词组是属于"担心"类的：Craindre que 担心；s'inquiéter 为……担忧；redouter 怀疑；avoir peur 怕，恐怕，等等。

参考文献

陈　刚　　1985　关于"没 V 了"式，《中国语文》第 5 期。
韩陈其　　2005　浅谈"几乎"类词语的形式联系和语义强度，《汉语学习》第 5 期。
江蓝生　　1988　《魏晋南北朝小说词语汇释》，第 204-206 页，语文出版社。
李忠星　　1999　关于"差一点+Jw"的思考，《武汉大学学报》第 5 期。
刘丹青　　2001　语法化中的更新、强化与叠加，《语言研究》第 2 期。
吕叔湘　　1985　疑问・否定・肯定，《中国语文》第 4 期。
马黎明　　2000　试论现代汉语中的悖义结构，《齐齐哈尔大学学报》第 2 期。
任　鹰　　2007　动词语义在结构中的游移与实现，《中国语文》第 5 期。
沈家煊　　1999　《不对称和标记论》，江西教育出版社。

沈家煊　2006a　"王冕死了父亲"的生成方式——兼说汉语"糅合"造句,《中国语文》第4期。
——　2006b　"糅合"和"截搭",《世界汉语教学》第4期。
石毓智　2001　《肯定和否定的对称与不对称》,第214-223页,北京语言大学出版社。
——　2004　论社会平均值对语法的影响——汉语"有"的程度表达式产生的原因,《语言科学》第6期。
王灿龙　2004　说"VP之前"与"没(有)VP之前",《中国语文》第5期。
许有胜　2006　"VP之前"和"没有VP之前"语义差别探微,《宁夏大学学报》第1期。
杨永龙　2000　近代汉语反诘副词"不成"的来源及虚化过程,《语言研究》第1期。
杨永忠　2007　Vi+NP句法异位的语用动机,《汉语学习》第1期。
叶建军　2008　《祖堂集》中四种糅合句式,《语言研究》第1期。
朱德熙　1959　说"差一点",《朱德熙文集》第2卷,第55-57页;原载《中国语文》第9期。
Beyraube　Alain　1979　*les' approximatifs chinois : chabuduo, jihu, chayidian*. Cahiers de Linguistique - Asie Orientale(《东亚语言学报》)6:49-62。
Qiu　Haiying　1998　*Expletive Negation in Chinese*. Cahiers de Linguistique - Asie Orientale(《东亚语言学报》)Vol. 27, No. 1:3-50。

(原载《中国语文》2008年第6期)

"好容易"与"好不容易"

提　要　本文对"好容易"与"好不容易"、"好不悲伤"与"好悲伤"这两种正反结构语义不对称做出解释,回答了表示肯定的"好不＋VP"和表示否定的"好容易"的由来。指出助动词"好"在反问句中表示反诘,产生反诘副词用法。"好不悲伤"最初为反问句,其中的"好"为反诘副词,经过句式的语法化,完成了从反问句到感叹句的转换。"好容易"最初应是"岂容易、哪儿那么容易"的意思,用反问表示否定;随后使用范围扩大,在陈述句中做状语,引申出"没那么容易、很不容易"的意思。而"好悲伤""好不容易"的"好"是程度副词,故意思是"很悲伤""很不容易"。

关键词　好　好不　好容易　反问句　反诘副词

1. 入题

1.1　汉语中有些短语的肯定式与否定式意思相同,如"好容易"(做状语)与"好不容易"的意思都是很不容易,肯定式与否定式均表否定;"好悲伤"与"好不悲伤"意思都是很悲伤,肯定式与否定式均表肯定。这种特殊现象早已引起学者们的关注,吕叔湘先生主编的《现代汉语八百词》"好不"条详细描写了有关事实,《现代汉语词典》也在"好不"条下的"注意"栏里特别指明要点,但是迄今为止对这一反常语言现象进行正面解释的文章很少。袁宾(1984)有所涉及,认为与反语有关;沈家煊(1994)认为"做状语的'好容易'是它的反语用法'语法化'的结果"。以上二说不乏真见,但解释比较笼统,也未加论证,故尚有疑点。本文拟从关键词"好"的词义和功能演变着手,结合历史文献中的具体用例对这一语言现象做出解释。

1.2 源自反问句的假设

本文要面对两个主要问题:其一,为什么否定式"好不悲伤"不表示否定而表示肯定?其二,为什么肯定式"好容易"可以不表示肯定而表示否定?这是两个既有区别也有关联的问题。

关于第一个问题,笔者推测:表示肯定的"好不悲伤"最初应出现在反问句中,其意思是"岂不悲伤","岂不悲伤"就是很悲伤。用反问表示肯定是汉语,也是世界上很多语言的共性。"好悲伤"是程度副词"好"修饰"悲伤",因而表示肯定。虽同表肯定,二者来源并不相同。

关于问题二,我们推测:"好容易"最初应是"岂容易、哪儿那么容易"的意思,用反问表示否定,因而是没那么容易、很不容易的意思。而"好不容易"的"好"是程度副词,故"好不容易"即很不容易。

这两个假设的思路其实是一个:肯定式表示否定、否定式表示肯定这种不对称的现象是从反问句来的,因为在反问句中,否定式的意思是肯定(你不觉得难为情么?意思是应该难为情),肯定式的意思是否定(你觉得这样做合适么?意思是这样做不合适)。这种假设跟袁、沈二位的反语说有联系却不是一回事。反语不一定要出现在反问句中,比如甲说"这件事很容易",乙不以为然地说:"是呀,很容易。"这里的"很容易"是反语,但并不会演变成一个表否定的特殊肯定式。本文的假设基于一个关键的事实——"好"有反诘副词用法。关于"好"做反诘副词的用法,首发者为王锳《诗词曲语辞例释》(1980)[①],笔者的硕士论文《敦煌写本〈燕子赋〉二种校注》(1981)、笔者与曹广顺合著的《唐五代语言词典》(1992)中也曾涉及。②但是以上各书限于体例,只是举例说明词义,并未考证"好"做反诘副词的由来,而这恰是本文需要论证的问题。

2. 反诘副词"好"的由来

2.1 程度副词"好"

"好"做程度副词,表示程度深,至迟已出现于唐代文献里,不过十分少见。例如:唐赵嘏《江上逢许逸人》诗:"清秋华发好相似,却把钓竿归去来。"《敦煌变文集·燕子赋》:"者汉大痴,好不自知。恰见宽纵,苟徒(图)过时。"宋时比唐代用例略多,元明清各代渐次多见,直到今天,无论在普通话还是方言中"好"都是个常用程度副词。"好"跟"很"的区别在于"好"具有鲜明的感情色彩,多含感叹、夸张语气,是个口语词。以"热闹"为例,"很热闹"是相对客观的描述,而"好热闹"则带有感叹或夸张语气,因此"好"并不相当于"很、十分",而是相当于"真、实在、多么","好热闹"严格地说应对释为"真热闹"或"多么热闹"。

2.2 助动词"可"的反诘用法

拙文(2000a)曾详述助动词"可"做反诘副词的历史,指出反诘副词"可"自东汉始见、经魏晋南北朝至唐宋,使用渐趋普遍,下历元明清直至今天仍在使用。为避重复,仅引二例以窥一斑:

又宜思勤督训者,可愿苟虐于骨肉乎?诚不得已也。

(《颜氏家训·教子》;"可愿",一本作"岂愿")

此言对子弟勤加督训,难道是愿意苟求虐待骨肉吗?实是不得已啊。

只如佛法到此土三百余年,前王后帝,翻译经论可少那作摩!(《祖堂集》5.73)

"可少那作摩"意为:难道还少吗?"作摩"即后来的"怎么",用于句末跟反诘副词呼应,使反诘语气更为强烈。

现代汉语中表示赞同的"可不是",意为"岂不是""怎么不是",其中的"可"就是反诘用法。

根据汉语同义词类同引申(一称同步引申)的规律,凡跟"可"词性词义相同的助动词,一般也能基于相同的理据产生反诘副词的用法,助动词"敢"就是很好的例子。上举拙文指出,"敢"是个助动词,有"可、能、会"等义,早在上古,当"敢"出现在反问句时,就相当于"岂敢",如《左传·昭公十二年》:"周不爱鼎,郑敢爱田?"此句在《史记·楚世家》里作"郑安敢爱田?"(引自徐仁甫《广释词》)可见是"敢"的反问用法使它产生了反诘义。现在山西、陕西方言里仍然使用,如"你敢不知道?""我敢说你来?"其中的"敢"犹岂、难道,表示反诘的询问。

2.3 助动词"好"

"好"与"可"的词义有联系。古人同意、应允说"可",今人则说"好"。"好"就是合宜,合宜之事则"可"。"好"做助动词"可以、宜于"讲,《汉语大词典》最早的书证是北魏贾思勰《齐民要术·种桑柘》:"十五年任为弓才……二十年好作犊车材。"比较晚近的例子是《西游记》:"看你那个锈钉钯,只好锄田与筑菜。"(22回)此义现代汉语仍然沿用,如:"我好进来吗?"(《现代汉语词典》第5版:543)"别忘了带伞,下雨好用"(《现代汉语八百词》增订本:258)。跟"可""敢"一样,助动词"好"如果用于反问句中,就有可能转表反诘义,当这种用法经常化、固定化之后,就会演变为反诘副词。

2.4 反诘副词"好"

上文说明,助动词在反问句中可转作反诘副词是汉语的常例。"好"既然可做助动词用,自然也有转作反诘副词的可能。从历史

文献材料来看,"好"做反诘副词的用例不晚于唐代。王锳(2005)所举"好"作"岂"讲的较早用例为《梁书·夏侯亶传》:

"宗人夏侯溢为衡阳内史,辞日,亶侍御坐。高祖谓亶曰:'溢于卿孰近?'亶答曰:'是臣从弟。'高祖知溢于亶已疏,乃曰:'卿伦人,好不辨族、从?'亶对曰:'臣闻服属易疏,所以不忍言族。'时以为能对。"③

夏侯亶把亲缘关系很远的同宗族兄弟说成"从弟"(堂房弟弟),所以高祖责备他"好不辨族、从?"(岂不辨族与从?)

纵观历代"好"作"岂"讲的用例,可将其用法归纳为如下四种:
(甲)单独表反诘;

(1)韦曲花无赖,家家恼杀人。绿樽须尽日,白发好禁春?(杜甫《奉陪郑驸马韦曲》诗;春色如此绚丽,即使是白发老人又岂能禁受得了它的撩拨!)

(2)昨夜狂风度,吹折江头树,淼淼暗无边,行人在何处?好乘浮云骢,佳期兰渚东?(李白《长干行》诗;行人岂是乘着骏马另赴兰渚之约?)

(3)(窦天章云)张驴儿,那蔡婆婆是你后母么?(张驴儿云)母亲好冒认的?委实是。(元曲《窦娥冤》四折;母亲哪是可以冒认的!此例很可以看出"好"由助动词向反诘副词演变的语境)

(乙)用在助动词"得"前,"好得"犹言"岂得、岂能、怎能";

(4)燕子语雀儿:好得辄行非!(敦煌本《燕子赋》乙;你怎能擅自干坏事!指雀儿抢占住宅事)

(5)知君新称意,好得奈春何?(岑参《送崔主簿赴夏阳》诗;岂能奈何大好的春色!)

(丙)用在"是"前,"好是"犹言"岂是、难道是";

(6)好是精灵偏有感,能于乡里不为灾?(唐·罗邺《谒宁祠》;岂是精灵有感应,能保佑乡里免受灾祸?)

(7)师父,你好是把乌巢禅师《心经》忘记了也?(《西游记》93回;你难道是把乌巢禅师的《心经》给忘了?)

(8)那僧房里好是轻易走得进的?(《拍案惊奇》卷二十六;那僧房岂是随便进出的?)

(丁)用在"道"前,"好道"相当于"岂说、难道"。

(9)石先生为何不饮?好道是"眼前无乐不成欢"?小厮们,叫家乐出来!(明·叶宪祖《夭桃纨扇》八折;难道是眼前没有音乐就不能尽欢?)

(10)总有,也是他挣下的,好道拿他的不成?(《醒世恒言》卷三十六;难道拿他的不成?)

也有的例句相当于"怎么":

(11)既不是人家奴才,好道叫做添寿、添福、添禄?(《西游记》26回)

值得注意的是,"好道"由可拆解的"岂说"到不宜拆解的"难道、怎么",比"好得、好是"结合得紧。"好得、好是"中的"好"是反诘副词,而"好道"中的"好"虚化的程度比较深,相当于双音词的一个语素。可以看出,自唐至明"好"表反诘义的发展轨迹如下:

由助动词表示反诘──→做反诘副词修饰助动词"得"、系词"是"──→在反诘副词"好道"中做语素。

3. 表示肯定的"好不+VP"的由来

袁宾(1984)推测表示肯定的"好不"来源于否定式"好不",最初在口语中也许是否定式"好不"的反语说法,这种反语说法用多了,其中"不"的意义就逐渐虚化,失去否定作用。④王锳(2005:130)的解释比较合理,他认为:"好不伤怀"是以反问形式表示肯定的,其中的"好"相当于"岂"。

其实,当我们说"好不伤怀"表示肯定时,"好不伤怀"已不再是反问句,而是经历了一个由反问句转化为感叹句的句式转换过程。感叹句与反问句的内部结构是不同的,上举《梁书·夏侯亶传》中反问句"好不辨族、从?"的结构是"好+不辨族、从",而感叹句"好不伤怀"的结构是"好不+伤怀"。

从反问句转为感叹句不仅发生了内部结构的变化,与此同时也经历了句式功能的语法化。即表反诘的功能虚化,表语气的功能强化。反问句转换为感叹句的原因是:反问句发问为虚,加强语气是实,当在一定的语境中"好不"完全不反问事理而只为加强语气时,反问句就会转变为感叹句。请看下例:

(12)姐姐,你不肯出来带携我耍一会,只在房里坐,好不闷也?(元曲《符金锭》一折)

句中婢女问小姐:你老在屋里呆着,岂不闷啊?这是反问句;如果婢女是自己述怀,说:整天"只在房里坐,好不闷也"就应该理解为"好闷哪!"由此可见,反问与感叹在一定语境中可以互转。因此我们认为肯定义"好不+VP"并不源自"好+不 VP"的反语,而是源自反问句的转用,这种转用是句式功能语法化的结果。

下面几例"好不+VP"中的 VP 都不是形容词,而是动宾短语或兼语式,从这几例也可以逆推出这些感叹句的底层其实是反问句。例如:

(13)将个妹妹嫁与一个事马的驱口,教咱兄弟好不羞了

面皮!(宋《五代史平话·汉上》)

此例可以有两解。如果妹妹嫁给下等人是未然的事件,那么其句义应是:"教咱兄弟岂不羞了面皮!"如果事件是已然的,就可理解为:教咱兄弟实在羞了面皮!

(14)金莲又道:"你说,你那咱不得来亏了谁?谁想今日咱姊妹在一个跳板儿上走,不知替你顶了多少瞎缸,教人背地好不说我!奴只行好心,自有天知道罢了。"(《金瓶梅词话》21回,600页)

"教人背地好不说我"意思是:让人们背地里纷纷议论我,"好不"形容说得厉害,是程度副词。程度副词一般是不能修饰动词的("好+动"一般需带动量词),"好不说我(=好说我)"不符合语法。但是,反诘副词修饰动词很正常,因此可以逆推,此句"好不"原来应是反诘副词,感叹句"教人背后好不说我"的句法底层是反问句(教人背后岂不说我)。

(15)我在家里收拾了,只雇(顾)等他。谁知他安心早买了礼,就先来了,倒教我等到这咱晚。使丫头往他家瞧去,说他来了,好不教妈说我!(同上,32回,869页;括号内的字为笔者校改)

"好不教妈说我"意思是:叫妈好说了我一顿。"好不"在语义上是修饰"说"的,如果看作程度副词,则不合语法;只有将其底层看作反问句"岂不叫妈说我"才可以讲通。

(16)素娥又假造个悲哀,叫句:"夫罢,你如此枉死,复被天诛。真可谓福无重至,祸不单行。教妻子好不悲伤么!"(清《绣戈袍全传》8回)

这句句末有语气词"么",只宜看作反问句。

下面两例清代小说的例子都应看作感叹句,但由于其内容是

申说情理兼述说心怀的,看作反问句也不是绝对不可以都可以:

(17)云卿哭道:"那宝鸡犹是贱物。至情人被害身亡,使我日后难以见面,教愚兄好不悲哀!"(同上,26回)

(18)天子听说仁贵射死,哭倒在龙床之上,道:"寡人亏你征东十大功劳,西番未平,良将先丧,叫寡人好不痛心也。如何是好?"(《说唐三传》42回)

这种可以两解的例子正透露出表示肯定的感叹句"好不＋VP"与反问句的来源关系。

4. 表示否定的"好容易"的由来

"好容易"的最早用例出现在元杂剧中(据电子语料库《国学宝典》),不过仅见两例;到明代白话小说用例稍多。一般来说,早期用例对于研究语言成分的来历最有价值,下面就以《元曲选》(臧晋叔编,中华书局1979)和白维国、卜键《金瓶梅词话校注》(万历本,岳麓书社1995)为主要资料进行考察。《金瓶梅词话》的例句按笔者的理解标点,其中若有文字讹误也随手校改。此外需要说明的是,《元曲选》为明人辑本,作为演出的底本,其中的道白有可能随着不同时期、不同演员的演出而有所变动,难以作为确切的元代资料,不过,把它笼统看作元明时期的资料是没有大问题的。

4.1 《元曲选》用例

元曲中有两例"好容易"(一例"好容易"单独为句,一例"好容易"单独做谓语),似可理解为"真容易",但也可理解为"何容易""哪么容易",用反问表示否定或回绝:

(19)【仙吕赏花时】这剑曾伴我三十年来海上游,夜夜光芒射斗牛。(云)郭马儿,我与你这一口剑,要些回答的礼物。(郭云)可要甚么回奉的礼物?(正末唱)要一颗血沥沥妇人头。(郭云)好容易也!(《元曲·岳阳楼》楔子)

此言:要一颗人头,说的可真容易啊!或曰:要一颗人头,哪那么容易啊!

(20)(正旦哭云)姐姐,员外无了,这家私大小,我都不要,单则容我领了孩儿去罢。(搽旦云)孩儿是那个养的?(正旦云)是我养的。(搽旦云)你养的,怎不自家乳哺了?一向在我身边,煨干避湿,咽苦吐甜,费了多少辛勤,在手掌儿上抬举长大的,你就来认我养的孩儿,这等好容易!(《元曲·灰栏记》第一折)

此言:我辛辛苦苦抚养大的孩子你想白白要去,可真容易啊!或曰:你想白白要去,哪那么容易啊!

到底"好容易"中的"好"是程度副词还是反诘副词,也就是说"好容易"是不是反问句,光凭这两例还难以断定,下面更广其例,以综合考量。

4.2 《金瓶梅词话》用例

明代白话小说《金瓶梅词话》中"好容易"有11例,根据其用法和语义,可将这11例分为四类。

(甲)"好容易"单独做反问句,既可理解为肯定义,也可理解为反问句"哪那么容易",共2例:

(21)伯爵道:"快些儿了事?好容易!也得值那些数儿是的。……"(52回,1390页;想快些儿了事,想得好容易/哪那么容易!)

(22)良久,只听一阵香风过,觉有笑声,四个粉头都用汗巾儿答着头出来。伯爵看见,"我的儿,谁养的你恁乖!搭上头儿,心里要去的情!好自在性儿,不唱个曲儿与俺每听,就指望去?好容易!连轿子钱就是四钱银子,买红梭儿来(米),买一石七八斗,勾你家鸨子和你一家大小吃一个月。"(58回,1580页;不唱个曲子给我们听就想走,想得好容易/哪那么容易!)

(乙)"好容易"单独做反问句,只可理解为反问句"哪那么容易",共2例:

(23)你每那里晓得,江南此鱼,一年只过一遭儿,吃到牙缝里,剔出来都是香的。好容易!公道说,就是朝廷还没吃哩!不是哥这里,谁家有?(52回,1392页;这种鲥鱼一年只过来一次,要想吃,哪里容易!)

(24)请将李家虔婆来,要打发他归院。虔婆生怕留下他衣服头面,说了几句言语:"我家人在你这里做小伏低,顶缸受气,好容易!就开交了罢,须得几十两遮羞钱。"(80回,2460页;我家人[指李娇儿]在你家做小老婆受气,哪那么容易!就是要打发她回妓院,也得给几十两银子做遮羞钱。)

(丙)"好容易"在反问句中做状语,修饰后面的谓语动词,表示哪那么容易,共5例:

(25)"……你脚踏千家门,万家户,那里一个才尿出来的孩子,拿整绫段尺头裁衣裳与他穿?你家就是王十万,使的使不的?"张川儿接过来道:"你老人家不说,小的也不敢说:这个可是使不的。不说可惜,倒只恐折了他,花麻痘疹还没见,好容易就能养治(活)的大!"(34回,924页;这孩子还没出麻疹水痘,哪那么容易就能养活得大!)

(26)韩道国道:"等我明日往铺子里去了,他若来时,你只推我不知道,休要怠慢了他,凡事奉承他些儿。如今好容易赚钱,怎么赶的这个道路!"老婆笑道:"贼强人,倒路死的!你倒会吃自在饭儿,你还不知老娘怎样受苦哩!"(38回,1023页;如今哪里容易赚钱——如今赚钱太不容易了!)

(27)西门庆道:"别的倒也罢了,他是有些小胆儿。家里三四个丫鬟连奶娘轮流看视,只是害怕,猫狗都不敢到他根前。"吴大舅道:"孩儿们好容易养活大!"(39回,1047页;孩子们哪里容易养活大!)

(28)西门庆问道:"老孙、祝麻子两个都起身去了不曾?"伯爵道:"这咱哩从李桂儿家拿出来,在县里监了一夜,第二日,三个一条铁索,都解上东京去了。到那里没个清洁来家的!你只说成日图饮酒快肉,前架虫——好容易吃的果子儿!似这等苦儿,也是他受。路上这等大热天,着铁索扛着,又没盘缠,有甚么要紧!"(52回,1380-1381页;只说他们到处蹭吃蹭喝,殊不知哪那么容易吃的果子!)

(29)只见来安儿进来取小周儿的家活,说门首吓的小周儿脸焦黄的。月娘问道:"他吃了饭不曾?"来安道:"他吃了饭。爹赏他五钱银子。"月娘交来安:"你拿一瓯子酒出去与他。吓着人家,好容易讨这几个钱!"小玉连忙筛了一盏,拿了一碟腊肉,交来安与他吃了,往家去了。(52回,1384页;哪容易讨这几个钱!——讨这几个钱谈何容易!)

(丁)"好容易"在陈述句中做状语,修饰谓语动词,意思是"好不容易",有2例:

(30)潘姥姥归到前边他女儿房内来,被金莲尽力数落了一顿,说道:"你没轿子钱,谁教你来了?恁出丑刮划的,教人

家小看!"潘姥姥道:"姐姐,你没与我个钱儿与我来,老身那讨个钱儿来?好容易赒办了这分礼儿来。"(78回,2375页)

(31)庞大姐,我的好姐姐,奴死的好苦也!好容易来见你一面,又被门神把住嗔喝,不敢进来。(88回,2603页)

上举元曲中的二例可归入《金瓶梅词话》中的(甲)类。尽管此类例句也不妨理解为反问句,但为了立论严密起见,我们宁可将这四例存疑,或者理解为肯定义也不妨,因为既然"好"很早就兼做程度副词和反诘副词,那么"好容易"有的是肯定义"真容易",有的是反问句"岂容易"是很正常的。不过,从《金瓶梅词话》丙、丁两类例句来看,否定义的"好容易"源自反问句是很清楚的。

从《金瓶梅词话》的用例可以看出,否定义的"好容易"是跟反问句"好容易"一脉相承的,"好容易"一开始是反诘副词"好"修饰"容易",单独成句或做谓语,意思固定为"岂容易、哪那么容易";继而又在反问句中做状语,意思是"哪那么容易VP"(这是判断"好容易"为"岂容易"的关键句式);"哪那么容易VP"(反问句)的隐含义为"很不容易VP"(陈述句),当构式的隐含义固化或凸显后,就推动"好容易"的功能扩展到在陈述句中做状语,其发展过程为:

好容易!(反问句:哪那么容易!)→ 好容易VP!(在反问句做状语:哪那么容易VP!)→好容易VP!(在陈述句做状语:好不容易VP)

这表明:"好容易"的否定义来自由它构成的反问句,但它真正表示否定,相当于"很不容易"是在陈述句中。当反问句中的"好容易"后面出现谓语动词时,它就降格为状语,句子的语义重心落在谓语上,当谓语动词是已经完成或实现的时,处在状语位置上的"好容易"反诘义虚化，变得不表反诘而纯表否定，与此同时，句式也从反问句变为陈述句。做状语的"好容易"惯用化以后，凝固成一个表示反面意义的副词性成分，人们不再意识到它是从反诘用法转过来的。

由反问句向一般陈述句转变的句法、语义条件是：

a."好容易"修饰谓语动词，在句中充当状语；

b."好容易"修饰的谓语动词应是已经完成或实现的。

相对于认为否定义的"好容易"是源自肯定义"好容易"的反语用法的观点，我们认为源自反问句说更有解释力。因为同时期的感叹句"好不悲伤"表示肯定义，也是从反问句（岂不悲伤）演变来的，把"好容易"表否定、"好不悲伤"表肯定这种语义不对称现象联系起来看，显然源自反问句比反语说更有理据。另外，如上表所示，源自反问句说能贴切地解释"好容易"语义演变为"很不容易"的句法环境和过程，而且这种解释具有可代入性、可还原性（把"好"作为反诘副词代入或还原皆可通）。

4.3 不仅《金瓶梅词话》，"好容易"在明代其他小说戏曲作品中也多为反问用法，而且以"好容易"单独做反问句为多。例如：

(32)真人点首叹曰："虽是帝王之师，好容易！正是你七死三灾今已满，清名留在简篇中。"(《封神演义》81回)

(33)文楼来劝道："妈妈不是这话，妹子立心如此，不如随他去吧！"妈妈道："好容易！就要去，也须得千金财礼才能去哩！"(《梼杌闲评》45回)

(34)我想世祖皇帝，好容易得这天下也！(徐复祚《投梭记》七出)

末例既可看作反问句:岂容易得这天下！又可看作陈述句:好不容易得这天下！

据我们调查,至迟在《红楼梦》时代"好容易"就已完成从表反问到表陈述的功能转变。120回本《红楼梦》中"好容易"有54例,都是陈述句,不见一例反问用法;"好容易"一律做状语,意思是"很不容易",如:我～劝好了(3回)|～救了上来(38回)|～今年多打了两石粮食(39回)|～才凑了两千个来(61回)|～熬了一夜(97回)。《儿女英雄传》40回共有"好容易"54例,其语义和用法与《红楼梦》完全相同。不过,话也不能说得太绝对,尽管极其罕见,表示反问、单独成句的"好容易"在清代也还没有绝迹,例如:

(35)子玉道:"太太不教我去,我也要去。"琴仙道:"好容易?几千里路,你就想去,就太太准你去,我也不愿你去。"(《品花宝鉴》48回)

(36)伯父道:"好没知识的!在外头作客,好容易么?拉拉扯扯的带了一大堆子人来,我看你将来怎么得了!"(《二十年目睹之怪现状》23回)

下表是"好容易"在代表性文献中的功能分布,可作为本节内容的小结(++表示用例多;元:指"元曲";金:《金瓶梅词话》;红:《红楼梦》;儿:《儿女英雄传》;骆:《骆驼祥子》):

	元	金	红	儿	骆
反问句(做谓语)	+	++	−		
反问句(做状语)		++			
陈述句(做状语)	−	+	++	++	+

5. "好不容易"

"好不容易"的出现远远晚于"好容易"。不仅明代小说戏曲作品中未见,就是清代小说中也不多见。《红楼梦》中"好容易"有54例,而"好不容易"却一例也无;《儿女英雄传》中"好容易"有54例,"好不容易"只有一例:

(37)安伯父、安伯母二位老人好不容易才把我母女死的活的护送回乡。(25回)

电子版《国学宝典》所收清人小说很多,但其中只有六七种各有1例,例如:

好不容易将女儿育成十四五岁。(《万花楼演义》1回)| 我儿,你千山万水来到此间,好不容易!(《飞龙全传》25回)| 好不容易杀出重围。(《七剑十三侠》115回)| 是好不容易花了重价买来的。(《负曝闲谈》9回)| 真个的,进这个城好不容易!(《后红楼梦》19回)

我们调查了九位现代作家的小说,发现"好不容易"也还是远少于表否定的"好容易"(骆:《骆驼祥子》;阿:《阿Q正传》;子:《子夜》;围:《围城》;红:《红岩》;青:《青春之歌》;野:《野火春风斗古城》;上:《上海的早晨》):

	骆	阿	家	子	围	红	青	野	上
好容易	6	1	4	3	15	2	12	13	35
好不容易	0	0	0	0	0	0	1	2	11

这个数据表明,"好不容易"在书面语中出现是很晚近的事,即使在用例较多的作品中,也远不如"好容易"多见。袁宾(1984)认为"好不容易"不是从近代汉语的否定式"好+不 VP"句式直接遗留下来的,而是受"好容易"这个特殊的常用语影响产生的。即进入现代汉语之后,人们从用词造句应当与字面义相一致的心理出发,引

出了"好不容易"一语。这一看法是很有见地的。但是他在说明理由时说:如果不是常用语"好容易"的影响,"在否定式'好不'已经基本消失的现代汉语中,就不大可能独独在'容易'一词前面还比较经常地出现否定式'好不'"。袁文说否定式"好不"在现代汉语已经基本消失,因而"好不容易"的出现跟否定式"好＋不 VP"没有关系,还可讨论。程度副词"好"在现代汉语中沿用,用它修饰"不 VP"也不少见,如卢钦(1981)所举"好不公平、好不上算、好不讲理、好不安分、好不知足、好不争气"等,以及口语中常用的"好不懂事、好不耐烦、好不放心、好不要脸"等,因此说否定式"好不"在现代已基本消失是与事实有出入的。对于"好不容易"的出现,比较合理的解释是心理因素促动,句法格式现成,这双重因素导致了"好不容易"短语的产生。

6. 关于一式两义

由于"好"一身兼有表程度深和表反诘两种功能,所以从道理上讲,"好容易"既可表示"岂容易",也应该能够表示"很容易";同样,"好不容易"既能表示"很不容易"(好＋不容易),也能表示"很容易"(好不＋容易)。清代小说中恰好可以找到这样的用例:

"好容易"表肯定:

(38)说得好容易,谁是轿子店里的出身? 我是弄不来。(《官场现形记》3 回)

(39)怎么给他个利害? 说得好容易! 光叫他服个罪,我这口气就平了么? (同上,27 回)

沈家煊(1994:265)也指出:说"好容易"等于"好不容易"时,大多是针对"好容易"做状语而言的,而当"好容易"不做状语时不一定等于"好不容易"。

"好不容易"表肯定:

  (40)洪儒道:"这是立马造桥的事,卖田如何来得及呢?"鸾吹道:"你从前赌钱时,今日一百,明日十五,卖得好不容易,怎就来不及?"(清《野叟曝言》56回)

《现代汉语八百词》"好不"条也注意到这种一式两解的现象,在"注意"栏下(259页)提示道:

  还有一些词语用"好不"修饰之后,语义是游移不定的,根据上下文可以表示肯定(＝好不＋A),也可以表示否定(＝好＋不 A)。

  她吃得饱饱的,喝得足足的,好不自在(＝很自在)|听到大家对我的批评,心中好不自在(＝很不自在)|他一口气说完自己的想法,心中好不痛快(＝很痛快)|他得知自己落选的消息,心中好不痛快(＝很不痛快)

认为语义可以游移,是就二式的表层结构(好不 A)相同而言的。抽象地看,"好不 A"既可表示否定,也可表示肯定,但是,在特定的语境里,"好不 A"不是"好＋不 A",就是"好不＋A",是不会发生语义两可的问题的。

7. 余论

  本文所论"好容易"与"好不容易"、"好悲伤"与"好不悲伤"的语义不对称现象跟我们在另文(江蓝生 2008b)所论"差点儿 VP"与"差点儿没 VP"、"VP 之前"与"没 VP 之前"等语义不相对称的情况很不一样。其一,产生原因不同:"差点儿没 VP""没 VP 之前"等否定式是由于两个同义概念的叠加和构式整合而生成的,而"好容易"表示否定、"好不悲伤"表示肯定的根本原因是"好"用作反诘副词。其二,"差点儿VP"与"差点儿没VP"、"VP之前"与"没VP之前"语义基本相同,很多场合可以互换,只是由于在语义色彩或语义重点上有些差别,因而有时适用范围上不尽相同;而"好容易"只有在陈述句中做状语时才跟否定式的"好不容易"相当。其三,尽管二者都表现出肯定式与否定式语义的不对称,但"差点儿没VP"等是因为概念叠加后新产生的否定式与原型句否定式深层结构不同造成的,异构式导致语义异指,因而跟肯定式语义趋同;而"好悲伤"与"好不悲伤"语义不相对称是因为两个"好"的语义和功能不同造成的。

附 注

① 王著有三个版次,第一版1980年4月;第二版(增订本)1986年1月;第三版(第二次增订本)2005年2月。

② 张相《诗词曲语辞汇释》未出"好"的反诘义;笔者的硕士学位论文《敦煌写本〈燕子赋〉二种校注》(1981)解释《燕子赋》乙"好得辄行非"中的"好得"为"岂得"。本节例句有的引自王著。

③ 此例为王著第二次增订本所加。意思是:夏侯亶的同宗夏侯溢是衡阳内史,夏侯溢向高祖辞行那天夏侯亶陪侍在旁。高祖问亶:"夏侯溢跟你关系远近?"亶答:"是我的从弟(叔伯弟弟)。"高祖知道夏侯溢跟夏侯亶亲缘关系较远,就说:"你论亲缘关系怎么不辨同族与同祖?"亶答:"臣闻同服之间容易疏远,所以不忍说是同族。"时人认为亶善于应对。

④ 袁文列举"不甫能、不尴尬、不常"三例,说明通过反语方式构成新语词在近代汉语中并不偶然(209页),对此我们有不同解释。"不甫能"的"不"是衍音成分,即"不"是"甫"的逆向变韵形式,不表义,犹如"剔团栾"的"剔"是"团"的逆向变韵形式一样。(说详拙文2008a)"不尴尬"是"不尴不尬"的省缩,犹如"无可无不可"省缩为"无可不可"。"不常"(义为"经常")是对"不时"

的仿造。"不时"与双音词"时常"义同,受"不时"影响,仿造出同义词"不常"。以上三个带"不"的语词都不宜看作反语。

参考文献

江蓝生　2000a　疑问副词"颇、可、还",《近代汉语探源》,第65-94页,商务印书馆;原载《近代汉语虚词研究》,语文出版社,1992年。

——　2000b　相关词语的类同引申,《近代汉语探源》,第309-319页,商务印书馆。

——　2008a　变形重叠与元杂剧中的四字格状态形容词,《历史语言学研究》第一辑,第40-53页,商务印书馆。

——　2008b　概念叠加与构式整合——肯定否定不对称的解释,《中国语文》第6期。

江蓝生、曹广顺　1992　《唐五代语言词典》,上海教育出版社。

刘　娜、陈　一　2004　"好容易"与"好不容易"的考察,《学术交流》第1期。

卢　钦　1981　好不……,《中国语文》第2期。

吕叔湘主编　1999　《现代汉语八百词》(增订本),第256-259页,商务印书馆。

孟庆章　1996　"好不"肯定式出现时间新证,《中国语文》第2期。

石毓智　2001　《肯定和否定的对称与不对称》,第254-256页,北京语言大学出版社。

沈家煊　1994　"好不"不对称用法的语意和语用解释,《中国语文》第4期。

王　锳　1986　《诗词曲语辞例释》(第二次增订本),第129-131页,中华书局。

武振玉　2004　程度副词"好"的产生与发展,《吉林大学社会科学学报》第2期。

袁　宾　1984　近代汉语"好不"考,《中国语文》第3期。

(原载《历史语言学研究》第三辑,商务印书馆2010)

构式隐含义的显现与句法创新

提　要　本文通过现代汉语的叠合句"差一点没 VP"的产生,湖南、湖北某些方言点的数量词"两个"的语法化,无标记动结式"VC、VOC"演变为带标记动结式"V 得/教 C、V 得/教 OC"三个案例,说明说话人意图对句法结构的影响,从中概括出句法创新的一条独特路径:把构式的隐含义或隐含项显现到构式表层,使原构式结构、语义发生变化,从而产生出新的构式。加强语言表达的明晰性和感情色彩是这类句法创新的语用动因,类推、重新分析是推进和完成演变过程的机制。本文还说明语境不能狭隘地理解为句子的上下文句法环境、篇章联系等,它还包括人们对客观事物的认识和主观评判、人的逻辑思维对构式语义认解的制约等等。

关键词　显现　差一点　两个　动结式　逆语法化

0. 解题:字面义与蕴含义

词、短语、句子的语义有的是字面义的总合,一眼就能看出;有的在词的字面或构式的表层没有形式上的表现,而是以义素的身份隐含在词或构式当中,我们把前者叫作字面义或表层义,把后者叫作隐含义或蕴含义。本文所说的隐含义是一个泛化概念,除了包含对词和构式的语义特征进行分析、分解所得到的语义单位——义素外,也包含对构式的语义进行衍推后所得到的蕴含义。一句话,本文所谓隐含义,是指词和构式固有的、但在表层结构中没有得到显现的语义。

1. "差一点"隐含义的显现

1.1 1959年朱德熙先生在《中国语文》上发表了《说"差一点"》一文。在这篇只有一千多字的文章里,朱先生很敏锐地观察到以下现象:

A类(不希望的)肯定式"差一点打破了"和否定式"差一点没打破"意思都是说没打破;

B类(希望的)肯定式"差一点及格了"和否定式"差一点没及格"意思却不一样,肯定式表示否定的意思,否定式表示肯定的意思。

记不清是哪位哲人说过:有时候提出一个问题比解决一个问题更有价值。朱先生这篇提出肯定式与否定式语义不对称问题的文章正应了这句名言。拙文(2008)以概念的叠加对各类肯定式、否定式不对称的现象做了统一的解释,认为"差一点 VP"(VP 为不希望的事情)的隐含义为"没 VP",字面义与隐含义二式叠加就产生了叠加式"差一点没 VP",叠加式产生的动因是为了把隐含义显现到构式表层,以表达侥幸、后怕的主观情绪,增强构式的主观性和色彩义。即:

差一点打破+没打破→[差一点没]打破

在"差一点打破了"句中,"差一点"的字面义为"表示事情接近实现",它的隐含义是"表示事情没有实现",即"没打破"(朱先生说"差一点""相当于一个否定词"),也就是说否定义"没"就是"差一点"的隐含义。在肯定式"差一点打破了"句中,"差一点"是焦点,隐含义"没打破"不是表意重点,因而不必在句法平面得到表现。当说话人为了达到某种交际意图如加强语义强度、突显主观情态时,就有意识地把这层隐含的语义显现到句法平面上来,从而整合为否定式"差点儿没打破"这种新的构式。这种新整合而成的否定式的深层结构与通常的原型否定式"[差一点] 没 VP"不同,是一个异构式:"[差一点没] VP"。

通常说"差一点打破"跟"差一点没打破"语义相同,都表示否定(没打破),这是从基本意义说的。如果否定式跟肯定式没有任何区别,就不符合语言表达的经济原则,就没有存在的必要。事实是,整合前的肯定式"差一点 VP"主要用来描述一种事态,一般不涉及说话人对这种事态的态度或看法,因此语句传递的主要是一种客观性的命题意义;而整合后的"[差一点没]VP"构式则不仅描述真实世界中的一种事态,而且也表达出说话人对该事态的态度或看法,语句中同时传递出一种主观性的评价意义。也就是说,这两种构式在话语-语用功能上有客观性和主观性之别。正如吕叔湘(1980)所揭示的,依据希望或不希望等不同情况,"差一点"与"差一点没"或表示庆幸或表示惋惜。例如"碗差一点打破",这句话带有陈述事实的客观性,而"碗差一点没打破"则是渲染自己后怕的心情,有较强的主观性。语言形式的主观性或客观性又跟信息量的大小密切相关:语言形式的主观性越强,其信息量越大;反之,主观性越弱,信息量越少。举例来说,有架航班出事故了,某甲说"我差一点坐那架飞机",某乙说"我差一点没坐那架飞机",显然,某乙的话比某甲的话表达的语义更丰富:既为差点儿坐那架飞机感到后怕,又为没坐那架飞机感到庆幸。在现实生活中,当人们要表达主观评判的情感色彩时倾向于选择否定式,这恰好可以用来解释隐含义为什么会被显现到句子表层的语用动因和功能。

	希望的事情（及格）	不希望的事情（打破）
［差一点］VP	没及格（惋惜、遗憾）	没打破（后怕、庆幸）
［差一点］没 VP	及格（后怕、庆幸）	
［差一点没］VP		没打破（强调后怕、庆幸）

1.2 语表相同的构式在不同的语境里会产生不同的认解效应和重新分析，希望的事情与不希望的事情就是两种截然不同的语境。在希望的事情这一语境中，"差一点没 VP"被认解为典型的否定式"［差一点］没 VP"；在不希望的事情这一语境中，"差一点没 VP"被认解为叠加式"［差一点没］VP"。这种不同的认解和分析是基于人们对事理的一般思维逻辑。因为希望的事情是人们所期待的，它差一点实现与差一点没实现都有实际的交际意义。与此不同，不希望的事情是人们不喜欢、想要避免的，因此说不希望的事情差一点儿发生有意义：不希望的事情差一点发生是非正常情况，属于意外，需要去说；而说不希望的事情差一点儿没发生没有意义：意外的事情没有发生是正常情况，属于常态，无须用"差一点"去说。再说，不希望的事情（矿难、死亡）如果已经发生了，还说"差一点没发生"就更无意义了。也就是说，当"差一点"修饰不希望的事情时，由于逻辑事理（这是每一个思维正常的人都具备的能力）的限制，在句法上只有单向表达的肯定式而没有与之相对应的原型否定式。即：

	差一点发生	差一点没发生
希望的事情	＋	＋
不希望的事情	＋	－

"不希望的事情"原型否定式的缺位为其叠合式(异构否定式)的出现留下了空间,叠合式"[差一点没]VP"只是肯定式的强调式,而不是真正意义上的否定式。许多哲学家认为:逻辑其实是语言的一种深层语法,只要有语言能力,就必定有逻辑能力。具体到"差一点没摔倒"这类否定句来说,人们在一般逻辑事理的背景知识作用下,不会把它当作原型否定式来理解,而是自动认解为肯定式的强调式(叠合式)。语言跟逻辑思维的关系密不可分,思维的逻辑制约着句法结构的语义认解。上面的语言事实为这一观点提供了十分有利的佐证。①

句法环境是语言变异的外部条件和关键因素,但有时语境不能狭隘地理解为句子的上下文、篇章联系等。朱先生的文章揭示了一种特殊的语境——希望的事情与不希望的事情,正是这种特殊的语境对"差一点"构成的肯定句与否定句句义产生了或对称或不对称的根本影响。这非常具体而有力地说明有时语境不只指上下文句法环境,它还包括人们对客观事物的主观评判、人们共有的思维逻辑以及各种常识等等。这一点非常重要,非常有意义,正是在此基础上,笔者得以对"差一点没VP"句做出上述进一步的解释。值得欣慰的是,我们的解释得到朱先生的学生马庆株教授(他曾做过该题目的研究)和许多汉语语法学者的认可。笔者在那篇文章中还讨论了"没VP之前"与"除了NP/VP之外"等叠合句,其产生动因与形成机制与"差一点没VP"情况基本相仿。"VP之前"的隐含义为"没VP","除了NP/VP"的隐含义是"在NP/VP之外",为了强调所要表达的语义,隐含义被显现到句子表层,占据了一个位置,从而引起了结构的调整,产生了叠合句(异构否定式)。限于篇幅,这里就不再重复了。

2. "我两个"隐含项的显现——数量词"两个"的语法化

2.1 汉语的介词系统中有一类介词能兼做并列连词,我们把这类能兼做并列连词的介词称为连-介词。拙文(2012)揭示汉语的连-介词至少由三类动词虚化而来:

(1)伴随义动词:与、及、共、同、和、连、将、跟;

(2)使役义动词:唤、教;

(3)给予义动词:与、给("与"自上古就兼有伴随义和给予义)。

关于源自伴随义动词的连-介词,历史语法学界讨论得比较充分,而对于源自使役动词和给予动词者,或尚乏人问津,或语焉不详。笔者(2012)考察后认为,使役动词、给予动词之所以能语法化为连-介词,关键是它们通过组合关系的变化引起了词义、原句式结构与语义的变化——进入变异兼语句,由此获得了跟伴随动词相同的"一起 VP"的核心语素义。与上述源自三类动词的连-介词不同,该文还揭示数量词"两个"语法化为连-介词的语用动因是将同位语"X 两个"的隐含项 Y 显现到句子表面而引起的("两"是"两个"的省略)。

2.2 湖南慈利通津铺话与湖北仙桃话里的连-介词"两个、两"

据储泽祥等(2006)调查,在湖南西南官话常澧片的慈利、汉寿、安乡,湖北仙桃、湖北汉川市杨水湖、湖北天门、武汉江夏等方言点里,"两个"除做数量词外还可以用作并列连词,连接词或短语("个"读轻声)。其中有些方言点"个"能脱落,"两"独立也能用作连词。笔者籍贯湖北仙桃(原沔阳县),从家乡人口中得知"两个、两"可用作连词和介词,其功能与"和、跟"等连-介词相同。下面先

看湖南慈利通津铺话里"两个"的特殊用法(例皆引自储文):

A. 并列连词

我两个老妈子一路去的(我和老婆一起去的)

我两个两个老师一路来的(我与两个老师一起来的;后面的"两个"表数量)

书记两个县长都来哒(书记和县长都来了)

排球两个篮球我都会打。(排球和篮球我都会打)

煮饭两个炒菜他都搞不好(煮饭、炒菜他都不行)

B. 介词

你两个他比下子(你跟他比一下)

莫两个他讲话(别跟他讲话)

笔者从堂妹江梅秀(62岁,高小文化,农民)的谈话中记录了湖北仙桃话里"两、两个"的连-介词用法,除了"两"更为常用外,其他用法跟湖南通津铺话没有什么不同,故例句从略。

以往的研究表明,连-介词几乎都是由动词语法化产生的,像通津铺话、仙桃话这种从数量词"两个"虚化为连词和介词的现象实属异类。那么,这种现象是怎么形成的?其演变的动因和机制是什么呢?我们认为引发"两个"语法化的直接诱因是在口语交际过程中同位短语"我两个"中的隐含项被显现造成的。

慈利通津铺话、仙桃话中,用"两个"表示数量的格式有两个,一是偏正结构"两个X",二是同位结构"X两个"。那么,用作连词的并列结构"X两个Y"是来自"两个X"呢(在"两个X"前面加Y项),还是来自"X两个"呢(在"X两个"后面加Y项)?我们判断应该源自表示数量的同位结构"X两个"而不是偏正结构"两个X"。因为,如果在偏正结构"两个X"(如"两个儿子")前面添加名词项"Y"(如"我"),作"Y+两个 X"(我+两个儿子),其概念义为"我(的)两个儿子"或为"我(有)两个儿子",与"我和儿子"的概念语义相左,没有重新分析为并列结构的语义基础。那么另一个可能就是从同位结构"X 两个"后面添加名词项演化而来。我们需要回答的是:在什么句式或语境里、是什么原因促使说话者要把"X 两个"说成"X 两个+Y"?

"X 两个"的语义可分解为:X 和 Y 两个人。具体到"我两个"短语来说,其语义就是"我和另一个人(不管那个人是谁)",在"我两个一路去"("我两个"做主语)"屋里只有我两个"("我两个"做宾语)这类句子中,短语"我两个"中只有其中之一"我"是明示在句子平面的,另一个人是谁没有说出,隐含在短语结构中。通常,在口语语境下,另一个人是谁对交际双方都是不言而喻的,因而无需指出。但是当对方不明详情或说话人在说话过程中临时想要明示另一个人是谁时,就会从"我两个一路去的"生成"我两个大姐一路去的",从"屋里只有我两个"生成"屋里只有我两个婆婆"这种句子。在这种句子中,"两个"由原来处于同位主语的位置改变为位于名词 X 和 Y 两项中间,这恰好跟并列连词的位置吻合。这就是说,隐含项的显现使句子结构发生了变化,使"两个"在新构式中的句法位置发生了变化,这些变化带来了结构与语义的重新分析,分析的结果就是"两个"被视为联系并列关系的 X 和 Y 的连词。"两个"语法化的初始语境是表示同位关系的"我两个"做句子的主语或宾语,语法化的动因是说话人感到需要明确指出共同行动的另一个主体,从而促发把隐含的主体显性化,使得在通常情况下没有被聚焦凸显的成分在特定语境中被聚焦凸显。一旦隐含的主体被显现到句子平面,就引起句子结构的变化,通过重新分析的机制使得"两个"占据并承担起并列连词的功用。当这种句子被习用后,就逐渐固定为一种造句模式。

"两个"表示 X 和 Y,"我两个"的结构语义为"我和另一个人",这是它发生虚化的语义基础。"两个"位于 X、Y 两项之间,这是连词的典型位置,为它的语法化提供了必要的句法环境。随着"两个"反复在 X、Y 两项间出现,两项间隐含的连接关系就会被"两个"吸收,在推理机制的进一步作用下,"两个"就被重新分析为连词。以上就是"两个"虚化演变的理据性。由数量词"两个"演变为连词,这是第一步;突破其出现的原始环境,逐步扩展到同类的语境中去是第二步。"两"的功能由连词扩大为介词是由于句法上平行虚化机制的作用("与、和"等表示共同义的虚词都兼有连词和介词功能)。随着"两个"虚化程度的不断加深,位于连-介词"两个"前后的两个名词项就不限于单数的人了,可以表示复数,可以用于物与物之间,甚至可以用在动词之间(当然这些动词带有一定的指称性)等。下面根据上述分析和储泽祥等(2006)提供的语言事实,对"两个"的语法化路径做如下概括性描述(除表示原发语境的例子外其他例句皆取自储文):

1) 我两个一路去的(原发语境)

→2) 我两个妈妈一路去的(显现 Y 项,偕同连词)

→3) 书记两个县长都来哒(X 项不限于代词)

→4) 我两个两个老师一路来的(主语不限于双数)

→5) 排球两个篮球我都会打(扩大到物)

→6) 煮饭两个炒菜他都搞不好(扩大到动词)

→7) 你两个他比下子(连、介两可)

→8) 莫两个他讲话(介词)

2.3 笔者(2012)总结汉语连-介词语法化的路径有两种:其一,线性的,即:动＞介＞连,如源于伴随义动词"将、连、跟"的连-介词和源于给予义、使役义动词"与、给、唤、教"等的连-介词。其二,辐射性的,即:"动＞介"和"动＞连"同时发生,如源于伴随义动词"与、及、共、同、和"等的连-介词。根据我们本节的论述,我们发现数量词"两个"先在隐含并列项的短语"我两个"做主宾语的句子中虚化为连词,然后依循平行虚化的机制扩大功能,产生各种介词的用法。这种特殊的语法化现象提供了一种由"连＞介"的逆语法化路径的实例。这是因为"两个"的语法化起因不是通常的实词虚化,它不是通过"两个"在上下文语境中词义的虚化为起点的,而是在交际过程中说话者主观增添句子成分、引起句子结构改变引起的。说话人要把"两个"所隐含的主体明示出来,是为了加强言语表达的明晰性,这种由语用动因诱发和促动的句法创新跟"[差一点没]VP"类叠合构式的产生属于同类现象。

汉语连-介词的产生起码提供了三种语法化模式:1. 动＞介＞连;2."动＞介"和"动＞连"并行;3. 连＞介。这说明由于语言种类和语言现象的复杂多样,语法化的模式也具有相应的多样性,认为只有第一种模式的看法忽略了这种多样性,是有失偏颇的;不过,不可否认的是,世界各种语言包括汉语在内,绝大多数情况下语法化的路径都是遵循着由实到虚,由较虚到更虚的原则的。我们不能否认这条语法化的通则,同时我们也不能把它绝对化,对例外和特殊现象加以科学的解释正是研究者的着力点。事实上尽管"两个"的语法化有些"另类",但它同样是语义、语用和句法的合力所促成的,在语法化的过程中同样借助了类推、重新分析的机制,此所谓同中有异,异中有同也。

3. 无标记动结式隐含义素的显现

3.1 这一节用隐含义素的显现解释"V得(O)C""V教(O)C"式动结式的产生。根据结构语义学的义素分解法,可以把动结式(使成式)的语义分解为"动作V使受事对象O得到(或达到)结果C"。在"VC"式中,动作V和结果C在构式表层得到显现,受事对象在"VOC"动结式(也称隔开型动结式)中被显现。相对于V、O、C三个成素来说,"使……得到"的义素是隐含的,它在构式表层没有显现,是"VC"或"VOC"动结式的隐含义素。在语言的实际运用中,为了表达的明晰,或为了强调,说话人会刻意将隐含的义素显现在构式的平面上,从而产生一种新的句式。

3.2 无标记隔开型动结式"VOC"

据学者研究,隔开型动结式"VOC"与非隔开型动结式"VC"都产生于六朝,在相当长的时期内同时使用。宋元以后逐渐衰落,现代仅存于某些方言之中。(详见蒋绍愚、曹广顺2005:第十章)为行文简约,下面主要以隔开型动结式"VOC"为例加以说明。

在汉魏六朝唐宋时期的白话文献中有大量隔开型动结式"VOC"句式,其中"O"是"V"的受事宾语,"C"是"V"的结果补语。例如:

  吹我罗裳开(《子夜四时歌》)

  寡妇哭城颓(《懊恼曲》)

  当打汝口破(刘宋·刘义庆《幽明录》)

  今当打汝前两齿折(元·魏慧觉《贤愚经》429页上)

  仍更打他损伤(《敦煌变文集·燕子赋》)

这类构式都隐含着致使义素,跟汉代就出现的连动式"V(O)令/使

C"有关：

> 煮米令熟。(《伤寒论》)
>
> 发,拨也,拨使开也。(《释名·释言语》)

"煮米令熟"可以看作是"煮米令(米)熟"的简省式,由于连动句中两个动词的宾语同指,所以省去后面的一个。据此,上举无标记的隔开型动结式的深层结构可以还原为一个隐含了致使义素的动宾句与使动兼语句的叠加句,即：

> 吹我罗裳 ＋(使我罗裳)开
>
> 寡妇哭城 ＋(使城)颓
>
> 今当打汝前两齿 ＋(使汝前两齿)折
>
> 当打汝口 ＋(使汝口)破
>
> 仍更打他 ＋(使他)损伤

在两个句式叠加整合时,要将重复的名词成分删除其一,以构成叠加句。②

大约自唐代开始,为了使无标记动结式的隐含义素"使……得到"在构式表层得到显现,分别产生出带"得"或带"教"标记的动结式。

3.3 "VC""VOC"式与"V得C""V得OC"式

为了凸显隐含义素"得到、达到",将动词"得"明示到"VC""VOC"构式表层,产生出"V得C""V得OC"式：

> 易水<u>流得尽</u>,荆卿名不消。(贾岛《易水怀古》)
>
> 过得两年,院主见他孝顺,教伊念《心经》。未过得一两日<u>念得彻</u>,和尚又教上别经。(《祖堂集》卷 6)
>
> 三十六巷<u>寻得遍</u>,都不见那情人面。(《张协状元》39 出)
>
> 实时扶起来,<u>救得苏醒</u>。(《警世通言·万秀娘仇报山亭儿》)

这些例子中"V得C"都相当于"V到C",其中的"得"去掉也无语义上的不同。如:

　　流得尽 ＝ 流到尽 ＝ 流尽
　　念得彻 ＝ 念到彻(念到完)＝ 念彻(念完)
　　寻得遍 ＝ 寻到遍 ＝ 寻遍
　　救得苏醒 ＝ 救到苏醒 ＝ 救苏醒

可见它是个另加的成分。"V得OC"唐时初见,宋时逐渐少用:

　　十三学得琵琶成,名属教坊第一部。(白居易《琵琶行》)
　　渔人抛得钓筒尽,却放轻舟下急滩。(崔道融《溪夜》)
　　不经旬月中间,后妻设得计成。(《舜子变》)

3.4　"VC""VOC"式与"V教C""V教OC"式

为了凸显隐含的"致使"义素,将使役动词"教"明示到"VC""VOC"构式表层,产生出"V教C""V教OC"式:

　　愁因暮雨留教住,春被残莺唤遣归。(白居易《闲居春尽》)
　　惹教双翅垂(《花间集》卷五,张泌《胡蝶儿》)
　　我若见遮臭老婆,问教口哑却。(《景德传灯录》卷八)
　　看教心熟 ｜ 嚼教烂(《朱子语类》)
　　挤教干(《警世通言》)
　　抢教空(明·阮大铖《燕子笺》第二十三出"金钱花")

但是,由于"使……得到"既含致使义又含达到义,是一个不可分割的行为过程,很难划出一个明显的分界,所以有些"V教(O)C"句式的语义跟"V得(O)C"逐渐趋同而并无区别,如:

　　怯教蕉叶战,妒得柳花狂。(白居易《裴常侍以题蔷薇架十八韵见示,因广为三十韵以和之》;怕得蕉叶发抖)

染教世界都香。(辛弃疾《清平乐·忆吴江赏木犀》;染得世界都香)

　　打教伊皮开见筋。(《杀狗记》第六出"浆水令";打得他皮开见筋)

　　打交皮破｜看交真(明《说唱词话》;打得皮破｜看得真)

由于带标隔开型动结式的语义重点是"结果",在语言的经济原则作用下,"V教C""V教OC"式逐渐衰微,未能延续至今,"V得C""V得OC"式在竞争中胜出。不过在某些存古较多的方言中还保留着"V教C""V教OC"式的遗迹,例如河南方言:晒叫干些儿。闽南话中的"V乞OC"式就是"V教(O)C"式的留存("乞"是闽南话的授予动词,引申为"让、教",用如使役动词):

　　(旦)且慢,父也是亲,母也是亲,你咒誓着,咒乞伊明白。(《荔镜记》)

"咒乞伊明白"就是赌咒发誓让他明白。

　　语法史资料表明,隐含致使义素的"VC/VOC"构式出现在先,隐含义素显性化的构式"V得(O)C""V教(O)C"出现在后,"得、教"的显现使原动补构式V与C之间的隐形语义关系表层化,被赋予了语法标记,这种由"隐"到"显"的变化是应交际明晰性的要求而产生的。

4. 余论

4.1　汉语因隐含义的显现而引起词汇、构式发生演变的现象并不罕见。胡敕瑞(2005、2008)揭示从上古到中古汉语词汇发生的"从隐含到呈现"的变化,即一些原本融合在同一形式之中的概念后来被离析出来并分用不同的形式表达,如:崩≥山崩、驰≥马驰、鞭≥皮鞭、睹≥目睹、拱≥拱手、钓≥钓鱼、礼≥行礼、雨≥降雨、饱≥食饱、出≥步出(符号"≥"表示"呈现为"),以及这种变化对汉语词类、工具格式和宾语语序等三个方面的影响。胡文研究的思路是从词汇到语法,看句子如何因为词的变化而发生变化,而本文则是从构式本身因隐含义或隐含项的显现而发生的结构上的变化。

需要注意的是,并不是任何情况下构式隐含义的显现都会带来句法上的创新。苏颖(2011)论及上古汉语普通名词在谓语动词前充当状语的"N状V"式东汉以后渐被"PPN"式(介词短语做状语)替代的现象,认为名词做状语被赋予标记的过程可以看作N状与V之间语义关系从"隐含"到"呈现"的过程,这从东汉时期接近口语的注释中把"N状V"解释为"PPV"(介词结构做状语)可以看出:

子欲手援天下乎?(《孟子·离娄上》)
赵岐注:"子欲使我以手援天下乎?"把"手援"释为"以手援"。

嫡得之也。(《公羊传·昭公五年》)
何休注:"以嫡得立之。"把"嫡得之"释为"以嫡得之"。

龙从鸟集(《淮南子·修务训》)
高亨注:"言其舞体如龙附云,如鸟集山。"把"龙从鸟集"释为"如龙附云,如鸟集山"。

郑文说东汉诸多注释家不约而同地用"PP+V"式来解释"N状V"式,说明添加了介词标记的"PP+V"式在表义的明晰性上要远胜过无标记的"N状V"式。以本文的观点来看,"PP+V"式正是应表达明晰性的要求把"N状V"构式所隐含的语义关系显现到构式表层而生成的。不过,正如郑文所指出的,上古汉语已有

"PP+V"结构,"N 状 V"式被赋予标记而生成的"PPV"式并没有产生新的句式,而是跟上古的"PPV"式合而为一了。

4.2 研究不同因素引起的句法创新可以发现语言演变的各种认知策略和语用动因,但特定的句法创新并非必然地导致句法演变。原来带有一定意图的语用法只有通过跨语境的扩展和在社会上的广泛扩散、传播并进而约定俗成之后才能实现为句法演变。因此我们不仅要善于发现语用中的创新现象,而且要进一步探究:

a. 某些句法创新何以得以广泛传播,最终站住脚?
b. 某些句法创新何以受到限制只能在局部地区通行?
c. 某些创新现象为何犹如昙花一现,很快就夭折消亡?

就本文来说,我们要问问,数量词"两个"虚化为连-介词的现象为什么只发生在湖南、湖北那几个方言点,而没有在更大范围内推广开来?我们认为原因在于:

首先,这几个方言点有一个共同的特点:盛行用同位语"我两个、你两个、他两个"做主语,其中的三身人称代词虽然在概念语义上应该是复数(相当于"我们(两个)、你们(两个)、他们(两个)"),但在形式上却是单数,这就为补出另一个未知项留出了空间。其次,从韵律上说,X("我"等)跟"两个"是"1+2"组合关系,二者黏合度不高,X 和"两个"之间有小小的语音停延,所以在一定条件下可以补出另一个隐含的名词项。而其他方言有的用"俺俩、我们俩",其中 X 项已是复数("俺"是"我们"的合音),在语义上没有添加的余地;有的地方习用"我俩",虽然 X 项形式上也是单数,但"我俩"是一个双音节标准韵律词,"我"与"俩"比"我"与"两个"结合紧密,黏合度高,人们在心理上把它当作一个复音词使用,所以不容易发生分解现象。

Heine & Kuteva(2002)在《语法化的世界词库》(*World Lexicon of Grammaticalization*)里归纳世界语言里名词短语并列连词有四个来源：(1)"还"；(2)伴随格标记；(3)双数标记；(4)数词"二"。(327页)其中源于双数标记和数词"二"的两项跟汉语方言中的"两个、俩"有共性，这是因为连词具有双向性，并列连词起码连接两项事物，因此双数标记和数词"二"在一定语境中就容易演化为并列连词，当然，演化的具体路径、方式会因语言类型的不同而带有各自的特点。

下面对本文主要内容、观点做一小结：

(1)正如此前不少学者所揭示的，有相当多语法现象是语用法凝固化、语法化的结果：原来带有一定意图的语用法，由于广为使用、反复运用而最终固定下来，约定俗成，形成某种语法范畴、语法成分或语法规则(沈家煊1999)。本文通过现代汉语的叠合句"[差一点没]VP"的产生、某些方言点中的数量词"两个"的语法化、无标记动结式演变为带标记动结式等三个案例说明说话人意图对句法结构的影响，从中概括出句法创新的一条独特路径：为了加强表达的明晰性，说话人有意把构式中的隐含义、隐含项显现到构式表层，使原构式结构语义发生变化，从而产生出新的构式。语言表达的明晰性需求是这类句法创新的语用动因，类推、重新分析是推进和完成演变过程的助力。

(2)语境是语法化的外部条件和关键因素，但语境有时不能狭隘地理解为句子的上下文句法环境、篇章联系等，它还包括人们对客观事物的认识和主观评判、包括人们共有的思维逻辑等等(或许可以叫作认知背景)。朱德熙先生揭示人主观希望或不希望对"差一点没VP"构式语义的影响是极有价值的发现。本文踵武前贤，从人们共有的思维逻辑出发,指出说不希望的事情差一点儿没发生没有交际价值,因而现实生活中不存在原型否定式"[差一点]没发生"。对于不希望的事情,否定式"[差一点没]发生"是一个被重新分析的异构式,因而与它的肯定式语义不对称。

(3)数量词"两个"提供了一种由"连→介"的逆语法化路径的实例,这是因为"两个"的语法化起因跟通常的实词虚化很不一样,它不是通过"两个"在上下文语境中词义的虚化为起点的,而是应交际的需要把"两个"所隐含的名词项显现出来诱发的。这个"反例"虽然还动摇不了语法化的"降级原则"或曰"单向性原则",但它起码提醒我们,语言学家对世界语言的多样性和语言现象的复杂性的认识和观察还远远不够,因此任何理论都处在被检验、被完善的过程中。

附 注

① 汉语里的偏义复词也体现了逻辑对结构义理解的制约。例如:

万一我有个好歹,你可要挺住。

你要有个三长两短咱家就完了。

这里的"好歹、三长两短"人们只会理解为负面意义的"歹"和"短"。偏义复词的使用能表达事物结果的不确定性,同时含有委婉的情态色彩,所以有存在的必要。

② 唐宋时期还有 VC_1OC_2 式,可看成是 VC 和 VOC 动结式的叠加:VC+VOC——VC_1OC_2。例如:

斫破寡人营乱(《敦煌变文集·汉将王陵变》);斫破寡人营,使寡人营乱)

踏破贺兰山缺(岳飞《满江红》词;踏破贺兰山,使贺兰山缺)

参考文献

储泽祥、丁加勇、曾常红　2006　湖南慈利通津铺话中的"两个",《方言》第3

期。

冯胜利、蔡维天、黄正德　2008　传统训诂与形式句法的综合解释——以"共、与"为例谈"给予"义的来源及发展,《古汉语研究》第3期。

古屋昭弘　1985　宋代动补构造"V教(O)C",《中国文学研究》(东京)第11期。

——　1994　白居易诗V教(O)C,《开篇》12期,(东京)好文出版社。

胡敕瑞　2005　从隐含到呈现(上)——试论中古词汇的一个本质变化,《语言学论丛》第三十一辑,商务印书馆。

——　2008　从隐含到呈现(下)——词汇变化影响语法变化,《语言学论丛》第三十八辑,商务印书馆。

江蓝生　2008　概念叠加与构式整合——肯定否定不对称的解释,《中国语文》第6期。

蒋绍愚　1994　《近代汉语研究概况》,北京大学出版社。

蒋绍愚、曹广顺主编　2005　《近代汉语语法史研究综述》,第十章,商务印书馆。

刘丹青　2001　语法化中的更新、强化与叠加,《语言研究》第2期。

吕叔湘　1999　《现代汉语八百词》(增订本),商务印书馆。

沈家煊　1999　《不对称和标记论》,江西教育出版社。

苏颖　2011　古汉语名词作状语现象的衰微,《语文研究》第4期。

吴福祥　2005　汉语语法化研究的当前课题,《语言科学》第2期。

赵长才　2000　《汉语述补结构的历时研究》,中国社会科学院博士学位论文。

——　2002　结构助词"得"的来源与"V得C"述补结构的形成,《中国语文》第2期。

——　2003　"打头破"类隔开式动补结构的产生和发展,《汉语史学报》第4期。

朱德熙　1959　说"差一点",《中国语文》第9期;又见《朱德熙文集》第2卷。

Heine Bernd & Kuteva Tania　2002　*World Lexicon of Grammaticalization*. Cambridge: Cambridge University Press.

Hopper & Traugott　2008　《语法化学说》,梁银峰译,复旦大学出版社。

汉语连-介词的来源及其
语法化的路径和类型[*]

提　要　本文所谓连-介词是指能够兼做并列连词的介词,汉语的连-介词至少有四个来源:(i)伴随义动词"和、跟、同"等;(ii)使役义动词"唤、教";(iii)给予义动词"与、给";(iv)同位结构"我两个"中的数量词"两个"。文中描述了这四类连-介词语法化的动因和路径,归纳了它们语法化的三种类型;对相关的语言现象进行了具体的考证和解释;结合论题,对语法化的普遍规律进行了一些概括和说明。

关键词　连-介词　伴随动词　唤　教　给　两个/两

0. 引言

0.1　介词和连词是汉语虚词大家庭中两个成员众多的类别。连词的基本功能是连接,介词的基本功能是引介。介词的成员众多,根据语义功能,内部又能分出许多小类,如介引处所、时间、对象、方式、原因、范围等各类介词。连词的成员也很多,根据语义功能可分为并列、承接、选择、递进、条件、假设、让步、转折、因果、目的等各类连词。我们知道,介词中有些成员往往一身数职,兼有内

---

[*]《中国语文》创刊一甲子,功业辉煌,可喜可贺!本文初稿得到刘丹青、吴福祥、潘海华、洪波、赵长才、杨永龙、萧国政、陶红印、冯春田、邢向东等专家学者的指点,深表谢意。

部小类中的多个语法功能,如引出处所的介词很多都兼引时间,有的还兼引对象或范围(如"自、从、在"等);有的成员甚至还兼有介词以外的其他词类的语法功能,如引出原因的介词"因、因为"同时又兼做表示原因的连词,介引关涉对象的介词"和、跟、同"同时又能做并列连词。本文所谓"连-介词"就是指介词中像"和、跟、同"等这类能兼做并列连词的一类。例如:

和
介词:我和他要了张电影票。
连词:我和他看了场电影。
跟
我跟他聊了自己的事情。
我跟他是北大同学。
同
我同小张毫无关系。
我同小张住一个屋。

称之为"连-介词"或"介-连词"其实都可以,并无深意。本文选择前者是考虑这类词的主要功能是做介词,而且从来源上说,有些并列连词可以看作特殊的介词,即介引出一个并列的关系项的介词。总之,"连-介词"就是指可以兼做并列连词的介词,它是客观存在的介词中的一个封闭的小类。"和、跟、同"这类连-介词源于伴随义动词,前人论述已多,并统称之为"'和'类虚词"(于江 1996;吴福祥 2003)。

0.2 Heine & Kuteva(2002:327)在《语法化的世界词库》里归纳世界语言里名词短语并列连词有四个来源:(i)"还"(或"也");(ii)伴随格标记;(iii)双数标记;(iv)数词"二"(材料系吴福

祥同志提供)。可以看出,其中源于"伴随格标记"的一类跟汉语明显有共性。那么,除了伴随义动词外,汉语的连-介词还有哪些来源?世界语言里其他三个来源在汉语里有无表现?这些都是本文所关心和要讨论的问题。

本文提出,汉语的连-介词至少有四种来源[①],即:

(i)伴随义动词,如"与、及、将、共、连、和、同、跟"等,这是连-介词家族中的嫡系和主流。

(ii)使役义动词"唤"(老北京话和台湾地区读作 hàn 写作"和")、江淮官话中使用的"教"(文献中也作"高/交、告")。

(iii)给予义动词,如河南等方言使用的"给"(文献中也作"该")。

(iv)源于同位结构"我两个"的方言连-介词"两个、两"(通行于湖北、湖南相邻区某些方言)。

下面将逐一讨论这四种来源的连-介词语法化的动因、路径及其类型。

1. 源于伴随义动词的连-介词

源于伴随义动词的介词、连词受到研究者比较充分的关注和讨论,有关其成员语法化的动因、机制、路径的研究成果十分丰富(详见参考文献),这里不再复述。下面仅就伴随动词语法化的路径或曰演变模式发表一点与主流观点不同的看法。

吴福祥(2003)通过对汉语诸多伴随动词(如"与、及、共、将、和、同、跟"以及现代汉语方言里的一些伴随动词如"搭、合、凑"等)语法化过程的追溯,认为汉语中存在着"伴随动词＞伴随介词＞并列连词"这样的一个语法化链。应该说这个结论跟汉语某些伴随动词的情况是相符的,但却不能涵盖所有伴随动词语法化的实际情况。本文根据伴随动词的源词词义(或曰义素结构)把它们大致地分为两类:

(甲)本义为"偕同,与……在一起",动作行为无主从分别(如"与、及、和"等);

(乙)本义为"带领、跟从"等,动作行为有主从之别(如"将、跟"等)。

甲类伴随动词可以在同时期平行地派生为并列连词和伴随介词,乙类伴随动词的语法化路径则表现为线性的语法化链(如下图):

伴随动词(甲)→并列连词
　　　　　　→伴随介词
伴随动词(乙)→伴随介词→并列连词

这就是说,实词的源头义往往决定着它们语法化的起点和方向,伴随义动词家族中的成员因源词词义的不同而存在着不同的语法化模式,并非都是同一个模式。下面仅以甲类伴随动词"与、及、和"和乙类伴随动词"将"的语法化为例,重点说明二者不同的语法化路径。

1.1　甲类伴随动词"与、及"的语法化

据《说文》,"與"(舁)的本义为"共举",跟"共"词义相近(冯胜利等 2008)[②];"及"的本义为追上,赶上,甲追赶上乙,甲乙就在一起了。"与"和"及"都由本义引申出"偕同,与……在一起"义。"与、及"类偕同动词的词义决定了其宾语不是受事而是动作的参与者,因此在连动式"NP_1 + 与/及 + NP_2 + VP"中,NP_2 天然是 VP 的参与者。由伴随动词构成的连动式前后两个动作行为的语义分量往往有轻重之别,语义重心一般落在后面的 VP 上,语义重心不平衡容易引发结构的重新分析,在重析后的新结构中,"与/及"演化为连词或介词。请看下面两例:

(1) 夏,四月丁未,公及郑伯盟于越。(《左传·桓公元年》)

(2) 辛丑,狐偃及秦、晋之大夫盟于郇。(《左传·僖公二十四年》)

这两例的句法语义相同,"及"是虚化为并列连词还是伴随介词很难确定,甚至也不妨说"及"的动词义尚未脱尽。这种可以两解或多解的句子正是伴随动词"及"语法化的原始语境。拿例(1)来说,由于"及"为"偕同"义,决定了"公"和"郑伯"都是"盟于越"的参与者(何况"盟"为集合动词(collective verb),不可能单方面为之);在此例中,"盟于越"的语义显然比"及郑伯"分量重,前轻后重的不平衡语义关系导致了原连动式结构的重新分析。如果把"公"和"郑伯"看作同等的"盟于越"的参与者,即把 NP_1 和 NP_2 视为同等地位的行为动作主体时,原连动式就会被重析为并列结构做主语的主谓式:[[公及郑伯]盟于越],中间的"及"很自然地应分析为并列连词。但是,如果考虑"公"位于句首,是史家叙述的主角,"郑伯"是相关者,那么原连动式就会被重析为[公[[及郑伯]盟于越],"及郑伯"可看作是状语,"及"应分析为伴随介词。由此可见,伴随介词和并列连词产生的句法语义环境完全相同,在没有形式标记的情况下,NP_1 和 NP_2 在语义上有无主从、先后、轻重等语义区别是判定其词类的唯一标准。

(3) 时日曷丧?予及汝皆亡。(《尚书·汤誓》)

此例中动词"亡"受副词"皆"修饰,在"亡"这个结局上,"予"和"汝"

没有先后主从关系,所以此句中的"及"只宜看作并列连词。此例跟(1)(2)两例的句法和语义关系几乎完全相同,"盟"和"皆亡"都表示集体行为。以下各例中"NP_1+与/及+NP_2"在句中分别充当话题、主语或宾语,是并列连词的典型句法位置:

(4)a. 弥与纥,吾皆爱之,欲择才焉而立之。(《左传·襄公二十三年》)

b. 唯我与尔有是夫。(《论语·述而》)

c. 蜩与学鸠笑之。(《庄子·逍遥游》)

d. 是以立天之道曰阴与阳,立地之道曰柔与刚,立人之道曰仁与义。(《易·说卦》)

e. 七月亨葵及菽。(《诗·豳风·七月》;亨:烹)

f. 知可以战与不可以战者,胜。(《孙子兵法·谋攻》)

以上各例中并列的两项既可以是人,也可以是动植物;可以是名词、代词,也可以不限于 NP,是形容词或动词。这说明"与、及"的组合面很广,几乎没有什么限制,作为并列连词已很成熟。

汉语的伴随介词和并列连词总是同形的,如何区分向来是一个棘手的问题。朱德熙(1982)提出了两个标准:a. 根据前后两个名词项调换位置后意思是否相同确定中间的成分是介词还是连词;b. 介词前可以插入修饰成分,连词前不能插入修饰成分。刘丹青(2003)提出二者区别性的结构位置:"在宾语位置、后面另有主语的话题位置、定语位置或被共用定语修饰的位置,NP_1-X-NP_2 中的 X 必然是连词;若 NP_1 和 X 之间有谓语 V 或状语性成分 Adv. 隔开,即在 NP_1-V/Adv.-X-NP_2 中,X 必然是介词。"(例如:我想办法脱校长商量商量|后头我就帮伊拉谈)刘文的思路跟朱先生的 b 一致,都是试图找到形式上的区别标记。我们的想

法是,能找到那些形式标记的句子并不存在区分连词介词的疑惑,真正的难题在于没有任何句法标记的两解皆通的句子。Tao(1991)提出:在伴随介词出现的句子里,主语名词NP_1的话题性和被强调的程度高于伴随介词的宾语NP_2,而在并列连词出现的并列结构"NP_1+NP_2"里,NP_1和NP_2之间没有这样的差别(转引自吴福祥2003:55)。可以看出,本文前面强调的"伴随介词和并列连词产生的句法语义环境完全相同,其区别仅在于NP_1和NP_2有无主从、先后、轻重等关系的分别"跟Tao文提出的鉴别标准的意思完全相同。其实,朱先生的a条标准也是看NP_1和NP_2在句中的角色地位有无某种差别。

在上古文献中,有些伴随介词出现在连动式的省略式中。请看(5)(6)两组例子:

(5)a. 夏,四月丁未,公及郑伯盟于越。(《左传·桓公元年》)

b. 己亥,与楚师夹颍而军。(《左传·襄公十年》)

a例中"及"可以两解(见1.1所述),b例实际是"公与楚师夹颍而军"的省略句,省去了NP_1,"与"只能解读为伴随介词。

(6)a. 时日曷丧? 予及汝皆亡。(《尚书·汤誓》)

b. 德音莫违,及尔同死。(《诗·邶风·谷风》)

a例中"及"无疑为并列连词;但b例因省略了主语"予","及"就只能解读为伴随介词。同样,《诗·邶风·击鼓》:"执子之手,与子偕老"中的"与"应看作伴随介词,如果补上主语"我"或"予"就成了并列连词。但有时也不一定,在《孟子·梁惠王下》"此无他,与民同乐也"例中,即使补上主语"王",并有"同"修饰"乐",由于"王"的地位居高临下,"与"仍然应看作伴随介词。由此可见:(i)语义上是否有主从关系对判断虚化了的伴随动词的词性几乎有决定性的作用;(ii)伴随介词跟并列连词语义上几乎等同,二者在一定句法条件下(全式变省略式)可以互相转类,转类后的真值语义依然相同,不具有客观上的语法化层级的差别(这跟"被"在"被 NP＋VP"构式中被认定为介词,而在受事 NP 不出现的"被＋VP"构式中被认定为助动词是同类现象)。刘丹青(2003)认为并列连词跟协同介词(即本文所说伴随介词)之间可能还存在着互相派生的机制,本文表示认同。

以上例证和分析说明,甲类伴随动词"与、及"无须经过伴随介词环节就可以直接语法化为并列连词。古代文献表明,伴随介词与并列连词出现的时代完全重合,看不出二者有线性发展的关系[③]。

1.2 甲类伴随动词"和"的语法化

动词"和"的词义是拌合;连同。唐宋时期,"和"字产生出并列连词和伴随介词的用法,但这两种用法何先何后则不甚清楚。记得刘坚师 1989 年在写"和"字的发展一文时就颇为困惑:按道理应该先有介词义后有连词义,可语料却不能很好地印证和支持这一设想。吴福祥(2003)附注③写道:"唐宋时期,'和'用作伴随介词的例子远远少于并列连词,我们这里给出的'和'用如伴随介词的唐代用例也不很典型。这种情形自然会在很大程度上影响'"和"的并列连词用法源自伴随介词'这一推断的可信度。"吴文不回避与自己观点不相符的语言事实,态度严肃可贵。确实,把韩偓《幽独》诗"烟和魂共远,春与人同老"中的"和"字看作伴随介词是可质疑的。例中两句动词前分别有副词"共、同"修饰,"烟和魂""春与人"都是并列主语(其间没有主从因果的关系),"和""与"分析为并列连词似更合适。前贤对伴随动词"和"语法化过程的考察有助于证明并非所有的伴随动词都是沿着"伴随介词→并列连词"的路径语法化的,"和"跟"与、及"一样,其并列连词和伴随介词功能是由伴随动词同时派生出来的。

1.3 乙类伴随动词"将"的语法化

动词"将"由"扶助"义引申为"带领、携带"义,带领与携带者必与被带领和携带者在一起,故"将"成为有"偕同,与……在一起"义的伴随动词。例(7)是"将"用在连动句中的例子:

(7)夏,同伐王城。郑伯将王自圉门入。(《左传·庄公二十一年》;圉门:马圈的门)

此句中,虽然"自圉门入"的是"郑伯"和"王"两人,但"郑伯"是带领者,"王"是跟从者,二人角色地位不同,"将"还保留着实义。不过可以看出,动词"将"的句法位置与此类句式中伴随介词或并列连词的位置重合,一旦句法语义条件具备,"将"就可以就地完成虚化。在南北朝时期"将"已出现典型的伴随介词用例:

(8)支道林在白马寺中将冯太常共语。(《世说新语·文学》)

NP_1"支道林"位于句首,其后有状语"在白马寺中"跟"将"隔开,显示"支道林"处于被强调的地位。由于NP_2"冯太常"和NP_1"支道林"都是VP"共语"的参与者,而且"语"这种谈话动作跟"将"(带领)在语义上很少有关联度,所以"将"已虚化为典型的伴随介词,相当于"跟"。

(9)游子河梁上,应将苏武别。(庾信《咏怀》)

此例不仅NP_1"游子"后有状语,而且"将"前还有助动词"应","将"是确定无疑的伴随介词。

"将"的源头义决定了早期 NP_1 和 NP_2 都是指人名词。发展到下一步,组合关系扩展,NP_1 和 NP_2 可以是指物名词了,表明"将"的语义成素部分消失,适用范围扩大,语法化程度加深:

(10)梅将柳而争绿,面共桃而竞红。(庾信《春赋》)

此例意思是:梅子跟柳叶比哪个更绿,人面跟桃花比哪个更红。由于"梅、面"是被强调的一方,"柳、桃"是比较争竞的参照物,所以 NP_1 和 NP_2 的位置不能调换,"将"与"共"应分析为介引比较的对象的伴随介词。

到了南北朝后期,随着介词"将"的大量使用,其语法化的程度进一步加深,表现在它隐含的主从关系的义素逐渐弱化、中性化,由伴随介词进而派生为并列连词。下例可以两解:

(11)风将夜共静,空与月俱明。(朱超《岁晚沉疴》)

此例前后两句中的谓语都有副词"俱、共"修饰,说明"静"和"明"是前面 NP_1 和 NP_2 共有的状态,没有主从或因果关系,意思是:风和夜一样地安静,天和月一样地明亮(描绘了一个静谧而明亮的月夜)。这样理解,"将"和"与"可视作并列连词,但还不够典型,因为其一,如果把其中的"将、与"理解为伴随介词,句子的语义并无不同;其二,如果把 NP_1 和 NP_2 换位:夜将风共静,月与空俱明,从逻辑上讲不通。因为"静"是"夜"而不是"风"的特点,"明"是"月"而不是"夜空"的特色。不能对调,说明此例中的"将"处于从伴随介词向并列连词过渡的阶段。

南北朝时期也出现了少量"将"用作并列连词的用例:

(12)雁与云俱阵,沙将蓬共惊。(庾肩吾《经陈思王墓》)

(13)独有刘将阮,忘情寄羽杯。(张正见《对酒》)

例(12)中"沙将蓬共惊"与"雁与云俱阵"对举,两句谓语都有副词

"俱、共"修饰,"沙"与"蓬"、"雁"与"云"之间没有主从或因果联系(可以对调),是并列的主语,故这两句中的"与"和"将"都应视为并列连词。例(13)"刘将阮"做"有"的并列宾语,"将"是并列连词。到了唐诗和敦煌俗文学作品时代,"将"做并列连词的用例才大量出现,显示出比介词用法晚出的倾向。

乙类伴随动词"将"语法化的过程表明,源头义含有主从义素的伴随动词是沿着"伴随动词→伴随介词→并列连词"的轨迹语法化的。席嘉(2010)认为动词"和、并、兼"直接演变为表示并列的连词,而动词"及、将、共、同"则经由伴随介词阶段后再演化为并列连词。在伴随动词存在着两种语法化类型上我们的观点一致[④]。

1.4 现代吴语伴随动词语法化的旁证

刘丹青(2003)以北部吴语的动词"搭"和"帮"语法化的路径为例,揭示了动词"搭"基本上同时派生出并列连词和协同介词(即本文所说伴随介词)用法的事实,与此相反,动词"帮"先派生出受益介词用法,然后依次派生出协同介词和并列连词。即:

搭:动词 → 并列连词
　　　　→ 协同介词

帮:动词 → 受益介词 → 协同介词 → 并列连词

这一结论跟本文对汉语伴随动词语法化类型的看法一致。刘文是现代吴语方言的实例,席著和本文是据上古、中古、近代文献反映的语言事实而得出的结论,三者不谋而合(本文初稿写作时尚未阅读刘文)。"搭"和"帮"词义相近(可组成合成词"搭帮"),都属于伴随动词类。"搭"的并列连词义无需经过伴随介词阶段,"帮"的并列连词义却要经过伴随介词阶段,其原因就是本文前面所说的:源头动词的词义特点决定了语法化的起点和路径。"搭"在一起的人或物浑然一体,不分主从,跟甲类伴随动词"与、及、和"等属于一类;"帮"义为"扶助",帮者与被帮者有施受之分,且被帮者不一定参与帮者的行动,所以先派生出介词用法,然后才派生出连词用法。由此也说明,根据源头义把广义的伴随动词分为甲乙两类是有实际意义的。

2. 源于使役动词的连-介词:唤、教

2.1 唤

2.1.1 "唤"的使役动词化

"唤"指呼叫,带指人名词宾语时引申为"招呼、呼请",其语义结构为"招呼N使来",蕴含使役义素。当"唤"用于兼语句"A唤B+VP"时,其语义结构为"A呼B使做某事",也含使役义素。

  (14)高祖乃唤彭城、北海二王,令入坐。(《魏书·皇后传·孝文幽皇后冯氏》)

例(14)为连动句,由于"唤"蕴含的使役义素由使役动词"令"明示了出来,所以"唤"表示"招呼、呼请"的具体动词义。当"唤"出现在兼语句中、具体动作义弱化时,其蕴含的使役义素得到凸显,"唤"就演化为使役动词,相当于"请,让"。请看下面三例(例16、17引自冯春田2000:631,译文为笔者所加):

  (15)武帝唤时贤共言伎艺事,人皆多有所知,唯王都无所关,意色殊恶。(南朝宋·刘义庆《世说新语·豪爽》;武帝让时贤们一起谈谈伎艺方面的事情)⑤

  (16)下官瞿然,破愁成笑,遂唤奴曲琴取相思枕,留与十娘以为纪念。(《游仙窟》;让名叫曲琴的小奴取相思枕)

  (17)者个事军国事一般,官家若判不得,须唤村公断。

(《祖堂集》卷十八《赵州和尚》)

在上列三例兼语句中,"唤"的"呼叫"义弱化,都不同程度地使役化,词义相当于"让"。跟"使、令、教、让"等显性的、直观的使役动词不同,使役化了的"唤"可称为间接使役动词。

"唤"用作对象介词的确凿资料见于尹世超(1997)《哈尔滨方言词典》311页:

> 唤 xuan^{53} 介词。跟,指示与动作有关的对方,从……那里;向:没钱～他借|有啥事～我说也行。

李行健(1995)《河北方言词汇编》680页连词"和"下记录天津地区吴桥用 huàn；678页介词"对"下记录石家庄地区无极县用"换"。吴桥的连词 huàn 和无极的对象介词"换",在读音和语法功能上跟哈尔滨方言的对象介词"唤"相同,可以推定,河北某些方言点也有源自间接使役动词"唤"的连词或介词。

2.1.2 间接使役动词"唤"的语法化

动词"唤"是在什么样的句法语义环境中语法化的呢？一个偶然的机会启发了我。2008年五六月间我在电视画面中听见一男子说:"这事儿你怎么不唤我商量?"这句话使我豁然开朗。这是一个歧义句,既可理解为"你怎么不叫我来一起商量",又可以重新分析为"你怎么不跟我商量",显然,"唤"正是在这种可两解的典型语境中被重析为伴随介词的。

动词"唤"语法化的原始语境是兼语式。在普通兼语式"A 唤 B+VP"中,A 是全句主语,B 是"唤"的宾语,又是 VP 的主语,而且只有 B 是 VP 的施动者或参与者,A 不参与 VP。请看下面二例:

a. 老张唤小李打开水。(只有小李打开水)

b. 老张唤小李商量事情。(老张和小李一起商量事情)

a 例是一般兼语句。兼语"小李"既是前一个动词"唤"的受事,又是后一个动词"打开水"的施事;句子的主语"老张"只是第一个动词"唤"的施事,并不参与第二个动词"打开水"。这是一般兼语句的典型语义特征。

b 例在形式上仍是一个兼语句,但其句法意义跟一般的兼语式有所不同。句中的第二个动词是集合动词"商量",其参与者不能是单个的人,所以句尾的动词"商量"是老张和小李共同的行为,不能加以区割,这就有别于兼语式后面的动词没有主语参与的语义要求,是一个变异了的兼语句。在这种句法语义环境下,"唤"的动词义已经弱化,加上"唤"的句法位置又跟介引动作对象的介词的位置相吻合,容易发生结构的重新分析。也就是说,具备这双重条件的变异兼语式是"唤"语法化的临界句。一方面"唤"的动词义尚存,另一方面它在句法意义和句法位置上已具备了重新分析的条件:老张跟小李商量事情。由此可知,"唤"的语法化是在变异兼语式的句法语义环境中发生的。

2.1.3 连-介词"和(hàn)"的本字为"唤"

台湾地区跟连-介词"和"相当的词读 hàn,其实这个音是地道的北京音,曾在上世纪三四十年代作为规范读音在全国推行[⑥]。侯精一(2010)指出"和"读 hàn 音首见于 1932 年国民政府教育部正式公布的《国音常用字汇》,1949 年以后此字音在大陆地区逐渐淡出,最终被读书音 hé 所替代。台湾地区"和"读 hàn 音源自台湾光复后的国语运动。1947 年台湾省国语推行委员会编印《国音标准汇编》,其中第四部分主要内容就是《国音常用字汇》,可见台湾地区"和"读 hàn 音遵循的是上世纪 30 年代曾在全国推行的语音规范。

不过,"和"读去声早在清末为在华日本人用的汉语教科书《燕京妇语》(成书不晚于1905年,见鳟泽彰夫1992)中已见端倪。此书抄本用朱笔加点为汉字标调,去声点在右下角,鳟泽氏整理时改用1、2、3、4在汉字的右上角标调。据笔者统计,"和^4"共44见,其中并列连词36例;伴随介词8例(另有连词"和^2"两例。孙德金1992中连词读阳平,介词读去声)。可以推知,"和^4"的读音应该就是老北京人口语中的连-介词hàn,这说明上世纪30年代推行的规范读音hàn依据的就是北京音。

陈刚等(1997)《现代北京口语词典》146页对"和(hàn)"有简单的说明和描写:

1.和,跟。现在已不大活用,使用范围只限于"什么～什么""哪儿～哪儿""谁～谁"等词语中。2.在(不用在动词和名词之间)。如:他～家干什么呢?

侯精一(2010)调查南城50岁以上土生土长北京人20人(满族4人,汉族16人),了解的情况详于上引词典。现将陈书与侯文提供的情况加以综合(括号里的数据引自侯文),以供了解"hàn(和)"在北京话里的使用情况。

a.伴随介词,引出关系者(20%用hàn,其余用hé)

他～这事儿没关系。

我～你一块儿去。

弟弟～我一边儿高。

b.并列连词,用在固定词组中(40%用hàn,60%用"跟")

咱俩谁～谁呀,甭说那个!

这是哪儿～哪儿啊!八竿子打不着(的亲戚)!

去去去!什么~什么呀,一边儿去!

c. 介词,引出处所(30%用 hàn,其中 2 人兼读 hài,其余用"在")

他~哪儿住?

车就~门口搁着呢。

他~家干什么呢?

台湾地区"和(hàn)"的用法与 a、b 相同,但没有 c 引介处所的用法。侯文还举出以下方言里连词"和"的读音与老北京话的"和(hàn)"相当:

山东沂蒙山区的平邑方言"和"有[xā⁵³][xɛ⁵³]音(相当于北京的 hàn 和 hài);

甘肃张掖市民乐县"和"有[xan](去声)一读;

山西霍州东区连词"和"老年人有读[xan](阴去)的。

那么,北京话(包括平邑、民乐、霍州等方言)的连-介词"和(hàn)"的本字是什么呢?

俞敏(1988)对"和(hàn)"的语源做了简约的说明,认为源自"唤":

> 1988 年春,一位王老师,东北人,说话里就有"甲 huàn 乙,桌子 huàn 板凳"。我问他:"你的东北话怎么跟别人不一样呢?"他说:"我原籍唐山。"这下子我可找到那个"唤"了:"我"先"唤你",随后咱俩人一块儿"去",多么顺理成章啊!hàn 不过是异化掉了个介音罢了!⑦

如果连-介词 hàn 的本字真的是"唤",那么就需要解释这些方言里"唤"为什么丢失了[u]介音。

关于[u]介音的丢失,俞先生认为是频率高的词里开合口混乱造成的。至于其原因，俞先生没多说。我们这里以动词"还"的音变为例试做说明。动词"还 huán"当副词用时，北京话、东北话口语音读 hái（丢失[u]介音，闭音节变为开音节），也有读 hán 的（丢失[u]介音），这跟"唤"连、介词读 hàn、hài 完全平行：

北京话、东北话：还（动）huán　（副）hán、hái

唤（动）huàn　（介/连）hàn、hài

另外，南京话、扬州话"还"做动词和做副词的读音也不相同：

南京话：还（动）[xuaŋ]　（副）[xae]（《南京方言词典》253 页）

扬州话：还（动）[xuæ]　（副）[xa]（《扬州方言词典》73 页）

同样脱落了[u]介音或丢失鼻韵尾，音变方式与北京话和东北话大致相同。我们认为此类语音异化是语法化在语音上的反映，即，词义的虚化引起语音的弱化，弱化又引起了异化。脱落[u]介音或把闭音节变为开音节，客观上使动词与副词或连-介词等虚词有了语音上的区别[8]。

台湾地区通行的连-介词"和（hàn）"写作"和"，却不读"和（hé）"的字音，仅借用"和（hé）"的字形和字义，这情况跟日语的训读相似，连-介词"和（hàn）"是个训读字。其本字"唤"虚化为连-介词后发生了音变，无论在语音还是语义上人们已看不出、也感觉不到 hàn 跟"唤"的联系，所以从意义出发，选用了同为连-介词的"和"代表口语中读作 hàn 音的连-介词。

2.2 教

2.2.1 "教"本为授予动词，其义素结构为"使某人获得知识技能"，蕴含使役义，因而至迟在唐代就已引申为允许、容让义使役动词[9]。王昌龄《出塞》诗之一："但使龙城飞将在，不教胡马度阴山"、孟浩然《春晓》诗："打起黄莺儿，莫教枝上啼"等都是人所熟知的例子。用作使役义的动词"教"读阴平[kɔ]（《广韵》古肴切），今音读 jiāo，并被读去声的"叫"替代，但在某些方言里还没有舌面化，仍读作阴平[kɔ]。

使役动词"教[kɔ]"用作连-介词主要通行于江淮官话,上海话20世纪中叶以后才开始使用（详见2.2.2各例）。根据同义词平行虚化的规律,我们可以推定使役动词"教"语法化的语境和路径跟间接使役动词"唤"相同,也是在变异兼语句中因发生重新分析引起的,一个创新的语法演变,总是发生在某个特定的颇受限制的语用和句法语义环境里。即：

(i) A 教 B VP（"他教我去",兼语句,B 单独去）→

(ii) A 教 B 共 VP（"他教我一起去",变异兼语句,A、B 同去,教:让/跟）→

(iii) A[[教 B]共 VP]（"他教我一起去",主谓句,教:跟）

2.2.2 方言资料中连-介词[kɔ]或写作"教",或写作"高、交",还有写作"告"或"搞"的。写作"高、交"者,与"教"的方言音（阴平）同音,写作"告、搞"者声调有别,根据学理其本字应是"教"。先看下面的例子（凡注作"黄"的,皆取自黄伯荣 1996）：

上海话　教[kɔ^{53}]（阴平,注音据许宝华、陶寰[1997]《上海方言词典》162 页）：

伴随介词：侬帮伊好,教我勿搭界（你跟他好,跟我没关系）| 我倒要教俉领导讲讲清爽看（我倒要跟你们领导讲讲清楚）。（黄 528 页）

并列连词：我教侬老朋友唻！（我和你是老朋友了！）| 我教伊拉阿哥一道去辩（我跟他哥哥一起去的）。（黄 539 页）

王世华、黄继林(1996)《扬州方言词典》记作"高":

【高】[kɔ]=〖跟〗。(162页)

【跟】=〖高〗[kɔ]连词,表示联合关系;和:老张～老王两个人去。(285页)

刘丹青(1998)《南京方言词典》记作去声的"告"[kɔ˥],对其语法功能的描写比较全面(应以介词为义项❶,连词为义项❷),现照录于下:

【告】[kɔ]❶连词,相当于北京话"和、跟":我～他一阵去|王师傅～李师傅是老朋友了|下午顽了中山陵～明孝陵。❷介词。A.同:我想～你商量件事情|我不～他合伙了。B.向、对:有意见你直接～我讲好了。C.向、问:他～你借了多少钱?|你去～他把东西要回来。D.替、为:你就不要去了,我去～你买回来吧。E.引进比较对象:他就～他爹一个脾气|我的想法倒～你不一样。(149页)

黄伯荣(1996)记作上声字"搞"的有江苏淮阴话和安徽巢县话:

江苏淮阴话　搞[kɔ¹¹]相当于普通话的"和、跟":

伴随介词:这家伙做事～人不一样。(黄526页)

并列连词:晶晶、亮亮～小强子都是一个班的|等等,你～我一起走。(黄538页)

安徽巢县话　搞[kɔ]相当于普通话"和":

伴随介词:婆婆搞媳妇不和(婆婆跟媳妇不合)|搞他一块去的人都回来吱了(跟他一起去的人都回来了)。(黄525页)

并列连词:老大搞老二都在上高中|前个搞昨个两天下吱

没歇（前天和昨天两天雨下得没停）。（黄538页）

不管记作什么字，方言中的读音都没有[i]介音，区别仅在于调类，我们相信其本字是动词"教"[kɔ]（阴平）。因为"教"是使役动词，根据平行虚化的规律，使役动词"教"可以在变异兼语句里（VP为集合动词）发生跟广义使役动词"唤"同样的语法化。

南京方言的连-介词读作去声的"告"该怎么解释呢？我们知道，动词"教"除阴平音外，另有去声一读（《广韵》古孝切）。去声音的"教"词义由"教育、教导"引申为"指点、告诉"（见《汉语大词典》），跟平声的"教"词义相近相通，虚词读音容易混用。这个连-介词从根子上源自平声的"教"，只不过在南京口语中选择读去声的"教"。我们推测这一选择可能跟间接使役动词"叫"的兴起有关。"叫"由"呼叫"义引申为间接使役动词（这一步跟"唤"相同），自明清之际逐渐用开，在现代汉语口语里使役动词"叫"的势头比阴平的"教"[kɔ]大得多，通行范围也广得多，以至于普通话中使役动词阴平"教"已被去声的"叫"替代。其过程应是：教（阴平）→ 教（去声）→ 叫（去声）。源于使役动词"教"（阴平）的连-介词受新兴使役动词"叫"的影响遂混读为去声。

"交"和"教"是同音字，近代汉语白话文献中"交"常用作"教"的音借字。那么连-介词[kɔ]有无可能源自动词"交"呢？回答是否定的。"交"（把事物转移给有关方面）不含有使役义素，它能用于双宾句（交他一本书）却很难单独用于兼语句（能说"交给他办"，却不说"交他办"），不具备在变异兼语句中语法化为伴随介词的句法语义条件，所以它不可能是连-介词[kɔ]的源头。"高"是形容词，它只是"教"的同音替代字。至于上声的"搞"，如果记音无误

(安徽很多地方读阴平不读上声,我们对上声音不能确信),就是这两个方言点的声调发生了异化。

3. 源于给予动词的连-介词:给

3.1 给予义动词"与"

"与"为"给予"义动词,自古沿用至今(现代限于书面语),大致到清代才逐渐被"给"全面替代。给予动词"与"的词义是"使人获得",用于双宾语句是它最典型的用法,例如:

(18)(重耳)乞食于野人,野人与之块。(《左传·僖公二十三年》)

当双宾句中的组合关系发生变化即直接宾语不是 NP 而是 VP 时,"与"的词义和功能就随之发生变化,其一是虚化为受益介词"替、为":

(19)今子与我取之,而不与我治之;与我置之,而不与我祀之,焉可?(《韩非子·外储说左上》)

(20)陈涉少时,尝与人佣耕。(《史记·陈涉世家》)

其二是引申为使役动词"允许,致使,让":

(21)曷为大之?不与夷狄之执中国也。(《公羊传·隐公七年》;陈立义疏:"与者,许也。")

(22)故忠臣也者,能纳善于君,不能与君陷于难。(《晏子春秋·内篇·问上》;不能让君主陷于灾难)

"与"的义素结构可以分解为"A 使 B 有 C"(冯胜利等 2008),其中隐含着使役义素,因此"与"由"给予"动词引申为使役动词并不偶然。从原则上讲,当给予动词"与"引申为使役动词后,在平行虚化规律的作用下可以像使役动词"唤、教"一样在变异兼语式里被重新分析为伴随介词,然后再派生为并列连词。但是,由于伴随义动词"与"早在先秦就已语法化为连-介词,而给予义动词"与"跟伴随义动词"与"完全同音同字,所以我们无法以给予动词"与"为例证明从给予动词到伴随介词的语法化路径的真实性,但是"给"完全可以证明⑩。

3.2 "给"——从给予义动词到连-介词

给予动词"给"因类推发生了跟"与"平行的词义引申和功能虚化。当"给"的直接宾语不是 NP 而是 VP 时,"给"引申为使役动词"让,允许",例如:

(23)或吃酒吃饭,造甚汤水,俱给雪娥手里整理。(《金瓶梅词话》11 回)

(24)邹师父是从来不给人赢的,今日一般也输了。(《儒林外史》53 回)

这两例都是一般兼语式"A 给 B VP",B 是 VP 的施事。但是,当 VP 是 A 和 B 共同的动作行为时,原兼语句的语义关系就发生了变化,"给"就有条件演化为伴随介词了,例如:

(25)师傅请过来,给员外相见(《济公全传》6 回,引自洪波 2004)

(26)吃过晚饭,仍到账房里,给乙庚谈天。(《二十年目睹之怪现状》17 回)

(27)这天,桂花卖线子回来,夜里给小荣坐在一块纺线(冯金堂《黄水传》,引自闵家骥等 1991,河南方言)

(28)春花给别人磨嘴,没一次是为自己的事。(同上,《春花》)

这四例中的 VP 或是集合动词"相见、谈天、磨嘴",或有副词"一块"修饰,表明VP都是A和B共同参与的行为。语义关系的变化带来结构式的重新分析:由兼语句重析为主谓句:A[[给B]VP],"给"也随之由动词语法化为伴随介词。"给"的组合关系和介词功能也相应扩展。

"给"做连-介词的方言主要分布在河南、河北、江苏、山东等地。从苏晓青等(1998:173)《徐州方言词典》"给"[ke^{55}]的释文和例句可以看出"给"做连-介词的功能:

  (29)a.伴随介词:我给他拼了|我给你没完。
    b.并列连词:今天的活儿就落下你给小王两个没干完了。

卢甲文(1992)《郑州方言志》里连-介词写作"给"[kei^{24}]和"该"[kɛ^{24}],分别见30-31和32例:

  (30)这老天爷也是给咱作对。(《故事》161页;对象介词)
  (31)四面八方拉来哩砖头石灰堆哩给个小山一样。(《故事》159页;比较介词)
  (32)a.伴随介词:他正该一个朋友说话哩(142页)|你该他说(146页)
    b.并列连词:我该他一块儿去(142页)|吸烟该喝茶都不中。(147页)

"给"[kei^{24}]应是郑州话的读书音,"该"[kɛ^{24}]是郑州话"给"的方言音。何以见得?《汉语方言词汇》614页记录下列方言"给"的韵母为单元音(略去调值):

  西安:[kæ];合肥、成都:[ke];武汉:[kɣ]

另,王军虎(1996:90)《西安方言词典》记录"给"音[kɛ]。上述官话方言点"给"字的单元音只有发音部位略高略低或略前略后之别,由此可以推知《郑州方言志》所记连-介词"该"[kɛ²⁴]的本字也应是"给"(有学者怀疑以上读音的连-介词是"跟/搁"的变读音,恐非是)。

综上,从给予动词"给"到伴随介词的语法化路径可图示如下:

(i) A 给 B NP(双宾式:给予)→

(ii) A 给 B VP(兼语式:允许、让。B 单独 VP)→

(iii) A 给 B 一起 VP(变异兼语式:让/跟。A、B 共同 VP)→

(iv) A[[给 B]一起 VP](主谓式:伴随介词"跟")

给予动词"给"先在兼语句中引申为使役动词"允许、让",然后沿着使役动词"教/唤"同样的步骤和方向语法化为伴随介词,这跟伴随义动词在连动式中一步到位的语法化的语境和路径明显不同,因此可以从语法化的原始语境上把源自使役动词和给予动词的连-介词归为一类。

4. 源自数量结构的连-介词:两个(两)

4.1 湖南、湖北方言里的连-介词"两个、两"

据储泽祥等(2006)调查,在湖南西南官话常澧片的慈利、汉寿、安乡,湖北仙桃、汉川市杨水湖、天门、武汉江夏等方言点里,"两个"除做数量词外还可以用作并列连词,连接词或短语("个"读轻声)。其中有些方言点"个"能脱落,"两"能单独用作连词。笔者籍贯湖北仙桃(原沔阳县),从家乡人口中得知"两个、两"可用作连词和介词,其功能与"和、跟"等连-介词相同。下面先看湖南慈利通津铺话里"两个"的特殊用法(例皆引自储文):

A. 并列连词

我两个老妈子一路去的(我和老婆一起去的)

我两个两个老师一路来的(我与两个老师一起来的;后面的"两个"表数量)

书记两个县长都来哒(书记和县长都来了)

排球两个篮球我都会打。(排球和篮球我都会打)

煮饭两个炒菜他都搞不好(煮饭、炒菜他都不行)

B. 介词

你两个他比下子(你跟他比一下)

莫两个他讲话(别跟他讲话)

在湖北仙桃话里,"两、两个"都可以用作连词、介词,单个的"两"更为常用。下面的例句是笔者从堂妹江梅秀(62岁,高小文化,农民)的谈话中记录下来的:

A. 并列连词

我两(个)大姐一路去的。(我和大姐一起去的)

屋里冒得别个,只有我两(个)婆婆。(家里没别人,只有我和奶奶)

B. 介词

a. 引进动作的协同者,相当于"跟":

这件事要两儿子商量下。

b. 引进动作的对象,相当于"向;对;跟":

我不想两他一路去。

c. 引进与某事的关系方,相当于"跟":

这件事两我冒得关系。

d. 引进比较的对象,相当于"跟":

她两(个)我差不多高。

4.2 数量词"两个"的语法化

以往的研究表明,连-介词几乎都是由动词语法化产生的,像通津铺话、仙桃话这种从数量词"两个"虚化为连词和介词的现象实属异类。其演变的动因和机制是什么呢?我们认为其直接诱因是在口语交际过程中同位短语"我两个"中的隐含项被显现造成的[11]。

同位短语"X两个"的义素结构可分解为:X和Y两个人。具体到"我两个"短语来说,其语义就是"我和另一个人",在"我两个一路去""屋里只有我两个"这类句子中,主、宾语短语"我两个"中只有其中之一"我"是显现在表层的,"另一个人"是谁没有说出,隐含在短语结构中。通常,在口语语境下,另一个人是谁对于交际双方都是不言而喻的。但是,当对方不明详情或说话人在口头交流过程中临时想要明示另一个人是谁时,就会从"我两个一路去的"生成"我两个大姐一路去的",从"屋里只有我两个"生成"屋里只有我两个婆婆"这种变异句。可见,"两个"语法化的初始语境是同位短语"我两个"做句子的主语或宾语,语法化的动因是说话人感到需要明确指出共同行动的另一个主体,从而使通常情况下在短语中隐含的另一个主体在特定语境中被显性凸显。一旦隐含的主体被显现到句子表层,就引起句子结构的变化。在"X两个Y"结构中,"两个"位于X、Y两项之间,这是连词的典型位置,当这种句子被习用后,就逐渐固定为一种造句模式。两项间蕴含的连接关系就会被"两个"吸收,在推理机制的进一步作用下,"两个"就被重新分析为连词。以上就是"两个"语法化的理据性。"两个"的功能由连词扩大为介词是由于句法上平行虚化机制的作用("与、和"等表示共同义的虚词都兼有连词和介词功能)。随着"两个"虚化程度的不断加深,位于"两个"前后的两个名词项就不限于表示单数的人了,可以表示复数,可以用于物与物之间,甚至可以用在动词之间(当然这些动词带有一定的指称性)等。下面根据上述分析和储泽祥等(2006)提供的语言事实,对"两个"的语法化路径做如下概括性描述(除表示原发语境的例子外其他例句皆取自储文):

1)我两个一路去的(原发语境)

→2)我两个妈妈一路去的(明示 Y 项,并列连词)

→3)书记两个县长都来哒(X 项不限于代词)

→4)我两个两个老师一路来的(主语不限于双数)

→5)排球两个篮球我都会打(扩大到物)

→6)煮饭两个炒菜他都搞不好(扩大到动词)

→7)你两个他比下子(连、介两可)

→8)莫两个他讲话(伴随介词)

4.3 跟动词先是虚化为介词,然后进一步虚化为连词的"动→介→连"语法化常规顺序不同,数量词"两个"先在蕴含并列义的短语"我两个"的句子中演化为连词,然后循平行虚化的机制扩大功能,产生各种介词用法。这种特殊的语法化现象提供了一种由"连→介"的逆语法化路径的实例。这是因为"两个"的语法化起因和机制跟通常的实词虚化不一样,它不是以"两个"在上下文语境中词义的虚化为起点的,而是在话语交流过程中,说话人为加强表达的明晰性而主观增添句子成分、引起句子结构改变引起的。这种因将短语中隐含的语义成分显现到短语表层而引发的语法化现象目前似少有人关注,很值得继续研究。汉语的事实表明,语言类型的不同和语言现象的复杂多样决定了语法化的路径、模式也具有相应的多样性,但不可否认,世界各种语言包括汉语在内,绝大多数情况下语法化的路径都是遵循由实到虚,由较虚到更虚的原则的。尽管"两个"的语法化有些"另类",但它同样是语义、语用和句法的合力所促成的,在语法化的过程中同样借助了类推、重新分析的机制,此所谓同中有异,异中有同也。我们不必因为某些特殊现象的存在而否认语法化的通则,同时也不认为可以把这种通则绝对化。

4.4 学者或许会问:为什么"两个"的语法化发生在湖北、湖南沿江地区,而没有普遍发生在更多地区?试解释如下:首先,这跟该地区盛用"我两个、你两个、他两个"做主语有关。在"X 两个"同位短语中,X(人称代词)在概念语义上应该是复数,如"我两个"="我们两个",但在形式上却是单数"我",这就为补出另一个未知项提供了可能。而在一些说"俺俩、我们俩"的方言区,由于其中的 X 已是复数"俺、我们",所以不会发生同位短语后再添加名词的情况。其次,"X 两个"在韵律上是"1+2",二者黏合度不高,X 和"两个"之间有小小的语音停延。有些地方习用"我俩",虽然 X 项形式上也是单数,但"我俩"是一个标准韵律词,结合得更加紧密,黏合度高,人们在心理上把它当作一个双音词使用,所以不容易发生分解现象。

5. 结语

5.1 连-介词范畴的类型学意义

综上所述,汉语连-介词的来源至少有四种:(i)伴随动词;(ii)使役动词;(iii)给予动词;(iv)数量词"两个"或数词"两"。汉语连-介词的四种来源展示了三类语法化模式:

(i) 伴随动词(甲) → 并列连词
　　　　　　　　→ 伴随介词
(ii) 伴随动词(乙) → 伴随介词 → 并列连词
　　使役/给予动词 ↗
(iii) X 两个 → 并列连词 → 伴随介词

对比 Heine&Kuteva 在《语法化的世界词库》里列举的世界语言里名词短语并列连词的四个来源：(i)"还"；(ii)伴随格标记；(iii)双数标记；(iv)数词"二"。我们发现：汉语与世界语言既何其相似，又有自己独特的个性。相似的原因在于并列连词在语义上的起码条件是论元要有两项并立的人或事、物，所以双数、数量词"两个"、数词"二、两"以及伴随动词天然地成为并列连词的来源，这反映了人类思维逻辑和语言认知上的一致性[12]。我们不清楚世界语言中有无源自使役动词、给予动词的并列连词，有道是"说有容易说无难"，观天下书未遍不敢轻言"无"字，如果有，汉语作为 SVO 型孤立语也一定有其细节上的特色，我们的志趣就在于揭示汉语与人类语言的共性(异中有同)以及共性中的特殊性(同中有异)。

刘丹青(2003)通过对 VO 型和 OV 型语言的考察发现，VO 型语言中只有汉语的介词短语(PP)大多位于动词前：PPV；其他语言，如英语、泰语等都主要采用 VPP 语序。另一方面，PPV 语序虽然出现在 OV 型中，但 OV 型语言一般采用后置介词，伴随介词出现在 NP_2 之后(如日语)。这样，伴随介词跟并列连词没有机会出现在同一位置。我们把刘文上述观察图示如下：

　　英(VO 型)　连　　and　　居中
　　　　　　　介　　with　　居后
　　日(OV 型)　连　　と　　　居中

	介	与	居后
汉（VO型）	连	和	居中
	介	和	居中

可以看出,汉语的连-介词不仅同源同形,而且可以出现在相同的句法位置上,这是汉语包括其方言特有的类型特征。

以往学者们在如何区分并列连词与伴随介词上颇费踌躇,正是由这两类词的真值语义相同、句法位置相同、结构语义可以两解、词类可以互转等特点造成。连-介词的这些特点与汉语虚词体系中的其他类介词、连词有着明显的不同,这些都说明在汉语虚词体系中区分出"连-介词"这一小类不是没有意义的;如此,在无需区分或难以区分时大可不必强作区分,笼统呼之为"连-介词"可也。

5.2 异源同归的解释

虚词的语法意义跟源头词的词汇义一般都存在联系。伴随动词本身就含有"偕同、连带"的词汇义,它们演变为连-介词只是把词汇义转变为语法义。"唤、教、给"则不同,它们分别为呼叫义、使令义和给予义,与"偕同、连带"的词汇义并不相干,其演变为连-介词的理据不具直观性,难以产生隐喻、转喻类的联想;至于数量词"两个"是怎么用作连-介词的,如不深思也很难理解。是什么原因使这四类词语异源而同归的呢? 简言之,是相同的句法语义环境或曰共同的义素结构所致。试比较这四类词语法化的语境和路径：

与、将：(i) A[与 B+VP](连动句, A、B 一起 VP)→

(ii) A[[与 B]VP](主谓句, A、B 一起 VP)

唤、教：(i) A 教/唤 B VP(兼语句：让。B 单独 VP)→

(ii)A 教/唤 B 共 VP(变异兼语句:让/跟。A、B 共同 VP)→

　　　(iii)A[[教/唤 B]共 VP](主谓句:伴随介词)

　给:(i)A 给 B NP (双宾句:给予)→

　　　(ii)A 给 B VP(兼语句:允许、让。B 单独 VP)→

　　　(iii)A 给 B 共 VP(变异兼语句:让/跟。A、B 共同 VP)→

　　　(iv)A[[给 B]共 VP](主谓句:伴随介词)

　A 两个:(i)A 两个一起 VP(同位结构"A 两个"做主语)→

　　　(ii)A 两个 B 一起 VP(并列结构"A 两个 B"做主语,"两个":并列连词)

这四类词语法化的原始语境分别是:连动句(伴随动词)、兼语句(使役动词、给予动词)、同位结构主谓句(两个/两),但是上表显示,促使它们发生质变的关键结构式都有一个共同的语义结构:A、B 一起 VP。伴随动词不必说,"唤、教、给"是在变异兼语句中获得这一语法意义的;"两个"是由同位结构"A 两个"做主语的主谓句变作并列结构"A 两个 B"做主语后获得这一语法意义的。这就是说,连-介词的核心义素是"A、B 一起做"。"唤、教、给、两个"通过改变各自源结构式中的组合关系从而使自己在新构式中获得连-介词的核心义素,因此能异源同归。

　　源头词的词义特点决定了语法化的起点、路径和类型。本文根据有无主从轻重等语义关系把伴随动词分为甲乙两类,从而归纳出两类不同的语法化模式。"A、B 一起做",当 A、B 无主次之分时就成为并列连词产生的语义基础,如甲类伴随动词和同位结构"A 两个"都不含有主从语义关系,因而可以不经由介词阶段而直接演化为并列连词。与此相对,当源头词隐含着主从语义关系时就成为伴随介词产生的语义基础。如前所述,乙类伴随动词(如"将、跟")表达的是一种主从关系,其实,施受关系、使役与被使役的关系也是广义的主从关系。给予动词、使役动词、乙类伴随义动词都蕴含着"一方主动,一方被动"的深层语义关系,在这一点上三类动词是相通的,这也是给予动词"给"和使役动词"唤、教"(而不是其他类动词)能跟伴随动词异源同归而且语法化模式相同的原因所在。使役动词、给予动词可以产生跟伴随动词相同的语法功能,"归根结底都是它们所处语言中义素结构的产物"(冯胜利等2008)。

5.3 结构式的语法化

从上面所列四类词语语法化的路径图可以看出,"语法化过程涉及的并非单个词汇或语素,而是包含这个词汇或语素的整个结构式","总是需要特定结构式的句法结构和语义关系作为其语法化过程发生的语用、语义和句法条件"(吴福祥2005)。本文中各类动词的语法化发生在连动式或兼语式中,这绝非偶然。因为连动式和兼语式中都至少有两个名词性成分和两个动词性成分,这些成分构成了比一般单句更为复杂的句法和语义关系,从而使得在语用过程中有机会因句中某个成分在组合关系上或语义上的细微变化而提供双重(或多重)理解和结构分析的句法环境。如在"唤、教、给"充当使役动词的变异兼语句中,VP(第二个动词)受"共、同"等副词修饰或为集合动词,致使动作的主体不限于兼语,也包括主语在内,从而使构式获得了"A、B一起做"的义素。"唤、教、给"能出现在跟连-介词所需的句法语义条件相契合的语境中,语境意义在推理过程中被它们吸收,因而能语法化为连-介词。反过来说,能出现在语义和结构相同的句法环境中的词汇项,原则上应能发生平行虚化现象,汉语的使役动词"教、唤"、给予动词"给"都语法化为伴随介词和并列连词就是很好的明证。语法化离不开特定的结构式或曰语境,研究一个词汇项的语法化也就不能离开它所存在的句式去孤立地考求。

5.4 语法化的词汇选择

诚然,语法化跟源词词义和句法结构有密切的联系,那么接下来的问题是:为什么是"给"而不是其他给予类动词如"赠、送"等语法化为连-介词?同样,为什么是"唤、教"而不是其他使役动词如"使、令"等语法化为连-介词?

先说"给"。"给"是给予动词"与"的替身,类推机制使它全面吸收了"与"的各项功能,清代以来在口语中广泛使用。"给"的义素结构是"使人获益或受损",其组合能力很强,对语境依赖极少,不仅能用于人或物,也能用于抽象事物;既能用于好的、有益的,也能用于负面事物。如:要人给人,要物给物|给机会|给关怀|给温暖|给提个醒儿|给敌人致命的打击。历史传承,高频使用,组合自由,词义泛化是"给"被选择的语用原因。"赠"的词义色彩庄重,适用范围有限。"送"是个多义词(如"送行、送别";"递送、传送";"断送、葬送"等),用作"馈赠"义多跟物搭配,远没有"给"那么自由。这样,在给予动词中"给"最具备语法化的条件。

再来说"唤"和"教"。刘永耕(2000)注意到使役动词的使役强度,冯春田(2000)、洪波等(2005)用使役范畴成员中使役义强度的差异来解释为什么只有一部分使役动词发生了向被动介词的语法化。洪文把使役范畴的使役强度连续统分为三个等级:a. 命令型——高强度使役(如"命、遣、请、派、使、令");b. 致使型——中强度使役(如语义泛化了的"使、令"和表示具体使役的"教、叫、让、与");c.容让型——弱强度使役(如表示容让、容许的"教、叫、让、与、给"),认为:"只有容让型使役动词才发生了被动介词化,而其他两类都没有发生被动介词化,因此可以断定,使役动词的被动化与它们的使役强度有直接关系。"这种思路也适用于解释"唤"和"教"被用为连-介词的原因。如前所述,"唤"由"呼叫"义引申为"招呼、呼请"义。在兼语句"A 唤 B VP"中由于"唤"的具体动作义弱化而演变为使役动词"请、让"。跟"命令、派遣"类使役动词相比,它的使役强度显然较弱;"教"的使役义是"容许、容让",跟"使、令"相比属于弱强度使役。词义突出的动词专用性强,不容易被泛化、模糊化,因而也就难以被语法化;而含有使役义素但使役强度弱的动词较易发生语法化。如"喊"跟"唤"同义同类,"喊"在粤语某些方言点用作连-介词,属于平行虚化现象。早期吴语的连-介词用"听"不用"搭",而"听"现在已被"搭"取代,不做连-介词用了(刘丹青 2003 引《明清吴语大词典》主编石汝杰话)。"听"有"听任、容许、容让"义,跟"教"引申为"容许、容让"义一样属于弱使役动词,所以能平行虚化为连-介词。"听"最终被"搭"取代并不奇怪,一方面因为"听"是表听觉行为的常用动词,专用性强;另一方面,伴随动词"搭"跟连-介词的语法意义有着直接的联系,对语境的依赖度低,自然比源词为间接使役动词的"听"更有竞争力。源于使役动词和给予动词的连-介词通行范围都不广,而且显现出逐渐式微的趋势,实源于同样的道理。总之,同义词的平行虚化是规律,但其中哪一个或哪几个成员能够实现这种虚化则要受多种因素制约,一般来说,词义弱化、泛化的,高频使用的容易实现语法化。

附 注

① 源自伴随义动词的连-介词除了常见的"和、共、同、跟"外,古代还有"与、及、兼、并",方言中还有"连、带、会、合、搭、帮、替、凑、同埋"等;在本文涉及的四大类连-介词外,方言中还有源自动词"对、找、得"等各类连-介词,值得全面考察研究。

② 冯胜利等(2008)通过传统训诂学的"义源分解法"结合当代句法学的"词义结构法"的综合分析指出:"與(异)"字本义为"共(一起)举",跟"共"词义相近。因此,"与"从根上也属于伴随义动词。另一方面,"与"字自古至今都是常用的给予动词,直到明清时期才渐次在口语中被"给"替代。《说文》段注:"'與'当作'与',与,赐予也。""会意。共举而之也。异、与皆亦声。"段注解释了"共举"与"给予"二义之间的关系。

③ 有多位研究者认为,先秦两汉时代"与"和"及"都有并列连词和伴随介词用法,但细究起来二者的用法和句法功能不尽相同。关于造成二者差异的原因,主要有四种观点:文体之别,方言地域之别,源词词义演化之别,功能扩展之别(详见张玉金 2012 的综述)。

④ 动词"将"由"率领、携带"义又引申出"持、拿"义,由此派生出工具介词的用法。例如:"苏秦始将连横说秦惠王。"(《战国策·秦策》)由于所持不是具体的东西,而是抽象的"连横"计策,致使"将"的实词义弱化,连动句重析为主谓句,"将连横"重析为"说秦惠王"的状语,伴随动词"将"虚化为介引工具的介词。

⑤ "武帝唤时贤共言伎艺事"(《世说新语·豪爽》)可有两种理解:a. "共言"者只限于"时贤",这是典型的兼语句;b. "共言"者不限于"时贤",主语"武帝"也应参与其事,这是变异兼语句,此类语境提供了结构重新分析的可能。

⑥ 有人猜测"和"读 hàn 音可能跟满语有关,就此事我曾向遇笑容教授请教过。遇教授的姥姥为旗人,生于 1893 年,爱新觉罗氏,后改姓赵。她既是满人又是老北京,但遇教授说不记得姥姥把"和"说成 hàn。

⑦ 俞敏(1988)说他的姨妈生在天津,嫁在天津,死在天津,"他老人家好说'他 huàng 他,剪子 huàng 铺陈'"。俞先生用"晃"字标示这个口语音。另外,据山东大学冯春田、刘大钧等鲁籍学者告知,山东莱州、邹平等地跟连-介词"和"相当的词读[xuaŋ](与"晃"同音),山东另有一些地方读[xuŋ](与"哄"同音)。无独有偶,据尹世超(2003)的记录,东北官话中同样存在读作

huàng（晃）和hòng（哄）的介词。汪维辉（2005）《朝鲜时代汉语教科书丛刊续编·中华正音》上册中的介词有作"混/浑"的（蒙赵长才同志告知），如此等等。笔者认为：这些方言俗读音应该都是连-介词"唤"的变读音，也就是说，一个实词虚化后可以有多种并行的音变形式存在：a. 唤[xuan]→[xan]→[xai]；b. 唤[xuan]→[xuaŋ]（晃）→[xuŋ]（哄）；c. 唤[xuan]→[xun]（混/浑）。另，张惠英（2010）引《珠江三角洲方言词汇对照》445页指出，粤语有些方言点如斗门斗门镇、台山台城、开平赤坎、恩平牛江的介词用"喊"[ham³³]。"唤、喊"同为呼叫义动词，发生平行虚化是很自然的。

⑧ 太田辰夫（2003）举晚清文献《正音撮要》"谁害他顽？"（1丁下）例，指出"害"是"和"的意思，并认为可能是"还"的音变。文中还说到跟"和"相当的词有发音为hai或han的（未注明声调）。太田先生年轻时曾在北京分司厅胡同居住过（1987年亲口告诉笔者），所以知道这两种特殊读音。不过"还"不是去声字，也不具备演变为连-介词的句法条件，不会是"和(hàn)"的源词。太田先生也说"没有用'还'字的例子"。关于闭音节[-an]变开音节[-ai]的例子陆丙甫教授告知有"癌"（旧读yán），深谢。由此想到"转文"之"转"念zhuǎi也是同类现象。

2009年11月12日晚，北京电视台"非常父母"节目中陕北歌手王二妮的父亲（佳县人）在接受采访时说"我害她说……"（"害"为同音借字，其音或应为去声的[xæ]），我如获至宝，当即记下。"害"用作对象介词，跟上举老北京话"谁害他顽"中记作"害"的连-介词音义用法皆同，可以推定佳县话中的连-介词[xæ]（姑妄标之）也源自"唤"。另据邢向东教授告知，陕西吴堡话（属晋语吕梁片）与普通话连-介词用法平行的词读[xuəŋ³³]（阳平），不知是否与"唤"有关，待考。

⑨ 《墨子·非儒下》："劝下乱上，教臣杀君，非贤人之行也。"《史记·淮阴侯列传》："若教韩信反，何冤？"此二例中的"教"《汉语大词典》释作"使，令，让"，但理解为"教"的原义也可通，为谨慎起见，暂不作为使役义的确切用例。

⑩ 周生亚（1989）认为"及"的连词、介词用法是同时由动词产生的，这一点与本文观点一致，但周文认为先秦两汉时期的介词、连词"与"源自"给予"动词义，则可商榷。训诂界多认为"与"的"给予"义不可能早于它的"一起"义。

⑪ 慈利通津铺话、仙桃话中，用"两个"表示数量的格式有两个，一是偏正结构"两个X"，二是同位结构"X两个"。用作连词的并列结构"X两个Y"

应是来自同位结构"X 两个",而不是偏正结构"两个 X"。因为,如果在偏正结构"两个 X"(如"两个儿子")前面添加名词项"Y"(如"我"),作"Y＋两个 X"(我＋两个儿子),其概念义为"我(的)两个儿子"或为"我(有)两个儿子",与"我和儿子"的概念语义相左,没有重新分析为并列结构的语义基础。

⑫ 其实,世界词库中源于"还"的并列连词在汉语里也并非无迹可寻(不能做介词)。比如湖南汝城话"上昼适,还下昼适?"(上午走还是下午走?引自黄伯荣1996)普通话的并列连词"还是"在"不管认识的还是不认识的,都得按章程办事"中可以用并列连词"和"替换:不管认识的和不认识的,都得按章程办事。近代汉语中也有同类现象,元杂剧中选择问句中的并列项之间可以用并列连词"共"或"和"表示,例如《元曲选·忍字记》:"那厮身材是长共短? 肌肉瘦和肥?"(引自蒋绍愚等2005:459)

参考文献

北京大学中文系语言学教研室编 1995 《汉语方言词汇》第二版,语文出版社。
陈 刚、宋孝才、张秀珍 1997 《现代北京口语词典》,语文出版社。
储泽祥、丁加勇、曾常红 2006 湖南慈利通津铺话中的"两个",《方言》第3期。
冯春田 2000 《近代汉语语法研究》,山东教育出版社。
冯胜利、蔡维天、黄正德 2008 传统训诂与形式句法的综合解释——以"共、与"为例谈"给予"义的来源及发展,《古汉语研究》第3期。
洪 波 2000 论平行虚化,《汉语史研究集刊》第二辑,巴蜀书社;又见《汉语历史语法研究》,商务印书馆2010年。
——— 2004 "给"字的语法化,《南开语言学刊——纪念邢公畹先生九十华诞专号》,南开大学出版社。
洪 波、赵 茗 2005 汉语给予动词的使役化及使役动词的被动介词化,《语法化与语法研究》(二),商务印书馆。
侯精一 2010 北京话连词"和"读"汗"音的微观分布——兼及台湾国语"和"读"汗"音溯源,《语文研究》第1期。
黄伯荣主编 1996 《汉语方言语法类编》,青岛出版社。
江蓝生 2012 台湾地区词(四则)音义考,《历史语言学研究》第五辑,商务印书馆。

蒋绍愚、曹广顺主编　2005　《近代汉语语法史研究综述》第五章，商务印书馆。
李行健　1995　《河北方言词汇编》，商务印书馆。
刘丹青　1998　《南京方言词典》，江苏教育出版社。
——　2003　语法化中的共性与个性，单向性与双向性——以北部吴语的同义多功能虚词"搭"和"帮"为例，吴福祥、洪波主编《语法化与语法研究》，商务印书馆。
刘　坚　1989　试论"和"字的发展（附论"共"字和"连"字），《中国语文》第6期。
刘永耕　2000　使令度和使令类动词的再分类，《语文研究》第2期。
卢甲文　1992　《郑州方言志》，语文出版社。
吕叔湘主编　1999　《现代汉语八百词》（增订本），商务印书馆。
马贝加　2002　《近代汉语介词》，中华书局。
闵家骥、晁继周、刘介明　1991　《汉语方言常用词词典》，浙江教育出版社。
沈家煊　1994　语法化研究综观，《外语教学与研究》第4期。
石毓智、李　讷　2001　《汉语语法化的历程——形态句法发展的动因和机制》，北京大学出版社。
苏晓青、吕永卫　1998　《徐州方言词典》，江苏教育出版社。
孙德金　1992　京西火器营满人的北京话调查，《北京话研究》，北京燕山出版社。
太田辰夫　2003　《中国语历史文法》，蒋绍愚、徐昌华中译修订本，北京大学出版社。
汪维辉　2005　《朝鲜时代汉语教科书丛刊续编》上册《中华正音》，中华书局。
王军虎　1996　《西安方言词典》，江苏教育出版社。
王　力主编　2000　《王力古汉语字典》，中华书局。
王　力等　2005　《古汉语常用字字典》第4版，商务印书馆。
王世华、黄继林　1996　《扬州方言词典》，江苏教育出版社。
吴福祥　2003　汉语伴随介词语法化的类型学研究——兼论SVO型语言中伴随介词的两种演化模式，《中国语文》第3期。
——　2005　汉语语法化研究的当前课题，《语言科学》第2期。
席　嘉　2010　《近代汉语连词》，中国社会科学出版社。

许宝华、陶 寰 1997 《上海方言词典》,江苏教育出版社。
尹世超 1997 《哈尔滨方言词典》,江苏教育出版社。
——— 2003 东北官话的介词,戴昭明主编、周磊副主编《汉语方言语法研究和探索——首届国际汉语方言语法学术研讨会论文集》,黑龙江人民出版社。
于 江 1996 近代汉语"和"类虚词考察,《中国语文》第6期。
俞 敏 1988 北京话本字札记,《方言》第2期;又见《俞敏语言学论文二集》,北京师范大学出版社。
张惠英 2010 北京土话连词"和"读"汉"音探源,《中国语文》第3期。
张玉金 2012 出土战国文献中虚词"与"和"及"的区别,《语文研究》第1期。
赵元任 1997 《语言问题》,商务印书馆。
中国社会科学院语言研究所古代汉语研究室 1999 《古代汉语虚词词典》,商务印书馆。
周生亚 1989 并列连词"与、及"用法辨析,《中国语文》第2期。
朱德熙 1982 《语法讲义》,商务印书馆。
鳟泽彰夫整理、解说 1992 《燕京妇语》,中国语学研究《开篇》单刊 No.4,好文出版社。
Heine Bernd & Kuteva Tania 2002 *World Lexicon of Grammaticalization*. Cambridge: Cambridge University Press.

(原载《中国语文》2012年第4期)

变形重叠与元杂剧中的
四字格状态形容词

提　要　本文贯穿古今文献资料,分析了元杂剧中与变形重叠有关的四字格状态形容词的语音结构类型,说明其中有的是单音节词的多次变形重叠形式;多次变形重叠促进了重叠式的词汇化,增强了词的描状性,最能描摹状态的持续性和连贯性,根本上是语言的相似性质促动的。文章揭示了单音词能从正反两个方向进行变形重叠的现象,并说明顺向变声、逆向变韵的重叠规则是为了使重叠式仍然保持基式原有的声韵结构框架。本文还以实例论述了变形重叠理论在汉语词汇史研究上的实用价值和重要意义。

关键词　变形重叠　状态形容词　顺向变声　逆向变韵　分音

引　言

　　元人杂剧和散曲中有异常丰富的拟声词和拟态词(一般称绘景词),通常把这类词归为状态形容词。这些拟声拟态词不仅有单音节的、双音节的,而且还有三音节、四音节的,这类词的大量使用,使元曲的语言诙谐幽默,异常形象,反映了当时民间口语真实、生动的面貌,是汉语词汇史上引人注目的、极具时代特色的语言现象。请看元杂剧《魔合罗》一折【油葫芦】这段曲文:
　　　　恰便似画出潇湘水墨图,淋的我湿渌渌。更那堪吉丢古

> 堆波浪渲城渠,你看他吸留忽剌水流乞留曲律路,更和这失留
> 疏剌风摆希留急了树,怎当他乞纽忽浓的泥,更和他疋丢扑搭
> 的淤。我与你便急章拘诸慢行的赤留出律去,我则索滴羞跌
> 屑整身躯。

这段曲文描写人物在风雨交加、道路泥泞中行走的情景,其中一连用了十个四字格拟声拟态词,即:

吉丢古堆　吸留忽剌　乞留曲律　失留疏剌　希留急了
乞纽忽浓　疋丢扑搭　急章拘诸　赤留出律　滴羞跌屑

这样遣词造句虽不免有刻意堆砌之嫌,但很好地渲染了场景气氛,也适合人物反复咏唱表演,这正是俗文学诙谐夸张风格的体现;对于语言研究者来说,这些丰富的口语状态形容词恰是难得一求的研究资料。这些拟声拟态词的构造类型众多,语音结构复杂独特,对它们进行深入研究,不仅可以对元代状态形容词的特殊构词现象做出正确的分析和归纳,而且,由于这些现象上有源,下有流,对它们的正确认识还便于溯源探流,把古今相关语言现象贯通起来,从而更全面地认识汉语多种构词方式及其规律,也能对现代汉语各方言中的类似现象做出更加深刻贴切的解释。此外,对此类状态形容词内部结构的深入剖析和科学解释,也会为传统训诂学开辟新的天地,打开新的境界。

以往对元曲拟声拟态词进行系统研究的文章较少,大都侧重于描写表层构词方式、构造类型和语法功能,而对这类词在语音上的构词规律及其深层词法结构还缺乏深入的研究和认识。本文认为,元曲中有相当一批两音节以上的拟声拟态词其实是某一单音节或双音节词的变音重叠式。限于篇幅,本文拟以《元曲选》中与变音重叠有关的四字格拟声拟态词为对象,分析其中变音重叠式

的语音结构和模式,并拟对其历史渊源和产生动因略加考求,旨在从语音语法和语义三者之间的联系中探究这种变音重叠式的性质和特点。

一

重叠是一种语法手段,通过这种手段产生的新形式称作重叠式。一般把重叠之前的形式称作基式,把重叠之后的形式称作重叠式。

重叠式可分为不变形重叠和变形重叠两大类。所谓不变形重叠是指:重叠部分保留基式的声韵调不变,和基式同音。如:看看、快快、家家、咚咚。所谓变形重叠是指:重叠部分和基式不同音,或者声母有别,或者韵母有异,或者声调有变。如"蹀躞"(声母不同)、"缱绻"(韵母不同)、"慢慢儿"(第二个"慢"声调变阴平)等。因此,所谓变形重叠实际就是前面引言中提到的变音重叠。

变形重叠又分顺向重叠和逆向重叠两种类型。顺向重叠指:基式在前,重叠部分在后;逆向重叠指:重叠部分在前,基式在后。从目前调查的情况来看,变声重叠是顺向的,变韵重叠是逆向的。(详看朱德熙 1982)

1.1 判定一个复音节词是否为变形重叠式的标准

孙景涛(1998)认为,古汉语中一些联绵词实际上是单音节词的重叠形式,如:转-辗转、阔-契阔、卷-缱绻、婉-燕婉、沐-霢霂、豫-犹豫、躇-踌躇、旅-庐旅等。他提出了区分重叠形式的三个步骤:

(1)先看这个双音形式中是否有一个可以独立运用于他处的音节(语素),如果有,便有可能是派生形式。

(2)要看这个音节(语素)跟这个双音形式是否有意义上的联系。如果有并且这种意义联系属于类别性的,而且只有这一个音节(语素)跟它参加构成的双音形式有这种意义联系,那么这个双音形式就是派生形式。

(3)要看这两个构成成分之间的语音关系,如果完全相同(表现在文字上即重言),并且符合上述要求,它就是重叠词;如果语音上不尽相同,但是其差别可以归入某种类型,即能找到许多平行的例子,这个双音形式仍可确定为重叠词。(见263页)

用上述标准检验,他所举的联绵词都可以看作某单音节词的逆向变韵重叠形式。本文认为这个区分标准是比较严密的,可以此作为判别是否为变形重叠式的主要标准。

1.2 根据上述观点,古汉语中的有些联绵词其实就是某一单音词的变形重叠形式,换言之,双声叠韵分别属于变韵重叠和变声重叠。如果一个双声叠韵联绵词,有一个并且只有一个语素是可以单独使用的,那么,这个联绵词就是该语素的变形重叠形式。孙景涛文中所举变形重叠式都是逆向变韵式,这里补充顺向变声式的例子。

蹀——蹀躞

用孙景涛的三个步骤检验,可以认定"蹀躞"是"蹀"的变形重叠式。首先,"蹀"是可以独立使用的单音节动词,其义为踏,蹈。可用于人,也可用于马。

《广雅·释诂一》:"蹀,履也。"

《淮南子·俶真》:"足蹀阳阿之舞,而手会绿水之趋。"

《赭白马赋》:"眷西极而骧首,望朔云而蹀足。"(南朝宋·颜延之)

其次,"踝"(踏、蹈)跟"踝躞"(小步行走)有类别性的意义上的联系,都是表示行走义的,而且只有"踝"这一个音节跟"踝躞"有这种意义联系。第三,"踝"与"躞"语音不相同,但二者有叠韵关系。从以上三点来看,可以判定"踝躞"实为"踝"的变形重叠式。"踝"是基式,"躞"是变式,"踝躞"是顺向变声重叠。

团——团圞

"团"义为圆;"圞"字《说文》未收,始见于《广韵》。《广韵》平声桓韵"圞":"团圞,圆也。"《广韵》不作"圞,圆也",而作"团圞,圆也",这说明"圞"字一般是不单用的,它本身并无"圆"义。合理的解释是:"团圞"被看作叠韵联绵词,叠韵联绵词"团圞"的意义是"圆"。"团圞"的"圆"义源自"团","圞"字无义,不能单独使用。"团圞"与"团"意义相同,"团"与"圞"声母不同,韵母相同,是叠韵关系,因此可以认定"团圞"为"团"的顺向变声重叠式。

须——须臾

"须"和"须臾"都有"片刻、一会儿"义,如《荀子·劝学》:"吾尝终日而思矣,不如须臾之所学也。"《荀子·王制》:"贤能不待次而举,罢不能不待须而废。"杨倞注:"须,须臾也。""须臾"的词义源自"须","臾"不能单用;"须"和"臾"声母不同韵母相同(古皆为侯部字),是叠韵关系,因此"须臾"是"须"的顺向变声重叠形式。

值得注意的是,有的单音词可以分别从顺向和逆向两个方向进行变形重叠。比如上面所举的"须",既可顺向变声重叠为"须臾",又可逆向变韵重叠为"斯须"。[①]

须——斯须

"斯须"也为"片刻、一会儿"义,如《礼记·祭义》:"礼乐不可斯须去身。"郑玄注："斯须,犹须臾也。""斯"字单用无"片刻"义,"斯"和"须"声母相同(古皆为心母字)韵母不同,是双声关系,因此可以认定"斯须"是"须"的逆向变韵重叠形式。

单音词"须"顺向变声重叠为"须臾"、逆向变韵重叠为"斯须"的事实告诉我们,有些单音词可以从正反两个方向变形重叠,从而分别产生两个意义相同的双音词。这跟某一单音词先顺向变声重叠为双音词,新产生的双音词再逆向变韵重叠为四字格的情况不同(详见下文),这一发现丰富了我们对古代变形重叠现象的认识。

二

不变形重叠式可以多次重叠,这不言而喻,比如:小手冻得通红通红通红的、刷刷刷刷一阵脚步声、咕嘟咕嘟咕嘟灌了一肚子凉水,还有"文革"中常说常见的"最最最最"等。那么变形重叠式是否也能够进行多次重叠呢？本文的回答是肯定的。

这一节将以动词、形容词、名词、拟声词从单音节变形重叠为双音节、进而变形重叠为三音节、四音节的实例论证本文的观点,各类词仅举一例说明。

2.1 单音节动词的多次变形重叠:蹀-蹀躞-趺躞躞/滴羞蹀躞

上一节已经论证"蹀躞"实为"蹀"的变形重叠式。"蹀"是基式,"躞"是变式,"蹀躞"是顺向变声重叠。

"蹀"本为动词,重叠式"蹀躞"除了仍做动词外,新产生了状态形容词用法,描状小步行走貌；马行貌。例如:

> 丈夫生世会几时,安能蹀躞垂羽翼？（南朝宋·鲍照《拟行路难》诗之六；此以小步行走喻不得肆意为）

蹀躞骃先驾，笼铜报鼓衙。（唐·柳宗元《同刘二十八院长述旧言怀感时书事赠二君子》诗）

四蹄蹀躞如流星，两耳尖修如削竹。（元·萨都剌《题画马图诗》）

到了元代，"蹀躞"不仅有多个变体，还出现了三音节、四音节重叠形式。其变体可分为两组，一组是"跌屑、叠屑、滴屑、铁屑"等，另一组是"笃簌、笃速、都速"等。② 从"笃速"又作"都速"来看，这组词形很可能已不读入声。"跌屑"组跟"笃簌"组之间存在着不圆唇与圆唇的对立。值得注意的是，这些变体一般不独立使用，大都以三字格或四字格的形式出现（以下各例皆采自元杂剧）。

三字格

（甲）述补式"动/形＋AB"：颤笃簌、战笃速、慌笃速等。

甲式中动词或形容词的意义跟 AB 相关、一致，或者说 AB 是描绘其前动词或形容词的状态的。

伯伯也，早吓得你颤笃簌魂魄悠悠。（《桃花女》一折【赚煞】）

教我战笃速如发疟，汗淋漓似水浇。（《罗李郎》二折【梧桐树】）

他为甚的便慌笃速，一句句紧支吾。（《神奴儿》三折【红绣鞋】）

（乙）不完全重叠式（仅重叠下字）ABB：笃速速、笃簌簌、跌躞躞、叠屑屑、滴屑屑、铁屑屑等。

我数日前笃速速眼跳，昨夜里便急爆灯花。（《薛仁贵》四折【殿前欢】）

风飕飕遍身麻，则我这笃簌簌连身战，冻钦钦手脚难拳。

(《五侯宴》三折)

那厮热拖拖的才出气,那厮他跌躞躞的恰还魂。(《燕青博鱼》二折【金盏儿】)

叠屑屑魂飞胆落,扑速速肉颤身摇。(《魔合罗》二折【喜迁莺】)

涎邓邓眼睛剜,滴屑屑手脚卸,磣可可心肝摘。(《李逵负荆》四折【离亭宴】)

铁屑屑手腕软,直挺挺腿怎拳。(《铁拐李》二折【煞尾】)

(丙)述补式"动/形＋BB":战簌簌、慌速速、急簌簌等。

丙式取自甲乙二式,前字取甲式中作为意义标记的动词、形容词,后字取乙式中的重叠下字。只有联系甲乙二式,才能看清丙式的深层结构:原联绵词的下字重叠后脱离其上字,用在与原联绵词意义一致的动词、形容词后边表示状态。这是一种结构特殊的短语形式。

四字格

(甲)A′B′AB 式:a.滴羞蹀躞、滴羞跌屑;b.滴羞笃速、滴羞都苏四字格 A′B′AB 是原联绵词基式 AB 的逆向变韵重叠形式。A′B′与 AB 的声母相同,韵母 a 组有部分相同(不圆唇),b 组不同(圆唇)。

吓的我手儿脚儿滴羞蹀躞战笃速。(《赵李让肥》四折【挂玉钩】)

今日今日羞辱,不由我滴羞跌屑怕怖。(《后庭花》二折【斗蛤蟆】)

吓的我心儿胆儿急獐拘猪的自昏迷,手儿脚儿滴羞笃速的似呆痴。(《薛仁贵》三折【尧民歌】)

吓的我慌慌张张手脚滴羞都苏战。(《青衫泪》二折【醉太平】)

这几例 A′B′AB 都做状语。从 a 组的 A′B′ 跟 AB 声母相同、韵母部分相同,而 b 组仅声母同、韵母不同来看,A′B′AB 式最初应是 a 组的 AB 的逆向变韵重叠形式,就是说,"踥蹀"是这个变韵重叠四字格的直接来源。

(乙)A 里 AB:踥里踥斜("踥斜"为"踥蹀"的变体)。

虽然有这小丫头迎儿,奴家见他拿东拿西,踥里踥斜,也不靠他。(《金瓶梅词话》1 回)

与甲式变韵重叠不同,乙式第二音节的声母韵母跟原联绵词的前后字毫不相干,只是个衬音词,只起填补音节的作用。这种格式在元曲中还未出现,但在后来逐渐模式化,成为一种定式,在现代汉语中有能产性,如:啰里啰唆、慌里慌张、哆里哆嗦、邋里邋遢、肮里肮脏、古里古怪等,石锓(2005)有详考。

由上可知,单音节动词"踥"通过顺向改变声母方式产生重叠式"踥蹀","踥蹀"可兼做动词和状态形容词;"踥蹀"的变体"叠屑""笃速"等重叠下字,产生三字格重叠式"叠屑屑""笃速速"等;"踥蹀"及其变体通过逆向变韵方式产生重叠式"滴羞踥蹀""滴羞笃速"等;"踥蹀"重叠为"A 里 AB"式,第二音节固定为"里",中缀化,与变音无关。三字格、四字格大都只做状态形容词。其过程大致为:踥(A)-踥蹀(AB)-踥蹀蹀(ABB)/滴羞踥蹀(A′B′AB)-踥里踥蹀(A 里 AB)。

2.2 单音节形容词的多次变形重叠:团-团栾-剔团栾/剔留突栾

"团"顺向变声重叠为"团圞"(也作"团栾"),重叠后,"团栾"除

仍做形容词外,又可做动词,义为"团聚",例如:

  积翠匡游花匼匝,披香寓值月团圞。(唐·任华《杂言寄杜拾遗》诗;形容词)

  兄弟团圞乐,羁孤远近归。(唐·杜荀鹤《乱后山中作》诗;动词)

"团"字顺向变声、逆向变韵产生不完全重叠式 A′AB:剔团栾。例如:

  剔团圞的睁察杀人眼。(金《董西厢》卷二)

  把剔团圞明月深深拜。(《墙头马上》二折)

"剔"和"团"声母相同韵母不同,"剔"字是"团"字逆向变韵重叠后产生的音节,也就是说"剔团栾"是"团团栾"的变体。这从"剔透"一词可以得到印证:

  心剔透,性和暖。(元·刘庭信《一枝花·咏别》)

"剔透"形容聪明灵巧。"剔"字本无聪明灵巧义,此义从"透"字而得,"剔"与"透"声母相同韵母不同,"剔"是"透"逆向变韵重叠而产生的音节,"剔"字出现在"团、透"这些声母为 t- 的字前,绝非偶然。

  "剔团栾"是"团"字同时向正反两个方向变形重叠的三字重叠形式,这跟第一节谈到的"须臾、斯须"大同小异。相同处在于它们都是从正反两个方向进行变形重叠的,不同处在于"斯须、须臾"分作两个同义词,而"剔团栾"却构成一个三音节状态形容词(没有"剔团"一词),这跟元明时期状态形容词的三音节、四音节化趋势有关。

  邓享璋(2007)记录了福建建瓯话和盖竹话中的准重叠形式,所谓准重叠形式,其实就是本文所讨论的变形重叠式。我们欣喜地看到,在这两地方言中完整地保留着变形重叠的一叠式 AB,三字格二叠式 A′AB 和四字格二叠式 A′B′AB。例如:

建瓯	疤 pa¹	pa¹la¹	pi¹pa¹la¹	pi¹li¹pa¹la¹
	糊 ku³	ku³lu³	ki³ku³lu³	ki³li³ku³lu³
盖竹	喔 kʻua³	kʻua³la³	kʻi³kʻua³la³	kʻi³li³kʻua³la³
	哈 ha²	ha²la²	hi²ha²la²	(ha²la²hi²li²)

本文对"剔团栾"所做的解释跟建瓯话、盖竹话的三音节重叠式正相对应，这说明元杂剧中的变形重叠具有一定的普遍性，并不限于北方话。

"团"的反切分音词是"突栾"。（宋·宋祁《宋景文公笔记·释俗》："孙炎作反切，谓'团'曰'突栾'……"宋·洪迈《容斋三笔·切脚语》："世人语音有以切脚而称者，亦间见之于书史中。如以'蓬'为'勃笼'……'团'为'突栾'。"）分音词是单音词在词的双音化过程中音节求偶的产物，大多数分音词有音无字，用同音字替代。反切词和变形重叠双音词有共同处，它们都由单音节词变为双音节单纯词，而且二者上下字的语音或相近或相同，因而在实际语用过程中，人们往往把分音词跟变形双音节重叠式同等看待。比如"团栾"再重叠——逆向变韵重叠应该产生四字格"剔留团栾"，但我们在文献中没找到"剔留团栾"，只看到"剔留秃栾"和"剔留秃鲁"：

> 身长一丈，膀阔三停，横里五尺，竖里一丈，剔留秃栾，恰似个西瓜模样。（《独角牛》二折）

> 恰便似烟熏的子路，墨洒就的金刚，横里一丈，竖里一丈，剔留秃鲁，不知什么模样！（《飞刀对箭》二折）

> 看他两个眼，剔留秃鲁的，他是个真贼。（《降桑椹》一折）

"剔留秃栾"中没有出现"团"字，词义没有明显的单个承担者，而是由整个四字格来表达，因而其词汇化的程度也更高。至于"秃栾"

变"秃鲁",应是在联绵词语音统协规律作用下,使"秃栾"变成叠韵形式"秃鲁"的。

2.3 单音节名词的多次变形重叠:毂-毂辘/骨碌-骨碌碌/急留骨碌

"毂辘"指车轮,也作"轱辘"。今疑其为"毂"的变形重叠形式。"毂"本指车轮的中心部位(周围与车辐的一端相接,中有圆孔,用以插轴),后又代称车轮,"毂辘"应是其顺向变声重叠式。其做名词写作"毂辘、轱辘",其做动词写作"骨碌"。"骨碌"的不完全重叠式为"骨碌碌",完全重叠式为"急留骨碌、急留古鲁",三字格和四字格是状态形容词,形容滚动、转动貌。如:

莫不要亏图咱性命,骨碌碌怪眼睁,早吓的咱先挺。(《朱砂担》一折)

起几个骨碌碌的轰雷,更一阵扑簌簌的怪风。(《柳毅传书》二折)

我则见一个镘儿乞丢磕塔稳,更和一个字儿急留骨碌滚。(《燕青博鱼》二折)

直杀的马头前急留古鲁,乱滚滚死死死死人头。(《气英布》三折)

单音节名词多次变形重叠的另一个例子是:角-角落(阁落、旮旯)-阁落落/犄里旮旯。"旮旯"是"角落(阁落)"的方言变音,这些形式还活在口语中,大家都很熟悉,就不再举书证了。"角落、阁落落"仍是名词,只有"犄里旮旯"新增了状态形容词的用法。

2.4 单音节拟声词的多次变形重叠

拟声词多次重叠的现象在元杂剧中最为多见,一般是先分音,然后再变形重叠,仅举一组例子:

刷-疏剌-疏剌剌/失留疏剌

"刷"形容风声,分音为"疏剌",元杂剧中未见其分音形式"疏剌"用例(多用"刷刷"),但"疏剌剌"极多见,应是"疏剌"的不完全重叠式。如:

> 听疏剌剌晚风,风声落万松。(《张生煮海》一折)

> 黑黯黯冻云垂,疏剌剌寒风起。(《杀狗劝夫》二折)

四字格"失留疏剌、吸留疏剌"等是"疏剌"的完全重叠式:

> 更和这失留疏剌风摆吸留急了树。(《魔合罗》一折;疑"吸留急了"的"急"是"忽"之误,"吸留忽了"即"吸留忽剌")

元杂剧中有许多拟声词变形重叠式至今仍在北方地区活跃着,如形容水声、风声的"哗"先分音后变形重叠为三字格、四字格:

哗-忽剌-忽剌剌-吸留忽剌/吸里忽剌

现代汉语演变为:哗-哗啦-哗啦啦/稀里哗啦。

元曲中"叭"形容烦絮的说话声或敲击声,其分音变形重叠式为:

叭-不剌-不剌剌-必留不剌/必力不剌

这些都很好理解,这里就不举书证了。

现代北京话里拟声词的变形重叠式非常发达,孟琮(1983)举例甚多,比如:哐-哐啷-哐啷啷-清零哐啷等,可参看。

我们注意到,无论分音还是变声重叠,第二个音节多为[l-]母,研究者多称之为嵌l词③。选择[l-]母的原因可能有二:其一为生理上的,[l-]母为舌头边音,发音比较省力方便;其二为音理上的,[l-]母的拼合能力强,适应范围广,几乎跟各种韵母都能拼合。

2.5 根据上面对变形重叠规律的认识,再来解释元杂剧《魔合罗》中出现的十个四字格状态形容词的结构和意义就不那么困难了。除"吸留忽剌、失留疏剌、吸留急了、滴羞跌屑"在上文已随例解释过外,其余六个词可解释如下:

"吉丢古堆"为"古堆"的逆向变韵重叠式。"古堆"隆起物或隆起貌,曲文中形容波浪翻滚貌。

"乞留曲律":"曲"顺向变声重叠为"曲律","曲律"逆向变韵重叠为"乞留曲律"。曲文中形容道路曲曲弯弯。

"乞纽忽浓":"忽浓"是方言单音形容词[xuŋ](平声)的分音(现河南、湖北某些方言中仍存此词),词义为物软烂状,如"[xuŋ]柿子好吃"。"忽浓"逆向变韵重叠为"乞纽忽浓","乞"与"希"音近。曲文中形容道路泥泞貌。

"疟丢扑搭":象声词"扑搭"逆向变韵重叠为"疟丢扑搭",曲文中形容在烂泥中行走的声音。

"急章拘诸":"拘"顺向变声重叠为"拘诸","拘诸"逆向变韵重叠为"急章拘诸",形容心情紧张貌。"拘诸"元曲中又作"拘猪、拒住"等。

"赤留出律":"出"为行走打滑义,字书作"走"旁加"出",顺向变声重叠为"出律","出律"逆向变韵重叠为"赤留出律",形容路滑难行貌。

2.6 我们注意到,变形重叠的一个规律是:顺向变声,逆向变韵。这是为什么呢?我们认为,是为了使重叠式保持基式声韵调的大框架不改变。也就是说,要保持基式的声母,那么逆向重叠只能变韵母,不能改变声母;要保持基式韵母不变,顺向重叠只能变声母不能变韵母。遵循这一规则,尽管词的音节变长了,但前面的声母、后面的韵母都维持了原基式的格局没有改变,只是将原基式抻长了罢了。这就是说,变式要以基式为基础,要受基式声韵框架的约束,不能打破基式原有的声韵格局去任意变化。

刘丹青(1988)介绍了汉藏语系重叠式的各种类型,其中谈到我国南方少数民族语言也有变形重叠现象,从他所举的例子来看,这些有变形重叠现象的少数民族语言并不存在如同汉语那样的顺向变声、逆向变韵的规则。比如景颇语既可以顺向变声重叠,也可以顺向变韵重叠;黔东苗语有逆向变韵重叠,但武鸣壮语、西双版纳傣语都可以顺向变韵。由此可以看出汉藏语系的各分支语言在采用变形重叠这一语音、语法手段上既有共性,又有各自的特性。打通汉语与少数民族语言的界限,对这些跨语言的同类现象进行全面深入的调查研究,应该是一个很有意义的课题。

三

本节拟探讨多次变形重叠的动因,即是什么因素促动一个单音词多次变形重叠的?与不变形重叠式相比,变形重叠式有什么特殊的语法意义?下文把 AB 式称为一叠式,把 ABB、A′AB 称为三字格二叠式,把 A′B′AB 称为四字格二叠式。

3.1 一叠式的产生主要是单音词在词的双音化过程中音节求偶的产物。一叠式的词性与基式不尽相同,大都发生了变化,只有拟声词的重叠式词性不变。例如:"踩"本是动词,"踩蹳"兼做动词和状态形容词。"团"本是性质形容词,"团栾"兼做性质形容词和状态形容词(甚至后来又引申为动词"团聚")。名词的一叠式有的词性未变,仍是名词,如"角-角落",有的除仍为名词外也产生了新的用法,如"毂-毂辘/骨碌","毂辘"是名词,"骨碌"是动词。拟声词的一叠式仍为拟声词,如"哗-哗啦、啪-劈啪"。

三字格、四字格二叠式词性几乎都是状态形容词,不仅失去原来的词性,而且也不再兼类使用。如"跌蹊蹊、滴羞跌蹊,剔团栾、剔留秃栾,骨碌碌、急留骨碌,哗啦啦、吸留哗啦"等,只有少数名词的三字格二叠式仍是名词性的,如"阁(角)落落",但是其四字格二叠式"犄里旮旯"可做状态形容词用,如"犄里旮旯地到处躲"、"连那犄里旮旯的地方都找遍了"(只做定语和状语,不做谓语)。在各类单音节词中,除了拟声词(拟声词本来就是描摹声音状态的),性质形容词的重叠式最易产生描状性,动词次之;名词的重叠式最不容易产生描状性。

从以上情况可以看出,变形重叠是使词产生描状性、变为状态形容词的语法手段,当一次变形重叠不足以产生描状性或描状性不够强时,就需要进行二次变形重叠;当三字格不足以产生描状性时,就采用四字格变形重叠的方式;有的一叠式虽然已新产生出一定的描状性,但描状性还不够强(还兼有其他词性)也有必要再次变形重叠。由此来看,多次变形重叠是为了满足增强词汇描状性的需要而采用的强化手段。另外从语法化角度来看,变形重叠式比之不变形重叠式词汇化的程度要高,因为变形重叠词音节之间的边界更加模糊,难以再分割,更像一个复音节的单纯词。

3.2 戴浩一、张敏(1997、2001)等人指出重叠形式和它负载的意义之间的联系并不是任意的,而是由语言的相似性质所促动的。相似性(iconicity)指的是语言符号及其结构和它们所代表的概念内容或外在现实及其结构之间存在着的某种相似性。多次变形重叠也能够用语言的相似性质来解释。试将下面两组重叠式加以比较:

(甲)啪　啪啪　啪啪啪啪

(乙)啪　啪啦　啪啦啪啦/劈里啪啦

甲组是不变形重叠式,描摹的是类同声音的两次或多次复现,重叠式所描摹的是连续但有一定间隔的声音。乙组"啪啦"描摹的是有轻重分别的复合声音,不像"啪啪"那么单纯;"啪啦啪啦"比"啪啪啪啪"有连贯性,但"啪啦啪啦"之间还是有一定的间隔,只有"劈里啪啦"最能描摹出连续无间隔的声音。多次变形重叠式在描摹声音或其他状态的持续性、连贯性方面要比不变形重叠式更相似、更生动、更能传达说话者的主观感情色彩。

四

这一节拟讨论变形重叠这一语言现象在词汇史研究中的重要意义和应用价值。

4.1 变形重叠规律的揭示使我们对联绵词的特点有了进一步的科学认识,即双声、叠韵联绵词都属于语音平面的变形重叠。将这一认识运用于传统小学,可以使我们对古代文献中的一些词汇和语法现象认识得更加深刻到位,从而提升传统训诂学的科学性和实用性。比如:

《诗经·豳风·七月》:"一之日觱发,二之日栗烈。"毛亨传:"觱发,风寒也。"

其实"髭发"就是"发发"的逆向变韵重叠形式,"栗烈"就是"烈烈"的逆向变韵重叠形式。这从郑玄的笺注可以知道它们意义上的联系:

> 《诗经·小雅·四月》:"冬日烈烈,飘风发发。"郑玄笺:"烈烈,犹栗烈也。"

郑玄的注只说明"烈烈"和"栗烈"是同义词,并未揭示二者之间的语音关系。我们有了变形重叠的观念,就能敏锐地看出"髭发"与"发发"、"栗烈"与"烈烈"的深层关系,认识到它们不是一般的同义词关系,而是变形重叠式与不变形重叠式的关系。《诗经》中"发发"和"烈烈"这种不变形的重叠式多见(如《诗经·小雅·蓼莪》:"南山烈烈,飘风发发。"毛亨传:"发发,疾貌。"),而"髭发"和"栗烈"这种变形重叠式较少见,这是比较正常的。由此可见,用变形重叠理论为武器,可以突破以往训诂学理论和方法上的某些局限,使词义训释开辟出一片新的天地。

4.2 变形重叠的方向性、变形重叠的多次性规律的揭示,使我们掌握了分析变形重叠词语音结构层次的一把钥匙,同时也能够便捷地找到决定变形重叠词语义的语素所在。从变形重叠的方向来说,目前我们掌握如下几种类型:

AB(踥蹀)

BA(燕婉)

AB/BA(须臾/斯须)

A′AB(剔团圞)

A′B′AB(滴羞踥蹀、吸力忽剌)

即:顺向变声、逆向变韵、从正反双向分别产生两个同义变形重叠双音词、先顺向变声或分音产生一个变形重叠双音词,然后再逆向变韵重叠产生一个三音节或四音节词变形重叠词。当我们面临一个疑难四字格形容词如"急章拘诸"（又作"急獐拘住、急章拒猪"等）时，我们首先看出"急章"是"拘诸"的逆向变韵重叠，其次，我们又看出"拘、诸"是叠韵关系，有可能"诸"是"拘"的顺向变声重叠形式，"诸"不担负实际词义，这个四字格的词义核心在语素"拘"上。这样，再根据几个用例的上下文语境就可以对此词做出比较妥帖的解释了。

变形重叠的观念有助于防止词义训释中的望文生义。如《宋史·兵志》有"踢跳"一词："昌祚等乃以牌子踢跳闪烁，振о响环，贼马惊溃。"一般容易把"踢跳"理解为又踢又跳，但玩味例句，"踢跳"义为上下蹦跳，并无"踢"义，"踢跳"应是"跳"的逆向变韵重叠词。后来"踢跳"产生了"又踢又跳"的意义，但那正是语用过程中望文生义所致，我们应该把其初始义与后起义区别开来，这样才能反映词汇发展的真实面貌。"剔团栾、剔透、踢跳"这些前字为[ti]的词，都是声母为[t-]的单音词（团、透、跳）逆向变韵而产生的音节。用变形重叠的观点分析这些词，方能透过现象见本质。

4.3 变形重叠理论在俗语词训释上也有极大的实用价值，它可以解释以往解释不了的一些疑难词语，纠正以往的训释错误，使人豁然开朗。

如上所论，元杂剧中的三字格、四字格状态形容词实际上有的是双音词的变形重叠，有的是单音词的多次变形重叠，还有的则是单音词分音后的变形重叠形式。由于过去对这一现象缺乏研究和认识，在词义训释中不是隔靴搔痒，就是讹误重重。以下以在曲辞训释方面影响较大的《宋金元明清曲辞通释》（简称《通释》）一书为例，略加说明。

(1)纸提条、纸题条

　　我将这第三封扯做纸题条。(马致远《荐福碑》二【醉太平】)

　　把衣服扯得似纸提条。(《还牢末》二【梧叶儿】)

　　我要禁持你至容易,(唱)只消得二指阔纸提条。(《铁拐李》一【油葫芦】)

《通释》:纸提条,即纸条儿。一作"纸题条"。提、题,皆为句中衬字,无义。

　　今按,"纸提条、纸题条"即纸条条。"提条"是"条"的逆向变韵重叠形式。

(2)剔团栾、剔秃栾、踢团栾

　　断人肠的是剔团栾月色挂妆楼。(《窦娥冤》一【混江龙】)

　　剔秃栾一轮天外月。(元小令《清江引·托咏》)

　　见冰轮飞出云衢,踢团栾碾破银河路,放寒光照九区。(明散套《醉花阴·玉宇金风送残暑》)

《通释》:剔团栾,就是非常圆、滴溜圆的意思。剔,形容圆的副词,有甚、极、很、挺等义,犹云"滴溜儿"。团栾,圆貌。

　　今按,"剔"是"团"逆向变韵重叠形式,"栾"是"团"的顺向变声重叠形式,"剔团栾"就相当于"团团团"。由于"剔"经常处于形容词"团栾"和"透"(玲珑剔透)之前,占据的是程度副词的位置,久而久之,被误解为程度副词。例如,诗人臧克家《大别山》诗:"流泉到处卖弄清响,把石子冲洗得光滑剔亮。""剔亮"即极亮,"剔"用作程度副词是句法位置引起的重新分析。

(3)呆答孩、呆打孩、呆打颏

　　则索呆答孩倚定门儿待。(元《西厢记》四本一折【混江龙】)

　　吓的我呆打颏空张着口,惊急力,怕抬头。(元《朱砂担》

二【牧羊关】)

　　越教我呆打孩心绪慵劳。(明《冲漠子》三【滚绣球】)
《通释》:呆答孩,发呆的样子。亦作"呆打颏、呆打孩"。答孩、打颏、打孩,是异形同音的语助词,犹如现在口语中的"呀咳",用来形容发呆的。……一说答孩、打颏、打都是"抬颏"的借用。抬颏,本义是抬起下巴,表示庄严的样子。引申为面部没有表情,姑备一说。

　　今按,"呆答孩"等实为"呆獃"(ái dāi"呆"旧读 ái)。"答孩"相切为"獃"。

　　(4)七林林、缉林林、七林侵、七淋侵、七临侵、齐临临

　　我这里七林林转过庭槐,慢腾腾行过厅阶,孤桩桩靠定明亮槅。(《黄粱梦》)

　　咱也曾湿浸浸卧雪眠霜,咱也曾磕擦擦登山蓦岭,咱也曾缉林林劫寨偷营。(《气英布》)

　　亏心的议者,七淋侵几千般等的雕鞍卸,滴留扑摔的菱花缺。(元小令)

　　打得他七林侵寻鬼窟,荒笃速拜神坛。(明·朱有敦小令)

　　一个个战抖搜心胆寒,一个个七临侵手脚残,管教认得俺杀人不眨眼的魔君这一番。(《英雄成败》)

《通释》:七林林,意为悄悄地、慢慢地。也作"缉林林、七林侵、七淋侵、七临侵、齐临临",音近义并同。

　　今按,"七林林"等中的前两个音节"七林"实际上代表的是一个单音词的反切分音形式。《广韵》骎,七林切。据《汉语大词典》,重叠词"骎骎"有如下几个义项:(i)马行走貌(诗经)。(ii)急速奔驰貌;疾速(南北朝)。急促;匆忙(南北朝)。(iii)渐进貌(唐)。据此,上面四个例子可分为两组,两组词义不同。前两例为一组,词

义为"渐进貌";后两例为一组,词义为"急促、匆忙貌"。

4.4 上举数例可见变形重叠理论实用价值之一斑。我们感叹,在汉语词汇发展变化的历程中,尚有许多新的现象有待我们去发掘、去认识。即以元杂剧中的三字格、四字格状态形容词而言,还有许多类型值得关注。例如有一种 ABB、ABC、ABBC 型三字格、四字格,其中的 AB 实际上是 C 的分音形式,如:

忒楞-忒楞楞-忒楞楞腾("忒楞"切"腾")

疏剌-疏剌剌-疏剌剌刷("疏剌"切"刷")

(赤力)-赤力力-赤力力尺("赤力"切"尺",通常作"哧")

厮琅-厮琅琅-厮琅琅汤("汤"shāng 与"厮琅"的切音相近)

支楞-支楞争(ABC"支楞"切"争")

支楞-支楞楞-支楞楞争

这些现象都提醒我们,在关注语法构词的同时,也应对语音构词有关的现象给予更多的关注。而且,我们还应该着力于古今语言现象的融会贯通,开阔视野,溯源探流,以今识古,以古知今,开拓词汇史研究的新境界。

附 注

① "须臾、斯须"的例子承郑州大学文学院研究生游超峰同志告知,谨致谢意。

② 现代汉语"哆嗦"(duō·suo)一词是"笃速"的现代变体,词义与"笃速"相同,指"因受外界刺激而身体不由自主地颤动",只能用于人或动物,不能像"花枝蹀躞"那样用于植物。北京话里的俗语词"嘚瑟"(dè·se)应是"哆嗦"变韵(也变调)而来。其义为:a.形容人因得意而张扬,犹如"抖起来"的"抖"。例如:刚当上个小科长就 dè·se 起来了|这两年挣了点儿钱儿,瞧把他给 dè·se 的。b.引申为胡乱消费。例如:一个月的工资,不到一礼拜就叫他给 dè·se 光了。显然,此二义都源自原词的抖动义。"哆嗦"意义具体,指

动作;dè·se 意义抽象,指行为,通过变韵构词,区别既有联系又有细微差别的词义。

③ 王洪君(1994)指出嵌 l 词为双音单纯词,宋人笔记及元曲已多见,其定形在精见组合流之前。王文还指出分音词取抑扬格:前轻后重,前暗后亮——全词形成强度的轻重对比和响度的暗亮对比。

参考文献

曹先擢	1980	诗经叠字,《语言学论丛》第七辑,商务印书馆。
邓享璋	2007	闽中、闽北方言分音词的性质与来源,《语文研究》第 1 期。
郭小武	1993	试论叠韵联绵字的统谐规律,《中国语文》第 3 期。
刘丹青	1986	苏州方言重叠式研究,《语言研究》第 1 期。
——	1988	汉藏语系重叠形式的分析模式,《语言研究》第 1 期。
马重奇	1995	漳州方言的重叠式形容词,《中国语文》第 2 期。
孟琮	1983	北京话的拟声词,《语言研究与探索》(一),北京大学出版社。
沈家煊	1993	句法里的象似性问题,《外语教学与研究》第 1 期。
石定栩	2000	形容词重叠式的句法地位,《汉语学报》第 2 期。
石锓	2005	论"A 里 AB"重叠形式的历史来源,《中国语文》第 1 期。
孙景涛	1998	古代汉语重叠词的内部构造,《古汉语语法论集》,语文出版社。
唐志东	1998	信宜方言前字变音重叠式,《语言研究》第 2 期。
王洪君	1994	汉语常用的两种语音构词法,《语言研究》第 4 期。
王学奇、王静竹	2002	《宋金元明清曲辞通释》,语文出版社。
徐杰	2000	"重叠"语法手段与"疑问"语法范畴,《汉语学报》第 2 期。
张敏	1997	从类型学和认知语法的角度看重叠现象,《国外语言学》第 2 期。
——	2001	汉语方言重叠式语义模式的研究,《中国语文研究》(香港)第 1 期。
朱德熙	1982	潮阳话和北京话重叠式象声词的构造,《方言》第 2 期。

(原载《历史语言学研究》第一辑,商务印书馆 2008,收入本集时有所增改)

说"踥蹀"与"嘚瑟"

提　要　本文对叠韵联绵词"踥蹀"的语音、语义演变进行了历史考察，认为东北方言词"嘚瑟"（义为"得意、显摆"和"胡乱花钱"）的源头就是"踥蹀"。文中勾勒出从"踥蹀"到"嘚瑟"形音义的纵向发展变化，揭示了它们一脉相沿的历史渊源，并用同义词相因生义的规律，从跟"哆嗦"词义有交集的"抖"类词的引申义中去寻求"嘚瑟"得义的理据。

关键词　踥蹀　独速　滴羞踥蹀　哆嗦　嘚瑟

都说改革开放促使"粤语北上"，"打的、埋单"如今已通行全国；殊不知随着二人转和赵本山小品的走红，一些东北方言特色词也在逐渐南下，开始在全国传播开来，除了"忽悠、唠嗑、指定能行"之外，恐怕就是"嘚瑟 dè·se"了。"嘚瑟"一词不仅东北话用，北京、天津等地也使用，而南方地区几乎都不用这个词，南方人听了感到很生疏。"嘚瑟"二字是记音的，与词义无关。尹世超（1998）《哈尔滨方言词典》129 页所记哈尔滨方言：

　　嘚瑟 tɤ^{53} sɤ　❶轻浮地说话做事；令人生厌地表现自己：这家伙贼能～｜跑人家当官儿的跟前～个啥劲儿！❷无节制地花钱等：把钱都～光了。

第一个义项说通俗了就是"显摆、炫耀"。本文拟考察"嘚瑟"得义的由来，追溯其语义、语音演变的轨迹，力求把历史和现实串联起来，总的结论是："嘚瑟"的源头是"踥蹀"。

1. "蹀躞"是"蹀"的变形重叠

拙文(2008)曾论证"蹀躞"是"蹀"的变形重叠形式,即"蹀"通过顺向改变声母重叠为"蹀躞"。在"蹀躞"一词中,只有"蹀"是可以独立运用的语素,"躞"只是构成双音节重叠词的一个音素,没有任何意义。

判定一个双音词是否为某个单音节词的重叠式应该有科学的标准,不能只凭主观感觉。孙景涛(1998:216)提出了区分变形重叠形式的三个步骤:

(1)先看这个双音形式中是否有一个可以独立运用于他处的音节(语素),如果有,便有可能是派生形式。

(2)要看这个音节(语素)跟这个双音形式是否有意义上的联系。如果有并且这种意义联系属于类别性的,并且只有这一个音节(语素)跟它参加构成的双音形式有这种意义联系,那么这个双音形式就是派生形式。

(3)要看这两个构成成分之间的语音关系,如果完全相同(表现在文字上即重言),并且符合上述要求,它就是重叠词;如果语音上不尽相同,但是其差别可以归入某种类型,即能找到许多平行的例子,这个双音形式仍可确定为重叠词。

用上述步骤检验,"蹀躞"每一项都符合标准,可以看作"蹀"的顺向变声重叠形式:

蹀 *diep ⟶ 蹀躞 *diep *siep

首先,"蹀"是可以独立使用的单音节动词,其义为踏,蹈。《广雅·释诂一》:"蹀,履也。"可用于人,也可用于马。

足蹀阳阿之舞,而手会绿水之趋。(西汉·刘安《淮南

子·俶真》)

眷西极而矖首,望朔云而蹀足。(南朝宋·颜延之《赭白马赋》)

其次,"蹀"(踏、蹈)跟"蹀躞"(小步行走)有类别性的意义上的联系,表示脚踏行走的动作,而且只有"蹀"这一个音节跟"蹀躞"有这种意义联系。

第三,"蹀"与"躞"语音不相同,但二者有叠韵关系。

从以上三点可以判定"蹀躞"为"蹀"的变形重叠式。"蹀"是词根,"躞"是衍生音节。

2."蹀"的多种变形重叠

在后世文献中,"蹀"经历了"蹀—蹀躞—跌躞躞/滴羞蹀躞"等变形重叠的复杂变化。

"蹀"本为动词,重叠式"蹀躞"除了仍做动词外,新产生了状态形容词用法,描状小步行走貌;马行貌。例如:

丈夫生世会几时,安能蹀躞垂羽翼?(南朝宋·鲍照《拟行路难》诗之六)

此以小步行走比喻受拘束而不得肆意施展抱负。

蹀躞骖先驾,笼铜报鼓衙。(唐·柳宗元《同刘二十八院长述旧言怀感时书事赠二君子》诗)

四蹄蹀躞如流星,两耳尖修如削竹。(元·萨都刺《题画马图诗》)

此二例中的"蹀躞"用来描状马行走时步子细碎、反复上下颠动的样子。

到了元代,"蹀躞"的词形发生了变化,不仅有多个变体,还出

现了三音节、四音节重叠形式。其变体可分为两组,两组之间存在着不圆唇与圆唇的对立:

(i) 跌屑、叠屑、滴屑、铁屑

(ii) 笃簌、笃速、都速

这些变体一般不独立使用,大都以三字格或四字格的形式出现,在这些三字格或四字格中,其语义发生了变化,由形容小步行走貌引申出形容手、腿、身体等颤抖貌(以下各例皆采自元杂剧)。

三字格

(甲)不完全重叠式 ABB:跌蹬蹬、叠屑屑、滴屑屑、铁屑屑、笃簌簌、笃速速

那厮热拖拖的才出气,那厮他跌蹬蹬的恰还魂。(《燕青博鱼》二折【金盏儿】)

涎邓邓眼睛剜,滴屑屑手脚卸,碜可可心肝摘。(《李逵负荆》四折【离亭宴】)

风飕飕遍身麻,则我这笃簌簌连身战,冻钦钦手脚难拳。(《五侯宴》三折)

(乙)述补式"动/形+AB":颤笃簌、战笃速、慌笃速(AB 描绘动词或形容词的状态)

伯伯也,早吓得你颤笃簌魂魄悠悠。(《桃花女》一折【赚煞】)

教我战笃速如发疟,汗淋漓似水浇。(《罗李郎》二折【梧桐树】)

他为甚的便慌笃速,一句句紧支吾。(《神奴儿》三折【红绣鞋】)

(丙)述补式"动/形+BB":战簌簌、慌速速、急簌簌(前字取乙

式中作为意义标记的动词、形容词,后字取甲式中的重叠下字)

四字格

(甲)A′B′AB 式:滴羞跌蹀、滴羞跌屑、滴羞笃速、滴羞都苏

从 A′B′ 跟 AB 声母相同、韵母不同来看,A′B′AB 式最初应是 AB 的逆向变韵重叠形式:

滴羞 *ti *sieu ← 跌蹀 *tie *sie

就是说,"跌蹀"是这个变韵重叠四字格的直接来源。"滴羞跌蹀" 的变体有"滴羞跌屑、滴羞笃速、滴羞都苏"等:

吓的我手儿脚儿滴羞跌蹀战笃速。(《赵李让肥》四折【挂玉钩】)

今日今日羞辱,不由我滴羞跌屑怕怖。(《后庭花》二折【斗蛤蟆】)

吓的我……手儿脚儿滴羞笃速的似呆痴。(《薛仁贵》三折【尧民歌】)

吓的我慌慌张张手脚滴羞都苏战。(《青衫泪》二折【醉太平】)

(乙)A 里 AB:跌里跌斜("跌斜"为"跌蹀"的变体)

虽然有这小丫头迎儿,奴家见他拿东拿西,跌里跌斜,也不靠他。(《金瓶梅词话》第一回)

与甲式变韵重叠不同,乙式第二音节"里"的声母韵母跟原联绵词的前后字毫不相干,只是个衬音词,只起填补音节的作用。这种格式在元曲中还未出现,但在后来逐渐模式化,成为一种定式,在现代汉语中有能产性,如:啰里啰唆、慌里慌张、哆里哆嗦、邋里邋遢、肮里肮脏、古里古怪等。对此石锓(2005)有详考。

由上可知,单音节动词"跌"通过顺向改变声母方式产生重叠

式"躞蹀","躞蹀"可兼做动词和状态形容词;"躞蹀"的变体"趹躞""笃簌"等重叠下字,产生三字格重叠式"趹躞躞""笃簌簌"等;"躞蹀"及其变体通过逆向变韵方式产生四字格重叠式"滴羞躞蹀""滴羞趹屑"等;"躞蹀"重叠为"A里AB"式,第二音节固定为"里",中缀化,与变音无关。三字格、四字格大都只做状态形容词,形容颤抖貌。其过程大致为:

蹀(A)—→躞蹀(AB)—→躞蹀蹀(ABB)/滴羞躞蹀(A′B′AB)—→躞里躞蹀(A里AB)。

3."躞蹀"的词形变体

在元代以前,"躞蹀"有"晃动、摇摆"义,这从古时有一种佩戴的饰物叫"躞蹀"可窥其一端:

元昊遣使戴金冠,衣绯,佩躞蹀,奉表纳旌节告敕。(宋·司马光《涑水记闻》卷九)

重整金泥躞蹀,红皱石榴裙褶。(宋·张枢《谒金门》词)

饰物"躞蹀"的得名显然跟戴上此物行走时来回晃荡有关。

在《汉语大词典》中,"躞蹀"的"晃动"义较明确的书证为明代戏曲:

珠璎簌,玉玲珑,金躞蹀,翠笼惚,锦斑斓,画堂富贵人相共。(明·贾仲名《金安寿》第一折)

我则见绣屏开花枝躞蹀,绮窗闲花影重叠。(明·朱权《卓文君》第二折)

"绣屏开花枝躞蹀"形容绣屏上的花枝栩栩如生,好像在摇曳晃动一样。

唐宋文献中有叠韵联绵词"独速、𤞏速、𪗄遫"等,其上下字声母格局都是[*d/t-][*s-](定/端母、心母),韵母为屋/沃韵,从音义两方面看都跟"跿躞"有关。

独速:

> 脚踏小船头,独速舞短簑。(孟郊《送淡公》诗之三)

> 斧斤留得万枯枝,独速槎牙立暝途。(范成大《科桑》诗)

《汉语大词典》释为"摇动貌"是对的。其实"独速"就是"笃速",也即"跿躞"的变体,从上举元人杂剧中的三字格"趺躞躞、笃速速"可知。

犊速:

> 以犊速兮为行,以屈悴兮为跪。(敦煌本《丑妇赋》)

这两句话颇为费解,向无确诂。据我理解,上句的"犊速"就是"独速",义为"摇晃、颠动"。此二句言丑妇走起路来一颠一晃,行跪拜礼也不合规矩①。

唐诗中的"独速、犊速"跟元杂剧中的"笃速"音义相近,而"笃速"又是"跿躞"的形态音变,所以可以推知"独速、犊速"也是"跿躞"的音变,都是"摇晃、颠动"义。

纛遫:

> 暝鸟影连翩,惊狐尾纛遫。(韩偓《出官经硖石县》诗)

《汉语大词典》释作"毛密而蓬松貌",《辞源》释作"蓬松分散",皆失之。今谓"纛遫"跟"笃速、独速"一样,也是"跿躞"的变体。"纛",《广韵》有去声"徒到切"和入声"徒沃切"二音,其入声音与"独"(《广韵》徒谷切)音同。此诗言夜幕下人马出行,惊得鸟儿连翩飞起,惊得狐狸尾巴哆嗦,"纛遫"为颤抖义。②

文献表明,自六朝至元明"跿躞"的语义引申脉络如下:

小步行走——马颠动行走——晃动、摇摆——颠动、发抖哆嗦：

"蹀躞"的"颤动、颤抖"义后来用"哆嗦"表示，较早见于清代白话小说，在现代汉语里是个南北通用的常用词：

> 那脸蛋子一走一哆嗦。(《儿女英雄传》第十五回)

> 怎当得师老爷手里的烟袋也颤，他手里的盘香也颤，两下里颤儿哆嗦，再也弄不到一块儿。(同上，第十五回)

"哆嗦"是叠韵联绵词，其声母格局是：[t-][s-]（端母、心母），这一点跟"蹀躞"古今对应；在语义上指"因受外界刺激而身体不由自主地颤动"(《现汉》351页③)，专用于人或动物，不再用于植物等，但其核心义仍是"颤动"，跟"蹀躞"一致。跟"蹀躞"不同，其四字格重叠式由"A′B′AB"式变为"AABB"式，但同样有"A里AB"式：

蹀躞——滴差蹀躞——蹀里蹀斜

哆嗦——哆哆嗦嗦——哆里哆嗦

回过头来看，无论是唐宋时期的"独速、㸿速、虆遬"，还是元明时期的"跌躞、叠屑、笃速、笃簌"在词的语音结构上或与"蹀躞"全同，如"跌躞、叠屑"之类；或虽不尽相同，但是其差别有规律可循，少数例外不难解释，如"独速、笃簌、滴屑、铁屑、都苏"之类。其共同点可归纳为：

(1)这些词形都是叠韵联绵词，其上下字声母格局为[*d/t-][*s-]（定/端母、心母）；

(2)在上下字声韵模式不变的前提下，韵母可同步音转：由不圆唇转为圆唇（蹀躞—笃速），由入声转为平声（蹀躞—都苏），由单元音转为复元音（都苏—哆嗦）。其中的例外"滴屑"和"铁屑"需要解释：前者"滴"与"屑"韵母不同，有可能受到"滴差蹀躞"的影响而选用"滴"字；后者的"铁"与"蹀"声母虽不同，也只是送气与不送气之异。

正是由于这些共同点,我们把以上各词形看作是同一个联绵词的不同变体。这些词形变体的语音大框架和内部结构没变,只是上下字的韵母发生了同步音转,人脑所具有的模糊处理能力完全可以正确解读它们包含的语义。再者,状态形容词词义带有模糊性,也为内部变韵形式留下了空间。

4. "蹀躞"与现代方言"哆嗦"与"嘚瑟"的关系

在东北方言中,表示"颤抖、发抖"除了"哆嗦"之外,还有一个词"嘚瑟"。尹世超(1998)《哈尔滨方言词典》129页:

> 嘚瑟 tɤ⁴⁴ sɤ 哆嗦;发抖:吓得都～了|一个个儿冻得嘚嘚瑟瑟的。

前字读阴平,后字读轻声。很显然,这个"嘚瑟 tɤ⁴⁴ sɤ"是"哆嗦"的变韵,是"哆嗦"的东北方言变体。本文开头引用的、前字读作去声的"嘚瑟 tɤ⁵³ sɤ"显然是前字读作平声的"嘚瑟 tɤ⁴⁴ sɤ"的变调。也就是说,平声的"嘚瑟"义为"哆嗦",去声的"嘚瑟"义为"显摆、炫耀"和"无节制地花钱等"。

为了加以区别,下面把前字读阴平 44 的标作"嘚瑟[1]",把前字读去声 53 的标作"嘚瑟[2]",无数字标记的"嘚瑟"即指读去声的"嘚瑟[2]"。"嘚瑟[1]"和"嘚瑟[2]"声调不同,语义也不相同,语音层面与语义层面的结构关联是区别性,现代语言学称为形态音变,传统语言学叫作"殊声别义"。东北话通过改变声调使"嘚瑟[1]"表示发抖,是遇到外界某种刺激时身体的生理反应;用"嘚瑟[2]"表示显摆、炫耀等言语行为方面的表现。"嘚瑟[2]"还可以离合为状态形容词"嘚了巴瑟","形容轻浮、轻佻的样子:这小子～的,不咋的"(尹世超

1998:129)。

5. 从"蹀躞"到"嘚瑟"

综上,我们已经粗略地勾勒出从"蹀躞"到"嘚瑟"的纵向发展变化,揭示了它们一脉相沿的历史渊源:

(i) 动词"蹀"于六朝前后顺向变声重叠为"蹀躞",意思是"小步行走"或"马行貌",引申为"摇晃、颠动"义,兼做动词、形容词;

(ii) "蹀躞"在唐宋时期衍生出"独速、犊速、纛遬"等异体,除"摇晃"义外又引申出"颤动、发抖"义;④

(iii) 元明时期"蹀躞"重叠为三字格"跌躞躞、叠屑屑",四字格"滴羞蹀躞、滴羞都苏"等,为状态形容词,形容发抖的样子;

(iv) 表示"发抖"义的"蹀躞"音变为"哆嗦",现代在全国通行;

(v) 东北方言"哆嗦"变韵为"嘚瑟[1]"。

(vi) "嘚瑟[1]"第一音节阴平变为去声,引申出表示"显摆、炫耀"的"嘚瑟[2]"。

从"蹀躞"经由"独速""哆嗦"最后到"嘚瑟"的演变过程中,发生了联绵词上下字同步变韵的形态音变,语义也随着语音的变化而有所区别,词形及语义色彩等各方面都发生了一系列的变化,具体为:

(1)声韵调:入声开口→入声合口→平声合口→去声开口

(2)词义:小步行走貌→颠动、摇晃→颤动、发抖→显摆,乱花钱

(3)词义色彩:不自主→自主;中性→贬义;表体态→表心态、神态

(4)构词成分:前字表义后字表音——→前后字都表音

可以图示如下:

踒趚:入开	颠动、摇晃	表义-表音	中性	表体态
独速:入合	颤动、发抖	表音	中性	表体态
哆嗦:平合	颤动、发抖	表音	中性	表体态
嘚瑟[1]:平开	颤动、发抖	表音	中性	表体态
嘚瑟[2]:去开	显摆;乱花钱	表音	贬义	表心态、神态

以上变化符合语言演变的一般规律。入声的消失是汉语历史音变的大趋势;语音与语义层面的结构关联在于区别性,"踒趚"上下字同步转韵和"嘚瑟"由平声转读去声等形态音变,都是由此原则促动的;由表体态到表心态、神态,由动作不自主的中性词到行为自主的贬义词等,都体现了词义演变过程中的主观化倾向。

在建立由"踒趚"到"嘚瑟"的历史联系中,有一些具有中介作用的形式十分重要。其一是元代的三字格、四字格重叠词"跌趚趚、颤笃速、滴羞踒趚、滴羞笃速、滴羞都苏"等,它们提供了把唐宋时期的"独速"与其源头词"踒趚"联系起来的中介形式;其二是哈尔滨方言的"嘚瑟[1]"(平声),它使"嘚瑟"与"哆嗦"、"嘚瑟[1]"与"嘚瑟[2]"联系起来。

6. 相因生义:从"抖"类词看"嘚瑟"得义的理据

本文把"踒趚"看作"嘚瑟"的源头词,还需要解释"嘚瑟"何以会产生出"得意、显摆"甚至"挥霍"义的。结论是:"嘚瑟"的这两个义位是通过类推,从它的同义词"抖、抖搂"取得的,其途径为"相因生义"。所谓"相因生义"是指:A 词原来只和 B 词的一个义位 B_1 相通。由于类推作用,A 词又取得了 B 词的另一个义位 B_2(蒋绍愚1989)。也就是说 A 词的 B_2 义不是从自身的义位线性引申出来的,而是通过类推从它的同义词横向获得的,这正是"嗦瑟"得义的途径。"嗦瑟[1](哆嗦)"的词义是"颤动;发抖",在这个义位上它跟"抖"是同义词(《现汉》用"颤动;哆嗦"作为"抖"的第一个义项),因此,以此为基点,它通过类推取得了"抖"的其他有关义位。且看《现汉》对"抖、抖搂、抖擞"等"抖"类词的解释:

抖 dǒu 动 ❶颤动;哆嗦:发～|浑身直～。❷振动;甩动:～一～马缰绳|～开被窝。❸(跟"出来"连用)全部倒出;彻底揭露:把他干的那些丑事都～出来。❹振作;鼓起(精神):～起精神往前直赶。❺称人因为有钱有地位等而得意(多含讥讽意):他如今当了官,～起来了。

【抖搂】dǒu·lou 动 ❶振动衣、被、包袱等,使附着的东西落下来:把衣服上的雪～干净。❷全部倒出或说出;揭露:～箱子底儿|把以前的事全给～出来。❸浪费;胡乱用(财物):别把钱～光了,留着办点儿正事。

【抖擞】dǒusǒu 动 振作:精神～|～精神。

"抖搂"是"抖"的顺向变声重叠形式,"搂"在这里只表音不表义。"抖擞"最初也可能是顺向变声重叠词,由于词义的沾染,到了后来"擞"在方言里也有抖动(擞炉灰)和颤抖义(《儒林外史》第八回:"王道台吓得擞抖抖的颤"),看作同义并列结构也可以。

"抖擞"在近代汉语里也有"颤动、哆嗦"义[5],如:

花鬘抖擞龙蛇动,曲终王子启圣人。(唐·白居易《骠国乐》诗)

觉一阵地惨天愁,遍体上寒毛抖擞。(元·关汉卿《四春园》第二折)

从"振作"义也引申出"炫示、显示"义⑥,如:

> 施展出江湖气概,抖擞出风月情怀。(元·薛昂夫《殿前欢》曲)

可见,"嘚瑟"的"得意;显摆"义从"抖❺"和"抖擞"的"炫示、显示"义获得;其"胡乱花钱"义从"抖搂❸"获得。

陈刚等(1997)《现代北京口语词典》96页同样记录了"抖、抖搂、抖擞"的上述特殊词义:

> 抖　❷因有钱或得势而得意:太太一死,姨太太就～了。❹显显威风,享享福的意思:我也该～两天了,四十多岁还没露过一会脸呢!⑦
>
> 抖搂　❷耗尽钱财,挥霍:临死的时候儿他不放心,怕儿子把家底儿给～。
>
> 抖擞　❶抖动:握着他的两只手,～了好一阵。❷振作:眼都快睁不开了,还强～着精神说不困呢。
>
> 抖儿擞儿 dǒur sǒur　蹦蹦跳跳:好好儿走,别～的!

尹世超(1998)《哈尔滨方言词典》244页收哈尔滨方言"抖神儿、抖洋气儿、抖抖擞擞"三词:

> 抖神儿:出风头;显威风:你真～,又中奖了。
>
> 抖洋气儿:称人因为有钱有地位等而得意(多含讥讽义):他揽了两个大活儿干发了,开始～了。
>
> 抖抖擞擞:轻浮;轻佻:这人长一身家雀儿骨头,～的。

从以上各类文献可以看出,"抖、抖搂、抖擞"等"抖"类词共同的核心义是"抖动、振动",由此引申出"振作"义,又由"振作"义引申出"得意、显摆"义。与此并行,又从"抖落、抖掉"引申出"胡乱花费"义。"蹀躞"系词语的核心义为"颠动、颤动",这个意义跟"抖"

类词相通,因而能够相因生义,获得"抖"类词的一些引申义。"嘚瑟"由平声变为去声,是从形式上对原有义(哆嗦)与类推义("得意、显摆"和"胡乱花费(钱财)")加以区别。

把词形、语音不同,从字面上又看不出语义联系的古代词语跟现代汉语方言的口语词挂钩须要十分谨慎。必须要对这个源头词的词形、语音及其语义的演变轨迹进行详细的历史考察。只有在形音义几方面都能建立起与现代词语的连续的、可靠的历史联系,并且能用语言学理论对其形音义演变的理据加以科学解释,才是可信的。本文试图按这样的要求去做,其中做得不够之处,还请方家批评指点。

附 注

① 此处后一句的"屈淬"应是"跪"的反切分音形式。

② 唐宋诗中另有"摘索"一词,《汉语大词典》释为"犹言瑟缩"。
  阴沉天气连翻醉,摘索花枝料峭寒。(唐·韩偓《清兴》诗)
  摘索又开三两朵,团栾空绕百千回。(宋·林逋《又咏小梅》)
今疑"摘索"应是"䟐躞"的又一方言变体。"摘",知母,古无舌上音,读同端母;"索"为心母,与"䟐躞、笃速、笃簌、叠屑"下字声母相同,且也为入声。"摘索花枝料峭寒"是形容花枝在春寒料峭的天气里冷得微颤的样子,"摘索又开三两朵"也是说绽放的梅花花枝在寒春里颤动。"摘索花枝"与"花枝䟐躞"意境相同,"摘索"很有可能就是"䟐躞",书此存疑待考。

③ 本文所引《现汉》为《现代汉语词典》第5版。

④ 钱曾怡(1993)《博山方言研究》载,博山方言"䟐䟐躞躞"形容人说话啰嗦。清代蒲松龄《聊斋志异·胡四相公》:"若个䟐躞语,不宜贵人出得!"何垠注:"䟐躞,犹云琐碎也。"盖因"䟐躞"不管是表"小步行走貌、马行貌",还是表"颤动貌",都包含着"细碎、反复"义素,所以引申为形容言语啰嗦是很合情理的。

⑤ 现代作家许地山《换巢鸾凤》中也用"抖擞"表"哆嗦":"众人看他们二人死了,都吓得抖擞起来。"可能因"哆嗦"过俗,"抖擞"表义性强的缘故。

⑥ 当代作家周立波《暴风骤雨》第二部十二有"抖擞"用如"嘚瑟"的例子:

　　你们抖擞吧,等"中央军"来,割你们的脑袋。

周立波,湖南益阳人,1946年随军进入东北。《暴风骤雨》是根据他本人参加土改工作队的经历写成的,所以小说中用到不少东北方言词。此处作者选用了跟"嘚瑟"音义相近的"抖擞"。

⑦ 老舍《龙须沟》里也有用例:"得了势或发了财,你算是走对了路子,抖起来啦!"

参考文献

陈　刚、宋孝才、张秀珍　1997　《现代北京口语词典》,语文出版社。
冯胜利　1986　同律互证与语文词典的释义,《辞书研究》第2期。
高艾军、傅　民　2001　《北京话词语》,北京大学出版社。
黑维强　2010　陕北绥德河底方言的文白异读,《方言》第4期。
江蓝生　2000　相关词语的类同引申,《近代汉语探源》,商务印书馆。
——　2008　变形重叠与元杂剧中的四字格状态形容词,《近代汉语研究新论》,商务印书馆。
蒋绍愚　2000　论词的"相因生义",《汉语词汇语法史论文集》,商务印书馆。
刘丹青　1988　汉藏语系重叠形式的分析模式,《语言研究》第1期。
钱曾怡　1993　《博山方言研究》,社会科学文献出版社。
石　锓　2005　论"A里AB"重叠形式的历史来源,《中国语文》第1期。
孙景涛　1998　古代汉语重叠词的内部构造,《古汉语语法论集》,语文出版社。
——　2008　古汉语顺向重叠,《中国语言学集刊》,中华书局。
徐世荣　1990　《北京土语词典》,北京出版社。
尹世超　1998　《哈尔滨方言词典》,江苏教育出版社。
朱德熙　1982　潮阳话和北京话重叠式象声词的构造,《方言》第2期。
中国大辞典编纂处　1957　《汉语词典》(原《国语词典》简本),商务印书馆。

(原载《方言》2011年第1期)

说语音羡余词

提　要　本文提出语音羡余词的概念。语音羡余词是指那些在原词音节结构的基础上改变或增加音节结构，从而产生的音节结构上有多余，但意义和功能与原词无别的新词。文章从连读音变、合音叠加、分音裂变三个方面分别举例说明了各类语音羡余词的来源、结构及特点。
关键词　羡余构词　语音构词　连读音变　合音　分音

1. 前言

现代语言学揭示了自然语言的三大本质特征，其一就是语言的羡余性（另两个为语言的模糊性、语言的可生成性）。一切自然语言都有羡余现象，汉语亦然。我国学者对汉语的羡余现象进行了有益的探索，发现了众多有趣的语言事实，作出许多符合汉语和汉字特点的解释，归纳出一些带有普遍性的规律，其中韩陈其《汉语羡余现象研究》一书是比较有代表性的成果。

羡余现象是反映自然语言本质特征的语言现象，涉及范围广泛，表现形式复杂，汉语的羡余现象更是有别于印欧语，目前的研究还很不够，还有扩大视角、深入挖掘的广阔空间。目前时贤的研究涉及字形、词义和句式的羡余现象，但似不曾注意到构词中的一些语音羡余现象。本文仅就前人关注较少的语音羡余词谈一点初步的认识，祈请方家指正。

所谓语音羡余词，是指一些词本来音义关系已经确定，词语的音节构成已经能够承载它所应该承载的词义或词义资讯，但使用者出于各种原因在原词音节结构的基础上改变或增加音节结构，从而产生音节结构上有多余，但意义和功能与原词无别的新词。我们称这种在语音内部结构上有多余成分的词为语音羡余词。

20世纪80年代初，我为吕叔湘先生的大著《近代汉语指代词》做补缀工作，同时又与白维国先生一起翻译了日本学者志村良治的《中国中世语法史研究》一书，在研读中发现，近代汉语指代词的产生及发展有一些共同的规律可循，其一就是它们大都经历了先由双音词合音为单音词，再由这个新产生的单音词衍生为新的后缀式双音词的过程。如本文所讨论的"甚么、怎么、咱家（第一人称代词）、多/这昝晚"等一类词，我们称之为附加式的语音羡余词，如果不联系其历史来源和演变过程，很难讲清楚其结构特点，也无法进行科学的分类。因此本文的分类基于对这些词的历史考察，从来源上把它们分为三类：第一类来自连读音变（Sandhi），第二类来自合音词，第三类来自分音词。下面就按这三类情况分别介绍。例子多取自吕著。

2. 因连读音变而产生的音节羡余

所谓连读音变羡余词，是指由A、B两个语素组成的双音词由于连读而模糊了音节之间的界限，A的韵尾跟B的韵头发生合音现象，组合成一个新的音节A′；A′B与AB的词义相同。A′包含了B的部分音素，是A、B的不完全合音，在语用中成为可以独立运用的单音词，词义跟A′B相同，这样，B就被重新分析为羡余成分。

2.1 甚么

"甚么、什么"源自"是物","是物"连读,"是"受"物"字声母(m-)影响音变为"甚(-m)"或"什(-p)","是、甚、什"都是禅母字;"物"字轻读音变为"摩、么"等。"是物"在连读音变过程中先后曾写作"甚没、甚摩"等,最后固定为"甚么"。志村氏用下图说明了这一变化过程:

śimluət → śimuət → śima → śiᵐma → śimma → śimmo
是物　　　是没　　　是没　　甚没　　　甚摩　　　甚麽

10世纪"甚"大量单独用作疑问代词,这种用法至今仍保留在晋方言中。"甚"字沾染了"物"的声母,就被用作疑问词"是物",这是语用中的"以偏概全"。由于"甚"与"甚么"的共存并用,"么"被重新分析为词缀("甚"不能单用,"甚么"的"么"就不能分析为词缀)。"甚"单独就有"甚么"义,"甚么"的"么"就成为语音羡余词。

2.2 怎么

"怎么"源自"作勿"("勿"为疑问代词"物"的替代字),同样因为连读的缘故,"作"受"物"声母影响音变为"怎(-m)"。"怎"字宋代始见,单用的"怎"(李清照"怎一个愁字了得")跟"怎生""怎么"并存。"生、么"是表示样态的词缀,不过,"生"在语音上与"怎"无关,"怎生"是语义羡余词,"怎么"是语音羡余词。

2.3 恁么

据志村氏的详考,在历史文献中,"恁么"的前身是"异没、与摩、伊摩、任摩",到宋代禅宗语录《景德传灯录》中始见"恁么"的写法,其义兼表"这样、这么"和"那样、那么"。我们认为,在现代方言里"恁么"源自"那么","那"受"么(-m)"声母影响音变为"恁"。"恁可以单用,与"恁么、恁地、恁般"等并行;在现代北方使用"恁"的方言里,大多单用,如河南话里单用"恁"很普遍:恁好看│你咋恁不听说。所以"怎么"的"么"应分析为词缀。"恁地"与"恁般"是语义羡余词,"怎么"是语音羡余词。

2.4 真么、镇么

"真么"见于蒲松龄《聊斋俚曲》,义为"这么"。如:

(1)真么一个媳妇,是模样不好呀,是脚手不好呢?(《姑妇曲》2段)

(2)他二姨这杀才,就真么无道。(同上)

冯春田(2003:16－17)认为"真么"是"这么"的音变,其实这种音变就是由连读音变而产生的语音羡余现象。北方话很多地方都有同类现象,如北京话、郑州话里"这么"念作去声"镇么"或"镇",即:

$$zhe\ me \to zhe_m\ me \to zhen\ me$$

因此,"真么、镇么"都是语音羡余词。

3. 由合音词叠加而产生的音节羡余

所谓合音羡余词,是指双音词的前后两个音节 A、B 由于连读而结合成一个单音节 A′,A′取前字 A 的声母和后字 B 的韵母组成,可以单独使用。合音词产生后,又跟原双音词的后一语素结合成双音词 A′B,A′B 跟 A′意义无异,如此,后一音节 B 被重新分析为羡余成分。这类现象多发生在人称代词、疑问词和禁止词方面。

3.1 人称代词

3.1.1 咱家

"咱"有两读,一读[tsa],一读[tsan]。[tsa]是"自家"的合音词,用作第一人称单数。正如吕叔湘(1985:99-101)所说,合音词固定以后,一般人忘了它的来源,又从"我家、他家"类推出一个"咱家"来。金元白话材料多见:

(3) 被咱家说破他行止。(《元曲选·杀狗劝夫》)

(4) 怎便要杀坏咱家?(又,《盆儿鬼》)

(5) 没一个晓事的抬举咱家。(《水浒传》36回)

"咱"本已含有"家"字在内,现在又添上一个"家",成为羡余成分。

3.1.2 咱们

"咱们"源自"自家们","自家"合音为"咱"[tsa],"咱"与"们"连读发生了跟"是物"类似的音变:

$$tsamən \rightarrow tsa_mmən \rightarrow tsammən \rightarrow tsanmən$$

读[tsan]的"咱"是"自家们"的合音,则"咱们"的"们"就是个羡余成分。

3.1.3 洒家

"洒家"(也作"沙家")是一个来历尚无定论的第一人称代词,主要出现在南戏《张协状元》和《水浒传》两种文献中,一般认为是陕甘一带人的自称。前者"洒"与"洒家"并用,后者只见"洒家",可做主宾语。例如:

(6) 你府金来请洒,洒不去不得。(《张协状元》617页)

　　洒家一向关西冗迫,不及通书。(同上,613页)

(7) 洒家是经略府提辖,姓鲁讳个达字。(《水浒传》3回)

　　杨志指着骂道:"都是你这厮们不听我言语,因此做将出来,连累了洒家。"(同上,17回)

关于"洒家"的来源,清代郝懿行《证俗文》考证说:"五代宋初人自称沙家,亦称洒家。明杨慎曰即余家之近声,赊字从余,亦可知也。"杨慎认为"洒家"即"余家","余家"的"余"应读"赊"音。但是,令人怀疑的是,"馀"与"余"(赊)字形不同,声母韵母也不同,因此,此说难以采信。

现在比较通行的看法是,"洒家"为"咱家"的音转,如陆澹安(1981:301)、冯春田(2000:25-26)。笔者认为这一看法也不无道理,即"洒家"为"咱家"的音变,"自家"的合音音变为"洒","洒"(心母)与"咱"(精母)声母都是舌尖音,口语中因音近而混读(同类音变现象如上海话中"自己、自家"的"自"就读如[s-])。但也有另一种可能,即"沙家"的"沙"应为"舍家"之合音,合音以后又加上原来的代词词尾"家"成"沙家"。西北人卷舌与不卷舌音或不分,故又说成"洒家"。"舍"是居住的房屋,有时特指自己的家,如唐宋人称自己的家为"舍下"。由称自己的家而转称自己属于转喻,用某人所在的处所称代该人自古至今十分普遍。如以"东宫"指称太子,以"陛下、阁下"敬称皇帝、大臣,以"各位"称呼在场的众人等,都是其例。故"舍家"由指自己的家转指自己符合词义演变的逻辑义理。从《张协状元》中"洒"与"洒家"并用,且意义无别,也可以断定"洒家"是一个语音羡余词。

3.1.4 野赖

王福堂《绍兴话记音》介绍,绍兴东头埭话的人称代词复数为:骇赖(我们)、乃赖(你们)、伊赖(他们)。"伊赖"也合音作"野"([ia]调值113),"野"又可以加"赖"作"野赖",这是吴语区人称代词语音羡余的一例,表明人称代词的语音羡余现象相当普遍,不限于北方方言。

3.1.5 恁每、您们

元明白话资料中名词复数词尾多作"每","恁"作"你们"用是"你每"的合音,实际是"您"的借字。"您"在早期白话中不是第二人称敬称,而是"你们"的合音,到了现代才用作第二人称的敬称。元明白话文献中"恁"与"恁每"并见,都是"你们"的意思,如(引自冯春田 2000:43-44):

父母每也,恁都好处托生去咱。(《杀狗劝夫》199 页)

恁每都在这里歇着。(《刘仲景遇恩录》233 页)

可见"恁每"的"每"是个羡余成分。无独有偶,当代书面上又出现"您们"一词,用作第二人称复数的敬称。虽然"您"和"您们"意思不同,但从语音结构来看,"您们"的"们"也是个羡余成分。

3.2 疑问词:多昝晚

"多昝"(也作"多咱")是询问时间的疑问词,其中的"昝"是"早晚"的合音,"多昝"就是"多早晚"。"早"和"晚"是一对反义形容词,用一对反义形容词表示询问是汉语常见的语法手段,如"大小、高矮、长短"可分别询问体积、高度、长度。"早晚"询问时间,六朝文献已见。例如:

(8)不知早晚至?当随至郡。深相望。(淳化阁帖 10 王献之书)

唐时更常用:

(9)早晚下三巴?预将书报家。(李白《长干行》)

由于"早晚"容易理解成"早和晚",而且后来又产生出"不管何时"的任指用法,为区别起见,遂加设疑问标记"多",用"多早晚"表示询问,元代文献多见:

(10)猜,多早晚到书斋?(《太平乐府》)

(11)你可多早晚回家去?(《元曲选·神奴儿大闹开封府》三折)

清代白话小说中沿用:

(12)你多早晚来的?(《红楼梦》93回)

(13)这是多早晚的事?(《儿女英雄传》40回)

当交际中因韵律规则的作用需要用双音词时,"多早晚"就合音为"多咱"(也作"多偺、多昝"等):

(14)又不知勾引游营撞尸撞到多咱才来?(《金瓶梅词话》21回)

(15)他到底赶多偺才来看我来呀?(《儿女英雄传》39回)

使用久了,人们已意识不到"咱、偺、昝"是"早晚"的合音,而且,由于三音节的"多早晚"在一些人的口语习惯中已形成定式,因此就产生了在"多昝"后面又添加上"晚"的用法。现在常听见老北京人口中用"多昝晚"询问时间,还有把"这早晚"说成"这昝晚"的。"昝"已包含了"晚"在内,"多昝晚、这昝晚"的"晚"在语音结构上就是多余的了。

3.3 禁止词

3.3.1 别要

"别"是"不要"的合音词,但是或许是受到综合性的禁止词"休"与"休要"并存的影响,又出现了"别要"。拙文(1991)考证禁止词"别"单用始见于元代,出现在元杂剧曲词和元人散曲中,例如:

(16)别引逗出半点儿风声,夫人他治家严肃狠情性。(《㑇梅香》一折【六幺序】幺篇)

(17) 问甚鹿道做马,凤唤做鸡,葫芦今后大家提,别辨是和非。(周仲彬【斗鹌鹑·自悟】)

到明清小说中"别"与"别要"并用,在明代的《金瓶梅词话》和清代的《醒世姻缘传》中甚至"别要"多于"别"。《金瓶梅词话》中"别"与"别要"共用的例子如:

(18) 且别教他往后边去,先叫他楼上来见我。(42回)

(19) 哥别提,大官儿去迟了一步儿,我不在家了。(52回)

(20) 小囚儿,你别要说嘴!(21回)

(21) 你别要管他,丢着吧!(23回)

再如《醒世姻缘传》:

(22) 这是晁亲家不知道的事,别提。(9回)

(23) 那认儿子的话别要理他。(5回)

就是《红楼梦》里也同样有不少"别要"的用例:

(24) 探春笑道:"也别要怪老太太,都是那个刘姥姥一句话。"(42回)

(25) 贾母又道:"……你今儿别要过去燥(臊)着他。"(44回)

"别"已含有"要"字在内,"别要"的"要"就是语音羡余成分。

3.3.2 甭用

禁止词"甭"是"不用"的合音,但北京人口语中也说"甭用","用"为语音羡余成分。

4. 由分音裂变产生的音节羡余

所谓由分音裂变产生的音节羡余,是指在语流中一个单音节词 A 分裂成两个音节：A→AB/BA，其中的 A 就是原来的单音节词，其中的 B 是新衍生出来的音节；B 在语音上的特点是或取 A 的韵母或取 A 的声母，但都不承载这个词的意义，新生双音词的意义仍由 A 承担，B 就是一个音节上的羡余成分，不妨把这种由于分音而产生的带有羡余音节的双音词称作分音羡余词。这里所说的分音羡余词跟反切上下字的关系不同，反切上下字的关系是：BC 相切为 A，A 取 B 的声母，C 的韵母。这里所说的分音羡余词跟一般的嵌[l-]式分音词也不同，一般的分音词如"团"分作"突栾""浑"分作"囫囵""孔"分作"窟窿"等，上下二字都不承担意义，跟反切的规则比较接近。

由分音裂变产生的音节羡余现象可分为羡余成分前置和羡余成分后置两种，下面分别举例说明。

4.1 羡余成分前置

4.1.1 不甫能

近代汉语里有个副词"甫能"，意思是方才、刚刚，引申作好不容易讲，宋元白话文献里多见：

(26) 官人直恁负恩，甫能得官，便娶了二夫人。(《京本通俗小说·错斩崔宁》，此言刚刚得官就娶了二夫人)

(27) 数尽更筹，滴尽罗巾泪。如何睡？甫能得睡，梦到相思地。(蔡伸《点绛唇》词，此言好不容易睡着，又梦到相思地)

到了元代，白话文献里又出现了一个与此词意义完全相同的副词"不甫能"，例如：

(28) 虽离了这眼前冈，却在我这心上有。不甫能离了心上，又早眉头。(《西厢记》五之四，此言郁闷刚刚离了心上，却又已经上了眉头)

(29)都做了一春鱼雁无消息,不甫能一纸音书盼得。(《倩女离魂》三折,此言一个春天都没有消息,好不容易盼来一纸书信)

有关辞书对这两个词的释义基本一致,如张相(1977:281)释"甫能"为"犹方才也",并说:"亦有作不甫能者。不字特以加强语气,无意义;不甫能,仍为方才义,与甫能同。"龙潜安(1985:137)释"不甫能"为:"方才,才能够,好不容易(不,语助,无义)。"但是,为什么前加"不"的否定式"不甫能"与不加否定词的"甫能"同义,却未见有人解释。我们认为,"不甫能"是个语音羡余词,它是"甫能"的衍音形式,即,"甫"字缓读分音为"不甫","不"是个衍音,因而不为义。

4.1.2 呒没、姆妈

吴语里"没"衍音为"呒没"(见许宝华等1997:212),文献里也作"无没"。石汝杰等(2005:639)有如下两例:

(30)虽然无没银子,也可以来买。(《圣日功课丁巳秋季5课》,虽然没有银子,也可以来买)

(31)我呒没出过门,那能名气会辣辣响咭?(《九尾狐》34回,我没出过门,怎么名气会这么响的?)

"没"字缓读,衍生出一个闭音节[m̩],这个闭音节使原来的单音节否定词"没"变成了双音节,但它本身并不承载词义,因而是个羡余成分。

吴语里"妈"衍音为"姆妈",也是同样的情况(见许宝华等1997:212,叶祥苓1998:182)。"妈"字缓读衍生出闭音节[m̩],使"妈"字变为双音节,"姆"不承担词义,是个羡余音节。

4.1.3 唔俫、□奶

苏州话里"唔俫"([ŋnE])相当于第三人称代词"他"(见叶祥苓

1998:183,此处略去声调,下同),我们认为"唔[n̩]"应是"傪[nE]"缓读而产生的衍音。据许宝华等(1997:213),上海话管奶奶叫"□奶"[n̩na],可以判定,第一个音节[n̩]应是"奶[na]"缓读产生的衍音。

上举吴语里的几个词都是语音羡余词,发生衍音的词其声母不是[m-],就是[n-],看来,带有鼻音声母的音节容易因持阻时间长而产生衍音。

4.2 羡余成分后置

4.2.1 撒拉、耷拉、扒拉、划拉([-a])等

这类双音动词的特点是:单音节动词(韵母为[-a])后附"拉"。单音动词缓读时,韵母[-a]延长,为使其分离为一个音节,就在延读的[a]前嵌加边音声母[l]([l]母发音方便,通谐率高,能跟绝大多数韵母拼合),衍生出一个"拉"音节来。"拉"不承担词义,新产生的双音词的意义仍由原来的单音动词承担。例如:

(32)从南来了个小二哥,红缨子帽儿歪戴着,撒拉着鞋儿满街上串,家中取了个拙老婆。(清·王廷绍《霓裳续谱·凤阳鼓凤阳锣》)

"撒拉"即"靸拉","拉"取"撒(靸)"的韵母,不承担词义,"撒拉"的词义仍由"撒(靸)"承当。同样机制产生的双音节语音羡余词如"耷拉(dā·la 下垂)、扒拉(bā·la 扒)、划拉(huá·la 义为扫、掸、搂、寻找)"等,其中第一音节都是韵母为[-a]的单音节动词,这些双音词的意义仍由前一个音节承担,"拉"是由前一音节衍生出来的没有意义的羡余音节。这类处于词尾的羡余音节不能看作词缀,因为它不能普遍附加在单音动词后面。

4.2.2 晋语、闽语里类似的分音词现象

赵秉璇(1998)描写了晋语中两类不同的"嵌 l 词"，一类可称之为切音式分音词，如太原话；一类即本文所论之羡余式分音词（羡余成分后置），如盖竹话。例如：

太原话：薄拉 pəʔ⁸la¹←爬 pa¹　圪劳 kəʔ⁸lɔ³←搅 kiɔ³

骨拢 kuəʔ⁸luŋ³←滚 kuŋ³

盖竹话：爬□ pa²la²←爬 pa²　搅□ko³lo³←搅 ko³

滚□ kuaŋ³luaŋ³←滚 kuaŋ³

邓享璋(2007:62)表二揭示福建永安话、沙县话、建瓯话中也有此类羡余式分音词：

永安话：爬□ pɒ²lɒ²←爬 pɒ²　搅□ko³lo³←搅 ko³

滚□ kuā³luā³←滚 kuā³

沙县话：爬□ pa²la²←爬 pa²　搅□kau³lau³←搅 kau³

滚□ kuĩ³luĩ³←滚 kuĩ³

建瓯话：爬□ pa⁵la⁵←爬 pa⁵　搅□kau⁸lau⁸←搅 kau⁸

滚□ kɔŋ³lɔŋ³（滚圆、圆满）←滚 kɔŋ³

除了建瓯话的分音词"滚□"跟原来的单音词"滚"词义有变化外，其他分音词的意义都跟原单音词无别，"X□"中的"□"可看作羡余音节。

4.2.3 没啦

山西一些方言里"没啦"是"没、没有"的意思，例如：

(33)兀家没啦去过北京。（他没去过北京）

(34)没啦钱，买不起电视。（没钱，买不起电视）

(35)一大锅饭，几块人一会儿就吃得没啦啦。（一大锅饭，几个人一会儿就吃光了）

"没"是入声字,"没啦"的"啦"是"没"韵母的延长(嵌加了[l]母)。由于词义已由"没"字担当,"啦"就成了羡余音节。

分音羡余现象的出现,本质上是使某些单音词变为双音词的一种手段,它填补了汉语韵律规律所要求的音步缺位,顺应了汉语双音化的发展趋势。

这里所说的分音羡余词跟变音重叠词(也称变形重叠词,详看拙文2008)有相近之处。变音重叠是通过改变原词的声母或韵母构成重叠式,既可顺向改变原词声母构成重叠词,也可逆向改变原词韵母构成重叠词,只不过增加音节是重叠式的必然要求,因而新增音节不是羡余成分。例如"团"可不变音重叠为"团团",也可顺向改变声母,变音重叠为"团栾"。如果要重叠为三字格,不变音重叠式为"团团团",变音式为"剔团栾","剔"字是"团"由后向前逆向变韵的产物。无论是"团栾"还是"剔团栾",其意义都由原单音词"团"承担,"剔"和"栾"都不承载词义,这一点也跟分音羡余词相同。不过,"团"为性质形容词,而"团栾、剔团栾"则为状态形容词,变形重叠式的功能与原形容词有了不同,而语音羡余词的功能跟原词没有变化,这是变音重叠词跟语音羡余词不同之处。由上来看,分音羡余词中的新增音节与变音重叠词中的新增音节的产生方法大体相同,只不过前者可看作羡余成分,而后者是重叠式的必然要求,不能看作羡余成分。

5. 结语

(i) 语音羡余词是语流音变和汉语的韵律规则共同作用的产物。无论是连读音变还是合音、分音,都是由于语流音变所引起。

(ii) 连读音变音节和合音音节都可以单独使用,当它们跟原双音词的第二个音节组合成新的双音词时,词汇意义由位于第一个音节的合音语素承担,第二个音节没有表义作用,只起把单音节合音词变成双音词的音缀作用。一般分音词(如反切式、嵌[l-]式)上下两字均不表义,而在分音羡余词中,原单音词作为词根仍然起着表义作用。

(iii) 合音是为了满足表达更简洁快速的要求而产生的,而在单音节词后添上羡余音节则是为了构成双音词(汉语的标准音步是双音节),满足汉语韵律词规则的要求而产生的,或将双变单,或将单变双,都是应语言交际的需要而生,所谓此一时彼一时也。

(iv) 由分音生成的语音羡余词跟变音重叠词的生成方式基本相同,但两者的出发点不同,前者是为了变单音词为双音词,满足韵律要求;后者是为了构成变音重叠式,改变原词的功能,增强词语的描状性。

(v) 本文论及的语音羡余词大都是指示代词(镇么、真么、这昝晚)、人称代词(咱家、洒家、野赖、您们)、疑问词(甚么、怎么、多昝晚)以及禁止词(别要、甭用)等,这不是偶然的。这些词语是口语中最为常用的高频词,因而发生连读音变、合音、分音的几率最高。但是口语中的高频词很多,为什么只有上述词语产生了语音羡余现象?这就要从这些词语自身的语音结构以及与相邻词语的语音特点找原因。比如:第一个音节为开音节,第二音节声母为[m-]时容易发生连读音变现象;韵母为[-a]的单音节动词音节简短,容易在韵律规则推动下增衍音节;"甫、没、妈"这类唇音声母的音节也容易持阻衍生出新音节。总之,我们可以从频率、韵律以及语音结构、语音环境诸方面,根据每个词的具体情况分析解释其产生语音羡余现象的原因及其作用。

以往研究构词法对这类在语用中产生的语音羡余词的特殊性注意不够,本文提出语音羡余词的概念有助于正确认识这类词的来源,从而准确分析其结构。我们现在对此类现象的认识还不够全面系统,期待有更多的同行参与讨论。

参考文献

邓享璋 2007 闽中、闽北方言分音词的性质与来源,《语文研究》第 1 期。
冯春田 2000 《近代汉语语法研究》,山东教育出版社。
—— 2003 《〈聊斋俚曲〉语法研究》,河南大学出版社。
韩陈其 2001 《汉语羡余现象研究》,齐鲁书社。
黄典诚 1984 《诗经》中"日居月诸"的连读音变,《中国语文》第 4 期。
江蓝生 1991 禁止词"别"考源,《语文研究》第 1 期。
—— 1995 说"麼"与"们"同源,《中国语文》第 3 期。
—— 2008 变形重叠与元杂剧中的四字格状态形容词,《历史语言学研究》第一辑,商务印书馆。
龙潜庵 1985 《宋元语言词典》,上海辞书出版社。
吕叔湘 1985 《近代汉语指代词》,学林出版社。
沈兼士 1986 联绵词音变略例,《沈兼士学术论文集》,第 283-288 页,中华书局。
石汝杰、宫田一郎 2005 《明清吴语词典》,第 639 页,上海辞书出版社。
王福堂 1959 绍兴话记音,《语言学论丛》第三辑,第 73-126 页,上海教育出版社。
许宝华、陶寰 1997 《上海方言词典》,第 212-213 页,江苏教育出版社。
叶祥苓 1998 《苏州方言词典》,第 182-183 页,江苏教育出版社。
俞敏 1999 古汉语里面的连音变读(sandhi)现象,《俞敏语言学论文集》,第 343-362 页,商务印书馆。
湛玉书 2005 论汉字羡余现象,《语言研究》第 3 期。
张相 1977 《诗词曲语辞汇释》,中华书局。
赵秉璇 1998 汉语、瑶语复辅音同源例证,《古汉语古声母论文集》,第

352-367页,北京语言文化大学出版社。

赵元任 1981 汉语结构各层次间形态与意义的脱节现象,《国外语言学》第1期。

志村良治 1984 中世中国語における疑問詞の系譜,《中國中世語法史研究》,第153-226页,(日)三冬社;江蓝生、白维国同名译本,第144-211页,中华书局,1995年。

(原载《中国语言学集刊》第二卷第一期,
中华书局2007,收入本书时有所增改)

语词探源的路径[*]

——以"埋单"为例

提　要　本文根据汉语类化构词和类同引申的规律,通过演绎推理,从"埋"的聚合关系与组合关系中去考求"埋单"一词以及由"埋"组合的一系列合成词的意义来源及其引申脉络;以此为基点,扼要描写和解释了"埋"在粤语中的句法功能、语法意义等。文章通过对个案的分析推理,说明演绎法对考求语源具有普遍的适用性。

关键词　埋单　演绎法　类化构词　类同引申

一

1.1 "的士"与"埋单"

在"粤语北上"的潮流中,影响面最广、立足最稳的恐怕要数"的士"和"埋单"两个词了。前者是英语 taxi 的粤语音译,非粤语区的人仅借用其中的"的"表示出租车。"的"可以自由运用,具有很强的组合能力,如"打的、打了一辆的、打不着的","面的、板的、

---

[*] 麦耘同志为本文粤语例句的理解把关并提出不少宝贵的意见;杨永龙同志提供了19世纪的粤语资料和修改意见,谨在此一并表示衷心的感谢。

摩的、黑的"、"的哥、的姐"等等。可以说,"的"这个外来音素经过粤语的中转已经完全汉化了,由此使多音字"的"(dí、dì、de)新产生了一个阴平音 dī。与"的士"不同,"埋单"是原装进入北方地区的,后来在词形上有变为"买单"的趋势。粤语区人自小就懂、就用"埋单",习焉不察,想不起去追究其词义来源,而北方人骤然间用起这个词,新鲜感、好奇心促使他们发问:为什么用"埋单"表示结账?于是乎讨论"埋单"词义来源的文章常见于报纸杂志,一时间竟然成为一个小小的热点。

1.2 "埋单"来源旧说

据韩珂(2006)介绍,关于"埋单"的来历主要有两种说法。一说来自香港,香港人请客吃饭,饭后结账,主人叫服务生"埋单",服务生要把账单盖上递给主人,目的是不让客人看到这顿饭究竟花了多少钱。另一种说法是广东茶楼的点心使用不同颜色的碟子来装,用颜色区别价钱,当用餐完毕,服务生来收碟子,然后数碟子算账,粤语中"埋"有"收集"的意思,"埋单"就是指"收集碟子算账"。上述两种说法主要从文化层面来解释,两种说法之间看不出有什么关联,"埋"是否为"收集"义、何以有"收集"义也没有说明。粤语中由"埋"组合的词语十分丰富,如"埋数、埋柜、埋尾、埋口、埋闸、埋堆、埋班、埋会、埋行、埋腩、埋笼、埋手、埋位、埋席、埋岸、埋街、埋年、同埋"等等,都难以用"收集"义统而贯之;而且,"埋"用在动词后面(V埋)在句子中有多种句法意义和功能(详下),也看不出跟"收集"义有何关联。总之,上述两种说法只能聊备一说,难以作为确诂而加以采信。我们打算回过头来,从语义学、词汇学的角度求索其真正的来源。

1.3 方法与路径

一般来说,考证一个词语的意义,首先要判别该词语用的是本字还是假借字,只有破假借识本字才有可能找到其真实的语源。如上所举,粤语中用"埋"做语素的合成词非常多,而且结构也多与"埋单"相同("埋 N"),因此它不大可能是个假借字。那么考源工作应该从何入手呢?对于一个有多种组合关系的语素来说,归纳法通常是非常奏效的,即从由它组成的多个合成词的意义中归纳、提炼出该语素的意义,这个意义能够涵盖各个合成词中该语素的意义,包括引申义、转义等。但是有些辐射型的、头绪繁多纷乱的引申义单用归纳法很难找到词义的源头,"埋 N"就属于这种情况。在这种情况下,如何选准问题的切入点和路径就有一定的难度,就不妨尝试用演绎的方法来解决问题。本文根据汉语类化构词和类同引申的规律,顺藤摸瓜,层层演绎,从而考证出"埋单"一词以及由"埋"组合的一系列合成词的意义来源,同时也试图厘清"埋"的主要语法功能、语法意义的由来。

1.4 类化构词与类同引申

汉语在构词法上有一种类化构词的现象。所谓类化构词,是指甲、乙两个语素以某一结构方式组合为合成词,那么跟甲或乙词性、意义相同的语素,可以替换甲或乙进入这一结构,构成两个或两个以上跟原合成词同义的词。比如"下雨"一词,在不同的方言里或说"落雨"(上海话),或说"遏雨"(福州话),或说"落水"(广州话)。其上字"下""落""遏"为同义词(遏:行失正,也即下跌义),下字"雨"和"水"为近义词。根据类化构词的规律,本文设想"埋单"应该跟同义词"结账、了账"词义对应,结构相同,也就是说,"埋"与"结、了"对应,"单"与"账"对应,据此"埋"的词义应该是"了结,结束"。

其次，引起汉语词义繁衍发展的最主要途径是词义的引申。所谓引申，是一个词由其本义推衍出新的意义，它是基于联想作用而产生新义的一种方式。同义词、近义词之间的类同引申是词义发展变化的又一规律，这是因为词义的演变不是单个地、孤立地进行的，往往在聚合关系中受到相关词语的影响，从而会在各自原有意义的基础上进行类同方向的引申（有人称之为同步引申），产生出大致相同的引申义。拿"埋单"来说，因为它与"了账"同义，那么"了账"有什么样的引申义，原则上"埋单"也应该产生什么样的引申义。

总之，本文拟以上述两条汉语构词法和词义发展变化的规律为依据，用演绎的方法，从"埋"的聚合关系与组合关系中去考求"埋单"一词的语源。

二

2.1 由"结账"引申为"结束"

"埋单"的意思是结算账目，与它意义相同、相近的词为"结账"与"了账"。《现代汉语词典》对"结账、了账"的解释是：

结账：结算账目：饭后～，连酒带饭三百多元。

了账：结清账目，比喻结束事情。

"结账"的"结"为"了结、结束"义，"了账"的"了"也为"了结、结束"义，根据类化构词的规律可以推断："埋单"的"埋"应跟"了结、结束"义有关联。是否真的有关，可以进一步从"了结、结束"的引申义观察。

2.2 由"了结"引申为"死亡"

如《现汉》所释,"了账"本为结清账目义,引申为"结束"。近代汉语文献中"了账"(又作"了帐")作"结束、了结"解者多见,如:

(1)员外,你气怎的,只是打杀他便了帐也。(元·李行道《灰阑记》第一折)

又特指结束生命(死亡),使生命结束(杀死)。如:

(2)若不是老猪救你啊,已此了帐了,还不谢我哩!(《西游记》第四一回)

(3)右手抽出腰刀,去喉咙一抹,早已了账。(《荡寇志》第七五回)

(4)使不得!亲生儿子你怎下得了帐他?(《初刻拍案惊奇》卷十七)

(5)倘或真是背盟从仇,就顺手一刀了账,岂不省事呢!(《孽海花》第十六回)

经考察,近代汉语白话文献中以"了"为核心语素的双音词"了结、了当、了却、了竟、了绝、了收、了饮、了语"等几乎都由"结束、了结"义引申出"杀死"或"死亡"义,盖因人死万事休,人死了就是生命的结束,所以从"结束、了结"义引出"死亡"义是很合情理的。《汉语大词典》对上举各词的解释都包含这两个义项,就是一个明证:

【了结】1.结束。《红楼梦》第四回:"这样说来,却怎么了结此案?"鲁迅《书信集·致郑振铎》:"如是,则明年年底,可以了结一事了。"2.杀死。夏衍《秋瑾传》第三幕第一场:"你这狗东西,我先得了结你。"

【了当】1. 完毕;停当。《三国演义》第十四回:"玄德吩咐了当,乃统马步军三万,离徐州望南阳进发。"2.结果。指杀掉。《初刻拍案惊奇》卷十四:"何不了当了他,到是干净。"《二刻拍案惊奇》卷十七:"贼人已了当了,放心前去。"

【了竟】了结,完结。亦指死。唐刘𬴂《隋唐嘉话》卷上:"雄信揽辔而止,顾笑曰:'胡儿不缘你,且了竟。'"

【了绝】1.了结;结束。宋苏轼《应诏论四事状》:"诸处见欠蚕盐和预买青苗钱物,元是冒名,无可催理……以此,积年未能了绝。"2.指置人于死地。《初刻拍案惊奇》卷三八:"更有一等狠毒的,偏要算计了绝,方才快活的。"

【了却】1.结束,办完。宋黄庭坚《登快阁》诗:"痴儿了却公家事,快阁东西倚晚晴。"2.除掉,杀死。《四游记·三藏历尽诸难已满》:"一洞山妖俱被行者了却。"

六朝时有所谓"了饮",指一种边唱挽歌边哭泣的豪饮。又有所谓"了语"如"白布缠棺竖旒旐。"(见《世说新语·排调》)可见从古到今,"了"都被赋予了"死亡"的特殊意义。

说到这里,"埋单"的语源呼之欲出。"埋"有埋葬义,人死了才被埋掉,人被埋掉了,就是生命的了结,就是人生的结束。正是沿着这样的联想,"埋"产生了"了结、结束"义。下面一例直接点出埋葬入土与了结生命的语义联系:

(6)您则是男儿得志秋,我早则归地府,葬荒丘,是一个了收。(元曲《霍光鬼谏》第三折。"葬荒丘"就意味着生命完了与收场。)

2.3 由"死亡"引申为"了结"——义位的双向引申

词所衍生的新义一般是有理据可循的,由"结束、了结"义引申为指人死亡或使人死亡符合思维的逻辑,前面所举大量"了"语素构成的合成词普遍产生"死亡"义就是明证。有些义位关系密切,相互之间可以双向引申,比如"了结"义和"死亡"义,不仅可以从"了结"义引申为"死亡"义,也可以从"死亡"义引申为"了结"义。"埋"的"了结"义就是沿着"人被埋＝人死亡＝生命了结"这一逆向联想而产生的。由"埋"到"结束"比之于从"死亡"到"了结"增加了"人被埋葬"这个环节,拐了个小弯子,不如前者直观;而且"埋"进一步语法化为语法成分的现象只见于粤语,通行范围过窄,这就是为什么很多人难以寻其语源的原因所在。

因为"埋"有"了结、结束"义,"单"指账单,所以"埋单"就是"了结账单"也就是"结账"义。

前面指出,"了账"由了结账目引申指人死亡,在"了结账目"一义上"埋单"是它的同义词。根据同义词类同引申的规律,不仅"埋"可以指人死亡,"埋单"也应可以指人死亡。事实正是如此。2007年我到法国巴黎开会,旅法港人学者游顺钊教授(时年七旬)告知,他小时候在香港听人说过"这个人埋单了",用于谐称人死了,完了。次年,又在邹嘉彦、游汝杰(2007)"埋单"条"背景知识"下看到"也指人死了"的提示,这些都成了前面演绎出来的结论的有力佐证。

三

3.1 由"埋"组合的双音词

粤语中有许多由"埋"做动词语素组合而成的双音节合成词,孤立地看,"埋"的语义杂乱无章,但抓住"掩埋"这个核心义,就可以梳理出其辐射型的引申义及其层次。即:

```
            靠拢、靠近→进、入
                 ↑
    ┌(埋合)→闭合──→聚合──→总合
  埋│
    └(死亡)→了结、完结
```

上图表明:"埋"从本义"埋葬、掩埋"分别衍生出"埋合"系与"死亡"系两个系列的引申义,其中"埋合"系的"聚合"义又分蘖出"靠拢、靠近"子系引申义。下面就按这一脉络和层次举例说明(其中例子除特别说明外,皆引自白宛如1998)。

3.1.1 A.埋:埋合(掩埋:用土把坑穴合上)

a.闭合;掩闭

埋口:伤口愈合。旧时指商店倒闭。

埋闸:店铺晚上关门。

b.聚合;组合

埋堆:合在一处;聚在一起。

埋臬[kau]:结成块;凝成团。

埋班:指组织戏班子。

埋会:若干人组织钱会。

埋行:同行业者组织起来。

c.总合;合计

埋柜:店铺每晚结算账目。

埋数:商店每晚结账数钱。也就是清理了结一天的营业额。

3.1.2 B.从"聚合、合拢"义引申为:靠拢;靠近。不仅在合成词中做语素,还可以单独使用,做动词或形容词(单用例为麦耘同志提供)。

a.靠拢;靠近

埋岸:(船)靠码头。

埋街:上岸;靠岸。(麦耘告知:广州的码头就在马路边)

埋年:接近年底。

埋站:靠站;到站。

你埋呢边来。(你往这边靠过来)

要埋去先睇得真。(要靠近了才看得清楚)

a′.近(形容词)

张台摆到离门口埋得滞喇。(那桌子摆得离门口太近了)

你两个唔好徛咁埋。(你们俩别站得那么靠近)

b.入;进

埋笼:(家禽晚上)进笼、入窝。

埋手:入手;下手。

埋位:入座。

埋席:入席;就坐。

"入、进"义应是从"靠近"义引申而来。从"靠近"到"进入",一个强调动程,一个强调结果。①

c.适合

埋腩:(食物)很实惠,使人感到满足。即合胃口。

此义应从"入"引申而来,这跟"入眼"义为"中看"的义理一样。

3.1.3 埋(死亡):了结、结束(掩埋:人死被掩埋,意味着生命的了结)

埋尾:收尾。

埋单:了结账单;结账。

通过上面的分析归纳,我们注意到"埋"的"总合"义与"了结"义都可以用于结账,在结账义上它们有重合处,盖因结账本身就包含了汇总数目、了结账目这两个环节。"埋单"侧重于"了结账目","埋柜、埋数"侧重于汇总数目。

类似的情况有元明清时代的"会钞",词义为付款或收款。元施惠《幽闺记》22出有两例"会钞",一指付款,一指收款。其作付款解者如:"那官儿不去了,一发明日会钞。"其作收款解者如:"你可与我开张铺面,迎接客商。你在外面发卖,我在里面会钞记账。"作付款解的"会钞"相当于结账,侧重于"了结账目";作收款解的"会"字取义于"聚合,汇总"。如此,则"会钞"由"汇总钱钞"特指结账;而"埋单"无论从"了结"义还是"聚合"义都能产生出"结账"义。但"埋单"跟"了账"一样有"了结、死亡"义,而"会账"没有,所以本文认为"埋单"的"埋"源自"了结"义更为合理。[②]

3.2 "埋"用作助词

"埋"用在动词后做补语,其语法意义跟动词"埋"主要有"聚合"与"了结"两系引申义密切关联。3.2.1至3.2.3跟"聚合"义相关,3.2.4与3.2.5跟"了结"义相关。各节论述参考了张洪年(1972)、白宛如(1998)二著,语料多取自二书及杨永龙先生提供的19世纪的禅治文《广州方言撮要》,引自该书者在括注中简称《读本》(用字及标点仍旧,普通话译文是笔者所加,引自张著、白著分别注《张》或《白》)。

3.2.1 "埋"用在动词后做补语,表示聚集在一起,加合在一起:

(7)三个合埋点呢?三个合在一起怎么样呢?(《读本》)

(8)喺西国有好多兵、时时聚埋、预备打仗。西方国家有好多士兵经常聚集在一起准备打仗。(《读本》)

(9)唔喺话中国细、中国好大地方、但係通天下计埋就大

过中国好多咯。不是说中国小,中国地方很大,但是全天下加在一起就比中国大好多。(《读本》)

(10)大家坐埋倾偈。大家坐到一块儿聊聊天。(《张》)

3.2.2 "埋"用在动词后做补语,表示连同、连带,即把其他人或事物也包括在内,在句中可对译为"也"或"连"。显然,这种语义是从"聚合在一起"义进一步虚化而来的。有如下四种句式:

A."V 埋"

(11)俾埋呢啲过佢。连这些也给他。(《张》)

(12)我哋存款都畀埋渠咯。我连存款也都给他了。(《白》)

(13)送埋呢本书畀你。连这本书也送给你。(《白》)

(14)揾埋渠喇。把他也找上吧。(《白》)

(15)你食埋我份喇。你把我的那份也吃了吧。(《白》)

B."N 都 V 埋"

(16)呢间铺头呀,腊肠都卖埋。这家店铺连腊肠也卖。(《张》)

(17)唔啱你都去埋啦! 不如连你也去吧!(《张》)

(18)衫裤都整污糟埋。连衣服裤子全都搞脏了。(《白》)

(19)呢个机会都冇埋。这个机会都没有了。(《白》)

C."连/同 N(都)V 埋":

(20)同我攞埋。把我的也拿来。(《白》)

(21)连我都打埋。把我也打了。(《白》)

在 B、C 类句式中,既在前面加副词、介词"都/同"或"连/同 N 都",又在动词后面用表示连同的助词"埋",是前后呼应的强调式。由于"同"与"V 埋"的"埋"都表示"连同",语义相同,所以在双音节化趋势的促动下,就连用为"同埋"。"同埋"是同义并列结构,意思是"连同,和",可以做介词或连词,甚至还可做副词:同埋去上学。同类结构的介词、连词还有"连埋、共埋"等。

D."连埋 N 都 V 埋"

(22)佢连埋你都一起闹埋。他连你都一起骂。(《张》)

这种前面用了"连埋"后面再加"V 埋"的句式,强调的语气最为强烈。

3.2.3 用在动词后做动相补语,表示趋向或结果,"埋"有时相当于"到""上""成"等:

(23)扔埋水头。扔到水里。(《白》)

(24)将两条绳连埋咗。把两条绳子连起来。(《张》)

(25)闩埋门读书。关上门读书。(《白》)

(26)眯埋眼养神。闭上眼养神。(《白》)

(27)藕(粘)埋一齐。粘成一块儿。(《白》)

(28)围埋一堆。围成一堆。(《白》)

这种补语义的产生跟"埋 V"的聚合义相关。

3.2.4 用在动词后做补语,表示"把某种进行中的动作,进行至完毕为止"(张洪年语),"V 埋"相当于"V 完结",一般不独立成句,须后续另一小句,表示前一个动作完成后再发生后一情况:

(29)食埋碗饭,就嚟喇! 吃完这碗饭就来了!(《张》)

(30)睇埋呢个节目,就好去瞓觉喇! 看完这个节目,就要去睡觉了!(《张》)

(31)我要做埋啲野至去。我要做完这事再去。(《张》)

(32)洗埋衫先至出街。洗了衣服再上街。(《白》)

(33)食埋饭至去睇电影。吃了饭再去看电影。(《白》)

(34)做埋呢两日至去。做完这两天再去。(《白》)

3.2.5 用在动词后做补语,表示消耗尽,不剩下,"V 埋"相当于"V 光""全 V 了",可以独立成句:

(35)食埋呢碗饭。这碗饭吃光。(《白》)

(36)抄埋呢页书。把这页书全部抄了。(《白》)③

(37)睇埋呢场戏。看完这场戏。(《白》)

3.2.4 和 3.2.5 中"V 埋"表示"V 完结"或"全 V 了",应是"埋"的"了结、完了"义的引申。比如"吃完了"既可以表示吃这一动作结束了,又可以表示把东西全吃光了。"埋"的这两种用法跟"了"在其他动词后面做补语是完全平行的。

四

4.1 由"埋单"到"买单"

"埋单"在进入普通话时逐渐被改造为"买单",这是由于北方地区"埋"只有动词"埋葬、埋在地下"之类的意义,没有引申出"聚拢"义或"了结"义。而且,在一般的餐馆里,也没有把账单反扣放在盘子里交给付款人的习惯。再加上"埋"的词义色彩偏于消极、负面,人们从心理上也不易接受。于是人们根据自己的理解,选择了一个跟"埋"音近、跟"埋单"结构相同的"买单"来替代。"买单"就是支付账单上的钱数,在词面上更直观。

"买单"代替了"埋单"之后,词义和用法有了发展变化,从指在餐馆结账付款发展到在一切消费场所结账付款,以至进一步广泛用于支付行为。张春华(2009)指出由"买单"还类推出"免单"一词。这说明跟本地语言、文化有较大差异的外来借词往往要经过改造才能在当地扎下根来,一旦它进入当地的词汇系统,就会依照规律发展变化。

4.2 结论与余言

本文根据汉语类化构词和类同引申的规律,通过演绎推理的过程,考证出"埋单"一词以及由"埋"组合的一系列合成词的意义来源及其引申脉络;以此为基点,扼要描写和解释了"埋"在粤语中的句法功能、语法意义等。由于笔者不懂粤语,所论难免有疏漏不当之处,诚请方家指正。

用演绎的方法,根据汉语构词上和词义引申的上述规律考证词语的来源十分有效,具有普遍的适用性。比如关于"杜撰"一词的来源,众说纷纭,莫衷一是。诚如《辞源》所云:"杜撰之源,说法不一,……皆不足信。"十几年前笔者曾根据"臆测"一词推测"杜撰"的原本词形应为"肚撰",即"杜"的本字应为"肚"。盖"臆"者胸也,"胸、臆、肚、腹"属同一义域,常用来借指人的心智、思想、头脑,如"胸有成竹、心知肚明、腹有诗书"等。但当时仅停留于推测,未去搜寻文献例证。后来在《辞书研究》上看到姚永铭、崔山佳(2005)一文,其中引用了文献中写作"肚撰"的用例。读后一则以喜,一则以愧,现转引于下,借作本文通过演绎的路径考释词源之佐证:

> 唐释慧琳《慧琳音义》卷三九"焓侉"条:"译经者于经卷末自音为领剂,率尔肚撰造字,兼陈村叟之谈,未审焓侉是何词句。"

> 明金木散人《鼓掌绝尘》一回:"许叔清也不再辞,……想了三四想,遂说道:'有了,有了。只是肚撰,不堪听的,恐班门弄斧,益增惭愧耳。'"

> 又四回:"杜开先道:'已肚撰多时,只候老伯到来,还求笔

削。'"

另外,《汉语大词典》有"臆撰"一词,释作:犹杜撰。清纪昀《阅微草堂笔记·如是我闻一》:"语颇近理,似非媪所能臆撰也。""臆撰"一词的出现,也可证"杜撰"的本词形应为"肚撰","杜"是"肚"的同音借字。

附 注

① "埋"的语素义"入、进"或可解释为从"掩埋"义直接获得,因掩埋就是使人或物入土。

② 现在北京一些传统酒家仍用"会"表示结账,我亲见客人结账离席后,身着中式服装的小二(服务员)大声唱道:"会过!"意思是客人已经结过账了。

附带说明,"会钞"在元本《老乞大》中作"回钞",例如:"吃了酒也,回了酒钱去来。量酒,来回钞!"又:"你试尝,酒不好,不回钞。"而同一段文字到了明本《老乞大谚解》中则用"会":"吃了酒也,会了酒钱去来。""回、会"声调不同,"回"应不是"会"的音借字。"回"字动作有双向性,从店家角度是收回应得的钱,从食客角度是送回应交的钱,用"回"字自有其理据。

③ 有些句子脱离了语境会有歧义,如:
抄埋呢页书。(把这页书也抄了)或(把这页书抄完)
睇埋呢场戏。(把这场戏也看了)或(把这场戏看完)

参考文献

白宛如 1998 《广州方言词典》,江苏教育出版社。
曹国军 2005 关于"埋单"与"买单",《修辞学习》第1期。
韩 珂 2006 "打的""埋单"从何而来,《中国工会财会》第4期。
江蓝生 1998 演绎法与近代汉语词语考释,《语言学论丛》第二十辑,商务印书馆。
—— 2000 相关词语的类同引申,《近代汉语探源》,商务印书馆。
金 晶 2006 "买单"与"埋单",《读写天地》第5期。
李 亮 2004 "埋"单自有道理,《咬文嚼字》第11期。

林秋茗　2009　从"埋单"到"买单":粤语模因在普通话中的复制,《语言教学与研究》第4期。
姚永铭、崔山佳　2005　"杜撰"和"肚撰",《辞书研究》第2期。
詹伯慧、陈晓锦　1997　《东莞方言词典》,江苏教育出版社。
张春华　2009　新词语构造的合力机制,《语言文字应用》第2期。
张洪年　1972　《香港粤语语法的研究》第112页,第158-161页,香港中文大学出版社。
邹嘉彦、游汝杰　2007　《21世纪华语新词语词典》,复旦大学出版社。
Bridgman, E. C.（裨治文）　1841　*A Chinese Chrestomathy in the Canton Dialect*(《广州方言撮要》),澳门 S. WELLS WILLIAMS.

（原载《中国语文》2010年第4期）

说粤语词"是但"与"乜嘢"

前　言

为庆祝詹伯慧先生八十华诞撰写此文。詹先生家学渊源,学问博洽,虽年届八旬,犹笔耕不辍,新作不断,著述丰盈。先生传道授业五十余载,门生弟子遍于华中、华南,乃至港澳、新马,桃李芬芳,枝繁叶茂,汉语言文字学之兴盛,汉语方言学科之建构,先生实有其功也。先生不仅埋首书斋,执鞭讲台,亦且关心社会语文生活,热心大众普及工作,其说理平易,持论稳当,拳拳之心,只为尽到学者的社会责任,此又詹先生令人敬佩之处也。詹先生学术专长为汉语方言学,尤专精于粤方言研究,盛会难得,良机不可错过,特择粤语词两则向詹先生及其门生弟子和各与会同道请教,非敢班门弄斧,实欲借问学捧场助兴,为詹先生寿!

壹　是但

1.1　"是但"在粤语中是个常用词,未见其他现代汉语方言词典著录,古代白话小说戏曲等作品中也未见使用,是道地的粤语词。各部粤语词典均收此词,释义同中有异。试看以下由江苏教育出版社出版的三部粤语词典的解释①：

詹伯慧、陈晓锦《东莞方言词典》(1997年46页)

  是但 si tɐŋ ❶随便；不加限制；任凭：～食啲|～倾下|～都得。❷凑合；将就：冇乜餸，～食啦|呢处条件唔好，住一两晚，～啦。

郑定欧《香港粤语词典》(1997年39页)

  是但 xi⁶ dan⁶ ❶不在范围、数量等方面加限制：～叫一个人去|你～畀啲就得嘞。❷怎么方便就怎么做；不多考虑：你钟意食乜嘢？——～喇随便。❸任凭；无论：公共电话～边条街你都会搵到。

白宛如《广州方言词典》(1998年63页)

  是但 si²² tan²² 随便；两可：你食乜野啊？——～喇|～要乜野都得。

詹本和白本中都主要用"随便"解释"是但"，郑本虽然在字面上没有出现"随便"二字，但其三个义项与《现代汉语词典》(第5版)"随便"条❷❸❹三个义项的释义完全相同。请看《现汉》(第5版)"随便"条的释义：

  【随便】suíbiàn ❶(-∥-)动按照某人的方便：去不去～|随你的便。❷形不在范围、数量等方面加限制：～闲谈。❸形怎么方便就怎么做，不多考虑：我说话很～，请你不要见怪|写文章不能随随便便，要对读者负责任。❹连任凭；无论：话剧也好，京剧也好，～什么戏，他都爱看。

可见以上三本都认为粤语的"是但"相当于普通话的"随便"，需要注意的是，郑本"是但"❷的释义虽然跟《现汉》"随便"❸相同，但用法并不一样，"是但"不能做形容词，不能把"我说话很随便"换说成

"我说话很是但"。白本用"随便；两可"并列解释。白本在释义中加上"两可"似无必要，也不妥当，"两可"是两者都可以，而"随便"是任何都可以。詹本的第二个义项"❷凑合；将就"是"是但"的引申义，加得有道理。在普通话里"随便"有"不讲究、凑合"的用法，如：他单身一人，吃穿都很随便｜时间来不及了，随便吃点儿算了。正因为此，《现汉》第 6 版对"随便"的释义做了修改，增加了一个新的义项："形不讲究；凑合"。全文为（斜体字为 6 版的改动处）：

【随便】suíbiàn ❶(-//-)动按照某人的方便：去不去～｜你什么时候来都可以，随你的便。❷副不加限制；没有确定的目的：～闲谈｜～走走看看。❸形(言行)不多考虑；不慎重：我说话很～，请你不要见怪｜写文章不能随随便便，要对读者负责任。❹*形不讲究；凑合：他单身一人，吃穿都很～｜时间来不及了，～吃点就算了。*❺连任凭；无论：～怎么劝，他就是不听｜话剧也好，京剧也好，～什么戏，他都爱看。

对照 6 版《现汉》"随便"的释义，粤语的"是但"跟"随便"❷❹❺的词义相对应、吻合，但用法上，"随便"既可做副词、连词，又可做动词、形容词，而"是但"不能受程度副词"很"修饰，主要功能是做副词或连词，其单独成句的用法则是副词用法的省略。请看下表：

	动(按某人的方便)	形(不慎重)	形(不讲究)	副(不加限制)	连(任凭、任何)
随便	+	+	+	+	+
是但	−	−	副 +	+	+

由上可知，"随便"和"是但"的核心义是没有限制，怎么样都可以，这是其共同处，但是"随便"的副词、连词义很显然是从其动词、形

容词义演化而来的,而"是但"的核心词义以及其副词、连词用法的理据则不易从字面直接获得解释。为解决这一问题,首先须对"是但"的构词语素逐一加以探讨。

1.2 "是但"的"是"

"是"可做总括之词,遍指某个范围内的所有个体,其义为"凡是,任何"。如"是人"即所有的人,任何人;"是事"即所有的事,任何事;"是处"即所有的地方,任何地方。兹以"是人皆有死"这一命题为例,如从总括整体的共性的角度来表达,可以换说成"所有的人都会死"或"凡是人都会死";如果从整体中的个体的角度来表达,就可以换说成"每一个人都会死"或"任何一个人都会死"。表示总括、遍指的"是"就是基于这种逻辑转而表示任指义的。《红楼梦》第八十回有如下一例:

若静日静夜或清早半夜细领略了去,那一股香比是花儿都好闻呢。

这里的话题是菱花,菱花包括在花的范围之内,所以"是花儿"的意思就不宜换说成"所有的花",而是刨除菱花之外的任何花,这样,"是花儿"在这里就指"任何花,不管哪种花,随便哪种花"之义了。

1.3 "是但"的"但"

"但"最初为范围副词,表示对范围的限制,相当于"只、仅",至迟西汉已见,例如(引自席嘉169页):

匈奴匿其壮士肥牛马,但见老弱及羸畜。(《史记·刘敬叔孙通列传》)

"但见老弱及羸畜"意思为"只见到老弱之人和瘦弱的牲畜","但"犹"只、仅"。此义在现代汉语中只存在于连词"不但"(即"不只")和"但愿如此""不求有功,但求无过""但见树木,不见森林"等固定格式之中。

到了唐代以后,"但"由"只"义引申出"只管、尽管"义,仍为副词。例如:

> 更深越墙来入宅,夜静无人但说真。(《敦煌变文集·捉季布传文》)

"但说真"意思是"尽管说实情",其意在于让对方敞开说,不要有任何顾虑。再如:

> 你但放心,我只不出去见人便了。(元杂剧《铁拐李》第二折)
> 此系私室,但坐不妨。(《红楼梦》第四回)

其中的"但"都是"尽管"义。所谓"尽管",就是"不必有任何顾虑,不要受任何条件限制"。这就使副词"但"由表示对范围的限制反向演化为表示没有条件限制。这种反向词义演化是在语义引申中发生的:只需如此(表限制),别的什么都不必顾虑(表无限制)。当言语交际者强调不必顾虑时(语义重心后移),"但"就由表限制引申为表示不受限制。"尽管"表示"不受限制",跟"随便❷""不加限制"的词义有了交集,但又不等同于表示任意条件的"任凭、随便","但"表示任意条件跟复音词"但是"有关。

"但是"表示充分条件,相当于"只要是、凡是",最初应是副词"但"修饰系动词"是",习用之后凝固为偏正结构的复音词,自唐代以来已很普遍。例如:

> 窦家能酿销愁酒,但是愁人便与销。(元稹《劝酒》诗;只要是愁人就替他销愁)

> 开元中,峡口多虎,往来舟船,皆被伤害。自后但是有船将下峡,即预一人先饲虎,方举船无恙。(《太平广记》卷四二六《解颐录》)

"但是愁人"即"只要是愁人,凡是愁人","但是有船将下峡"即"只要有船将下峡,凡是有船将下峡"。"只要是"表示充分条件:只要是A,就会产生B;"凡是"为总括之词,表示遍指,即在某一范围里的个体没有例外,也能表示充分条件:凡是A,都会B。因此二者语义相通,这也是除了"但是、凡是"之外还有"但凡"一词的原因所在。

如上所述,表示充分条件的"但是"也能表示总括、遍指,相当于"凡是"。因为某个范围内的所有个体的特性也就是这个范围内的任何一个个体的特性,所以表示遍指(总括)的"但是"在一定语境内可转为任指(任何、不论哪个),这时"但是"既相当于"凡是",又相当于"任何"。例如:

> 但是好花皆易落,从来尤物不长生。(刘禹锡《和杨师皋给事伤小姬英英》诗)

"但是好花"既可以说成遍指性的"凡是好花",也可以说成任指性的"任何好花",这样,"但是"就由表示遍指转而表示任指,其意义相当于"任何、无论什么"。这跟上面谈到的"是"转表任指的理据相同。由此我们认为,粤语的"是但"是由表示任指义的语素"是"和"但"连用组合而成的同义并列结构,其核心词义是任意,所以它可以用同样表示"随意、不加任何限制、无论怎样都行"的"随便"来对释。

贰 乜嘢

2.1 粤语中"乜"和"乜嘢"(也作"乜野")都是方言音借字,二者都能做疑问代词"什么"讲,但"乜"能问原因和目的,相当于"为什么",而"乜嘢"不能;反之,"乜嘢"可用如"何物、什么东西",而

"乜"则不能。二者同中有异。下引白宛如《广州方言词典》442页对"乜、乜野"和28页对"野"的描写：

乜[mɐt]上入

(1)疑问代词,什么:渠～都唔知道|你有～理由打我呢？|因～事罢工呢？

(2)为什么(询问原因或目的):～你噉样讲啊？|～你唔食呢|～渠唔来呢？

乜嘢[mɐt iɛ]上入、阳上

(1)何物:买～？|～来架？(这是什么东西呀)

(2)疑问代词。什么:为～？|～事呀？|你借～书呀？|做～渠唔食饭呀？

嘢[mɐt iɛ]

(1)东西,物件:买～|食～。

(2)事情,工作:做～打烂嘢(干活儿打破东西)。

下表可一目了然地概括三者语义的异同：

	什么	为什么	什么东西	物(东西)
乜	＋	＋	－	－
乜嘢	＋	－	＋	－
嘢	－	－	－	＋

"嘢"当"物、东西"讲,在粤语区使用非常普遍。其读音多为[jɛ]或[iɛ](调值略有差别),如广州(13)、阳江(21)、番禺市桥(13)、增城(13)、新界锦田(23)、澳门(13)等地；也有一些地方读[ia],如珠海前山(23)、中山石岐(213)等。它只是个粤语记音字,在古今字书和文献中未见踪迹,除客家话外,其他方言也不见使用,考证起来

颇有难度。它既然是个记音字,就应从语音上入手寻其本字,但是跟"嘢"读音相同或相近的字中又找不到意义跟"物、东西"相同、相近的词,看来仅用通常考本字的办法是不够用的。笔者近年研究变形重叠词问题,受到汉语词汇史上音变构词现象的启发,尝试从这一视角探寻"乜嘢"一词的产生以及"嘢"字得义的理据。

2.2 "乜"的本字为"物"

拙文(1995)梳理了吕叔湘(1985)、太田辰夫(1988)、志村良治(1984)等各家对"甚麼"来源的研究成果(其中也加进了笔者的意见),现根据本文论题的需要,揭举学界意见基本一致的几点作为背景:

2.2.1 "甚麼"的前身是唐代文献始见的"是物","是物"的"物"跟六朝疑问代词"何物"的"物"有语源关系。如:

> 何物:北方何物可贵?(《世说新语·言语》)|陆逊、陆抗是卿何物?(同上,方正)|何物鬼担去?(《异苑》)|何物老妪,生宁馨儿?(《晋书·王衍传》)

如果说"北方何物可贵"的"何物"还可看作词组(什么东西),那么其他几例则只能看作疑问代词了。唐时,"何物"又作"何勿",显示其已完全词汇化:

> 何勿:"等道",犹今言"何勿语"也。(《后汉书·祢衡传》李贤注)|君是何勿人,在此妨贤路?(敦煌本《启颜录》)

> 是物:未审别驾疑～?(石井本《神会语录》)|见无物唤作～?(敦煌本《神会语录》)

2.2.2 "是物"又作"是勿、是没"(8世纪中叶),"是物"连读音变为"甚"或"甚没"(9世纪),现根据中古音并参考志村(1984)将这一过程图示如下:

zje mjuət⟶zje muət⟶zjəm⟶zjə^m muət⟶zjemmua⟶zjəmma

是承纸切物文弗切　是没莫勃切　甚常枕切　　甚物　　甚没母果切　　甚摩

下面各举一例：

是勿儿得人怜？（《因话录》）

是没是因？是没是缘？（敦煌本《大乘无生方便门》）

于身有甚好处？（敦煌本《燕子赋》）

若不是夜地，眼眼不瞎，为甚物入入里许？（《启颜录·吃人》，《太平广记卷248引》）

是甚没人？……作甚没来？（敦煌本《李陵变文》）

甚摩处来？（《祖堂集》卷20）

2.2.3 "甚没"的"甚"[-m]字又作"什"[-p]，盖因彼时（9世纪）某些方言当[-p]位于鼻音之前时音变为[-m]所致；10世纪出现"什摩"，11世纪出现"什麼"：

前生为什没不修行？（敦煌本《阿弥陀经讲经文》）

贵姓什摩？（《祖堂集》卷4）

在什麼处？（《景德传灯录》卷8）

2.2.4 唐五代文献中用作疑问代词的"没、莽"等应是"是物"的"物"的方音借字：

金刚经道没语？（《神会语录》）

缘没横罹鸟灾！（敦煌本《燕子赋》）

今受困厄天地窄，更向何边投莽人？（敦煌本《捉季布传文》，唐五代西北方言"莽"白读音与"没"音近）

这种单用作疑问代词的"没"后世多用"麼"字"吗"字，闽、客、粤等东南方言多用"乜"。

笔者认为"物"字单用作疑问代词是词义沾染所致，由于"何物"长期高频使用,使原本为构词语素的"物"沾染上了疑问词"何物"或"何"的疑问词义(同理,"边"由"阿那(哪)边"沾染上问询处所义),起初它不太能单独使用,要跟系词性的"是"连用才行,后来才渐次具有独立使用的功能,不过在句首做主语时仍受限制,要与"是"组合使用。

"是物"做疑问代词今闽南话仍存其旧,闽南话问事物可单用"物"miʔ,也可用"是物" sim miʔ,这两种用法的"物"在闽南民间唱本里大都写作"乜"(黄伯荣《汉语方言语法类编》)。闽南话中"乜"与"物"声韵相同,各地只声调有异。如《海口方言词典》页4:乜 mi^{55}(长入):什么。乜物 mi^{55} mi^{33}(长入、阳去):什么东西;什么。《雷州方言词典》页5:乜物 mi^{55} mi^{33}(阳去、阳上):什么东西 。粤方言和客家话的疑问代词也作"乜",语音相近,如粤语广州话"乜"读 mɐt^5 或 mɛ^{55},广东中山南蓢合水客家话"乜嘢"的"乜"读 mɐt^{33}。由于这三种方言中"乜"的语音和功能上的相近或相同,我们有理由假设或认为粤语、闽南话、客家话的疑问代词"乜"有一个共同的来源——"物"。即:

粤语:mjuət ⟶ tuəm ⟶ mɐt/təm/mɛ

闽语:mjuət ⟶ mjət ⟶ mit ⟶ miʔ/mi

2.3 "嘢"与"乜"同源

下表把粤语广州话与闽南语海康话跟"乜"相关的词语的语义做一比较:

	什么	物、东西	什么东西
粤语:广州	乜 mɐt^5、mɛ^{55}	嘢 jɛ^{13}	
	乜嘢 mɐt^{35} jɛ^{13}、mɛ^{53} jɛ^{13}		乜嘢(音同左)
闽语:海康	乜 mi^{55}	乜 mi^{55}	
	乜乜 mi^{55} mi^{55}		

上表表明：

（1）粤语广州话中"什么"既可以单用"乜"表示，也可以用"乜嘢"表示，而"乜嘢"既是单纯词"什么"，又是短语"什么东西"。

（2）闽语海康话中"什么"既可以用"乜"表示，也可以用"乜乜"表示；"乜"既做疑问词"什么"，也做名词"东西"。

（3）粤语的"乜、乜嘢（什么）、嘢"分别跟闽语的"乜、乜乜、乜（东西）"对应相当，所不同的是，海康话的"乜乜"不兼表"什么东西"。

由此，我们想到："嘢"既然与闽南话的名词"乜（东西）"词义完全相当，疑问词"乜嘢"又跟"乜乜"相当，而闽南话疑问代词和名词"乜"都源自"物"，那么粤语的"嘢"也应该跟"物"有某种关系。闽语的"乜乜"即"物物"，本是偏正结构（什么东西），但在表层形式上类似一个重叠词，于是，笔者提出如下的假设：如果把"乜乜"看作一个重叠词，那么"乜嘢"是"乜乜（物物）"的变形重叠形式。试说明如下。

"物"的上古音和中古音构拟：

上古音：明母物韵 mĭwət（《汉字古音手册》147 页）

中古音：mĭuət（《音韵学教程》147 页）

也有构拟为 mjuət 的，大同小异。根据中古音，我们推测粤语用作疑问代词的"乜"（源自"物"$_{文弗切}$）发生了如下的历史音变：mĭuət ＞ muəm ＞ mət。

"乜乜"（即"物物"，什么东西）在海康话里的读音为 mi^{55} mi^{55}，那么，我们有理由把广州话"乜嘢"（什么东西）mət^{35} jɛ^{13} 的前身或曰底层推测为"乜乜（物物）"mət mət，mət mət 后一音节改变声母就变成 mət jət。jət 舒声化后音变为：jət ＞ jɐ ＞ jɛ。这种后一音节改变声母的现象并非特例，它跟汉语的变形重叠现象具有共同性。图示如下：

不变形重叠：物物（乜乜）mi mi（闽南语海康）

变形重叠：物物（乜乜）mɛm mɛm ＞ mɛm jɛm ＞ mɛm jɛ＞ mɛm jɛ/mɛ jɛ（粤语）

广东中山南蓢合水客家话"乜嘢"mɛm³³ ia⁵²的读音跟粤语相近，同样可看作是"物"的变形重叠形式：mĭuət ＞ miət＋iət ＞ mɛm iət＞ mɛm iɛt ＞mɛm iɛ＞ mɛm ia②。

2.4　拙文（2008）曾论述古代、近代一些变形重叠词的特点和规律，其中有一种为变形重叠为顺向变声重叠，即变形重叠词的后字韵母与前字同，而声母与前字不同。例如表示短时义的"须"顺向变形重叠为"须臾"：须→须臾。重叠词后字"臾"跟前字"须"的韵母相同，都属古侯部；而声母不同，"须"为心母，"臾"为馀母。从意义上看，在顺向变形重叠词中，只有前字表义，可独立运用；后字不表义，只起补充音节作用。整个变形重叠词的意义跟其前字或相同，或相关。如"须臾"中只有"须"字表"短时"义，"臾"字不为义，"须臾"的词义跟"须"相同。从变形重叠的角度看，本文所论"乜乜"（物物）虽为偏正结构，但表层形同不变形重叠词；而"乜嘢"（物物）虽为偏正结构，其表层则可看作"乜（物）"的变形重叠词。即在疑问代词"乜嘢"中，"乜"和"嘢"韵母相同，声母不同，与顺向变声重叠相同；在意义上，只有"乜"可单独做疑问代词，"嘢"不能，只起增加音节作用，"乜嘢"的语义就相当于"乜"。

另一方面，粤语中既可用双音节"乜嘢"mɛm jɛ做疑问代词，也可以单用第一个音节"乜"mɛm做疑问代词。这样，"嘢"就成了一个不承担表义作用的羡余音节，这不仅引发了"乜"和"乜嘢"功能分工的调整（功能完全重合不符合语言的经济性），而且也促使"乜嘢"的"嘢"在意义上被重新分析为"物"。因为"乜嘢"相当于疑问词"乜乜、何物"(什么),而"乜乜、何物"的底层为偏正结构(什么东西),所以在类推心理的作用下,"乜嘢"也被重析为偏正结构"什么东西"。这里经过了"分析——综合——分析"的循环过程:

物物(偏正短语:什么东西)＞乜嘢(变声重叠单纯词:什么)＞乜嘢(偏正短语:什么东西)

在偏正结构"乜嘢"中,"嘢"获得了名词"物"的语义。从根本上说,"嘢"之所以能够被重析为"物",是因为它原本来自"物",只不过是"物(乜)"通过顺向变形重叠产生的变音罢了。

跋语——并非多余的话

对于一个既不懂粤语,又不懂闽南语和客家话的北佬来说,要准确地考释粤语疑难词其难度可想而知。本文的写作诚然出于专业上的好奇心,但更直接的动力是为了给詹先生祝寿——总该选个跟詹先生的学术领域有些关系的题目吧;特别是想到届时会有许多语言学同行莅会,对我来说是一个难得的讨教机会。文中对"是但"和"乜嘢"两个粤语词的考释,前者可能大体靠谱,后者自知比较单薄甚或有疏失之处,本想续加斟酌推敲,奈截稿期过,时不我待,只得不揣浅陋,将这篇急就章拿出,待听取各位同仁意见之后再做修改。

附 注

① 麦耘等《实用广州话分类词典》391页解释为"随便",饶秉才等《广州话方言词典》230页解释为"随便地、不认真地"。

② 粤语开平赤坎疑问代词"乜阿"[mbuɑt^{55} a^{33}],与"乜嘢"是同类现象,后一个音节[a]应是复元音简化而来。粤语阳江话中疑问代词"乜"(什

么)读 mi^{54} 或 $mien^{54}$,其中 $mien$ 音可视为 mi 和 ieŋ 的合音形式,其底层与"乜嘢"一样,应源自"物+物",待考。

参考文献

白宛如　1998　《广州方言词典》,江苏教育出版社。
郭锡良　2010　《汉字古音手册》,商务印书馆。
黄伯荣　1996　《汉语方言语法类编》,青岛出版社。
黄小娅　2000　粤方言用字一百多年来的演变,单周尧、陆镜光主编《第七届国际粤方言研讨会论文集》(《方言》增刊),商务印书馆。
江蓝生　1995　说"麽"与"们"同源,《中国语文》第 3 期;另载《近代汉语探源》,商务印书馆 2000 年。
——　2008　变形重叠与元杂剧中的四字格状态形容词,《历史语言学研究》第一辑;另载《近代汉语研究新论》,商务印书馆 2008 年。
江蓝生、曹广顺　1997　《唐五代语言词典》,上海教育出版社。
吕叔湘　1985　《近代汉语指代词》,学林出版社。
麦　耘、谭步云　1997　《实用广州话分类词典》,广东人民出版社。
饶秉才、欧阳觉亚、周无忌　1997　《广州话词典》,广东人民出版社。
太田辰夫　1988　《中国语史通考》,[日]白帝社;中译本《汉语史通考》,江蓝生、白维国译,重庆出版社 1991 年。
唐作藩　2008　《音韵学教程》(第三版),北京大学出版社。
席　嘉　2010　《近代汉语连词》,中国社会科学出版社。
詹伯慧、陈晓锦　1997　《东莞方言词典》,江苏教育出版社。
张振兴、蔡叶青　1996　《海口方言词典》,江苏教育出版社。
——　1998　《雷州方言词典》,江苏教育出版社。
郑定欧　1997　《香港粤语词典》,江苏教育出版社。
志村良治　1984　《中国中世语法史研究》,[日]三冬社;同名中译本,江蓝生、白维国译,中华书局 1995 年。

(原载甘于恩主编《田野春秋——庆祝詹伯慧教授八十华诞暨从教五十八周年纪念文集》,暨南大学出版社 2011)

附：詹伯慧先生八秩华诞贺词（2011年6月28日）

尊敬的詹伯慧先生，
各位来宾，老师们、同学们：

在这盛暑时节，我们欢聚一堂庆贺詹伯慧先生八秩华诞，我代表中国社会科学院语言研究所的同仁对詹先生和詹夫人表示热烈的祝贺！祝贺詹先生在语言学研究上所取得的卓越成绩，祝贺詹先生年届八旬依然能幸福地从事学术研究工作！祝贺詹先生弟子满园，桃李遍天下！

詹先生出身书香门第，家学渊源，又能厚植基础，博览专精，故而在汉语方言、汉语辞书、汉语应用和汉语规范等诸多领域都取得了令人瞩目的成就。詹先生能讲三种纯正的汉语方言，而且是三种最难懂、最难学的方言：潮州话、客家话、广州话，这为他成为一位优秀的语言学家奠定了他人难以相比的深厚基础。詹先生兼有良好的文学修养，书法也自成风格，颇见功底，在语言学家当中，像詹先生这样文学、书法修养深厚的学者实不多见。詹先生学术专长为汉语方言学，尤精于粤方言研究。改革开放以来，詹先生站在学术战略的高度，有计划有步骤地组织学生调查珠江三角洲方言、粤北十县市粤方言、粤西十县市粤方言，一时间，当代辖轩使者的足迹踏遍南粤大地的青山绿水，一本本方言调查报告相继问世，一批批年轻学子迅速成长。他主编了高校通用教材《汉语方言及方言调查》《广州话正音字典》《广东粤方言概要》等一批重要的方言学专著，为推进汉语方言学的学科体系建设，为方言学研究的蓬勃发展，为方言学科队伍的日渐壮大做出了卓越的贡献。汉语方言学在祖国的南方得以兴盛繁荣，这其中詹先生贡献甚多，功不可没。詹先生不同于一般只专注于自己做学问的学者，他很关心国家语文政策的制定与贯彻执行，关注社会的语文生活，敢于并善于直面现实的语言文字问题。当有政协委员连续两年提出"恢复繁体字"的提案的时候，当广州一些群众提出"保卫粤方言"的时候，他都或撰文、或接受访谈，深入浅出地阐释国家语文政策，面对媒体直抒己见。他认为，为汉语规范化服务是语言文字专业人士"责无旁贷的光荣任务"，他正是这样一位热爱祖国、热爱家乡，珍惜祖国和家乡语言资源的有着高度社会责任感的人文学者。

年初我读到詹先生的近作《语文杂记》，詹先生实事求是、科学辩证的语文规范观给我留下了很深的印象。关于规范与应用的关系，詹先生认为规范应该"从应用中来，到应用中去"，体现"源自实践，服务实践"的精神。

关于规范化与多元化的关系，詹先生主张应该"既大力推广普通话，又充分发挥方言的作用"。"推广一种（普通话），保留多种（方言）；要并存并用，有主有从，各司其职。"在对待繁简字的问题上，他的态度是：在遵守规范，继续使用简化字的前提下，又提倡让繁简体字并存下去，在全球华人世界的汉字应用中来一个和谐共处，繁简由之。或"识繁用简"，或"识简用繁"。

关于语音规范的原则是从古还是从今、从众（约定俗成）的问题，詹先生明确表示："在粤语正音中，既要把握语音发展的历史继承性，又不能对已在群众中广为流行的俗读熟视无睹，而必须采取两者兼顾的做法。如果现代普遍读音跟古代反切已失去联系，我们就只能以'从今、从众'的态度来对待今音的厘定了。"前不久我参加了国家语委语信司召开的现代汉语审音工作准备会议，我认为詹先生的上述观点完全正确,应该成为今后审音工作遵循的重要原则。

关于如何处理规范与当今语言变异现象的关系,詹先生说:"既不要在多姿多彩的语言现象面前眼花缭乱,无所适从;更不要动辄看不顺眼,评头品足。"对"新潮语、网络语言"等新事物、新现象要"等一等,瞧一瞧,别忙下结论","一定要多做收集、分析工作而别忙于说三道四,指手画脚,拨乱反正","须知语言规范工作永远都只能滞后而不能超前"。他的"少当语言警察,多做语言导游"的经典名言,深得同行们的认同,引用率极高。

2010年6月,针对广州有些人提出"保卫粤语"的口号,詹先生接受了《羊城晚报》记者的采访,从多角度阐述了国家推普政策的精神和推普与保留方言的关系,有些话很有震撼力。例如他说:"应该明白,广州不仅仅是广州人的广州,它还是中国中心城市之一的广州,也是国际化的广州。怎么能不通行全国通行的普通话?""有人说'要保护粤语',我不赞成。所谓保护,意思是敌人来了,被侵略了,可普通话真的是你的敌人吗?不是,它是方便全国人民相互交流的工具。"他一语中的地指出:"我们决不能有要以粤语来抵制普通话在广东推广的思想,那样想是绝对错误的。"这些掷地有声的话语出自温文尔雅的詹先生之口,使我很感意外。原来,在原则问题上,詹先生的态度是如此鲜明,眼光和胸怀又是如此宽广!可以想见,作为有权威的语言学家,詹先生的正确观点对纠正一部分人的误解会起到多么有效的作用。回想当时,我在北京也接受了某报记者的采访,我的基本观点虽然跟詹先生相同,但在表述上远没有詹先生那么全面、深刻,那么有穿透力。"姜还是老的辣",我不得不由衷地佩服詹先生。

詹先生经常用"年龄可以老,学问却不能老化"来砥砺自己,他有一个永远不老的心态和永不满足的追求,因而他的学问总是能回应现实,做到与时俱进。詹先生的一幅书法条幅写着:"莫放春秋佳日过,最难风雨故人来。"这正是詹先生一生爱读书、重友情的文士心怀的写照。因为不放过春夏秋冬的每一天,他因此著作等身,事业有成;因为把友情、乡情和师生之情看得很重,他因此赢得了朋友、乡亲们的真情和门生弟子们的爱戴。值此詹先生八十华诞之际,我再次向詹先生表示祝贺,表示敬意。祝詹先生生命之树常青,学术之树常青。

(原载《粤语研究》第十期,澳门粤方言学会 2011 年 12 月版)

台湾地区词(四则)音义考

提　要　本文对台湾地区的四个特色词"凯子、垃圾(lèsè)、糗、和(hàn)"的来源做了考证。(1)"凯子"的意思是"冤大头"。"凯子"的"凯"与"慷慨"的"慨"音义相关。(2)"垃圾"普通话读 lājī,是读书音;台湾读去声 lèsè 是历史音变中的方言口语音。(3)台湾地区表示"羞耻"或"使人感到羞耻"的"糗"与该字的本义"干粮"等毫不相干,是"丑"的音借字。(4)台湾地区用作连-介词的"和(hàn)"的本字是"唤",是从大陆带过去的。

关键词　凯子　垃圾(lèsè)　糗　和(hàn)

壹　凯子

"凯子"在台湾是个家喻户晓的常用词,大陆没有这个词。十几年前,我在凤凰卫视《李敖有话说》节目里初次听到"凯子""凯子军购"之语,根据节目的内容,我猜想所谓"凯子"恐即傻子,"凯子军购"就是"傻子军购",即用远远高出市场的价格购买质量或性能一般的武器设备,或用高价购买并不一定必要的武器设备。但"凯"字并无呆傻之义,何以用"凯子"表示傻子呢？最初我曾臆测:"凯子"应是"呆子"之形误,也即"凯"字因形近借作"呆"字。但这种设想有一个难以逾越的障碍,即"凯"和"呆"二字读音差别较大(声母、声调不同),而且这两个词都常用,在口语中借"凯"表"呆"

的可能性不大。台湾出版的词典对"凯子"一词的解释为:

> 凯子:戏称有钱的男子。(《重编国语辞典》第三册2051页)

> 凯子:[俚]俗称有钱的男子:钓～。(《国语活用辞典》227页)

大陆商务印书馆最近出版的《全球华语词典》中收"凯子"一词(476页),释为"义同'冤大头'",配例为:

> 钓～|～外交|她饰演专钓～的拜金女,没想到戏拍到一半,真有自动上钩的|花了冤枉钱还自我辩护,根本难掩既无面子又无里子的～事实。

该词典注明此词通行于港澳、台湾、新马。但据我调查,此词的发源地是台湾,粤语中并没有这个词,港澳等地使用该词应是从台湾引进的。

所谓"冤大头",《现代汉语词典》释为"枉费钱财的人(含讥讽义)",对照上述几例,用"冤大头"解释"凯子"更为妥帖。"凯子"的"凯"能否单用呢?由于以上几部词典都没有收与"凯子"词义相关的单音节的"凯",因此不得其详。前年我在台湾政治大学教授竺家宁先生所著《汉语词汇学》一书附列的台湾地区词里查到单音节的"凯"这才得知它不但可以单用做谓语,也可以做构词语素,如:

> 凯:她很凯,常常请人吃饭。(446页)

> 色凯:钓马子的凯子。你这家伙,一副色凯样,谁要跟你作朋友啊!(花痴)(441页)

第一例的"凯"用如形容词,指花钱大方得不适度,显得有些傻。第二例的"色凯"是指为了追求马子(女性)而枉费钱财的人,"凯"为"凯子"之省,为名词词素。如此看来,"凯"有"大方"义,但这种"大方"含有不适度、冤枉、傻的意味。而"凯子"则是指花冤枉钱的人。

因此,"凯"的义素结构可分析为:

大方＋不适度＋傻

在这三项义素中,"大方"是核心义素,"不适度"是附加义素,"傻"是"不适度的大方"产生的衍生义素。

根据以上的分析,笔者推测"凯"的本字应是"慷慨"的"慨"。用联绵词的一个义素来代指这个联绵词,但感情色彩不同,由褒义变贬义,由赞扬变轻蔑,语义色彩由庄重变成调侃。

要论证"凯子"的"凯"本字为"慷慨"的"慨",要从形音义三方面进行考察,只有三方面都讲得通,假说才可成立。其中意义一环是前提,但光是意义相近或有关联还不够,还必须证明"凯"与"慨"在使用中确实因音同而有通借之例才更可采信。

据《汉语大词典》,可将联绵词"慷慨"的主要义项归纳为:

1. 情绪激昂。《文选·司马相如〈长门赋〉》:"贯历览其中操兮,意慷慨而自卬。"

在常用组配"慷慨赴义、慷慨陈词、慷慨悲歌"等短语中,"慷慨"皆属此义。

2. 感叹。《古诗十九首·西北有高楼》:"一弹再三叹,慷慨有余哀。"

3. 性格豪爽。《后汉书·齐武王演传》:"性刚毅,慷慨有大节。"《京本通俗小说·冯玉梅团圆》:"我徐信也是个慷慨丈夫,有话不妨尽言。"

4. 大方;不吝啬。《水浒传》第五回:"鲁智深见李忠、周通不是个慷慨之人,作事悭吝,只要下山。"清·蒲松龄《聊斋志异·云萝公主》:"袁为人简默而慷慨好施。"

可以看出,上述四个义项的引申脉络十分清晰:"情绪激昂"易生

"感叹";"情绪激昂"之人多为"性格豪爽"之士,豪爽之士性多"大方"。即:

```
          ↗ 2.感叹
1."情绪激昂"→ 3.性格豪爽→4.大方
```

"慷慨"的"大方"义较为后起,与现代完全相同的用法是清代《聊斋志异》的用例。

"慷慨"形容人大方、不吝啬,可以自由运用,但其构词语素"慷"和"慨"则不能独立表示此义。在一些近现代文献中,"慨"常作为构词语素表示"大方",如"慨然"形容无所吝惜貌:

《西游记》第二六回:"特来尊处求赐一方医治,万望慨然。"

《儿女英雄传》第三九回:"今天在此遇见你这水心先生,竟慨然助了我五两银子。"

"慨"在双音词中常用作状态修饰语,实为"慨然"之省,如"慨允、慨诺、慨赠、慨让"等(例引自《汉语大词典》):

【慨允】慨然允许。《醒世恒言·灌园叟晚逢仙女》:"〔众女子〕齐声谢道:'得蒙处士慨允,必不忘德。'言讫而别。"郭希仁《从戎纪略》:"吴亦慨允,拟晚四钟开拔。"

【慨赠】慨然赠送。《红楼梦》第一○三回:"学生自蒙慨赠到都,托庇获隽公车,受任贵乡。"

【慨诺】慨然允诺。郭沫若《创造十年续篇》三:"假使当时我是得到了商务的慨诺,那我的精力,即使不是全部,也会是一大部分,是被用在翻译上的。"

【慨让】慨然相让。曹埃布尔《黄花岗之役·广州三月二十九日之役》:"偶忆某西医生新购一地于沙河,以此事请,或可慨让。遂造医生之庐而告之,医生慨然许诺。"

我们推测,由于"慨然"省略为"慨"后可以广泛地做动词的修饰语,这就提升了其组合的自由度,也使"慨"表示"大方、不吝啬"的意义得到增强和显现,发展到后来,就有可能被视为一个比较自由的语素而跟名词词缀"子"组合为名词。台湾地区口语词"凯子"应是沿着这一途径而产生的。

"凯子"的"凯"不仅与"慨"语音相同,语义相近、相关,而且在使用中"凯、慨"相通借的现象也时有所见。如文献中"凯康"借作"慨慷":

> 战国·宋玉《神女赋》:"精交接以来往兮,心凯康以乐欢。"
> 清·梁绍壬《两般秋雨盦随笔·字音假借》:"慨慷二字可作凯康。"

与此类"凯"直接作为"慨"的借字的例子相比,更常见的是"凯"与"恺"通用,而"恺"又借作"慨",这可以看作"凯-恺-慨"递相通借,或称之为"凯"与"慨"间接通借。

"凯"通"恺",指德才兼备的人。

> 《文选·任昉〈为范尚书让吏部封侯第一表〉》:"位裁元凯,任止牧伯。"李善《注》引《左传》:"太史克曰:'昔高阳氏有才子八人……谓之八凯。'"

今本《左传·文公十八年》作"八恺"。

其他如"恺弟"又作"凯弟","凯歌"又作"恺歌"等,此皆"凯"与"恺"通假之例。

"恺切"一词义为恳切:

> 《明史·归善王朱当沤传》:"因劝帝法祖宗,重国本,裁不急之费,息土木之工,词甚恺切。"

《镜花缘》第十二回:"凡乡愚误将子女送入空门的……向其父母恺切劝谕。"

文献中又作"凯切""慨切":

明·宋濂《礼部侍郎曾公神道碑铭》:"仍椎牛酾酒,开陈逆顺祸福,言甚凯切。"

清·徐干学《纳兰君墓志铭》:"岁丙辰,应殿试,条对凯切、书法遒逸,读卷执事各官咸叹异焉。"

明·顾起纶《国雅品·士品二》:"情之发于忠爱不渝,能自慨切。"

清·陆以湉《冷庐杂识·姜太公》:"生平呕心矮屋,艰苦备尝,故言之慨切若是。"

"慷慨"又作"慷恺":

南朝宋·谢惠连《却东西门行》:"慷恺发相思,惆怅恋音徽。"

唐·欧阳行周《赋得秋河曙耿耿送郭秀才赴举杂言》:"心知慷恺日昭回,前程忐在青冥里。"

甚至在现代学者刘半农的文章里也用"慷恺"表示"慷慨":

刘君很慷恺的马上答应了。(《〈半农杂文〉自序》)

以上资料说明,自古以来"凯、恺、慨"因音同在用字上多有互相或递相借用现象,因此,台湾地区借"凯"字为"慨"字并非创举,实属古已有之也。

关于"凯子"的"凯"本字为"慨"本文只能谈到这里。其实这个题目还有可以深入研究的余地,比如"凯子"一词是何时、因何原因产生的?它是如何在台湾传播开来的?据一位曾在台中生活的学者告知:台湾把不良少年叫小太保、小太妹,"凯子"本是他们使用的口头词语。如此,则这个词语又跟社会语言学扯上关系了。限于条件,笔者很难将这个题目再深入进行下去,如果台湾学者能有人响应,把这桩公案彻查清楚,应是很有意义也很有兴味的事情。

贰 垃圾

"垃圾"做名词,指脏土或扔掉的破烂东西。词形"垃圾"始见于南宋吴自牧的笔记:

> 更有载垃圾粪土之船,成群搬运而去。(《梦粱录·河舟》)
> 亦有每日扫街盘垃圾者,每日支钱犒之。(同上,《诸色杂货》)

此词《国语词典》注音为 lèsè,释义为:"吴语,秽物与尘土相混积之称。"但吴语保留入声,读[ləʔ səʔ],因此其读音是出于吴语还是另有所出,颇令人生疑。大陆普通话读 lājī,是读书音;台湾读去声 lèsè [lə sə],沿用的是《国语词典》的读音;今粤语读[lap sap],闽语厦门话读[lap sap],官话区读 [la sa]。共时平面上的读音差异反映了历时音变的过程,各地读音的差异正反映了此词的历时音变过程。

"垃圾"在宋代的实际读音不详①,但其音义应与"拉飒"有关。清翟灏《通俗编·状貌》:"拉飒,言秽杂也。""拉飒"本为形容词秽杂不净义,转指秽杂不净之物,由形容词转作名词。文献中有"拉飒栖"一词,见于《晋书·五行志中》:

> 孝武帝太元末,京口谣曰:"黄雌鸡,莫作雄父啼。一旦去毛衣,衣被拉飒栖。"寻而王恭起兵诛王国宝,旋为刘牢之所败,故言"拉飒栖"也。

从上下文可知"拉飒栖"是形容鸡毛杂乱脏秽貌的,只是不清楚"拉飒栖"的"栖"是何义。后时,金代元好问《游龙山》诗也出现此词:

> 恶木拉飒栖,直干比指稠。

此处用"拉飒栖"形容恶木杂乱无状貌,但同样,"拉飒栖"的"栖"字当作何解不详,今吴语"垃圾"读"垃西"或为"拉飒栖"之省说? 暂且存疑。

今吴语上海话"垃圾"[la ɕi]一词既做形容词(垃圾衣裳),又做名词(身上才全是垃圾),说明此词确实可由"肮脏、不整洁"义转而指"肮脏、不整洁之物"。

意思为"肮脏、不整洁"义的形容词"拉飒"在今汉语官话方言中多读为平声,且多用"拉撒"二字替代,其地域广被东北官话、胶辽官话、晋语、中原官话、西南官话等。我们推测,当这个形容词转为名词指肮脏不洁之物时,就用"垃圾"在书面上做词形上的分别,起初其读音应与"拉飒"并无不同。后来,为了在语音上把形容词词义跟名词词义加以区别,某些方言口语里就将"拉撒"[la sa]变读为[lə sə],并将声调由平声变为去声,这正是汉语殊声别义的原则在起作用。台湾地区音 lèsè 应是继承了这个变读了的口语音。

2008 年 11 月我在巴黎听遇笑容教授讲,她姥姥为旗人,生于 1893 年,爱新觉罗氏,曾受赏于慈禧,后改姓赵,她说她姥姥就把"垃圾"说成 lèsè。据我所知,老北京话里一般不说"垃圾",只说"脏土",lèsè 这个读音恐为老北京旗人的读法。

> 宋·徐梦莘《三朝北盟会编》卷三:"女真古肃慎国也,本名朱理真,番语讹为女真。……其言则谓好为感,或为赛痕;谓不好为辣撒。"

今疑其中的"辣撒"恐非女真语,有可能就是"拉飒",是个汉语词,由"辣撒"音变为"垃圾(lèsè)",后旗人入关,遂将此音(lèsè)带进北京。东北话把"哆嗦"变读为"嘚瑟"(dē·se 阴平),把"邋遢"(lā tɑ)变读为"肋胁"(lē·te),这些都是"拉飒、拉撒"变读为 lèsè 的同类现象,庶几有助于鄙说。

如此看来,《国语词典》把"垃圾"定音为 lèsè 未必是由吴语折合而来,恐怕采用的是老北京旗人的口语音,而今北京音 lājī 则是白话文的读音。即：

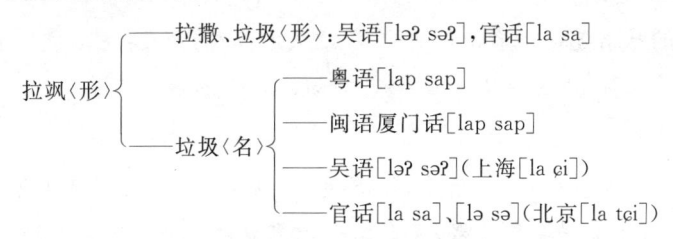

```
拉飒〈形〉┬─ 拉撒、垃圾〈形〉：吴语[lə? sə?],官话[la sa]
         │              ┌─ 粤语[lap sap]
         └─ 垃圾〈名〉┤── 闽语厦门话[lap sap]
                      ├── 吴语[lə? sə?](上海[la ɕi])
                      └── 官话[la sa]、[lə sə](北京[la tɕi])
```

叁　糗

"糗"字音 qiǔ(《广韵》去久切,上有,溪),本指炒熟的米麦,亦泛指干粮,如"糗粮"。此义现代已不再使用,在东北官话和北京话、胶辽官话中,"糗"表示煮好的面食或饭食粘连在一起,如"饭糗成团了","面条老不吃就糗了"。由此义引申为指久待在一处,如"整天在家里糗着"。台湾地区所用的"糗"与其原义及上述引申义皆毫不相干,2010 年出版的《全球华语词典》(673 页)解释较为贴切：

1.〔形〕形容当场出丑的窘相。例今天竟然把衣服穿反了,真是～到极点。2.〔动〕嘲笑；使人出丑。例我做得不好,

你还～我|我有意要～一下这位音响编辑。3.〔名〕丑事。例 爆～|出～|家～。

该词典另出"糗事"一词,释为:

〔名〕可笑的、尴尬的、窝囊的、丑陋的事情。注明使用地区为港澳、台湾、新马。

今按,台湾地区所用的"糗"是"丑"的音借字,二者词义相关相近,且在语音上也有音转关系。"丑"从"样子难看"义引申出"羞耻、使人感到羞耻"等义,历代文献和汉语方言都反映了这一词义引申的脉络。且看笔者归纳的《汉语大词典》的释义:

丑 chǒu 彳ㄡˇ 《广韵》昌九切,上有,昌。

1. 样子难看。

2. 认为羞耻、惭愧;不好意思,害羞。《史记·魏世家》:"以羞先君宗庙社稷,寡人甚丑之。"元关汉卿《窦娥冤》第一折:"【卜儿云】羞人答答的,教我怎生说波!【正旦唱】则见他一半儿徘徊,一半儿丑。"

3. 羞辱,使感到羞耻。汉刘向《说苑·至公》:"始皇闇然无以应之,面有惭色,久之,曰:'令之之言,乃令众丑我。'"沙汀《在祠堂里》:"我是喜欢他!——你丑不了我!"

4. 不光彩。汉司马迁《报任安书》:"悲莫痛于伤心,行莫丑于辱先。"

其中义项4可与2归并。2、3两个义项跟《全球华语词典》的1、2两个义项相对应。至于第3个义项的"糗"(爆糗、出糗、家糗),也跟"出丑、家丑"相对应。所以在词义及其引申路径上"糗"都跟"丑"相同,接下来就看二者语音上的关系了。

经查《汉语方言大词典》知道,闽语、客话、粤语、吴语、湘语等方言中有些方言点"丑"等流摄开口三等字读清母尖音或昌母尖音，跟"糗"为同音字，例如：

  闽语 丑：福建将乐[tɕ'iu⁵³]

     丑账(要账)：福建松溪[ts'iu²¹³ tiouŋ³³]

     丑类：福建厦门[ts'iu⁵³ lui²²]

     丑钱(要账)：福建建阳[ts'iu²¹ tsieiŋ³³⁴]、福建崇安[tɕ'iu²¹ tɕ'iŋ³³]

  客话 丑样：广东惠州市区[ts'iəu⁵³⁴⁻⁵² zoŋ³¹]、东莞清溪[ts'iu²¹ zɔŋ⁴²]、深圳沙头角[ts'iu³¹ zɔŋ⁴²]

  粤语 丑鬼：广东台山、台城[ts'iu⁵⁵ ki⁵⁵]

  吴语 丑债(讨债)：浙江金华[tɕ'iəɯ²¹ tsɑ⁵²]

     丑气：浙江金华岩下[tɕ'iəɯ²¹ tɕ'i⁵²]

  湘语 丑死哒：湖南衡阳[tɕ'iu³³ sʅ³³ tɑ³³⁻⁰]

北方方言如胶辽官话中也有一些方言点"丑"的读音同"糗"，如罗福腾1997《牟平方言词典》224页：丑[tɕ'iou]丑陋，不好看。主要用于熟语中：家～不可外扬|～事(丢人的事：专办～)。另外，胶辽官话山东寿光方言中有"糗猴子"一词([ts'iəu⁵⁵])，其义为"以滑稽模样引人发笑"，"糗猴子"的"糗"从词义来看跟出丑有关，其本字也应为"丑"。

  台湾地区通行闽南话和客家话，把"丑"读为"糗"并不奇怪；而且吸收方言音还有跟"丑陋"的"丑"别义的作用，即本义"样子丑"用"丑"字，引申义"羞耻、使感到羞耻"等借用"糗"字。

肆 连词、介词"和(hàn)"

  台湾地区跟连词、介词"和"相当的词读hàn，一般人不明其来历,还以为跟台湾的方言有关系呢。其实这个音是地道的北京音,曾在上世纪三四十年代作为规范读音推行于全国《国语词典》第三册 1618 页注"和 hàn(北平语音)。连词,用同及、与。"

侯精一(2010)详述台湾地区"和"读 hàn 的来龙去脉,材料翔实,颇可采信。侯文指出"和"读 hàn 音首见于 1932 年国民政府教育部正式公布的《国音常用字汇》,1949 年以后此字音在大陆地区逐渐淡出,最终被读书音 hé 所替代。而台湾地区"和"读 hàn 音源自台湾光复后的国语运动。1947 年台湾省国语推行委员会编印《国音标准汇编》,其中第四部分主要内容就是《国音常用字汇》,可见台湾地区"和"读 hàn 音遵循的是上世纪 30 年代曾在全国推行的语音规范。

陈刚等《现代北京口语词典》146 页对"和(hàn)"有简单的说明和描写:

  1.和,跟。现在已不大活用,使用范围只限于"什么～什么""哪儿～哪儿""谁～谁"等词语中。2.在(不用在动词和名词之间)。如:他～家干什么呢?

侯精一(2010)调查南城 50 岁以上土生土长北京人 20 人(满族 4 人,汉族 16 人),了解的情况详于上引词典。现将陈书与侯文提供的情况加以综合(括号里的数据引自侯文),以期反映"hàn(和)"在北京话里使用情况之大观。

  a. 连词,用在固定词组中(40%用 hàn,60%用"跟")

    咱俩谁～谁呀,甭说那个!

    这是哪儿～哪儿啊!八竿子打不着(的亲戚)!

    去去去!什么～什么呀,一边儿去!

  b. 介词,引出关系者(20%用 hàn,其余用 hé)

他～这事儿没关系。

我～你一块儿去。

弟弟～我一边儿高。

c.介词,引出处所(30%用hàn,其中2人兼读hài,其余用"在")

他～哪儿住?

车就～门口搁着呢。

他～家干什么呢?

台湾地区"和(hàn)"的用法与a、b相同,但没有c引介处所的用法。

侯文列举了以下方言里连词"和"的读音与老北京话的"和(hàn)"相当:

山东沂蒙山区的平邑方言"和"有[xā^{53}][xe^{53}]音(相当于北京的hàn和hài);

甘肃张掖市民乐县"和"有[xan](去声)一读;

山西霍州东区连词"和"老年人有读[xan](阴去)的。

那么"和"的hàn音是怎么得来的呢?换句话说"和(hàn)"的本字是什么呢?

俞敏(1988)对"和(hàn)"的语源做了简约的说明,认为源自"唤":

1988年春,一位王老师,东北人,说话里就有"甲huàn乙,桌子huàn板凳"。我问他:"你的东北话怎么跟别人不一样呢?"他说:"我原籍唐山。"这下子我可找找那个"唤"了:"我"先"唤你",随后咱俩人一块儿"去",多么顺理成章啊!hàn不过是异化掉了个介音罢了![②]

2008年我在电视中听见画面中一男子说"这事儿你怎么不唤我商量?"这是一个歧义句,既可理解为"你怎么不叫我来一起商量",又可以重新分析为"你怎么不跟我商量",显然,"唤"正是在这种典型语境中被重析为介词的。

南朝宋·刘义庆《世说新语·豪爽》:"武帝唤时贤共言伎艺事,人皆多有所知,唯王都无所关,意色殊恶。"
"武帝唤时贤共言伎艺事"这一句也属于可两解者:"武帝叫时贤共言伎艺事"或"武帝跟时贤共言伎艺事"。"唤"应是在这类语境中虚化的。

既然"唤"虚化为介词有其特定的句法环境,那么这种现象一般不会仅仅限于某一地的方言,应该有一定的普遍性。换句话说,除了唐山话,其他方言里也应该可以找出类似的现象。事实正是这样:

尹世超《哈尔滨方言词典》311页:"唤 xuan[53]介词。跟,指示与动作有关的对方,从……那里;向:没钱～他借|有啥事～我说也行。"

李行健《河北方言词汇编》680页连词"和"下记录天津地区吴桥用 huàn;678页介词"对"下记录"石家庄地区无极县用'换'"。可见吴桥的 huàn 和无极的连词、介词"换"跟东北官话一样,也源自"唤"。③但是,"唤"有[u]介音,北京话和平邑、民乐、霍州等地的连-介词"hàn"没有[u]介音,何以见得"hàn"源自"唤"呢?

关于[u]介音的丢失,俞先生认为是频率高的词里开合口混乱造成的。至于其原因,俞先生没多说。我们这里以动词"还"的音变为证。动词"还 huán"当副词用时,北京话、东北话口语音读 hái,也有读 hán 的,这跟"唤"连-介词读 hàn、hài 完全平行。此类语音异化是语义虚化引起的,是语法化在语音上的反映,即,词义的虚化引起语音的异化——脱落介音音素。语音与语义的关联在于区别性,脱落[u]介音,使动词(常用词)与副词或连-介词等虚词在语音上有了区别。

汉语方言中丢失[u]介音的现象很常见,如《徐州方言词典》记录"队、岁、伦"等字,徐州市区及西北县份今读合口呼,而东南县市今读开口呼。有些臻摄、止摄、蟹摄合口字北方官话区读合口呼,而在吴语或江淮方言里往往读开口呼,如"春、存、尊、孙、论"等。还有相反的情况,有些本应读合口呼的字在普通话里却读开口呼,如"拁、内、馁、雷、泪、嫩"。这说明[u]介音的有无是字音变异的常见现象。

至此,我们可以断定连-介词"和(hàn)"是个训读字,盖因其本字"唤"虚化为连-介词后发生了音变,无论在语音还是语义上人们已看不出、也感觉不到 hàn 跟"唤"的联系,所以从意义出发,选用了"和"这个字代表口语中读作 hàn 音的连-介词。

上面对台湾地区的四个特色词做了肤浅的考证,其实这四个词中,真正属于台湾特色的是"凯子",它的产生有台湾当地的社会因素;"垃圾(lèsè)"与"hàn(和)"来自北京音,是从大陆带过去的;"穤"是闽语、客话等汉语方言中"丑"的同音假借字。

附 注

① "垃",《龙龛手鉴》郎合切;"圾",《集韵》逆及切。但此字为危急义,通"岌",并非"垃圾"的"圾"。

② 上引俞敏(1988)文有一段谈及"hàn(和)"等方言音该用什么字写的段落十分有趣,转引于下:

(1936年,笔者注)罗先生(莘田)在世时候儿说过"这个 hàn 是赵元任提倡起来的。"他还说:"你们别学这一套。"我估摸着罗先生不喜欢这个话是因为它土。侯宝林同志说过:"怎么焊?是气焊还是电焊?"从这两位地道的北京人的话里看出来:说它土,因为没个正字可写,又没法儿解释。(转句文,就是语源不清楚。)

接着,俞先生提到他的姨妈:

> 生在天津,嫁在天津,死在天津。他老人家好说"他huàng他,剪子huàng铺陈"。改写"晃"么?怎么晃?是上下晃还是左右晃?

关于"huàng"音是怎么来的,笔者将另行着文探讨。

③ 张惠英(2010)据《珠江三角洲方言词汇对照》445页指出,粤语有些方言点如斗门斗门镇、台山台城、开平赤坎、恩平牛江的介词用"喊"[ham^{33}]。从本文的观点来看,这跟"唤"用作介词是平行现象,适有助于证明"和(hàn)"源自"唤"。

参考文献

陈　刚、宋孝才、张秀珍　1997　《现代北京口语词典》,语文出版社。
侯精一　2010　北京话连词"和"读"汗"音的微观分布——兼及台湾国语"和"读"汗"音溯源,《语文研究》第1期。
李行健　1995　《河北方言词汇编》,商务印书馆。
苏晓青、吕永卫　1998　《徐州方言词典》,江苏教育出版社。
尹世超　1997　《哈尔滨方言词典》,江苏教育出版社。
———　2003　东北官话的介词,戴昭明主编、周磊副主编《汉语方言语法研究和探索——首届国际汉语方言语法学术研讨会论文集》,黑龙江人民出版社。
俞　敏　1988　北京话本字札记,《方言》第2期;收入《俞敏语言学论文二集》,北京师范大学出版社1992年。
张惠英　2010　北京土话连词"和"读"汉"音探源,《中国语文》第3期。
赵元任　1997　《语言问题》,商务印书馆。
竺家宁　1999　《汉语词汇学》,五南图书出版公司(台北)。
《重编国语辞典》第三册,台湾商务印书馆(台北)1981年。
《国语辞典》,中国辞典编纂处编,商务印书馆(上海)1937-1943年。
《国语活用辞典》,周何主编,五南出版社(台北)2009年三版。
《汉语大词典》,汉语大词典出版社(上海)1990年。

《汉语方言词汇》第二版,北京大学中文系语言学教研室编,语文出版社1995年。
《全球华语词典》,李宇明主编,商务印书馆2010年。
《现代汉语词典》第五版,中国社会科学院语言研究所词典编辑室编,商务印书馆2005年。

(原载《历史语言学研究》第五辑,商务印书馆2012)

也说"汉儿言语"*

提　要　本文回述了"汉儿言语"的兴起与主要研究资料；归纳综合了"汉儿言语"的十一项语法特点，认为这些特点的形成都是阿尔泰语语法对汉语的影响与渗透；通过与现代某些西北方言的对比，认为西北方言是"汉儿言语"的活化石，具有很高的研究价值。

1954年，著名日本汉语学家太田辰夫先生发表了《关于汉儿言语——试论白话发展史》一文，对于汉语史研究特别是汉语白话发展史研究来说，这是一篇见解独到，具有重要意义的学术论文。在这篇文章以及早一年发表的另一篇论文《〈老乞大〉的语言》中，太田先生考证了宋以后"汉人、南人"之别，"汉儿、汉儿言语"所指，

---

* 十年前，我应邀在法国国家科研中心东亚语言研究所访问研究，与贝罗贝先生合作撰写了有关"汉儿言语"的比拟式的论文。贝罗贝先生早年毕业于北京大学中文系，我们是校友兼同行，在学术研究上多所切磋交流，启发良多。多年来贝罗贝先生在繁忙的学术行政领导工作之余一直坚持汉语语法史研究，且续有创获，跟他有相同经历的我，很能体会他的坚韧，而作为一个外国人研究汉语史，他所付出的辛苦却是包括我在内的常人所难以想象的，对此我深表钦佩。在贝先生六十五岁华诞之际，谨以此文表示敬意和祝贺。

另外，1987年我在日本京都大学人文科学研究所做访问学者一年，其间参加了太田辰夫先生在京都产业大学主持的中古汉语研读会，太田先生是"汉儿言语"研究的先行者，在此也一并表达内心的敬仰与怀念。

自北朝以来"汉儿言语"的发展轨迹以及反映"汉儿言语"的历史文献等。其考据的审慎和眼光的敏锐,即使在时隔半个多世纪的今天也很令人钦佩。但是由于研究资料等条件的局限,当时对于"汉儿言语"面貌的了解还是比较粗疏的,本文拟在前人研究的基础上对时贤与笔者个人研究的成果加以综合归纳,以推动这项对语言接触与汉语白话史研究有重要意义的课题持续、深入地进行下去。

一 "汉儿言语"的兴起及其主要研究资料

据太田先生考证,宋以后"汉人"多与"南人"并举,这种分别并非自元朝始,早在北朝时期就已有"汉儿"与"吴儿"的分别。"汉儿"一词出现在反映北方社会生活、历史的文献中,如北朝《折杨柳歌辞》:"我是虏家儿,不解汉儿歌。"《北史》中也频频出现"汉儿"一词。文献数据显示,北朝胡汉之别并不严格以血统论,而是泛指中国北方的汉人和汉化了的北方民族,与此相对,南方的汉人被称作"吴儿"。这一分别唐代依然沿用,日本所谓"汉音、吴音"也基于自南北朝至唐五代间这种"吴、汉"的区别。"汉儿"与"汉人"所指相同,只有称呼上的雅俗之别,"汉人"是文的称呼,"汉儿"是口语的。元朝时把汉人分为两种,所谓"汉人、汉儿",狭义的指金国统治下的汉民族,广义的指除了北方汉人之外,还包括契丹、高丽、女真、渤海等北方已经汉化了的民族在内。所谓"汉儿言语",是在北方汉人和汉化了的北方民族之间通行的共同语。

"汉儿言语"在中国北方的推广和流行,历史久远,不自金元始。我们知道,自东汉末年开始,中国陷入了战乱频仍的时期,大规模的、频繁的迁徙加速了北方不同民族成分之间的融合,也促进了汉语与操阿尔泰语的北方各民族语言的接触。经过五胡十六国的战乱后,中国北方长期由异民族统治,建立后赵的石勒为羯人,北魏、东魏、北齐都是鲜卑人建立的。北魏孝文帝推行禁止说"北语"(鲜卑语等其他少数民族语言)的政策,从国家制度层面加速了鲜卑等族与汉族的同化,推动了汉语在北方各地的推广和通行。另一方面,与北魏不同,北齐、北周推重鲜卑语,汉人出于谋生处世的需要也要学习鲜卑语言和文化。鲜卑等异族人在学讲汉语时不可避免地会把母语的某些特点带进来,而汉人在跟北方异族人交际时也会反过来尽量向这种不标准、不地道的汉语靠近,久而久之,连北地汉人的语言也会被这种不地道的汉语同化。可以设想,这一时期在北方通行的口语应是一种不标准的、带有阿尔泰语某些特点的汉语,可称之为某种程度的混合语,它就是"汉儿言语"的最初形态。

社会的动乱变迁同样也加速了江南与中原语言文化的接触,北齐颜之推《颜氏家训·音辞》篇说当时汉语的状况是"南染吴越,北杂夷虏"。永嘉之乱后,北方士族南渡(317年),南朝建都建业,一时间江南士族纷纷仿效洛阳风气,学习起洛阳话来。《宋书》卷八十一《顾琛传》载:"先时宋世江东贵达者会稽孔季恭、恭子灵符、吴兴邱渊之及琛吴音不变。"陈寅恪据此判断:"其余士人,虽本吴人,亦不操吴音,断可知矣。"(见《东晋南朝之吴语》)周一良具体说明了侨居扬州的中原人与吴人语言相互影响的过程:"盖扬州之侨人不自觉中受吴人熏染,于中原与吴人语言以外渐形成一种混合之语音。同时扬州土著士大夫求与侨人沆瀣一气,竞弃吴语而效侨人之中原语音。然未必能得其似。中原语音反因吴人之模拟施用,益糅入南方成分。此种特殊语音,视扬州闾里小人之纯粹吴语固异,视百年未变之楚音(此指北方语言)亦自不同。""这种吴人口中的北语,隔了多少年之后,连侨人也受到同化,一样地说那种不南不北的吴化洛阳语了。这种吴化洛阳语相当于蓝青官话,因为是官话,所以只行于士族间。"(见《南朝境内之各种人及政府对待之政策》)这种语言接触文化交融的情况在唐诗中也时有反映,例如:刘禹锡《武陵抒怀》诗:"邻里皆迁客,儿童习左言。"王维《送李判官赴江东》:"封章通左语,冠冕化文身。"贾岛《送人南归》:"虽然南地远,见说北人多。"张籍《永嘉行》:"北人避胡皆在南,南人至今能晋语。"所谓"左言"即指江东吴地的语言。"南染吴越,北杂夷虏"的结果是,中原汉语因地域的分割、人文语言环境的改变,在长期的发展变化过程中发生了分化。夹杂"夷虏"之语的即通行于北方的"汉儿言语",糅染"吴越"之音的应是建业一带深受吴语影响的汉语,从今天的杭州话可见其一斑。

研究"汉儿言语",追索其发展轨迹,必然要借助各代的有关资料,然而,北朝时期的资料极少,只在《北齐书》《北史》《隋书》中留下一些片言只语。宋辽金时期较前略多,最重要的为北宋徐梦莘的《三朝北盟会编》,其中卷二十《宣和乙巳奉使金国行程录》有一段文字很能说明汉语作为北地各民族中介语的作用:

> 第三十三程。自黄龙府六十里至托撒孛董寨,府为契丹东寨,当契丹强盛时,擒获异国人则迁徙散处于此。南有渤海,北有铁离吐浑,东南有高丽靺鞨,东有女真韦室,东北有乌舍,西北有契丹、回纥、党项,西南有奚,故此地杂诸国风俗,凡聚会处诸国人言语不通,则各为汉语以证方能辨之。

太田先生征引了这段文字,他说:在这样远离中国本土的地方(据考黄龙府为今长春以北的农安县),北宋末年早已通行汉语的情况是值得注意的。他并且断言：那种汉语必定是极其鄙俗的口语。但是这种鄙俗的汉语其词汇、句法特点到底是什么样的？由于数据缺乏而难以详知（太田先生文中举了一些零星的词语，如第二人称代词"你"以及"捎空、歹"等）。十多年前我在阅读宋人笔记时看到一则很有用的资料，已转引于《重读〈刘知远诸宫调〉》一文，现再举于下：

> 宋洪迈《夷坚丙志》卷十八《契丹诵诗》云："契丹小儿初读书，先以俗语颠倒其文句而习之，至有一字用两三字者。顷奉使金国时，接伴副使秘书少监王补每为余言以为笑。如'鸟宿池中树，僧敲月下门'两句，其读诗则曰：'月明里和尚门子打，水底里树上老鸦坐'，大率如此。补，锦州人，亦一契丹也。"

这段记载包含的信息很多，其一，它反映了契丹人重视学习汉文化，其后代要学习唐代诗歌。其二，这是契丹人按契丹语词序念诵贾岛诗句的生动例子（契丹语属蒙古语族），其中"和尚门子打"（宾语前置）、"树上老鸦坐"（处所补语前置）这种"颠倒其文句"的读法正是SOV句型的反映，乃是当地"俗语"的通例，所以可以用来教小孩子。其三，王补身为契丹人，却每每拿这种鄙俗的汉语当笑话，可知他本人已经完全汉化了，也可以看出这种北地通行的俗语跟中原汉语的区别是相当明显的。

女真自12世纪崛起东北，国号"金"，定都上京会宁（后迁至燕京、开封），1125年灭辽，1127年灭北宋，疆域直至淮河以北，统治中国长达120年之久。女真在统一中国北部的过程中，曾多次进行大规模移民，让汉人、契丹人等充实京师。为防止异族人"怀二三之心"，又命女真人迁入原辽宋旧地，数量达几百万。这种大换班加速了民族的融合。女真人入主中原后，为了维系和加强自己的政权,也广泛接受了包括科举制度在内的汉族文化,迅速地走向汉化。金海陵王完颜亮汉化尤深,能作汉诗,他登位后停止以女真同化天下的政策。在汉字楷体和契丹字体制的基础上创制的女真字使用不广,即使皇家子弟读书,也是"每日先教汉字"(《金史》卷九十八《完颜匡传》)。世宗大定(1161年)以后,汉语文字逐渐成为官方语言,以至后来女真人竟对本民族语言"或不通晓"了。(《金史》卷三十九《乐志》)

　　北方各族之间的文化交流影响是相互的,在女真统治中国淮河以北达一个多世纪的时间里,汉人也受到女真文化的同化,特别是燕云地区的汉人,经过辽金数百年统治,已呈"胡化"倾向。此间出使金国的南宋官员亲眼目睹了这种变化。楼钥《攻媿集》卷一一一《北行日录上》记载:金世宗大定九年(宋干道五年),楼钥从使金国贺正旦,沿途所见,北宋故地"只是旧时风范,但改变衣装耳"。及过白沟,"人物衣装,又非河北。北男子多露头,妇人多耆婆。把车人曰:'只过白沟,都是北人,人便别也'"。(白沟在涿州境内,原是辽宋界河)陆游在一首诗中也记述了这种物是人非的沧桑之变:"上源驿中槌画鼓,汉使做客胡做主,舞女不记宣和妆,庐儿尽能女真语。"(《得韩无咎书寄使北时宴东都驿中所作小阕》;庐儿:家奴,仆从)

　　这个时期可以作为考察"汉儿言语"面貌的文学作品为金代的两种诸宫调:《刘知远诸宫调》和董解元《西厢记诸宫调》。拙文(1999b)举出前者有些句式可以看出阿尔泰语的影响。其一,方位词"前、前面"用如格助词,表示动作的对象或方向,如:"每番只是人前走踢行拳,凶顽无赖"(对他人拳打脚踢)、"九州岛安抚,三翁前面,捧盏跪劝香醪"(向三翁劝酒);其二,出现"像"义动词"似"

后置的比拟式,如"紫玉似颜色""倾盆也似雨降",这种用法此前未见,与阿尔泰语比拟式相合;其三,异常语序:宾语前置、处所补语前置,如"莫想清凉伞儿打"(打清凉伞儿)、"唐末龙蛇未辨,布衣下官家潜隐"(官家潜藏在布衣人中)。这两句异常的语序跟契丹小儿念诵的俗语"月明里和尚门子打,水底里树上老鸦坐"如出一辙。但是,像这样的数据不仅是绝无仅有,而且由于是戏曲韵文,在文体上也必然有许多局限。

比较能观察到"汉儿言语"庐山真面目的白话资料在元代。元代白话文献大体可以分成两大类:

(甲)纯汉语的资料,如元杂剧、散曲、南戏和讲史平话等。其中元人杂剧和散曲中可以看到一些受蒙古语词汇和语法影响的痕迹,而平话类作品中则有相当的文言成分。

(乙)直讲、直译体白话。其中有典章吏牍体白话如《元典章》《通制条格》和蒙语直译体白话碑文等。直讲体即大臣用当时的口语给皇帝讲解汉文典籍的白话讲章,如许衡《大学要略》《大学直解》,贯云石《孝经直解》,吴澄《经筵讲义》等。最重要的元代白话数据是朝鲜很早以来就广泛使用的汉语教科书《老乞大》《朴通事》,它的语言跟直讲体十分接近,比直讲体还要口语化,更能反映当时北方汉语口语的真实面貌。据太田先生考证,二书最初成书于元代,作者不明,应是高丽侨民。《老乞大》的著者应是住在东北沈阳或辽阳一带的人,《朴通事》的著者可能是常住北京的人,两书应是用通行于东北至华北一带的汉语口语写成的。元朝灭亡以后,"汉儿言语"势力衰退,南北通行官话。成宗因二书语言"乃元朝时语也,与今华语顿异,多有未解处",遂下令"且选其能汉语者,删改《老乞大》《朴通事》"。(《成宗实录》十一年十月十九日条)于是在1480-1483年间由两名中国人修订,其后(16世纪前半叶)朝鲜语言学家崔世珍为修订本加上了谚解。谚解本可作为元、明间的资料,在1998年之前,国内外研究者所看到和利用的就是这两种谚解本。

值得万分庆幸的是,1998年初,韩国庆北大学教授南权熙在大邱发现了一种与谚解本内容有异的《老乞大》,次年初,我从韩国博士生李泰洙那里看到这本书的复印件,经反复细看比较后认定,这就是崔世珍在为《老乞大》《朴通事》做注的《单字解》和《老朴集览》中所称的"古本"或"旧本",其内容编写于元代无疑。古本《老乞大》的发现对研究"汉儿言语"具有十分重要的意义,因为作为教科书,它的语言应该比较标准,应是一种实际存在、且有广泛适用性的语言,能够反映当时通行于北方的汉语的真实面貌。在为古本《老乞大》的发现而震惊与庆幸的同时,也深为对二书研究做出杰出成绩的太田先生没能看到而深感遗憾。由于古本《老乞大》(以下简称"古本")的发现,使我们可以把它跟反映明初语言的谚解本(以下简称"谚解")和刊行于清代乾隆年间的《老乞大新释》(1761年,以下简称"新释")和《重刊老乞大》(1795年,以下简称"重刊")加以比较,从而发现"汉儿言语"与明清时期的汉语的异同,归纳出其特点等。下文对"汉儿言语"特点的归纳很多都借助于这种比对。

二 "汉儿言语"的特点

"汉儿"一词北朝已见,但是"汉儿言语"一词却是在《老乞大》里才看到的。古本《老乞大》中凡四处六见,例如:

> 恁是高丽人,却怎么汉儿言语说的好? 俺汉儿(上)学文书来的上头,些小汉儿言语省得有。(1a)
>
> 如今朝廷一统天下,世间用着的是汉儿言语。我这高丽言语只是高丽地面里行的,过的义州,汉儿田地里来,都是汉儿言语。(2a)

由此可知,元朝"一统天下"后口语中通行的是自北朝以来在口语中自然形成的"汉儿言语",北方各民族包括作为统治者的蒙古族在内都是用这种语言跟汉人或他们相互间进行交际的。那么这种语言有哪些特点,它跟中原地区的正统汉语之间有些什么区别? 根据中外学者目前研究的结果,大家都承认这种汉语在语音、词汇、语法各方面都或多或少地受到阿尔泰语的影响,关键是要厘清这些影响到底程度有多大? 具体表现在哪些方面? 为此,必须要从类型学上把握汉语与阿尔泰语这两种语言的主要特征,才能准确而敏锐地捕捉有关的语言现象。语言接触最深度的影响体现在语法层面,在语法上,阿尔泰语与汉语的主要区别在于:

(1)词序不同。汉语是 SVO 型语言,宾语一般置于动词后面;而阿尔泰语是 SOV 性语言,宾语置于动词前面。

(2)汉语是孤立语,没有严格意义的形态变化,主要靠前置的虚词表达各种语法关系和语法意义。阿尔泰语是黏着语,有格范畴,用后置的格助词表示语法关系和语法意义。

可以说,元代白话数据中的种种异常现象几乎都跟这两种语言的上述根本区别有关。

根据前辈、时贤也包括笔者个人的研究,本文拟将"汉儿言语"的主要特点初步归纳为以下十一个方面:(一)复数词尾的特殊用法;(二)第一人称复数代词区分包括式与排除式;(三)方位词充当各类语法标记;(四)宾语前置;(五)句末使用表示肯定的语助词"有";(六)判断词后置与叠加式判断句;(七)动词"有"表示人或事物所在位置、处所;(八)"像"义动词后置的比拟式;(九)副词的异常位置;(十)在表示行为动作方向或场所的句子中,处所名词前置,不用介词;(十一)比较句中用状中式替代述补式。由于有关论文和专著对上述各点多有详考,为避重复繁琐,本文对有些特点仅点到为止,有的略做举例性的简介,有的则稍加说明。

(一)复数词尾的特殊用法(例句引自拙文 1999a;祖生利 2001,2002 等)

在金元白话资料中,复数词尾主要用在指人名词后表示多数。除此之外,还可以用在以下三种场合,显示出独有的特点。

(1)指示代词"这(的)、那(的)"之后加复数词尾"懑、每",指"这些人、那些人",有的相当于"他们"(宋金用"懑",元代用"每",明代用"们")如:

> 李洪义、李洪信,如狼虎;棘针裩、倒上树,曾想他劣缺名目,向这懑眉尖上存住。(《刘知远诸宫调》2.32【中吕调·木笪绥】)

南宋《挥麈录余话·王俊首岳侯状》中也一见:"我去后,将来必共这懑一处。"

金元资料中"那每、这的每、那的每"指"他们"的例子如:

> 那每殷勤的请你,待对面商议。(《董解元西厢记诸宫调》卷三)

> 这的每寺院里、房舍里使臣休安下者。(元代白话碑)

> 俺众人与南人每一处商量来,那的每也则这般说有。(《元典章·户部》)

(2) 可用于动植物乃至无生命的事物

汉语的复数词尾仅用于指人名词之后,不能用于动植物,更不能用于无生命的事物。但是在"汉儿言语"资料里,表示复数的"每、们"等却无此限制。用于非指人名词后最常见的是牲口,如"马每、驴每、头口每、骟马每"(见于古本《老乞大》、元人散曲、《元朝秘史》等多种资料,《老乞大谚解》《朴通事谚解》"每"写作"们")。此外还可以用于无生命的事物之后,例如"窗隔每、椅卓每"(钱霖《般涉调·哨遍》),"角头每"(《朴通事谚解》),"经文每、印板每"(元代白话碑),"草地每"(《元典章·兵部》)等。

(3) 单数人称代词、名词后加"每、们"(据莫超 2008)

你不须提起蔡伯喈,说着他每怵死。(《琵琶记》第三十八出)

小姐,你拣个好财主每、好秀才每,或招或嫁,可不好那?

(元曲《鸳鸯被》一折)

(牢子云)你是甚么人?(正末云)叔待,孩儿每是个庄家。

(元曲《黑旋风》三折)

这种用法的"每、们"已不表示复数,虚化为纯粹的语助词。据莫超(2008)考证,在《蒙古秘史》中有这种用法,说明元杂剧中的此类用法并非没有来历。

(二) 第一人称复数代词区分包括式与排除式

"咱、咱每/们"为包括式(inclusive),包括交谈对方在内;"俺、俺每、我们"等为排除式(exclusive),不包括交谈对方在内[①]。

(三) 方位词充当各类语法标记

由于汉语没有后置的格助词,而方位词的语法位置总是在名词、代词、动词等类词的后面,相同的句法位置,使得方位词被借来充当阿尔泰语的各类格助词。

(1)表示行为动作对象的标记"～行(上)、～根底"等(拙文1998考证"行"为"上"的轻读音变)

宋元明白话文献后置词"～行"有两种句式:

A式:"动/介+N行(+VP)"(向咱行、向谁行宿)

B式:"N行+VP"(君王行奏、谁行借)

二式的区别在于前面是否用动词或介词。在金元以前的文献中一般都用动/介词(A式),如:

若言无意向咱行,为甚梦中频梦见?(柳永词;无意到我这里)

低声问向谁行宿,城上已三更。(周邦彦词;在哪里过夜的)

但在金元白话文献中前面不用动词、介词的B式很常见,例如:

动不动君王行奏。(《金钱记》三折;向君王奏)

我官人行说了。(《魔合罗》三折;我对官人说了)

嫂嫂母亲行更加十分孝。(《替杀妻》二折;嫂嫂对母亲更加孝顺)

大师行深深的拜了。(《西厢记》一本二折;对着大师深深地拜了)

床头金尽谁行借?(元·乔吉《山坡羊》散曲;向谁借)

你这等贼心贼肝,我行须使不得。(《水浒传》十四回;对我可使不得)

以上各例不用表示对象的动词或介词"向、到"等,径用方位词"行(上)"表示动作行为的对象。这种用法跟《蒙古秘史》汉语对译完全一致:

音译:成吉思 合罕 亦秃儿坚 突儿 兀禄 客列列勒敦

对译:太 祖 皇帝 人名   行 不 说话

(成吉思汗不跟亦秃儿坚说话。"～行"对译蒙语位格助词)

《蒙古秘史》汉语对译中还用"行"对译与格助词和宾格助词,此不赘引。可以认为,A式是汉语自古以来就有的,B式是元代汉语受蒙古语格范畴影响而产生的新兴句式。

除了用"行(上)",《老乞大》中还用"根底"表示行为动作跟随的对象,例如:你谁根底学文书来?(古本、谚解本1a10、2a9),而乾隆二本分别作:"你跟着谁学书来着?"(新释1b2)"你跟着谁学书来?"(重刊2a9)

(2)表示原因的标记"～上头/～上"(据太田1953,拙文1999a,李泰洙2003)

瘦鳖上离了兹(慈)亲,悢然地两脚到您庄院。(金《刘志远诸宫调》1.11【商调·抛球乐】)

意思是:因为心情郁闷离家出走,不知不觉来到您家庄院。"瘦鳖上"的"上"即表原因。

请看《老乞大》四个本子中表示原因的不同说法:

古本:从年时天旱,田禾不收,饥荒的上头,生出歹人来。(8a6)

谚解:从年时天旱,田禾不收,饥荒的上头,生出歹人来。(24a9)

新释:因去年年成荒旱,田禾没有收成的上头,就生出这些歹人来了。(9a5)

重刊:因去年年成荒旱,田禾没有收成,就生出歹人来了。(23b)

《古本》《谚解》本中用后置于小句的"～上头"表示原因,意思是"因为去年天旱没有收成、闹饥荒,所以生出坏人来"。但此句在《新释》里被改作"因X的上头",前面加上了介词"因"。到了《重刊》

本,删除了"的上头",只在句前加了个"因"。其变化可图示为:X 的上头——因+X的上头——因X。另一处情况相仿:

古本:底似的汉儿言语说不得的上头,不敢言语。(15a1;底似:抵死。用为程度副词,相当于"十分")

谚解:他汉儿言语说不得的,因此上不敢说语(话)。(46b7)

新释:他不懂汉人说的官话,故此不敢说话。(17a3)

重刊:他不懂中国的话,故此不能说话。(47b2)

《古本》作"X的上头",《谚解》本作"因此上",《新释》和《重刊》只用连词"故此"。前后的变化为:X的上头——因此上——故此。其中"因此上"的结构为:"因 此上",后来重新分析为"因此 上"。

由上可以看出元代"汉儿言语"用方位词"上头"或"上"表示原因(后置式),明初开始用"因+X的上头/上"(叠加式),清代基本改用了前置式"因"或干脆另用连词"故此"。

(3)表示凭借、工具的标记"～里、～根底"(据李泰洙 2003,祖生利 2000)

长生天气里,大福荫护助里皇帝圣旨。(《元代白话碑》51页)

此句意思是托着上天大福荫保佑的皇帝的圣智,"里"用在名词后,表示凭借、托福的"托"。到了明初,一般在前面加上动词"托着",用叠加式"托着+X+里":

孩儿在都,托着爷娘福荫里,身己安乐,不须忧念。(《朴通事谚解》10b)

古本:车子水里去呵,水里行不得,舡里载着有。(31b4)

谚解:车子水里去时,水里行不得,须用船里载着。

(39b7)

《古本》作"舡+里"(后置式),《谚解》作"用+船+里"(叠加式)。

元人杂剧中也有用例:

> 这手帕剪了做靴檐,染了做鞋面,撂了做铺持。一万分好待你,好觑你,如今刀子根底,我敢割得来分零麻碎。(元刊杂剧《诈妮子调风月》二折【上小楼】)

"刀子根底"即"用刀子","根底"用在名词后面表示工具格。

(4)表示动作的起点、方向、场所的"～里、～前"(例句引自李泰洙2003)

这些语法功能在汉语里通常用介词"从、从打、到、往、在"等表示,但在"汉儿言语"资料中大量出现不用介词、仅用方位词"里、前"表示的用法。如:

> 恁高丽田地里将什么行货来?(古本《老乞大》20b;你从高丽地面带了什么货物来了?)《谚解》同此,仅把"恁"改为"你"(2a)。

> 咱每则这后园里大(去)净手不好那?(同上11a;咱们就到这后园子里解手岂不好?)《谚解》同此,仅把"每"改为"们","则"改为"只"(33b)。

> 到晚师傅行撒签背念书。(同上1b;晚上在师傅跟前撒签背念书)《谚解》同此,仅把"行"改为"前"(3a)。

(四)宾语前置句(例句引自李泰洙2003)

如前所说,阿尔泰语的宾语通常都置于动词之前:OV、SOV;汉语一般则是置于动词之后:VO、SVO。宾语前置的情况在金元白话文献中十分常见,前已举《刘知远诸宫调》例,下面再以《老乞大》各本为例:

古本：布帐子疾忙打起者，铺陈整顿者，房子里搬入去者。鞍子辔头，自己睡卧房子里放者，上头着披毡盖者。那的之后，锣锅安了者，疾忙茶饭做者。(32a2)

谚解：把账房忙打起来，铺陈整顿了，搬到账房。鞍子辔头，搬到自己睡处放下，上头把毡子盖了。然后埋好了锣锅，疾忙做茶饭。(37b1)

稍加对比就可看出，《古本》的 OV 句在《谚解》本中大多改为 VO 句，有的改为"把"字句。如"布帐子疾忙打起"改为把字句"把账房忙打起来"；"锣锅安了"改为"埋好了锣锅"；"疾忙茶饭做者"改为"疾忙做茶饭"等。以下几组例子都是《古本》为 OV 句，其他各本改为 VO 句的例子：

古本：咱每为父母心尽了，不曾落后。(31a)

谚解：咱们尽了为父母的心，不曾落后。(38b)

古本：咱每结相识行呵，休说那你歹我好，朋友的面皮休教羞了。(32a7)

新释：咱们会相与人，不要说你歹我好，不要羞了朋友的面皮。(37b6)

古本：为什么这般的歹人有？(8a5)

谚解：为什么有这般的歹人？(24a6)

新释：为什么有歹人呢？(9a4)

重刊：为什么有歹人？(24a4)

古本：卖的好弓有么？(27b10)

谚解、新释和重刊：有卖的好弓么？(27b4、32b1、29a2)

在否定判断句中《古本》否定判断词"不是"位于句末,其他三本改为前置:

> 古本:俺买呵,买一两个,自穿的不是,一发买将去要觅些利钱。(36a5)
>
> 谚解:我买时,不是买自穿的,一发买将去要觅些利钱。(54a2)
>
> 新释和重刊:我买去,不是自家穿的,……。(41b9、56a3)

黄征(1996)举出《敦煌变文集》中所见蕃语痕迹:五毒嗔心便起|方便与舜|王子此度且放|李陵蕃中在(另一处写作"陵在蕃中")。黄谓之"倒装句",其实为 OV 句式。

(五)句末使用表示肯定语助词"有"(据太田 1953;李泰洙 2003 等)

《老乞大集览》卷上"汉儿人有"条下云:"元时语必于言终用有字。如语助而实非语助,今俗不用。"这种句末助词"有"主要出现在陈述句、判断句句尾,表示肯定语气。用于陈述句的例子如:

> 这钞里头真假俺高丽人不识有。(古本《老乞大》37b)
>
> 家里都好吗?都安乐好有。(同上,20b)
>
> 一个手打呵,响不得有;一个脚行呵,去不得有。(同上,31b)
>
> 在下的作乱呵,有罪过有;众人中争斗呵,有伤损有。(《孝经直解·纪孝行章第十》)

用于判断句中的更为多见,例如:

> 你的师傅是什么人?是汉儿人有。(古本《老乞大》2b)
>
> 这段子外路的,不是服地段子有。(同上,27b)
>
> 孝道的勾当,是德行的根本有。(《孝经直解·开宗明义

章第一》)

  金银是钞的本有。(《元典章·户部·卷六·存留钞本》)

  将他一个怀孕的妇人拿住,问他:"你是什么人氏有?"
(《蒙古秘史》)

句末语气助词"有"在明代文献中较少看到,《老乞大谚解》中有一例,《朴通事谚解》中见到两例,应是明初修改未尽所遗。《朴通事谚解》中的两例是:

  无赃时有什么事?律条里明白有。(下16a;律条里明明白白写着呢)

  《西游记》热闹,闷时节好看有。(下17a)

这种仅见于元代白话文献的句末助词"有",用于陈述句的是语气词,而用于判断句的则是蒙古语句末表判断的助动词的直译,当它融进汉语时被重新分析为句末语气词,崔世珍说"有""如语助而实非语助"恐怕与"有"的两种不同性质有关。

(六)判断词后置与叠加式判断句(据拙文2003)

  汉语的判断句经过了从古代无系词与有系词两类并存,到汉晋以后以有系词为主的过程;系词从"惟、为、是"并用变化为主要用"是";"主语+是+表语"很早就成为汉语判断句的典型格式而固定下来。但是,在元人杂剧和元末明初白话小说《水浒传》中有甲乙两种用于自我介绍的特殊判断句,其共同点是判断词"便是"位于句末。

  甲式:"S+N(的)+便是":

  老夫,王员外便是。(元刊《小张屠》)

  贫道,吕岩便是。(又,《铁拐李》)

  贫道,陈抟先生的便是。(又,《陈抟高卧》)

小生孙华,小字虫儿的便是。(《元曲选·杀狗劝夫》)
乙式:"S+是+N(的)+便是",可称为叠加式判断句:
贫道是司马德操的便是了。(元刊《单刀会》)
小人便是白虎山前庄户孔亮的便是。(《水浒》五十八回)
某乃宋江便是。(《元曲选·李逵负荆》)

这两类特殊判断句的出现跟蒙古语的判断句句法有关。通过《蒙古秘史》的对译和总译可以看出,甲类是蒙古语判断句的直译:

音译:必　王罕　备由(卷七 P446)
对译:我　人名　有　"SO 有"
总译:我是王罕　　　　"S 是 O"

"有"是蒙古语句末表示肯定的助动词的直译,对译句"我王罕有"总译为"我是王罕"。所以元代"汉儿言语"中甲类特殊判断句就是把"我王罕有"的"有"改为汉语的"便是"而来的。用双音节的"便是"结句更合汉语的韵律。

乙类叠加式判断句是汉语判断式"S 是 N"与蒙古语判断式"SN 有"相叠加融合而成的。即:

S 是 N+SN 有——S 是 N 有

"S 是 N 有"判断句的用例已在上文举过,在使用中为了向汉语靠拢,又把句末的助动词"有"改为汉语的判断词"便是",这样就产生了叠加式"贫道是司马德操的便是"这类特殊判断句了。

(七)动词"有"表示人或事物所在位置、处所(例句引自李崇兴1998;李泰洙 2003 等)

汉语存在义动词为"在"和"有",其区别是表示人或物存在的处所、位置用动词"在"(可带处所宾语),如"老李在吗","老李在家";表示有无用"有"(不带处所宾语),如"屋里有人","河里有只

小船"。但元代白话数据中该用"在"的地方多见用"有"的:

> 大都有的大小衙门里官人每令使每要了肚皮的,交台里首者;外头有的,按察司首者。(《元典章·刑部十》)

意思是:在大都(即后来的北京)的大小官吏中向令使们索贿的,由台里举发;在大都之外的索贿官吏由按察司举发。"大都有的"指在大都的,"外头有的"指在京城之外的。

如果问人在不在某处,应该用"在"不用"有",而元代白话数据中多见用"有"者,例如:

> 不免叫一声,店主人有么?(元曲《盆儿鬼》一折【金盏儿】白)

> 这店里卖毛施布的高丽客人李舍有么?(《古本》20a、《谚解》63b)

此句本是询问"李舍在不在这店里",但清代《新释》本却按汉语理解为"这店里有没有李舍",因此改为:这店里却有卖毛蓝布的朝鲜客人李舍么?(23a)

汉语回答"在不在"问句时应该用"在"或"不在",而不用"有"或"没有",但是元代数据中多见用"有"回答的用例。试比较《老乞大》四个本子对处所问句作答的差异:

> 古本:店在那里? 兀那西头有。(19b)

> 谚解:店在那里? 那西头有。(19b)

> 新释:店在那里? 在那西头有。(19b)

> 重刊:店在哪里? 在那西头。(19b)

四本中只有《重刊》用"在"回答,符合汉语通例。《新释》用"在……有"叠加式作答,应是为迁就《古本》而做的变通,严格地说那种回答与问句不完全对应。

"有"表位置或处所还经常用在让某人待在某处等着的场合，如元杂剧中的"一壁有者"(在一旁等着)：

  子龙，且一壁有者。(《隔江斗智》二折白)

从《老乞大》各本的异文也能看出"有"是元代的特殊用法：

  古本：你都这里有者，我税契去。(25b)

  谚解：你都这里等候着，我税契去。(18b)

  新释、重刊：你们在这里等候着。(29a、19a)

(八)"像"义动词后置的比拟式(据拙文1992，1999a)

汉语的比拟式在从先秦到唐宋这段漫长的岁月里，基本上都是"如X一般"这样的句式(全式)，也有少数省去"像"义动词的"X一般"句式(简式)。全式、简式的语法功能几乎清一色做谓语，从五代开始，才见到为数有限的简式做状语的例子，可看作复句的紧缩。例如：

  大人才见两僧，生佛一般礼拜。(《祖堂集》4.38；可扩展为：像见了生佛一般，恭敬礼拜)

  烂冬瓜相似变将去，土里埋将去。(《五灯会元》395页；可扩展为：像烂冬瓜相似，一日日变将去)

也就是说，在12、13世纪以前，汉语的比拟式在形式和语法功能上都是比较单一的。

但是到了金元时期，白话文献中出现了功能和形式都与前代不同的新的比拟式：X+似+NP/VP。其特点是：

其一，"X+似/也似"前面一律不用"像"义动词，但后面一定要有NP或VP。

其二，"X+似/也似"的语法功能是做修饰语，或修饰NP做定语，或修饰VP做状语。例如：

把山海似深恩掉在脑后。(金《董解元西厢记诸宫调》卷二)

虎狼似恶公人,扑鲁推拥厅前跪。(元曲《魔合罗》四折)

做娘的剜心似痛杀杀刀攒腹,做爷的滴血似扑簌簌泪满腮。(元曲《看钱奴》二折)

绛云也似丹脸若频婆。(元曲《西蜀梦》三折)

这镘刀是俺亲眷家的,不付能哀告借将来,风刃也似快。(古本《老乞大》6a)

阔里吉思戏言也似说来也者。(《元典章·刑部》)

宋江探头看时,一只快船飞也似从上水头摇将下来。(《水浒》37回)

金元比拟式与前代的区别在于:

(i) 句式结构不同

前代:"如+X+一般"(全式)"X+一般"(简式),

金元:"X+似+NP/VP":前面不用"像"义动词;后面必须有中心语 NP 或 VP。

(ii) 语法功能不同

(全式)"D+X+Z"做谓语。

(简式)"X+Z"做谓语,少数做状语(复句紧缩而成)。

"X+似+NP""X+似"做定语,不能做谓语。

"X+似+VP""X+似"做状语,不能做谓语。

金元"X+似+NP/VP"比拟式的来源与阿尔泰语如蒙古语的比拟表达式有关。蒙古语的比拟表达方式是在名词、代词或少数动词后面加上后置词 metü,然后再接中心语:

  ral metü ularan tur

  火 似 红 旗 (像火一样红的旗子)

mori　　nisqu　　metü　　qaruluna
马　　　飞　　　似　　　跑　　（马像飞一样地跑）

至于"似"又作"也似",拙文(1992等)认为是为了避免歧义而添加的助词。上面两句如果直译,就成了"火似红旗","马飞似跑"。直译有歧义,"似"前加上助词"也"作"火也似红旗""马飞也似跑"就不会有这种误会了。

(九)副词的异常位置(据江蓝生、李泰洙2000)

(1)程度副词远离被饰成分

汉语的程度副词修饰形容词时,一般紧位于该形容词前,而在反映"汉儿言语"的资料中,程度副词却不与被饰成分相邻,例如:

那般时,马每分外吃的饱。(古本《老乞大》7b2;吃的分外饱)

这里有五虎先生,最算的好有,咱每那里算去来。(同上,39a8;算的最好)

咳,这官人好寻思、计量大。(《朴通事谚解》22b8;寻思、计量好大)

徐五的徒弟李大,……那厮十分做的好。(同上,25b9;做的十分好)

(2)"程度副词+禁止词",与汉语词序相反

程度副词与禁止词共现时,汉语通常的词序是禁止词在前,而《老》《朴》与汉语词序相反。

古本:你底似的休早行,俺听得前头路涩有。(8a;底似:抵死。用如"很、十分")

谚解:你十分休要早行,我听得前头路濇。(24a3)

在清代的《新释》《重刊》中,上句话被改为"你们不要十分早行,

……。"调整了程度副词与禁止词"休"的位置。

《朴通事谚解》中也有与《老乞大》相同的情况,这说明"汉儿言语"程度副词与禁止词的语序跟现代汉语相反:

> 你十分休小看人。(36b)
>
> 我再没高的了,官人十分休驳弹。(37b8)

这种异常的词序是因为:阿尔泰语这类句子的词序是"程度副词(+宾语)+动词+否定词",汉语则为"否定词+程度副词+动词(+宾语)",在接触中为兼顾两种语言的要求被调整为"程度副词+否定词+动词(+宾语)"。

(十)处所名词前置,前面不加介词

在表示行为动作方向或场所的句子中,如果处所名词前置,汉语通常要前加介词,而元时经常不用介词(据江蓝生、李泰洙 2000)。

> 古本:主人家,别处快镘刀借一个去。
>
> 谚解:主人家,别处快铡刀借一个来。

《新释》《重刊》把这句话改为:"主人家,你可往别处借一把快铡刀来。"在处所词"别处"前面加上了介词"往"。再如:

> 古本:咱每铺里商量去来。(26b)
>
> 谚解:咱们铺里商量去来。(21b)

《新释》《重刊》把这句话改为:"咱们且到铺里商量去。"(30a、22b),在"铺里"前面加上了介词"到"。

在这类句子中,处所名词前不加介词,有时会产生歧义,分不清处所名词是指目的地还是出发地。例如:"我先番大都来时,……。"(古本《老乞大》8a)根据上下文,"大都"应是终点,但是《新释》《重刊》误解为起点,把这句改为"我前番从北京来时……"。

你税了契时,到明日,俺下处送来。(古本25b、谚解18a)

"俺下处送来",汉语标准说法应该为"送到俺下处来","俺下处"做处所补语。到了《新释》本里正是改为:"你税了契,明日送到我下处来罢。"(29a;《重刊》本同此,只是句末没有"罢"字)

另外,《古本》"房子里搬入去"(32a),《谚解》改为"搬到账房"(37b);《古本》"自己睡卧房子里放者"(32a),《谚解》改为"搬到自己睡处放下"(37b)等,都是把前置的处所词后移为处所补语的例子。

(十一)比较句中用状中式替代述补式(据江蓝生、李泰洙2000)

古本和谚解本《老乞大》中有一些状中表达式在汉语里通常用述补式表达,例如:

这桥便是我夜来说的桥,比在前哏好有。(古本11a10;比从前好得很或比从前好多了)

《谚解》后一句作"比在前十分好"(35a),也是状语表达式。这种现象的产生应该跟蒙古语里没有像汉语那么发达的补语表达方式有关,所以汉语用补语来表达的,蒙古语大都用状语来表达(参看道布1983)[②]。

通观上面列举的材料,我们不得不承认:"汉儿言语"在一定程度上偏离了汉语的正宗。这种偏离其实都是阿尔泰语的语法范畴和SOV型词序对汉语的影响与渗透所致。其中复数词尾的泛用、第一人称代词复数区别包括式与排除式、方位词充当格标记等是语法范畴的影响与渗透;而其他方面如宾语前置、系词后置的判断句、"像"义动词后置的比拟式、处所名词前置不用介词以及副词的异常位置等都是SOV型词序的复制或结构再造。在漫长的历史进程中,北方说阿尔泰语的民族在学说汉语的过程中把母语中的格范畴、词序等带到汉语口语中来;另一方面,长期生活在北方、跟北方各民族密切接触的汉族也会自觉不自觉地向这种不太标准的汉语靠拢。这两方面共同作用的结果,使得"汉儿言语"在语法上形成了上述各种特色。

"汉儿言语"在语法上的特点肯定不止以上诸点,这里只是举其大要者,随着资料的开拓和研究的深入,相信对它的了解会更加全面,也更加细密。

三　现代西北方言——"汉儿言语"的活化石

随着元蒙王朝的灭亡,汉族在明朝重新执掌政权,"汉儿言语"走向衰落,迅速被共同语官话替代。有清一代,女真族的后裔满人入主中原(清太宗讳言北宋末年由女真、金朝挑起的"靖康之变",刻意模糊本民族的历史,把国号"金"改为"清",把"女真"改为"满族"),但如前所说,早在金代女真人的汉化程度就很高,对本民族语言"或不通晓"者大有人在,历明至清就更不用说了。满族初入关时采用满汉双语制,到嘉庆时已通用汉语,"汉儿言语"失去了复辟的土壤。

"汉儿言语"虽然在东北华北一带逐渐销声匿迹,但作为历史上的真实存在,它还是留下了自己的遗迹。例如复数词尾用于牲畜的特殊用法在河北藁城方言里遗存(见杨耐思、沈士英 1958);东北、华北、西北等广大北方地区都保留了第一人称复数代词区分包括式与排除式的特点,跟南方(除极少数方言点外)无此区分形成鲜明的对照;叠加式判断句"俺是某某的便是"在戏剧、曲艺等文艺作品中时而使用;用动词"有"表示"在"的用法保留在点名时的应答句中;"像"义动词后置的比拟式没有原样保留,而是在"似"后添加助词"的",把动词"似"改造为助词"似的"后留存下来。如此等等,不一而足。

真正能集中反映"汉儿言语"遗风流绪的是甘肃、青海、宁夏、陕西、新疆等西北地区的汉语方言。把古代"汉儿言语"跟西北地区方言语法的描写数据相比较,能够清楚地看出二者之间的血缘关系,我们完全可以说:西北方言就是"汉儿言语"的活化石。下面拟用上文概括的特点作为参照点来观察西北方言与"汉儿言语"之间的渊源关系。

(1)关于复数词尾的泛化用法

莫超(2008)介绍在甘肃省兰州市区及所辖县区、洮河下游、临夏州等地区复数词尾"们"可用在非指人名词如牲口和无生命的东西后面,如"牲口们、树们、衣裳们、米们、油们、酒们、这些砖们、那些新戏们"等。而且,"们"也能用在单数名词后面,如"热头们(太阳)、月亮们、天气们、这个老汉们、这本书们"等。可见,金元"汉儿言语"复数词尾的用法至今仍较完整地保留在甘肃一些地区。过去学者们曾对元代文献中的这类特殊用法是否反映当时的实际口语还保有疑惑,甘肃方言里的上述用法对此做出了肯定的回答。

(2)关于宾语前置

宾语前置的句式普遍存在于甘肃、青海、新疆等西北方言中。受事宾语后面分不带格标记和带格标记两种类型。宾格标记多用"哈"(黄伯荣 1996),也有用"啦"或"啊"(读 za;莫超 2008)的。

王森(1993)介绍甘肃临夏方言的"宾+动"式:

我箱子揭开者三块钱拿出来了。(我打开箱子拿出了三

块钱)

  我我的亲人想者。(我想我的亲人)

  他他的成绩知道了。(他知道了他的成绩)

  我今个才他哈认下了。(我今天才认识了他)

动词"有、没有"的宾语也前置,如:

  你们学校几个老师有呐?(你们学校有几个老师?)

  解放前河州城里医院没有,西医没有。

  南疆方言:我你这种女婿就没有瞧上。(我就没瞧上你这种女婿;引自石毓智2008)

莫超(2008)指出,临夏话里如果语境中施事、受事明确,则不需要加宾语标记,如"警察小偷抓下了"也可以说"小偷警察抓下了",不会产生误会。如果可能产生歧义,就要在受事后面加上宾语标记"啦"或"啊",例如:

  我他啦电话早打过了。(我给他早就打过电话了)

  我啦后人们钱给的多着哩。(儿女们给了我好多钱)

 宾语前置的否定句,否定动词位于句末,作"OV的不要""OV的不是":

  新开荒地肥料上的不要。(新开荒的地不要上肥料)

  账那么个算的不是,致么个算的是。(账不是那么算,是这么算)

张成材(1998)介绍西宁方言有"宾+动"式:

  你茶喝,馍馍吃。(你喝茶,吃馒头)

  爸爸一个洋糖给了。(叔叔给了一块水果糖)

黄伯荣(1996)描写青海话受事宾语带格标记"哈":

  我开水哈喝了。(我喝了开水)

>我你哈没见。(我没见你)

处所宾语也位于趋向动词"来/去"之前:

>西宁话:家上海去过,我还没去过。(他去过上海,我还没去过;张成材 1998)

>陕西延川话:你学校去格来?(你去过学校了吗?"来"为语助词;张崇 1990)

总的来看,受事宾语后带不带格标记并没有严格的规定,但是可以看出有不带格标记的趋势,只有在可能产生歧义的情况下宾格标记才是必要的。这种趋势的原因应该是普通话的影响。

另外,西北方言里有些"把"字句的底层实际是 OV 式,"把"字相当于前置的宾格标记,这是"汉儿言语"在汉语词序的影响下所做的结构调整。例如(引自石毓智 2008):

>青海话:我把你没见。(也可以说:我你哈没见。)

>西宁话:到这会儿着你还把我打,把我骂。

>青海话:王秘书把介绍信没开。

>兰州话:我把他们的名字知道。

>西宁话:我把你没认得。

>南疆方言:我把你还不知道?

>新疆话:把吐鲁番的葡萄任何人都喜欢。

在这些"把"字句中,谓语动词有的是否定式(没见、没开、没认得、不知道),有的是光杆动词(打、骂、开),有的是低及物性的动词(知道、认得、喜欢),标准的汉语在上述情况下一般都不会用"把"字句。

(3)关于特殊判断句

目前尚未掌握西北方言中是否有"S+N 是"式判断句,但甘

肃临夏方言中可见与其相对的否定式"S+N的不是"(据谢小安、张淑敏1990,王森1993):

  我谦虚的不是,也保守的不是。(我不是谦虚,也不是保守)

  我新衣裳没有的,有了没穿的不是。(我是没有新衣裳,不是有而不穿)

这跟古本《老乞大》中"寻常的不是,有玲珑花样的"(33b)、"俺买呵,买一两个,自穿的不是,一发买将去要觅些利钱"(36a)完全一样(《谚解》本改为:"我买时,不是买自穿的"54a)。

  叠加式判断句"S+是+N+就是"存留在临夏方言的疑问句中:

  你是学生就是啦?(你是学生吧?)

  这个车子是你的就是啦?(这辆车子是你的吧?)

  兀个年轻人是皮革厂的厂长就是啦?(那个年轻人是皮革厂的厂长吧?)

这说明"汉儿言语"的叠加式判断句的使用已有了限制,仅存留在疑问句中;把元明时期的"便是"换成了口语词"就是",也符合时代的特色。

  与肯定式不同,叠加式判断句的否定式使用比较自由,不限于疑问句:

  阿哥是怕人的人不是。(阿哥不是怕人的人)

  这个水是冰的不是。(这水不是凉的)

  你是工人不是唦?(你不是工人吧)

(4)关于副词的异常位置

(i)副词远离被饰成分

莫超(2008)介绍在甘肃各地方言中以下二例有歧义：

人都还没来（北京话：一个也没来；甘肃话：A.一个也没来；B.人还没都来）

这次考试都不要给及格（北京话：全都不给及格；甘肃话：A.全都不给及格；B.不要都给及格）

歧义句的造成是由于表示范围的副词"都"没有紧挨在它所修饰的动词前面，如果把第一句改为"人还没都来""这次考试不要都给及格"就不会产生歧解了。

临夏话"这个还不算，还比这麻达的事情有呢"（比这麻烦的事情还有呢）这句话符合阿尔泰语"状语＋宾语＋动词"的词序。

(ii) "程度副词＋否定词＋VP"表示程度轻

当程度副词与否定词连用表示程度不重时，北京话用"不＋程度副词＋VP"，如"不很疼"表示不太疼。莫超(2008)指出甘肃话与此相反，"程度副词＋不＋VP"表示"不大 VP"、"不太 VP"：

这个人很不说话。（不大说话）

他很不喝酒。（不大喝酒）

我的枪法很不准。（不太准）

(iii) "状语＋禁止副词/疑问副词＋VP"

甘肃中部、银川、西宁等地在否定句中普遍采用这一词序，以甘肃为例：

你胡不要拉。（不要胡拉）

你乱别说。（不要乱说）

你话怎么好好不说。（怎么不好好说话）

这几年我们家这么着没团圆过。（没像这样团圆过）

有时状语为单音节形容词：

>   你深不要挖。(不要深挖)
>
>   多不买煞?(不多买点吗)
>
>   东西乱不要摆。(不要乱摆)

当谓语动词带宾语时,宾语前置,如临夏方言:

>   有的小学生书好好地不念者。
>
>   房子各处胡不要盖。("不要"连读)

张成材(1998)也指出了西宁方言中否定词在其所修饰的状语后面:

>   他常常按时不上班。
>
>   你阿蒙好好不学习?(阿蒙:怎么)
>
>   之个小说我仔细没看过。

李树俨、张安生(1996)指出:银川方言否定句中程度副词"甚、太"等可以放在禁止词"罢(不要)"之前,也可以放在其后。

>   辣子甚罢种得稠了。(辣椒别种太稠了)
>
>   辣子罢甚种得稠了。
>
>   饭太罢舀得满了。(饭别舀得太满了)
>
>   饭罢太舀得满了。

前一种词序是"汉儿言语"式的,后一种正在向普通话靠拢,但程度副词还是远离被饰成分。

(5)在表示行为动作方向或场所的句子中,处所名词前置,不用介词

>   西宁话:昨晚夕,我你家里去了。(昨晚我到你家去了;张成材1998)
>
>   临夏话:娃娃病下了,我还医院里没看去。(我还没到医院看去;王森1993)

这两例里的方位词"里"并非必需,把它看作处所补语标记的遗存也不无可能。

  临夏话:别人家背后你的脊梁不要叫戳着。(别叫别人在背后戳你的脊梁)

张崇(1990)描写陕西延川话"主语+处所名词+趋向动词"的词序,由于处所名词前不用介词,因此往往造成歧义,分不清处所词是目的地还是出发地:

  你山里上去(你上山去/你从山里上去)

  他延川回来了(他回到延川了/他从延川回来了)

这跟前面介绍的"汉儿言语"的情况相同。

结　语

  迄今为止汉语学界对西北方言的描写和研究是很不够的,但即使从这些一鳞半爪的现象中,也可以看出它跟"汉儿言语"血脉相连的关系,有些特点简直如出一辙地惊人相似。西北方言的现状让我们更加确信:"汉儿言语"是北朝以来特别是辽金元各代在北方地区口语中普遍通行的语言,它保留了汉语的基本特点,但也一定程度地吸收了阿尔泰语的语法范畴、复制重组了阿尔泰语的某些句型。今天的西北方言是"汉儿言语"的流,它能够历经历史的沧桑之变而较好地保留"汉儿言语"的面貌,是因为这一大片地方自古以来就是民族杂居混处的地区,语言接触密切,而且,这种环境很少因为改朝换代而改变,只要人文语言环境不变,它就可以继续存在下去。过去因为西北方言既不是少数民族语言,又不像东南方言那样跟普通话有很大的差别,因此一直未能得到应有的重视,这是十分可惜的。今天,随着社会的开放、经济的发展,那种相对封闭的环境日渐被打破,西北方言中的"汉儿言语"元素势必会受到普通话越来越强有力的冲击,语言研究者应该怀着紧迫感加强对它的调查研究,让这块宝贵的语言化石在汉语史、中华民族交融史研究中发挥应有的作用。

附 注

① 万波1996《方言》第2期介绍江西安义方言包括式:俺,"我尔"的合音,指代说话者和听话者双方,只表双数;表多数用"俺大家"。排除式:我侪,不包括听话一方,与北京话"我们"也可以是包括式不同。

北京话:咱们(包括)　　　　我们大家(多数,包括)我们(排除/包括)
安义话:俺(我和你,双数,包括)俺大家(多数,包括)　我侪(排除)

② 道布(1983)说蒙古语没有像汉语那样发达的补语表达式,往往用状中式替代述补式。例如:

这毛太生长(这家伙的毛长得太长了)

米太放入(米放得太多了)

啊,你好修理(啊,你修理得真好)

这花真美好绣,啧啧(这朵花绣得真漂亮)

好冷啊,厉害冷有啊(冷得厉害呀)

今天厉害热有(热得厉害)

嗨,你又错做(你又做错了)

泥稀和需要(泥要和得稀一点)

参考文献

陈寅恪　1936　东晋南朝之吴语,《中研院史语所集刊》第七本第一分。
道　布　1983　《蒙古语简志》,民族出版社。
傅乐焕　1935　宋人使辽语录行程考,北京大学《国学季刊》5卷4号。
胡双宝　1986　读桥本万太郎《语言地理类型学》,《语文研究》第2期。
黄伯荣等　1996　《汉语方言语法类编》,青岛出版社。
黄　征　1996　敦煌俗语法研究之一,《敦煌吐鲁番研究》第一卷。

贾敬颜 1985 汉人考,《中国社会科学》第6期。
江蓝生 1992 助词"似的"的语法意义及其来源,《中国语文》第6期;又见《近代汉语探源》,商务印书馆2000年。
—— 1998 后置词"行"考辨,《语文研究》第1期;又见《近代汉语探源》,商务印书馆2000年。
—— 1999a 从语言渗透看汉语比拟式的发展,《中国社会科学》第4期;又见《近代汉语探源》,商务印书馆2000年。
—— 1999b 重读《刘知远诸宫调》,《文史》第三辑总第四十八辑;又见《近代汉语探源》,商务印书馆2000年。
—— 2000 《老乞大》语序研究,《语言研究》第3期;又见《近代汉语研究新论》,商务印书馆2008年。
—— 2003 语言接触与元明时期的特殊判断句,《语言学论丛》第二十八辑,商务印书馆;又见《近代汉语研究新论》,商务印书馆2008年。
康保成 1997 元杂剧呼妻为大嫂与兄弟共妻古俗,《扬州大学学报》第6期。
李崇兴等 1998 《元语言词典》,上海教育出版社。
李树俨、张安生 1996 《银川方言词典·引论》,江苏教育出版社。
李泰洙 2003 《〈老乞大〉四种版本语言研究》,语文出版社。
马长寿 1985 《碑铭所见前秦至隋初的关中部族》,中华书局。
莫超 2008 甘肃汉语方言语法特点综论,巴黎语言接触研讨会论文。
桥本万太郎 1983 北方汉语的结构发展,《语言研究》第1期。
太田辰夫 1953 《老乞大》的语言,《中国语学研究会论集》第1号;又见江蓝生、白维国译《中国语史通考》,重庆出版社1991年。
—— 1954 关于汉儿言语——试论白话发展史,《神户外国语大学论丛》5-3;又见江蓝生、白维国译《中国语史通考》,重庆出版社1991年。
—— 1988 《中国语史通考》,白帝社(日);江蓝生、白维国中译本《汉语史通考》,重庆出版社1991年。
山川英彦 1967 《元朝秘史》总译语法札记,《名古屋大学文学部研究论文集》。
石毓智 2008 汉语方言变化的两种动因及其性质差异,《民族语文》第6期。
王森 1993 甘肃临夏方言的两种语序,《方言》第3期。

薛瑞兆　2004　《金代科举》,中国社会科学出版社。
杨耐思、沈士英　1958　藁城方言里的"们",《中国语文》第6期。
余志鸿　1983　元代汉语的后置词"行",《语文研究》第3期。
——　1987　元代汉语"～行"的语法意义,《语文研究》第2期。
——　1988a　《蒙古秘史》的特殊语法——论元代汉语的时体制,《语言研究》第1期。
——　1988b　《蒙古秘史》的特殊语法——OV型和POS结构,《语言研究》第2期。
——　1992　元代汉语的后置词系统,《民族语文》第3期。
张成材　1998　《西宁方言词典·引论》,江苏教育出版社。
张　崇　1990　《延川县方志》,语文出版社。
张　庆　1997　唐代妇女的流行服装,《文史知识》第3期。
周一良　1938　南朝境内之各种人及政府对待之政策,《中研院史语所集刊》第七本第四分。
朱德熙　1958　《老乞大谚解》《朴通事谚解》书后,《北京大学学报》第2期。
祖生利　2000　《元代白话碑研究》,中国社会科学院研究生院博士学位论文。
——　2001　元代白话碑文中代词的特殊用法,《民族语文》第5期。
——　2002　元代白话碑文中复数词尾"每"的特殊用法,《语言研究》第6期。

主要引书目录

《三朝北盟会编》,宋·徐梦莘,光绪三十四年许涵度校刊本。
《攻媿集》,宋·楼钥,卷111《北行日录》上,四部丛刊本。
《元代汉语本〈老乞大〉》,(韩)庆北大学出版部古典丛书9,庆北大学出版部影印2000年。
《老乞大谚解》,(韩)奎章阁丛书第九,京城大学法文学部影印1844年。
《朴通事谚解》,(韩)奎章阁丛书第八,京城大学法文学部影印1844年。
《老乞大新释》,(韩)奎章阁藏书4871号。
《重刊老乞大谚解》,(韩)弘文阁1984年。
祖生利、李崇兴点校:《大元圣政国朝典章·刑部》,山西古籍出版社2004年。
额尔登泰、乌云达赉校勘:《〈蒙古秘史〉校勘本》,内蒙古人民出版社1980年。

《孝经直解》(原题《新刊全相成斋孝经直解》),来熏阁影元刊本1938年。
《元代白话碑集录》,蔡美彪,科学出版社1955年。
《新校元刊杂剧三十种》,徐沁君点校,中华书局1980年。
《元曲选》,臧晋叔编,中华书局1979年。
《刘知远诸宫调》,文物出版社影印金刻本1958年。

(将刊于 *Breaking down the Barriers: Interdisciplinary Studies in Chinese Linguistics and Beyond*)

语言接触与元明时期的
特殊判断句

提　要　元代白话文献中出现了一种介绍人物称谓的新型判断句——"S＋是＋N(的)＋便是"(如"贫道是司马德操的便是")。这种判断句的特殊性在于：a.称谓名词后面往往带"的"字；b.句子前后出现两次判断动词(系词)。本文经考证认为，"的"的语法性质是称谓词后缀，其本字是方位词"底"；出现两次判断动词的判断句是汉语与蒙古语等阿尔泰语的判断句相融合而产生的叠加式，即：SVO＋SOV→SVOV。本文还论证了这种特殊判断句跟先秦和汉译佛经中以"是也"或"是"结尾的判断句并无直接来源关系。

关键词　语言接触　判断句　叠加式　便是　底/的

过去读元杂剧和《水浒传》，遇到"某乃大刀关胜的便是""这位便是东京八十万禁军枪棒教头林武师林冲的便是"一类句子时，常常疑惑不解：其一，为什么要在人名后面加个"的"字，说成"关胜的""林冲的"呢？是不是前面省略了动词"叫作、称作"呢？其二，既然前面已经有了"是"或"乃"一类的系词准系词[①]，为什么句尾还要用"便是"呢？这不是画蛇添足吗？这种疑惑不仅是以现代汉语为语感的，而且也得到古代和近代介绍身份的判断句通例的支持。且看以下从先秦至元代的例子：

(1)余，而所嫁妇人之父也。(《左传·宣公十五年》)

(2)余是所嫁妇人之父也。(《论衡·死伪篇》)

(3) 陈胜者,阳城人也。(《史记·陈涉世家》)

(4) 陈婴者,故东阳令史。(又《项羽本纪》)

(5) 身是张翼德也,可来共决死。(《三国志·蜀书·张飞传》)

(6) 文举至门,谓吏曰:"我是李府君亲。"(《世说新语·言语》)

(7) 妾是公孙钟鼎女。(《伍子胥变文》)

(8) 小神乃天曹增福之神。(元刊杂剧《看钱奴》)

(9) 郭威道:"咱是刘招讨帐前亲兵郭威。"(《新编五代史平话·周史平话》[上])

这些例子有的主语后用系词"是",句末用语气词"也";有的或不用系词"是",或不用句末语气词"也";但都不见"N+的"短语,也不见前面用了"是",句尾复用"便是"的。因此,按常例,上面两句或应说成"某乃大刀关胜(也)""这位便是……林武师林冲(也)";或者说"某乃称作大刀关胜的""这位便是称作……林武师林冲的"("关胜的""林冲的"后面隐含着中心语"人","的"字是结构助词),但元明特殊判断句的情况与常例完全不同,有必要对它产生的原因加以探讨。

1. 特殊判断句句型归类

以下各类句型中,S是全句主语,N为称谓名词。

A."S+是+N的+便是"("便是"或作"是也")

(10) 贫道是司马德操的便是了。(元刊杂剧《单刀会》二折白)

(11) 小人是屠家张千的便是。(又《替杀妻》楔子白)

(12) 某乃大刀关胜的便是。(《元曲选·争报恩》楔子)

(13) 妾身是开封府上厅角妓李琼梅的便是。(《永乐大典

戏文三种·小孙屠》三出）

(14) 我这仁兄是梁山泊好汉中神行太保戴宗的便是。（《水浒》44回）

(15) 小人便是白虎山前庄户孔亮的便是。（《水浒》58回）

(16) 我乃是观音弟子木叉行者的便是。（《西游记》二本七出）

(17) 自家不是别人，乃是万俟丞相府中堂候官的是也。（《荆钗记》十九出）

B. "S+是+N+便是"（"便是"或作"是也"）

(18) 某乃宋江便是。（《元曲选·李逵负荆》二折）

(19) 小生是太守相公的表弟赵汝州是也。（又《红梨花》一折白）

(20) 俺是沙陀李晋王太保李嗣源是也。（《残唐五代史演义传》7回）

(21) 吾乃骠骑将军樊武瑞便是。（《禅真逸史》31回）

此式与A式的区别在于称谓名词N后没有"的"。

C. "S+N的+便是"

(22) 贫道，陈抟先生的便是。（元刊杂剧《陈抟高卧》一折白）

(23) 自家姓任，任屠的便是。（又《任风子》一折白）

(24) 自家，延寿马的便是。（《永乐大典戏文三种·宦门子弟错立身》二出白）

(25) 小生孙华，小字虫儿的便是。（《元曲选·杀狗劝夫》楔子白）

此式主语后不用系词,人名后用"的"。

D."S+N+便是"

(26)老夫,王员外便是。(元刊杂剧《小张屠》楔子白)

(27)贫道,吕岩便是。(又《铁拐李》楔子白)

此式主语后不用系词,人名后也不用"的"。

从以上四种句型的例子知道,这类介绍人物身份的特殊判断句最早见于元人杂剧,主要盛用于元明戏剧及白话小说之中。虽然清代戏剧中也偶有其例,但应是对前代格式的袭用,并不真的反映当时的口语[②]。这四种句型的共同点是,句尾都有"便是"或"是也"(我们注意到元代可靠资料中均作"便是",明代也以"便是"为多;"是也"出现在明代资料中,《元曲选》宾白中偶作"是也"),其区别就在于主语后用不用"是",人名后用不用"的"。也就是说,主语后的系词和人名后的"的"都不是必要成分(加不加"的"可能有语气强弱之分,详见注[⑩]),而句末的"便是"或"是也"是必不可少的。如果把 A 式看作全式,那么,其他三式在形式上像是它的简式,其中 D 式最简。按照汉语的句法规则,如果把以上各类句型中的"N+的"或 N 看作表语或名词谓语,那么"便是"或"是也"就该看作句末语气词,因为汉语的判断句是不能在主语和句尾同时使用系词的。但是,为什么到了元代忽然出现这种用系词"便是"充当句末语气词的新句式呢?为了正确认识这种特殊判断句的结构,以下两个问题是不能回避的:其一,"N+的"短语中"的"的语法功能与性质;其二,"S+是+N+的+便是"句式产生的内因与外因。

2."N+的"短语

2.1 同时期文献用例

香坂顺一(1987)认为《水浒》中"人名+的"是"叫作……的"的意思,这从句义上可以讲得通,但句中并无"叫"类动词;而且我们发现,除了特殊判断句外,"N+的"短语还在其他场合中使用,有词缀化的倾向。这类用例不多见,目前仅在《永乐大典戏文三种》、元本《琵琶记》、元代白话碑等同时文献中的一般判断句和陈述句中见到。南戏中皆作"N+底",例如:

(28)(净)叫副末底过来!(《张协状元》五出【行香子】白)

(29)(外白)你叫副末底取员梦先生来员梦看。(又二出【千秋岁】白)

"副末"是角色名,在戏文中扮演次要的男子。这两例中以谐谑的方式用角色行当名来指称戏文中的人物。"副末底"表示自指,即指称副末其人,"底"用为称谓名词后缀。

(30)(净)媳妇拜告相公知:"这贫女底,从幼来在庙中,旦夕里是我周济。"(又四十五出【鹅鸭满渡船】)

"贫女底"即称贫女其人(贫女是戏中女主人公的称名),"底"也用为称谓词后缀。《张协状元》被公认为戏文初期即南宋时期的作品。

(31)哥哥底,娶为亲。谁知心走辊,便忘恩。(《小孙屠》二十一出【缕缕金】)

《小孙屠》一般认为是元时南戏作品。

元刊本《琵琶记》③里的例子均作"N+的":

(32)臣邕的,臣邕的,荷蒙圣朝。臣邕的,臣邕的,拜还紫诰。念邕非嫌官小,那家乡万里遥,双亲又老。(十五出【滴溜

子】)

(33)天怜念,天怜念,蔡邕拜祷。双亲的,死生未保,可怜恩深难报。(十五出【滴溜子】)

(34)(生)冤家的,冤家的,苦苦见招,俺媳妇埋怨怎了。(十五出【归朝欢】)

(35)黄允的便是桓帝时人,司徒袁隗要把从女嫁与黄允。(三十六出白)

(36)我绝不学那黄允的。(同上,白)

(37)这西河守的,便是战国时吴起,魏文侯交做西河郡守,母死不奔丧。(同上,【生】白)

(38)他公婆的亲看见。双双死,无钱送。(三十七出【犯衮】)

元代白话碑中有一例:

(39)据丘神仙底,应系出家门人等,随处院舍都教免了差发税赋者。(1223年盩厔重阳万寿宫圣旨碑④)

同碑下文另一处作"所据丘神仙,应系出家门人、精严住持院子底人等,并免差发税赋"。"丘神仙"后没有"底"字,但意思跟有"底"的没有区别。

以上各例中,"N+底/的"既可以做主语,又可以做宾语;N既可以是专有名词,也可以是称谓词。其中"贫女底、丘神仙底、邕的、黄允的"是人名,"副末底、西河守的"是角色名、官职名,"哥哥底、双亲的、公婆的、冤家的(指妻)"是亲属称谓。可以看出,这些"N+底/的"短语后面都不能补出相应的中心语,"N+底/的"都是自指,就相当于N,去掉"底/的",于意义毫无妨碍(元代特殊判断句中的"N+的"也有这一特点)。这说明"N+底/的"中的"底/

的"不是通常的结构助词,而应该看作称谓名词后缀。同时从元代文献中结构助词"底"又作"的"来看,可以同样认定"N+的"的"的"也是"底"的轻声变体。

2.2 "N+方位词"短语(N 为称谓词)

拙文(1999)在讨论结构助词"底"的来源时,曾指出在"N+处所/方位词"短语中,处所词、方位词发生语法化的事实,这应与称谓词后缀的来源直接有关。试看以下两例:

> (40)有钱石上好,无钱刘下好,士大夫张下好。(《全唐诗》卷八六七《选人语》)

这是候选官职者总结仕途捷径的玩笑话,揭露了官场的黑暗。"石上、刘下、张下"分别指姓石、姓刘、姓张的掌选官。方位词"上/下"用在姓氏后已完全虚化,成为姓氏名词后缀。

> (41)崔湜之为中书令,河东公张嘉贞为舍人,湜轻之,常呼为"张底"。后商量数事,意皆出人右。湜惊美久之,谓同官曰:"知无? 张底乃我辈一班人,此终是其坐处。"死十余载,河东公竟为中书焉。(唐·刘𫗧《隋唐嘉话》下)

"张底"是对张嘉贞的称呼,"底"也是姓氏词后缀。从"石上、刘下、张下"的用法可以推知,"张底"的"底"应是源自方位词。

《全唐诗》和《隋唐嘉话》的例子表明,唐时方位词"上、下、底"已有语法化为姓氏名词后缀的用法。我们认为,元代文献里一般判断句和陈述句中的称谓词后缀"底/的"即源自唐代的姓氏词后缀"底"。期间经历了由"上、下、底"同时并做称谓词后缀,到后来只用"底"字;使用范围从姓氏词扩大到整个姓名,乃至亲属称名、官职名等,几乎所有称谓名词后面都可以加上后缀"底"。前举南戏和元代戏曲作品中的"N+底/的"如"贫女底、丘神仙底、黄允的、哥哥的"等称谓词短语正是唐代"张底"这一用法的扩大与发展。进而,我们推断元明特殊判断句A式和C式中的"N+的"也应与此有关。在A式"某乃大刀关胜的便是"、C式"自家,延寿马的便是"中,"关胜的""延寿马的"去掉"的"也于词义、句义无害,"的"也应看作词缀。

2.3 处所方位词与称谓

汉语的处所词、方位词与称谓名词有很密切的关系。拙文(1999)曾举《史记》与汉译佛经中此类例子多条,可参看;2.2节又举出"石上、刘下、张下、张底"等,除此之外,宋元明时代还有以"行"为后缀的"爹行、娘行、僧行"等称谓,拙文(1998)考证此类"行"的本字实为方位词"上"。古代还有以建筑物名称用于尊称的,如陛下、阁下、令堂、堂上等。现代则有"这位、那位、委座、院座"等用于尊称。现代称呼单音节行政单位也往往要加上方位词后缀,如省里/上、县里/上、村里/上、所里、部里等。以人所处的方所位置指称其人,这是认知上的转喻。类似的情况一些外语里也有,如日语直接用方位指示词こちら、そちら(这里、那里)表谦称或尊称。总之,元代特殊判断句中"N+的"的"的"(本字为"底")是源自方位词的称谓名词后缀。元代特殊判断句中为什么有时用N,有时用"N+的"做表语,我们推测这可能跟语气强弱的分别有关(参看注⑩)。

3. "S+是+N(的)+便是"句式的形成

解释"S+是+N(的)+便是"句式的形成,关键要回答为什么主语后已有系词"是",句尾还要再用"便是"。联系这种句式产生的社会历史背景,经考察分析,我们认为这很可能是在语言接触过程中,汉语的判断句与蒙古语等阿尔泰语的判断句句式相叠加而成的。

3.1 汉语的判断句经过了从古代无系词与有系词两类并存,到汉晋以后以有系词为主的过程;而且,系词也从"惟、为、是"并用变化为主要用"是";"主语＋是＋表语"很早就成为汉语判断句的典型格式而固定下来,直到今天,这跟汉语 SVO 的语序特点是一致的。就是在元代产生上述特殊判断句的时代,"主语＋是＋表语"仍是主要形式。

3.2 我国北方少数民族语言绝大多数都属于阿尔泰语系,阿尔泰语是黏着语,靠格附加成分(也称后置词)表达语法意义。阿尔泰语又是 SOV 句型的语言,宾语位于动词的前边。据我们对突厥语、蒙古语、满语、朝鲜语(另有日语)的调查[⑤],这些语言的判断句有一个共同的特点——在主语和谓语之间没有系词,名词谓语后边有表示肯定的判断动词或助词。比如"我是学生"这句话,以上各语言的语序为"我学生是"(满语"学生"后有表示处所方位的成分,朝鲜语、日语"我"后有格助词)。历史上汉族与各少数民族长期杂居而处,语言接触的历史悠久,其结果必然带来两种语言的相互影响、相互渗透、相互融合。可以想见,在契丹、女真、蒙古等少数民族建立政权的辽、金、元等朝代,汉语受阿尔泰语的影响应更为普遍、深入。在汉语的 SVO 句式与阿尔泰语的 SOV 句式相碰撞时,无论是学说汉语的少数民族,还是与少数民族交往的汉族,都有可能使用一种兼容两种语法特点的叠加句式,即:

$$SVO \quad + SOV \quad \rightarrow SVOV$$

我是学生 ＋ 我学生是 →我是学生是

我们认为,元代特殊判断句 A 式"贫道是司马德操的便是"、B 式

"某乃宋江便是"就是这样叠加而成的。所不同的是,句尾的"是"前有副词"便",作"便是",或"是"后有语气词"也",作"是也"。这主要是句子韵律上的需要,以双音节词结句,使句子更加和谐稳定,客观上也加强了确认语气。C式"自家延寿马的便是"、D式"贫道吕岩便是",主语后不用系词,虽然不妨看作A、B两式的简式,但如果看作是对阿尔泰语判断句句式的直接套用模仿或者更中肯綮。当然,古汉语判断句本有主语后不用系词,句尾以"是也"结句的一类("S,N是也"),这或许正是元代汉语可以套用蒙古语判断句句式的深层原因吧?(详见3.1)另外,从汉人的语言心理分析,处于叠加式判断句句尾的"便是"或"是也",与其看作后置的系词,不如看作语气词更合适,犹如古代的"S(+是)+N+也"句式(余,而所嫁妇人之父也《左传》|余是所嫁妇人之父也《论衡》)和"S者,N是也"(详见4.1)。正因为新产生的叠加式经重新分析后可以被汉语的判断句框架容纳,所以它能在一段时期内通行。

3.3 元代另一种叠加式判断句——共时资料的旁证

从《蒙古秘史》的对译与总译知道,蒙古语判断句的主要结构是"SO有",总译改为"S是O"。比如卷七处有以下二例("有"是蒙古语句末表示肯定的助动词的直译;"有来"是它的过去式的直译):

(42)音译:必　王罕　备由(446页)
　　 对译:我　人名　有
　　 总译:我是王罕

(43)音译:王罕　额儿　帖讷　斡脱古　也客　罕　　不列额(451页)
　　 对译:人名　在前　的　　老　　　大　皇帝　有来
　　 总译:王罕是在前的老皇帝

但是,我们在可靠的元代白话文献中经常可以找到一种叠加式判

断句"S+是+O+有",例如:

(44)金银是钞的本有。(《元典章·户部·卷六存留钞本》)

(45)孝道的勾当是德行的根本有。(《孝经直解·开宗明义章第一》)

(46)"你的师傅是什么人?""是汉儿人有。"(古本《老乞大》2b2)⑥

(47)这参是新罗参有,也著中。(同上,35a7)

这种特殊判断句很显然是汉语与阿尔泰语判断句相融合而产生的叠加式,即:"S 是 O"+"SO 有"——"S 是 O 有"。它跟前举"S 是 O 便是"叠加式判断句的结构完全相同,差别仅在于一个句末用"便是",一个用"有",这只是用字上的不同选择。由于"有"和"是"词义的不同,我们推想,句末用"有"的叠加式恐怕不如用"便是"的易于被汉人接受,元杂剧等文艺作品中的叠加式判断句几乎都用"便是"或"是也",恐怕正是这个原因;入明以后,句末为"便是/是也"的叠加式判断句还时或可见,而句末作"有"的则消失近尽,恐怕也是这个原因。

3.4 前置词与后置词的叠加——历时资料的旁证

在语言接触的过程中,叠加是一种普遍现象,不限于判断句。汉语一般使用前置的介词表达各种语法意义,可称为前置词型语言;蒙古语是用后置的格附加成分表达语法意义的,可称为后置型语言,在这两种语言接触中会产生一种前置词与后置词兼用的叠加式。下面以分别代表元、明初、清三代语言的四种《老乞大》⑦为资料举例说明:

(48)古本:从年时天旱,田禾不收,饥荒的上头,生出歹人

来。(8a6)

谚解:从年时天旱,田禾不收,饥荒的上头,生出歹人来。(24a9)

新释:因去年年成荒旱,田禾没有收成的上头,就生出这些歹人来了。(9a5)

重刊:因去年年成荒旱,田禾没有收成,就生出歹人来了。(23b)

古本、谚解本用后置词"上头"表示原因,新释本改用前置后置叠加式"因……上头"表示,到了重刊本,仅用前置词"因",回归汉语。这个例子比较能说明叠加式产生与消亡的过程与历史语言环境的变化有密切的关系⑧。

3.5 现代方言的旁证

使我们对这一看法增强信心的是,现代某些西北方言中还存在这种叠加式判断句的遗迹。谢小安、张淑敏(1990),王森(1993)介绍了现在甘肃临夏方言的疑问句中有如下句式:

(49)你是学生就是啦?(你是学生吧?)

(50)这个车子是你的就是啦?(这辆车子是你的吧?)

(51)兀个年轻人是皮革厂的厂长就是啦?(那个年轻人是皮革厂的厂长吧?)

"啦"为疑问语气词,读轻声。"啦"前面的句子是判断句,为"S+是+N+就是"式,跟元代的B式相同,只不过把"便是"换成了"就是"。

与肯定式相应,临夏方言的判断句否定式为"S+是+N+不是":

(52)阿哥是怕人的人不是。(阿哥不是怕人的人)

(53)这个水是冰的不是。(这水不是凉的)

(54)你是工人不是哞?(你不是工人吧?)

(55)我谦虚的不是,也保守的不是。(我不是谦虚,也不是保守)

(56)我新衣裳没有的,有了没穿的不是。(我是没有新衣裳,不是有而不穿)

从否定句先在主语后出现系词"是",又在谓语后用"不是"加以否定来看,这种句型显然不是汉语原有的,也应看作SVO型语言与SOV型语言相融合的叠加式(临夏地区是蒙、藏、回等民族杂居地,藏语也是SOV型语言)。蒙语的否定词出现在句尾,不仅现代如此,古本《老乞大》里也反映了这种语序:

(57)"恁这马是一主儿的那,是各自的?""一主儿的不是,这四个伴当是四个主儿。"(2a7)

(58)秋里系鍼铁,寻常的不是,有玲珑花样的。(33b7)

(59)俺买呵,买一两个,自穿的不是,一发买将去要觅些利钱。(36a5;《谚解》本改为:"我买时,不是买自穿的。"54a2)

谢小安等人的文章中说,无论是肯定句还是否定句,主语后面的"是"读音都很轻,相当于语气词。这说明临夏方言的叠加式判断句在说话人心理上更侧重于SOV型语言一边,但从起源上说,这种出现两次系词的判断句应是SVO型和SOV型两种语言接触而产生的叠加式。

3.6 上面的事实都说明在语言接触过程中叠加式的出现是常见的语言现象,与此同时也反映出这种兼容两种语言格式的句式并不稳固,它随语言接触的环境、态势的变化而变化。如3.4节列举的由"X的上头"到"因X的上头"再到"因X";再如上举例

(47) 古本《老乞大》作"这参是新罗参有",为叠加式,明初《谚解》本改作"这参是新罗参也",用语气词"也"替代了句末的"有",开始向汉语靠拢;到了清代乾隆年间的《新释》本和《重刊》本又改作"这参是新罗参",回归汉语。从"S 是 O 有"到"S 是 O 也"再到"S 是 O",具体地显示了叠加式判断句是怎样随着蒙古语由强势语言变为弱势语言而逐步回归汉语的判断句结构的⑧。

4. 问题讨论

4.1 香坂顺一(1986)认为上述以"便是"结尾的句型是受上古以"是也"结句的判断句的启发而产生的。我们把这种句型分为两类:

a. "S,N 是也"

（60）孟子曰："圣人,百世之师也,伯夷、柳下惠是也。"(《孟子·尽心下》)

（61）臣闻七十里为政于天下者,汤是也。(又《梁惠王下》)

（62）若昔三代圣王,尧、舜、禹、汤、文、武是也。(《墨子·天志》)

b. "S,N 者是也"

（63）夫国亦有猛狗,用事者是也。(《晏子春秋·内篇问上》)

《孟子》二例只在句尾出现一次"是",跟元代一句之内出现两次系词的 A、B 两式完全不同;跟主语后不用"是"的 C、D 式句型有相似处,但语义关系很不相同。

关于这类句子中的"是"是否为系词,前人多有讨论,意见也不完全一致。一种意见认为其中的"是"仍是指示代词,是复指前面所谈及的人、事和情况的(如王力 1980);另一种意见认为"是"是表示确认加强语气的(如洪心衡 1964);当然,也有人把此类"是"分析成系词。我们认为,这种句型里的"是"还不能看作系词。据许多学者研究,系词"是"在先秦时代的确切用例较少,因此有人把先秦作为系词"是"的萌芽期(如杨伯峻、何乐士 1992),郭锡良(1990)则认为系词"是"产生在西汉(或战国末期)时期。不管怎么说,先秦文献里能确认为系词的用例很少,因此很难想象,怎么在《孟子》里一下子出现了十几例。更为重要的是,"是"由指示代词语法化为系词的特定语境是在谓语之前,而不是在谓语之后。一个刚刚完成语法化的新成分最初的句法位置应该就是使它发生语法化的位置,而不太可能在语法化之初就频繁移动其句法位置。据此,我们也倾向于不把上举各例"是也"的"是"看作后置的系词,而是看作复指代词。这种复指的"是"此后发生语法化,由于其句法位置在句尾,又由于古代判断句可以仅以"也"结句(复指成分非必要),所以"是+也"逐渐由词组凝结为一个表示确认强调语气的助词"是也"。这类以"是也"结尾的文言判断句式,在后代的文献中并不罕见,可以认为是沿袭仿用,甚至连元明白话文献也可见其例:

(64)自家,北番一个虎狼军将是也。(《幽闺记》三出【点绛唇】白)

(65)某,姓宋名江,字公明,绰号顺天呼保义者是也。(《李逵负荆》一折)

(66)自家,完颜女直人氏,名茶茶者是也。(《虎头牌》一折)

当然,这种仿用是带有时代特点的。

我们认为,元明时代的特殊判断句C、D式跟先秦某些以"是也"结尾的句子只是形似,没有直接的来源关系。从共时文献提供的资料来看,C、D两式皆以"便是"结尾,跟A、B两式应是共源的判断句系统,不能把它们与A、B两式割裂开来看。说它们共源,是指它们都跟阿尔泰语的判断句型有关。C式、D式很像是阿尔泰语判断句的直译(带"的"的C式为强调式),而A、B两式则是汉语与阿尔泰语判断句相融合的叠加式。对于一种新成分或与汉语常规句型完全不同的新句型的出现,如果不能从汉语自身发展的规律得到解释,就要联系这种新成分、新句型出现的社会历史背景来寻找原因。A、B、C、D四种特殊判断句型同时出现在元代,而不是其他朝代,绝非偶然。退一步说,即使把C、D两种句型看作是古汉语以"是也"结尾的判断句的仿用,那么这种系词后置的判断句型之所以在元代口语中被激活,也还是要从元代特殊语言背景去找原因。前面曾指出,元代资料中作"便是",明代资料中多作"是也",这种现象倒很可能是有意向古汉语以"是也"结尾的判断句靠拢的反映。

4.2 袁宾(1992)指出某些汉译佛经和唐宋与佛经有关的文献中,有以"是也"或"是"结尾的特殊判断句,并认为唐宋以及元代文献中的"主语+表语+是"的判断句正是来源于佛经。到底应该怎样看待此类句子,这是本文必须面对的又一问题。先看佛经中的例子(引自袁文):

(67)尔时导师,即我身是。五百贾客,诸弟子皆是。(《生经·佛说堕珠著海中经》)

(68)佛告舍利弗:时孔雀王者,我身是也;时国王,汝身是;时夫人者,今调达妇是;时猎师者,调达是也。(《旧杂譬喻

经》卷上第二）

（69）佛告诸比丘：童子者，吾身是也；妻者，俱夷是；四姓者，调达是。(《六度集经》四十五)

以上诸例可归纳为三种类型：

a."N_1者，N_2是也"：时孔雀王者，我身是也|童子者，吾身是也。

b."N_1者，N_2是"：时夫人者，调达妇是|四姓者，调达是。

c."N_1，N_2是"：时国王，汝身是|尔时导师，即我身是。

其中 a 式与前举先秦文献里以"是也"结句式的判断句相似，由于汉魏六朝与先秦时代相距不算十分久远，可以认为 a 式是先秦句式的仿用。在《旧杂譬喻经》例中，a、b、c 三式出现在同一段话之中，b、c 两式似乎是为避免句式单一而对 a 式所做的简化，即：b 式省去"也"，c 式省去"也"和"者"。但是令人生疑的是，按照古汉语判断句句法，如对位于句末的"是也"加以省略，则只可省去"是"，不能省去"也"，为什么汉译佛经却做相反的选择？带着这个问题，我请教了英国牛津大学专攻佛典的研究员自运尼师。她告诉我，梵文文法，判断句主语与表语间不用 be 动词。汉语说"我是学生"，梵文作"我，学生"；但在强调说明时，可在表语后加上 be 动词，作"我，学生是"。这使我推想，汉译佛经中以"是"结尾的特殊判断句很可能是译者受梵文影响而产生的句式。上引佛经各例都是在强调事实真相时的解释说明，不是一般的陈述介绍，正是强调式。这种以单个"是"字结尾的判断句在此前和同时期的其他汉语文献中还未曾见到，这也说明这种句式的出现应有特殊背景。从语言类型上看，梵文和阿尔泰语的判断句有相似处，即在主语和表语间都不用系词。它们也有不同处，即阿尔泰语在句末通常要用判断动词或助词，而梵文一般不用；但梵文的强调式判断句可在句末用"是"，因此从句子表层看，梵文的强调式判断句跟阿尔泰语的判断句很相似。如果不从文献的时代背景和特质去找原因，不分清时代层次，就会把元明时期的特殊判断句的来源上推到汉译佛经的特殊判断句⑨。

袁宾在文中还举出唐宋文献中的特例，如：

(70)我丈夫，张协是。(《张协状元》第三十五出)

(71)佛之弟子，不是余人，即舍利弗是。(《敦煌变文集·降魔变文》)

(72)若说我家夫主，佛弟难陀是也。(又《难陀出家缘起》)

(73)道信禅师，贫道是也。(《五灯会元》卷二"牛头山法融禅师")

《张协状元》的判断句中仅一例以"是"字结尾(其他都出现在主语和谓语之间)，出现在【五更传】唱词中。这段唱词的韵脚字为"是、飞、底、睡、第、义"，因此，应是出于韵脚的需要才将"是"字后置的。《降魔变文》"即舍利弗是"跟佛经"即我身是"句式一样，应是同类题材文献对佛经句式的沿用。另两句以"是也"结尾的判断句，可以看作是对自先秦"圣人，百世之师也，伯夷、柳下惠是也"。到汉魏六朝佛经"时孔雀王者，我身是也"句式的继承⑩。袁文曾指出这些用例都出现在跟佛经题材和佛教有关的文献里，恐怕跟汉译佛经文献语言的影响密切相关，这个推断是有道理的。总之，对于上述几个例子应联系汉语语法史、联系时代社会背景和文献的性质做具体分析，有的或是对古代"是也"后置判断句式的变换仿用，有的恐怕要从横向寻找原因。

5. 结语

在汉语判断句的发展历程中,出现了两次异质语言的影响。第一次是汉译佛经语言的影响,其实质是梵文佛典文法通过译经者的汉语译文影响汉语。在佛典译文的影响下,一是汉语文献中出现了少数以"是"结尾的特殊判断句,尽管这类句子很少见,且都出现在与佛教有关的特定文献中;二是在汉魏六朝激活了先秦以"是也"结尾的判断句,这有利于这种句型得以断续沿用到近代汉语。第二次是金元时期阿尔泰语对汉语的影响,其影响面比前一次要大,要广。在四种特殊判断句句式中,有类似阿尔泰语直译体的C、D型,也有汉语与阿尔泰语相融合的叠加式A、B型。虽然C、D型先秦以"是也"结尾的判断句形似,但不能机械地认为二者有直接来源关系;另一方面也不能否认,由于汉语古代就有这种"是也"后置的句式,而且在汉魏六朝乃至唐宋时期的文献中时有出现,这就提供了元明时代的汉语比较能容纳C、D型的内在语言条件。

语言接触是元明特殊判断句产生的直接动因,但由语言接触而产生的新句型能否立得住,能立多久,还要看它与汉语语法有无相容性,能否真正融入汉语语法中去。由于元明时期的特殊判断句(尤其是A、B型)跟汉语的判断句结构差异太大,所以它们随着元朝的灭亡逐渐退出了语法史舞台。

附 注

① "乃",古代有相当于系词的用法,杨树达《词诠》称之为"不完全动词"。如"吕公女,乃吕后也"。(《史记·高祖纪》)"臣非知君,知君乃苏君。"

(又《张仪传》)"乃"又做副词,常修饰系词"是","乃是"即"就是""却是",故单用"乃"也为此义,所谓沾染而生义也。无论从哪一途径,"乃"都可以获得系词的用法,故此处将"乃"看作准系词。

② 如《长生殿》十出:"小子是这长安市上新丰馆大酒楼一个小二哥的便是。"《三侠五义》十回:"我非别个,乃开封府包大人下赵虎的便是。"

③ 《琵琶记》有多种版本,本文所用为钱南扬校注本。钱本以清陆贻典《校钞新刊元本蔡伯喈琵琶记》为底本。陆钞本依据的底本很古,全剧不分出,前有题目,与戏文三种相同。今将钱校本与毛晋《六十种曲》所收《琵琶记》相对照,发现毛晋本对称谓词"的"有如下改动:a. 曲文中的"N+的"基本未变,只有一处将唱词中的"双亲的"改为"双亲",去掉了"的"。b. 道白中的"N+的"一律去掉了"的"字。这说明称谓词后缀"的"在明代基本上已不再广泛通用。曲文因受字数、格式、韵律的限制,不便随意改动,所以基本保留;即使这样,个别地方还是去掉了后缀"的"。另外,《宋元戏文辑佚·王祥卧冰》也有在亲属称谓词后加"的"的例子:"儿夫的守奈园儿,寂寞痛苦伤悲。"

④ 蔡美彪《元代白话碑集录》(科学出版社 1955)第 1 页"底"字漏录。

⑤ 民族语言的有关情况是中国社会科学院少数民族文学研究所的同志提供的。

⑥ 古本《老乞大》是 1998 年韩国庆北大学教授南权熙在整理大邱市一私人藏书时发现的。经韩中两国学者初步研究,此本内容是元时语,未经明代改动。详见李泰洙(2000)及李泰洙、江蓝生(2000)。

⑦ 古本:古本《老乞大》(详注⑥);谚解:《老乞大谚解》(奎章阁本);新释:《老乞大新释》(乾隆三十四年刊本);重刊:《重刊老乞大》(乾隆六十年刊本)。

⑧ 叠加式是语言接触中常见的现象。如粤语把"你先走"说成"你行先",长期生活在粤语区的外省人有时在口语中会不经意地说"你先走先"(中山大学唐钰明教授告知)。

⑨ 杨永龙教授用电脑检索到佛经文献中也有少数"S 是 N 是也"式判断句:

(1)时彼世中正定深满功德威持咒神王者,亦非别人,即是海妙深持自在智通菩萨摩诃萨是也。(《大乘同性经》卷上,《大正藏》卷十六,P. 645b)

(2)又彼过去伽罗尸弃辟支佛边,手执伞盖,作荫人者,还是即今此

耶输陀比丘身是。(《佛本行集经》,《大正藏》卷三,P.823b)
在五代禅宗语录《祖堂集》中也看到少数例子:

(3)白牛是能证之人,故即是文殊是也。(卷二十"五冠山瑞云寺和尚")

这类"S 是 N 是也"句式应是汉语"S 是 N"和"S,N 是也"两种判断句格式的叠加,"是也"的"是"已失去原先的指代性,"是+也"重新分析为一个表示肯定的语气词"是也",可看作语气词"也"的强调式。

⑩ 对元代特殊判断句 A、C 两式在 N 和"便是"之间加"的"的用法提两点不成熟的想法。一是日语和朝鲜语的判断句有"S+N+是"和"S+N+的+是"两种,加"的"的一般用在解释原因或强调的场合,可称为强式。对比元代特殊判断句也有加"的"和不加"的"之分,我们推想,很可能加"的"的那种是一种强调式的判断句,由于汉语正好有在称谓词后面加词缀"底/的"表示自指的用法,于是就被用在了强式判断句中。另一种可能是跟古代判断句"S,N 者是也"句型有关,这个句型自先秦至元明的文言文中一直沿用,由于"者"与"的"相对应,于是就把"N 者是也"改为"N 的是也"。

参考文献

道 布 1983 《蒙古语简志》,民族出版社。
董秀芳 1998 古汉语中的后置词"所"——兼论古汉语中表方位的后置词系统,《四川大学学报》第 2 期。
郭锡良 1990 关于系词"是"产生时代和来源论争的几点认识,《王力先生纪念论文集》,商务印书馆。
洪心衡 1964 《孟子》里的"是"字研究,《中国语文》第 4 期。
江蓝生 1998 后置词"行"考辨,《语文研究》第 1 期。
—— 1999 处所词的领格用法与结构助词"底"的由来,《中国语文》第 2 期。
李泰洙 2000 《老乞大》四种从句句尾助词比较研究,《中国语文》第 1 期。
李泰洙、江蓝生 2000 《老乞大》语序研究,《语言研究》第 3 期。
太田辰夫 1988 《中国语史通考》,(日)白帝社。
王 力 1980 中国文法中的系词,《龙虫并雕斋文集》第一册,中华书局。
王 森 1993 甘肃临夏方言的两种语序,《方言》第 3 期。
—— 2001 东干话的语序,《中国语文》第 3 期。

香坂顺一　1986　《白話語彙の研究》,(日)光生館。
————　1987　《〈水滸〉語彙の研究》,(日)光生館。
谢小安、张淑敏　1990　甘肃临夏方言的疑问句,《中国语文》第6期。
杨伯峻、何乐士　1992　《古汉语语法及其发展》,语文出版社。
袁　宾　1992　《近代汉语概论》,第217-214页,上海教育出版社。

主要引书目录

《蒙古秘史》,额尔登泰、乌云达赉校勘,内蒙古人民出版社1980年。
《禅真逸史》,明·方汝浩,浙江古籍出版社1987年。
《元本琵琶记校注》,元·高明著,钱南扬校注,上海古籍出版社1980年。
《永乐大典戏文三种》,钱南扬校注,中华书局1979年。
《元刊杂剧三十种》,徐沁君校,中华书局1980年。
《残唐五代史演义传》,佚名(一说为罗贯中作),宝文堂书店1983年。
《新编五代史平话》,佚名,中国古典文学出版社1954年。
《元曲选》,臧晋叔编,中华书局1979年。
《孝经直解》(原题《新刊全相成斋孝经直解》),来薰阁影元刊本1938年。
《幽闺记》《荆钗记》,据毛晋(明)编《六十种曲》,中华书局1982年。
《元典章》(原题《大元圣政国朝典章》),(日)影元刊本。

(原载《语言学论丛》第二十八辑,商务印书馆2003)

《老乞大》语序研究

本文利用《老乞大》不同时代的四个版本,对其中的语序问题进行动态的比较研究。这四个版本是:(1)古本《老乞大》(标为A),1998年发现,为韩国一私人收藏家所藏刊本,据考,可信为元代所编,今年即在韩国重印出版。(2)奎章阁本《老乞大谚解》(标为B),此本大体反映元明时代的语言。(3)乾隆二十六年(1761)刊本《老乞大新释》(标为C)。(4)乾隆六十年(1795)刊本《重刊老乞大》(标为D)。为了便于检索和称引,我们把《老乞大》全文分成了若干句节,如1A就指古本《老乞大》的第1个句节,12B就指《老乞大谚解》的第12个句节。通过这四个本子的语序对比研究,可以大体看出元明清时期汉语在语序方面的某些发展变化,这些确凿的语言事实能在理论上和材料上为汉语语法史研究提出很有价值的参考。

汉语与印欧语不同,没有严格意义上的形态变化,词语在句中的语法功能不是通过词形本身的变化,而是通过词语的顺序来表达的。汉语语序的基本规律是主语在前,谓语在后;动词在前,宾语在后;状语、定语在中心语之前,补语在中心语之后。这些基本语序自古至今有很大的继承性和稳固性。《老乞大》各本也基本上继承了汉语的上述语序特点,所以阅读起来没有很大的障碍。但是,我们也观察到《老乞大》各本,尤其是古本和谚解本中也存在着一些跟上述基本语序不相一致的地方,主要表现在宾语的位置、某些副词状语的位置、复句中某些连词的位置等方面。这些相异之处反映了元代汉语的某些特点,是很值得重视的。

1. 宾语的位置

如上所说,汉语自古以来沿袭着动词在前,宾语在后的 VO 式语序。先秦汉语在特殊情况下宾语的位置可以在动词前面。例如:

a. 否定句中代词宾语前置:不患人之不己知,患不知人也。(《论语·学而》)

b. 疑问句中疑问代词宾语前置:吾谁欺,欺天乎?(《论语·子罕》)

c. 肯定句中代词"是"做宾语前置:君子是以知齐灵公之为"灵"也。(《左传·襄公二年》)

以上是就先秦汉语的主流而言的,实际上在上述情况下也有宾语置于动词之后的句例。

《老乞大》中宾语前置的情况跟先秦的三类很不相同,既不限于否定句、疑问句,也不限于代词类。《老乞大》里的前置宾语主要有两类,一类以受事主语的面貌出现,另一类以处所状语的面貌出现。由于第一类宾语前置的问题容易跟话题主语相混淆,而语义上的受事又不等于结构上的宾语,所以有必要先对受事主语句做一点说明。

古今汉语尤其是现代汉语的受事主语句,主要有下列共同点:

(1)受事主语 受事主语实际是话题主语的一种,它位于句首,有强调的作用,谓语是对它的描述、说明。受事主语所指的事物总是确定的,或泛指的(概指一切事物、任何事物)。除了语义上的强调作用之外,受事主语还能在句子结构上起到使音节匀称均衡的作用。因此,如果把受事主语移到谓语动词之后,不仅使话题主语消失,语义不突出了,而且也使句子的音节结构失去了平衡。

(2)谓语动词　受事主语句的谓语动词一般是及物动词,而且往往是复杂的,不能是单个动词,也就是说,或者动词前面有修饰语,或者后面有补语、宾语等,或者兼而有之。

我们把《老乞大》中符合上述特点的受事主语句看作话题句,一般不作为宾语前置现象看待。例如120A、B"盛草的筐儿也没",173A、B"姓也不曾问"等就是话题句,是为了突出语义而把受事成分前移的,副词"也"就是起强调语气作用的。动词前有副词"都"的受事主语句也是话题句,例如182A、B"驼驮都打了也",598A、B"这些行货/货物都买了也"等,"都"的语义指向前面的受事主语,使前面的事物带有概遍性,因此是话题,不是前置宾语。本文所说的宾语前置,是就一个受事主语句的底层句法结构而言的,在表层结构上它是一个主谓句或主谓谓语句,但根据一些标准可以判断它的底层结构是 OV 式。把受事主语句中的话题句与底层结构 OV 式严格加以区分是相当困难的,这里只提出一些大致的标准,并举例说明。

1.1　受事主语为前置宾语

1.1.1　谓语动词为一般及物动词

(1)在主谓谓语句"S S′ V"中(S 是大主语,S′是小主语),当 S 为谓语的施事,S′是 V 的受事时,可把 S′看作前置宾语;或者,在受事主语句"SV"中,可以在句首补出施事大主语,原来的受事主语降位为小主语。例如:

483A 咱每为父母心尽了,不曾落后。(31a6;a 指正面,b 指反面,下同)

483B 咱们尽了为父母的心,不曾落后。(38b3/204;斜线后面的数字为后代刊本的页数,下同)

A 本的 SS′V 式主谓谓语句 B 本改为 SVO 式,可知其底层结构应为 SOV 式。

496A 咱每结相识行呵,休说那你歹我好,朋友的面皮休教羞了。(32a7)

496B 咱们结相识行时,休说你歹我好,朋友的面皮休教羞了。(41a7210)

496C 咱们会相与人,不要说你歹我好,不要羞了朋友的面皮。(37b6)

496D 咱们相好的人,不要说你歹我好,休羞了朋友的面皮。(44a3/221)

496 句的三个分句共有一个大主语"咱每/咱们",A、B 本"咱每/咱们……朋友的面皮休教羞了"为主谓谓语句,C、D 本改为 SVO 式,可把 A、B 本"朋友的面皮"视为前置宾语。

503A 咱每世上人做男儿行呵,自己祖上名听休坏了。(32b6)

503B 咱们世上人做男儿行时,自己祖上的名声休坏了。(43a7/213)

此句也可以补出施事主语"咱们"来。C、D 本改为 VO 式"须要想自己祖上的声名,不可坏了",这表明 A、B 本的原话已不大符合后来的句法了。

494A 茶饭喫了呵,椀子家具收拾者。(32a5)

494B 茶饭喫了时,椀子家具收拾了。(41a10/209)

494C 到吃完了饭,椀盏傢伙收拾了。(37b4)

494D 吃完了饭,椀盏傢伙收拾了。(44b6/ss222)

在 A、B 本里有两句受事主语句,到了 C、D 本里,前一句改为 VO 式,后一句仍为受事主语句。但是,从上文看,这一句可以补出施事主语"咱每/们",所以受事主语"茶饭""椀子家具"可视为前置宾语。

(2)如果 A、B 本(或其中之一)受事主语句"SV"在 C、D 本(或其中之一)改为 VO 结构,或前加"把"字,可以认为 A、B 本"SV"结构的底层为 OV。例如:

493A、B 布帐子疾忙打起者铺陈整顿者,房子里搬入去者。鞍子辔头,自己睡卧房子里放者,上头著披毡盖者。那的之后,锣锅安了者,疾忙茶饭做者。(32a2、41a1/209;B 本"者""著"作"着")

493C 把帐房忙打起来,铺陈整顿了,搬到帐房。鞍子辔头,搬到自己睡处放下,上头把毡子盖了。然后埋好了锣锅,疾忙做茶饭。(37b1)

493D 把帐房忙打起来,铺陈整顿了。鞍子辔头,搬到自己睡处放下,上头把毡子盖了。然后安了锣锅,疾忙做茶饭。(43a8/219)

在 A、B 本中有四句受事主语句:"布帐子疾忙打起者""铺陈整顿者""锣锅安了者""疾忙茶饭做者"。与此相对,在 C、D 本里前两句前加介词"把",改为处置式;后两句改成了 VO 式,原受事主语可视为前置宾语。

(3)在句尾有祈使语气词"者"的受事主语句"SV"里,V 为单个动词的(不限于单音节,也包括凝固为一个词的双音节动词),其底层结构应为 OV 式。上举 493A、B 本"铺陈整顿者""茶饭做者"就是其例。再如:

> 78A 恁主人家一就与俺买去,买著一斤肉者。休要底似肥的,带脇条肉买者。(6b3)
>
> 78B 你主人家一就与我买去,买一斤肉着。休要十分肥的,带肋条的肉买着。(19a1/37)

这两句里既有通常的"买……肉",又有"……肉买",由于受事主语句的谓语动词是单个动词"买",而且可以补出隐含的施事主语"你",所以可把"带肋条的肉"看作前置宾语。C、D 本把最后一句改为"带肋条的就好",可见原来"带肋条的肉买者"的说法到了清代已不通行了。

(4)句首有状语的受事主语可视为前置宾语。因为既然受事主语不出现在句首,它当然不是话题。上举 493A、B 本的"疾忙茶饭做者"是其例。再如:

> 68A 主人家,别处快镘刀借一个去。(6a2)
>
> 68B 主人家,别处快镔刀借一个来。(17a8/33)
>
> 68C、D 主人家,你可往别处借一把快镔刀来。(6b6, 17a5/35)

A、B 本前置宾语"快镘刀"是动词后数量宾语的中心语,C、D 本改为 VO 式。

下面例句中的谓语动词为动补结构,也可依据前面的标准来判断受事主语句的底层是否为 OV 式。

> 7A 俺汉儿人□(缺字应为"上")学文书来的上头,些小汉儿言语省的有。(1a9)

7B 我汉儿人上学文书,因此上些少汉儿言语省的。(2a6/3)

"省的"意思是"懂得"。"些小/些少汉儿言语省的"在C、D本中被改为"些须知道官话"(1b1,2a8/5),改成了VO式,说明A、B本原来是宾语前置句,与清代的表达方式不相合。

205A 底似的汉儿言语说不得的上头,不敢言语。(15a1)

205B 他汉儿言语说不得的,因此上不敢说语。(46b7/92,"语"为"话"之误)

205C 他不懂汉人说的官话,故此不敢说话。(17a3)

205D 他不懂中国的话,故此不能说话。(47b2/96)

A本"底似的"意为"这样的、如此的",在文中代指从朝鲜来的商人。A、B本的大主语是施事,底层结构实为SOV,"汉儿言语"是前置宾语。C、D本改为SVO句。

326A 俺汉儿言语不甚理会的……(21b7)

326B 我汉儿言语不理会的……(5b7/138)

这组例句跟205的情况相近。C本作"我中国的话,我不能会"。(24b8)出现了两个"我",其一应为衍字,或为"我中国的话不能会",或为"中国的话我不能会",前者可看作SOV式,后者为话题主语句。D本作"我们不会中国的话"(6a6/145),改为SVO式。

479A、B 咱人,今日死的,明日死的,不理会得。(30b/10、37b4/202)

这句话的小主语是两个并列的主谓结构,在句中是"不理会得"的前置宾语。

609A 二两半卦钱留下者。(39b7)

609B 五分卦钱留下着。(65a6/257)

这是算卦先生事毕让顾客留下算卦的钱时说的话,汉语一般说留下多少多少卦钱。这两句不合汉语的习惯说法,C、D本改为话题主语句:"五十卦钱你留下。"(45b6、67a1/267)仍感别扭。

《老乞大》中动补结构"将来"带宾语一般为 VOC 式,如 577A "将好钞来",577B"将好青丝来"。但是也有宾语位于动词之前的例子:

363A 那般者。布袋里钞将来都检了,著牙人先检了。(24a1)

363B 这们便布袋里取银子来,着牙人先看。(13a3/153)

363C 既这么着,银子在布袋里,取银子来,教牙子先看了。(27b2)

"布袋里钞将来"意思是从布袋里把钱拿出来检查一下。此句可加"把",受事主语"钞"前面又有状语,应为前置宾语。B、C本把"钞将来"改作"取银子来",也即把 OVC 改为 VOC。

(5)连动句的宾语通常位于动词之后,如位于动词之前,应视为前置宾语。例如:

455A 咱每远垛子放者射,赌一个羊。(29b3)

455B 咱们远垛子放着射,赌一个羊。(33a4/193)

455C 咱们放个远垛子,射几箭,赌一个羊吃如何?(34b6)

455D 咱们放个远垛子,射几箭,赌个输赢。(35a10/203)

这组例子中有施事主语"咱每/咱们",A、B本宾语"远垛子"在第一动词"放"之前,为 SOV_1V_2 式,C、D本改为 SV_1OV_2。

1.1.2 谓语动词为"有"

"有"在《老乞大》中有两个意义,一个表示领有,一个表示存在。文本中既有"有+名"式,也有"名+有"式,其中常有C、D本把受事主语句"名+有"(SV)改为"有+名"(VO)的现象。由于此类句子中的谓语动词"有"为单个动词,跟一般的话题句不同,根据前面的标准,可把"名+有"的"名"看作前置宾语。例如:

  101A　为什么这般的歹人有?(8a5)
  101B　为什么有这般的歹人?(24a6/47)
101C、D分别作"为什么有歹人呢?"(9a4),"为什么有歹人?"(24a4/49)
由于句首有疑问副词,可把A本看成OV式,B、C、D三本把它改为VO式。

  431A　卖的好弓有么?(27b10)
431B、C、D改为"有卖的好弓么?"(27b4/180、32b1、29a2/191)也是把原句改为VO式。

  432A　你将这一张黄桦弓上弦者,我试拽,气力有呵我买。(28a1)
  432B　你将这一张黄桦弓上弦者,我试扯,气力有时我买。(27b7/182)
C、D本把"气力有"改为"有……气力":你把这一张黄桦皮弓上了弦,我拉拉试试看有几个气力,若好,我就买了去。(32b2、29a5/191;D本无"试试"和"去")

  438A、B　(有卖的弓弦时将来。……)弦有,你自拣著/着买。(28a9、29a4/185;"弦",A本作"絃")
438C、D改为:"有,你只拣着买。"(33a2、30b4/194)只用动词回答,说明"弦"并不是需要强调的话题语。

  250A　(这一两半没些眉眼,使的么?)好钞有,你将去。

(17b9)

顾客嫌店家找的钱不好,店家说有好钱。"好钞有"为 OV 式。

> 505A、B 父母在生时,家法名听好来,田产物业有来,孳畜头匹有来,人口奴婢有来。(32b8、43b4/214;"名听""物业"B 本作"名声""家计")

> 505C、D 他父母在生时,家法名声好来,田地房产都有,又有骑坐的牲口,使唤的奴婢。(38a9、45b7/224;"生",D 本作"世")

在 A、B 本中并列的三个"名+有"句在 C、D 本中都做了改动,"田产"句加上了副词"都",变成明显的话题主语句,后两句改为 VO 式("有"字统管两句)。

"有"的否定式为"无""没有",它们的受事宾语也往往位于其前,但此类例句多可用话题句解释,故暂时存疑。例如:

> 95A (大嫂,将薦荐席子来,与客人每铺。)席子无,兀的三个薦荐与恁铺。(7b8)

> 95B 席子没……(23a5/45)

> 95C、D 席子没有……(8b6、23a2/47)

表示存在的"有"另有一义相当于"在",但被后人误解为有无的"有",下例就反映了这种情况:

> 296A、B 拜揖哥哥,这店里卖毛施布的高丽客人李舍有么?(20a8、1a129)

这是问李舍在不在,而不是问有没有李舍,是主谓句。蒙古语里表示有无和在否同用动词"有",C 本的编写者不明此情,以为是问有无,就改为"这店里却有卖毛蓝布的朝鲜客人李舍么?"关于这类意义为"在"的"有"字句中处所宾语的位置放在下一节

(1.2)中讨论。

1.2 处所宾语前置做状语

(1)这类现象主要出现在谓语为趋向动词"来/去"的句子中。处所宾语本是目的地,位于不及物动词"来/去"之前,相当于表示目的的处所状语。例如:

19A 过的义州,汉儿田地里来,都是汉儿言语。(2a7)

19B 过的义州,汉儿地面来,都是汉儿言语。(5a4/9)

"汉儿田地里来"即为"来汉儿田地里"之意,19C、D作"到了中国地方"(2b1、5a4/11),改为VO式。

99A 我先番大都来时,你这店西约二十里来地……(8a1)

99B 我先番北京来时,你这店西约二十里来地……(23b4/46)

此句意思是"我上次来北京时……"。由于"北京"前不用介词"从"或"到",表示目的的处所宾语又放在了"来"的前面,容易产生歧义,也可理解为"从北京来",C、D本就由于这样误解把此句改为"我前番从北京来时"(8b10、23b2/48)。

45A、B 你说的恰和我意同,则/只除那里好,但是直东/辽东去的客人每/们别处不下,都在那里安下。(3b9、10a8/19)

"辽东去的客人们"从上下文看应是"从辽东去北京的客人们"之意。45D作"大概辽东来的客人们别处不下"(10b1/22),把"去"换成"来",理解为"从辽东来的客人们",意思是对的。

401A 恁好坐的者,我赶者羊,到涿州卖了便回来。(26b1)

401B 火伴,你再下处好去坐的着,我赶着羊,到涿州卖

了便回来。(21a5/169)

A本没有出现"去",B本"下处好去坐的"意为"到住处好好等着"。C、D本作"你往下处坐着"(30a6、22a4/177),改成VO式。

  384A、B　俺/我赶者/着马,下处兑付草料去。(25b7、18b5/164)

这是连动句,直译为"去下处兑付草料"。C、D本作"往下处兑付草料去",用介宾结构做状语。

  183A　小的,你将碗、碟、罐儿去。(13a10)
  183B　小的,你将碗、碟、罐儿家去。(41b5/82)
  183C、D　小厮,你可拿了碗碟与瓦罐回家去。(15a8、42a8/85)

这组也是连动句。A本谓语动词"去"不带处所宾语,B本处所宾语"家"前置为状语,C、D本改用动宾结构"回家"做状语。

  59A、B　街北这个店子是俺/我旧主人家,咱每/们则/只这里下去来。(5b2、15b5/30)

"来"为语气词,"去来"连用有提议、劝诱语气。C、D本作"咱们就到那里下"(6a6、15b3/32),把位于句后的动词"去"换成位于前面的介词"到"。

  403A、B　咱每/们铺里商量去来。(26b3、21b5/170)
  403C、D　咱们且到铺里商量去。(30a9、22b3/178)

不仅前加介词,而且仍保留"去",不过"去"变为补语。

(2)动补结构(补语为趋向动词)的处所宾语在A、B本里往往以处所状语的身份前移,而在C、D本里则改为VO式。例如:

  385A、B　你税了契时,到明日,俺/我下处送来。(25b7、18b7/164)

385C、D 你税了契,明日送到我下处来罢。(29a8、19b4/172;D本无"罢"字)

493A、B 铺陈整顿者/着,房子里搬入去者/着。(32a2、41a2/209)

493C 铺陈整顿了,搬到帐房。(37b2)

此外,还有少数单个动词的处所宾语以状语的身份前移的现象。例如:

493A、B 鞍子辔头,自己睡卧房子里放者/着。(32a3、41a4/209)

493C、D 鞍子辔头,搬到自己睡处放下。(37b2、43a10/219)

C、D本改用 VC 式。

(3)A 本表示存在的动词"有",当它的意义为"在"时,处所宾语位于其前,充当处所状语。B 本把"有"意译为"等候",C、D 本则改用介宾结构做状语。例如:

376A 更不时,恁都则这里有者。(25a6)

这句话的意思是:要不,你们就在这里等着。"这里有者"不合汉语的表达,B 本作"你们只这里等候着"(16b10/160),C、D 本作"你们都在这里等候着"(28b7、17b10/168)。

384A 你都这里有者,我税契去。(25b6)

384B 你都这里等候着,我税契去。(18b3/164)

384C、D 你们在这里等候着,我税了契就来的。(29a7、19a10/171)

除了古本外,其他三本都不用"有",C、D 本都改用"在+处所名词"做状语,这说明"有"的这种用法是元代特有的。

1.3 系词否定式宾语的位置

在古本《老乞大》中,系词"是"的宾语位于其后,但是"不是"的宾语却往往位于其前。例如:

> 368A （恁这马是一主儿的那,是各自的？）一主儿的不是,这四个伴当是四个主儿。(24a7)

"一个主儿的不是"不合汉语的通例,B、C、D 三本都去掉了这一句,只说"这马是四个主儿的"(14a2/155、27b9、15a3/163)。

> 517A 秋里系针铁,寻常的不是,有玲珑花样的。(33b7)

此句意思是:秋天带的针铁不是寻常的,而是有花样的。"寻常的不是"不合通常说法,B 本改为"寻常的不用"(46b3/220),C、D 本改为"平常的不用"(39a8、48b4/230),就通了。

> 555A 俺买呵,买一两个,自穿的不是,一发买将去要觅些利钱。(36a5)

> 555B 我买时,不是买自穿的,一发买将去要觅些利钱。(54a2/235)

> 555C、D 我买去,不是自家穿的……(41b9、56a3/245)

这组例子也是 A 本"不是"位于句尾,B、C、D 三本"不是"位于句首,这说明否定系词"不是"用于句尾的用法应是元代汉语的特点。

2. 副词的位置

副词一般靠近或紧挨在被修饰的中心语之前,但《老乞大》中有与此常例相违者,即副词远离被饰成分。有以下几种情况:

2.1 副词"也"紧跟在主语之后。例如:

> 45A 你道的是,我也心里那般想著有。(3b9)

45B 你说的是,我也心里这般想着。(10a6/19)

45C、D 你说的是,我也心里这么想着。(4a8、10a7/21)

现代汉语通常说"我心里也那么想",而这四句为主谓谓语句,"也"位于大主语"我"之后,修饰整个主谓谓语,远离小谓语。

《朴通事谚解》中有同类现象:

我也跟官人时节,那里问雨雪阴晴。(15a4/289;意思是:我跟着官人时,也不管雨雪阴晴)

"也"跟在主语和时间状语之间,远离谓语。

2.2 副词"好"离被饰成分较远。例如:

401A 怎好坐的者。我赶著羊,到涿州卖了便回来。(26b1)

401B 火伴,你再下处好去坐的着。我赶着羊,到涿州卖了便回来。(21a5/169)

401C、D 火伴,你往下处坐着。我赶这羊,往涿州去卖了就回来。(30a6、22a3177)

"怎好坐的者"意思是"你在这里好好呆着(等我)","好"在被饰成分之前。但当有两个谓语动词时,"好"却位于另一动词"去"前,离开原被饰动词"坐",作"好去坐的着"。C、D本不用"好",改作"你往下处坐着",说明B本的表达已不合当时的口语。

副词状语离被饰成分较远的情况在《朴通事谚解》中也可见:

咳,这官人好寻思、计量大。(22b8/48)

意思是"这官人的寻思、计量好大","好"远离被饰成分"大"。

2.3 谓语为动补结构时,副词位于整个动补结构之前,远离被修饰的补语。例如:

90A 那般时,马每分外喫的饱。(7b2)

90B 这般时,马们分外喫的饱。(22a5/43)

90C 似这般喂法,这马是分外吃的饱。(8a9)

90D 似这般喂,那马分外喫的饱。(22a1/45)

现代一般说"马吃得分外饱",而《老乞大》四本都作"分外吃得饱",副词"分外"远离补语"饱"。

600A 这里有五虎先生,最算的好有,咱每那里算去来。(39a8)

600B 这里有五虎先生,最算的好,咱们那里算去来。(63b6/254)

600C 这里有个五虎先生,最是算的好,咱们就到那里算卦。(45a6)

600D 这里有个五虎先生,看命最好,咱们到那里问问。(65b4/264)

按现在的说法应该是"算的最好",A、B、C三本的"最"修饰整个句子,"最"远离补语"好",只有D本改为"最好"。

《朴通事谚解》和《朴通事新释》中也有同样的现象:

徐五的徒弟李大,……那厮十分做的好。(25b9/188、32a10)

当程度副词"十分"等与禁止词"休""休要"同时出现时,"十分"位于禁止词前,与现代汉语相反。例如:

100A 你底似的休早行,俺听得前头路涩有。(8a4;"底似":这样,如此)

100B 你十分休要早行,我听得前头路澁。(24a3/47;"澁"为"涩"的异体字)

"你底似的休早行"按现代的语序应为"你休底似的早行",意为"你不要这样早走"。B本语序与A本同,但C、D本改为"你们不要十分早行",跟现代汉语的语序一致了。

《朴通事谚解》的同类例子如下:

  我再没高的了,官人十分休驳弹。(37b8/212)

  你十分休小看人,常言道:"寸铁入木,九牛之力。"(36b/332)

这两句中的"十分"在现代汉语里要用"过于"或"太",意思是"官人不要过于挑剔","你不要太小看人了"。

顺接关系复句中,副词"便"位于前后两个分句之间。例如:

  281A 那般呵,俺迎伴当每去。(19b4)

  281B 这们,便我迎火伴去。(61b7/122)

  281C 既这等便当,我们就定在这房里住,且迎接火伴去。(22a6)

A本没用副词,B本把"便"用在分句之间,C本把"便"误解为"便当",说明B本的用法未被理解。C本在主句动词前加副词"就",与现在的语法相合。

3. 连词的位置

这里讨论的是复句中的两个连词"既"和"怕",它们都出现在前一分句的句首,而且在主语的前面。

3.1 既 现代汉语中连词"既"只用在前一分句主语后,不用于主语前,多用于书面语。古本《老乞大》中情况相反。例如:

  336A 既你待卖时,咱每商量。(22a8)

  336B 你既要卖时,咱们商量。(7b2/142)

  336C 你搣要卖的,咱们好商量。(25a9)

  336D 你搣要卖呢,咱们好商量。(7b10/148)

这四句中A本"既"位于主语前,B本"既"位于主语后。C、D本把"既"改为副词"搃"(即"总"),意思稍变。

419A 既你知道价钱,索甚么多说?捡好钞来,卖与你。(27a7)

419B 你既知道价钱,要甚么多说,拣好银子来,卖与你。(25a10/177)

419C、D 你既知道价钱,我也不多说了……(31b4、26a10/185)

只有A本"既"位于主语前,其他三本都位于主语后,跟现在的语序一致。

3.2 怕 假设连词"怕"是宋金元时的俗语词,义为"如、若、倘",句中如有主语时就用在主语前面。如《董西厢》卷二:"相国夫人,怕伊不信自家说。"关汉卿《拜月亭》:"怕哥哥不嫌相辱呵,权为个妹。"《老乞大》A、B本沿用这一语序。例如:

66A、B 怕你不信时,别个店里试商量去。(5b10、17a1/33)

66C、D 你若不信我的话么,到别个店里问问去。(6b3、16b6/34)

C、D本把"若"放在主语后面,跟现在的语序一致。

4. 与表达法和词义有关的语序问题

有些句子读着觉得别扭,其实跟语序没有直接关系,有的跟语言的表达方式有关,有的跟词语的意义已经虚化有关,这里附带讨论一下。

4.1 状语与补语

《老乞大》中有些用状语表达的句子在现代汉语里往往用补语

表达。例如:

149A 这桥便是我夜来说的桥,比在前哏好有。(11a10;"哏"用如"很")

149B 这桥便是我夜来说的桥,比在前十分好。(35a1/69)

149C 这坐桥就是我夜里说的桥,比从前十分修好了。(12b8;"夜来"的意思是"昨天"C本误解为"夜里")

149D 这坐桥就是我夜来说的桥,比从前十分收拾的好了。(35a2/71)

这组表示比较的例子现代要用述补结构表达,说成"比以前好得多了",或是"跟以前相比修得十分好",而《老乞大》前三本都用程度副词做状语来表达。D本虽然用了动补结构"收拾的好了",但是前面又用了程度副词"十分","十分"远离被饰补语"好",跟2.3节的情况相同。

458A 高些个射,休小了。低射呵,窜到也。(29b5)

458B 高些个射,休小了。低射时,窜到也。(33a10/193)

458C 须要高些射,低了就窜过把子去了。(34b8)

"高些个射",即"射高点儿","低射"即"射得低了",现在用动补式表达。C本去掉动词"射",仅作"低了就……",与现在的说法一致。但《老乞大》中也有用动补式的,如457A"射歪了也",457B、C、D"射的歪了"。其语境区别是"低射"是未然的,"射歪了"是已然的。

4.2 "怎么"位于句末做谓语,问原因

在现代汉语里,疑问指代词"怎么"主要用在动词、形容词前面做状语,询问方式或原因,如"他怎么跟你说的?""你怎么知道的?"

"树木怎么枯了?"如果做谓语,则询问状况,不询问原因,后面要带"了"。如:"你怎么了,这么不高兴。""那件事怎么了? 有没有希望?"可是在《老乞大》里,"怎么"除了上面的用法外,还可以位于句末单独做谓语,而且可以问原因,跟现代不同。例如:

17A、B 你是高丽人,学他汉儿文书怎么?(2a4、4b3/8)

17C、D 你是朝鲜人,学他官话做什么?(2a7、4b4/10)

据吕叔湘(1985)考证,"怎"是"作"和"物(摩、麼)"的合音词,原义是"作什么"(309－310页),C、D本改为"做什么"正与原义相合。如此看来,上举 A、B 本中"怎么"的用法相当于"作什么"是不奇怪的。最早的用例见于《景德传灯录》卷二四:"某甲恁么道未有过,打怎么?"元人杂剧和《水浒》中也常见(吕叔湘 1985:314)。不过,从 C、D 本把"怎么"改为"做什么"来看,可能到了清代"怎么"单独做谓语、问原因的用法已开始动摇,也就是说,"怎么"已渐渐失去其作为动宾词组的意义,趋于凝固为一个疑问指代词。

297A 你寻他怎么?俺是他亲眷,才从高丽地面来。(20a9)

其他三本也都作"你寻他怎么",说明"怎么"的这种用法清代并未绝迹。

267A (尽教,胡留下者,便使不得也罢。)你要那话怎么,使不得呵,你肯要那?(18b8)

267B (罢罢,将就留下着,便使不得也罢。)你说什么话,使不得时,你肯要么?(59b1/118)

A本"你要那话怎么"的"要"据另三本应是"说"字之误。B、C、D三本都改作"你说什么话",可见"怎么"的这一用法确实处于衰落过程中。

5. 小结

5.1 在这篇文章中,我们讨论了《老乞大》的语序问题,重点是宾语的位置,也兼及某些副词状语的位置和少数复句中连词的位置。判断是否为宾语前置,不是一桩易事。由于汉语自古就有受事主语句,而受事主语句又是话题句的一种,所以,在一般情况下不能把受事主语看作宾语前置。这样一来判断哪些受事主语句其实不是话题句,而是底层结构为 SOV 句式的表层反映,就是一件很复杂的事。但是,《老乞大》中确实有一些句子跟一般的受事主语句的特点不同,它的表层结构虽为主谓句(SV)或主谓谓语句(SS'V),但是究其根底却是以 SOV 式为底层结构的。本文力图找出作为话题句的一般受事主语句与宾语前置句的形式和语义区别,虽然不是十分准确、细密,但总算初步提出了一些可资参考的鉴定标准。我们相信这些标准大体符合语言实际,是可用的。在这里还想补充一条软标准,这就是直感。直感实际上是基于我们对于现代汉语和古代、近代汉语语法、语用常规的认识,它有时往往相当准确。

5.2 《老乞大》A、B 本中的特殊语序应是当时北方汉语真实面貌的反映,北方自古以来是汉族与众多少数民族错杂居住的地方,语言接触使北方汉语受到阿尔泰语(主要是蒙古语族)很深的影响,关于这一点,可以从现代西北方言看得很清楚。下面拟以甘肃临夏方言、青海西宁方言、宁夏银川方言、陕西延川方言为参照,来认识《老乞大》中的特殊语序现象。

5.3 宾语前置问题

《老乞大》中宾语前置现象主要有四种:一般及物动词的宾语

前置;特殊动词"有"的宾语前置;系词否定式(不是)的宾语前置;趋向动词"来/去"的处所宾语前置。这四种宾语前置现象的语法背景不同,性质不同。

5.3.1 阿尔泰语的语序是SOV,《老乞大》A、B本中一般及物动词后的宾语前置现象就是受这种语序影响的结果;由于汉语本来就有受事主语句,所以有可容纳性,接受起来具有天然的便利条件。张成材(1998)介绍西宁方言有"宾+动"式:你茶喝,馍馍吃(你喝茶,吃馒头)|爸爸一个洋糖给了(叔叔给了一块水果糖)。王森(1993)介绍临夏方言只有带"是"的句子语序与北京话一样,其余都是"宾+动"式。例如:我箱子揭开者三块钱拿出来了(我打开箱子拿出了三块钱)|我我的亲人想者(我想我的亲人)|他他的成绩知道了(他知道了他的成绩)|别人家背后你的脊梁不要叫戳着(别叫别人在背后戳你的脊梁)。这都说明SOV语序对西北汉语方言的影响是很深的,《老乞大》里的宾语前置现象也应做同样的解释。这种底层为SOV式的主谓谓语句毕竟与汉语的通常表达方式有抵触,所以在清代本的修订者往往按照当时汉语的习惯说法把它们改为SVO式。

5.3.2 阿尔泰语表示领有某物时,是把事物名词放在前,动词"有/没有"放在后,作"名+有/没有",事物名词为主格,不是宾格。汉语则相反,作"有/没有+名",名词是宾语。《老乞大》A本中的"名+有"如"为什么这般的歹人有","气力有呵,我买"等是受阿尔泰语语法影响的结果,从汉语的角度看,就是宾语前置了。西宁话:家里人有啊(家里有人吗)?|你们学校几个老师有啊(你们学校有几个老师)?临夏话:解放前河州城里医院没有,西医没有(没有医院,没有西医)。这些也是同类现象。

5.3.3 阿尔泰语表示判断时,总是把名词或短语放在系动词之前,进行否定判断时也是如此,即总是把否定判断词放在句末。名词或短语是主格不是宾格。《老乞大》中类似"自穿的不是","一主儿的不是","寻常的不是"等是这种语法特点的反映。汉语的语序正相反,从汉语的角度看,以上例句中的名词或短语就是前置宾语。临夏话否定句中有一种"词/短语+的"的格式与《老乞大》十分相像:"明早","明天晨"的不是("明早"不是"明天晨")|我谦虚的不是,也保守的不是(我不是谦虚,也不是保守)|我新衣裳没有的,有了没穿的不是(我是没有新衣裳,不是有而不穿)。由此也可以看出《老乞大》中这种语序的语言背景与阿尔泰语有关。

5.3.4 阿尔泰语表达到什么地方去时,是把表示目的地的处所名词放在动词"来/去"的前面,做处所状语。《老乞大》中"汉儿田地里来"(19A),"我先番大都/北京来时"(99A、B),"铺里商量去来"(403A、B),"下处兑付草料去"(384A、B)等都是这种语法特点的反映。汉语相反,把处所名词放在动词"来/去"的后面,做处所宾语。按照汉语的观点,上述句子就是处所宾语的前置。西宁话:昨晚夕,我你家里去了(昨晚我到你家里去了)|家上海去过,我还没去过(他去过上海,我还没去过)。张崇(1990)介绍延川话把普通话的"趋向动词+处所宾语"说成"主语+处所名词+趋向动词",例如:你学校去格来(你去过学校吗;"来"为语气助词)?|你山里上去(你上山去/你从山里上去)。|他延川回来了(他回到延川了/他从延川回来了)。

在上述宾语前置的四种现象中,严格来说,只有第一种,即一般及物动词前的名词性成分是前置宾语,因为其底层结构是 SOV

式,其他三种的底层是主谓结构或状中(状动)结构,只是我们站在汉语语法的立场把它分析为前置宾语而已。尽管上述四种特殊语序的背景、性质不同,但都反映了阿尔泰语的影响,而且,这些特异现象到了清代本里大都被纠正,改成合乎汉语语法惯例的表达。

5.4 某些副词状语的位置

《老乞大》A、B本中某些副词做状语有远离被饰成分的现象,也可以在现代西北方言里看到。李树俨、张安生(1996)介绍银川方言否定句中程度副词"甚、太"等可以放在禁止词"罢(不要)"之前,也可以放在其后。例如:辣子甚罢种得稠了/辣子罢甚种得稠了(辣椒别种得太稠了)|饭太罢舀得满了/饭罢太舀得满了(饭别舀得太满了)。西宁方言中否定词在其所修饰的状语后面:他常常按时不上班|你阿蒙好好不学习(你怎么不好好学习)?|之个小说我仔细没看过(这个小说我没仔细看过)。临夏方言在否定句中都取"状+否定词"的语序,如:有的小学生书好好地不念者(不好好地念书)|房子各处胡不要盖(不要到处乱盖房子;"不要"连读)|这几年我们家这么着没团圆过。副词充当状语时,大多放在名词性成分后面:这个还不算,还比这麻达的事情有呢(比这麻烦的事情还有呢)|娃娃病下了,我还医院里没看去|我今个才他哈认下了("哈"为宾语标记)。从上举各西北方言的情况来看,状语位置的异常现象仍是阿尔泰语语法影响的结果,阿尔泰语的宾语在动词之前、否定词位于句末,这就使得状语的位置不得不做相应的变动。

5.5 关于以状语代替补语表达的问题

前面4.1节点到这个问题,这里用道布《蒙古语简志》里的材料做一说明。蒙古语里没有像汉语那么发达的补语表达方式,汉语用补语来表达的,蒙古语大都用状语来表达。下面的例句是对

蒙语的直译:这毛太生长(这家伙的毛长得太长了)|米太放入(米放得太多了)|啊,你好修理(啊,你修理得真好)|这花真美好缝,喷喷(这朵花绣得真漂亮)|好冷啊,厉害冷有啊(冷得厉害呀)|今天厉害热有(热得厉害)|嗨,你又错做(你又做错了)|泥稀和需要(泥要和得稀一点)。由此可见,《老乞大》里以状语代替补语的现象也是阿尔泰语的影响所致。

至于复句中某些连词的位置与汉语的通例不相符合的现象如何解释,拟留作今后继续研究的课题。

参考文献

曹聪孙　1996　语言类型学与汉语的 SVO 和 SOV 之争,《天津师大学报》第2期。
道　布　1983　《蒙古语简志》,民族出版社。
李树俨、张安生　1996　《银川方言词典·引论》,第16-17页,江苏教育出版社。
李思明　1992　晚唐以来可能性动补结构中宾语位置的发展变化,《古汉语研究》第4期。
吕叔湘著　江蓝生补　1985　《近代汉语指代词》,学林出版社。
屈承熹　1993　《历史语法学理论与汉语历史语法》(朱文俊译),北京语言学院出版社。
王　森　1993　甘肃临夏方言的两种语序,《方言》第3期。
魏岫明　1992　汉语词序研究,《唐山论丛》6,(台北)唐山出版社。
项梦冰　1998　连成方言的话题句,《语言研究》第1期。
徐思益　1995　灵活性和原则性——简谈移位和省略,《中国语言学报》第6期。
姚振武　1999　先秦汉语受事主语句系统,《中国语文》第1期。
袁毓林　1996　话题化及相关的语法过程,《中国语文》第4期。
张成材　1994　《西宁方言词典·引论》,第14-15页,江苏教育出版社。
张　崇　1990　《延川县方志》,语文出版社。

Charles N. Li and Sandra A. Thompson 1981 *Mandarin Chinese - A Functional Reference Grammar*, University of California Press.

（此文与李泰洙教授合写，原载《语言研究》2000年第3期）

从语言接触的视角研究元代汉语[*]

——李泰洙《〈老乞大〉四种版本语言研究》序

在汉语史研究中,元代语法研究是一个薄弱环节。北方汉语长期与阿尔泰语诸语言相接触,辽、金、元各代又相继建立了契丹、女真、蒙古族政权,当时的社会语言状况是什么样的?元代汉语通语是否存在南北有异的两大格局?阿尔泰语(尤其是蒙古语)在多大程度上、又是怎样影响了汉语的?这些都是十分重要的研究课题。从理论上讲,要弄清楚现代汉语的来龙去脉,除了要明了汉语方言史外,也必须对历史上汉语与非汉语的接触和融合的状况有深入的了解。但是关于这方面的工作,国内外都还只有一些零星的研究,深度不够,系统性更谈不到。有鉴于此,1997年我鼓励我的两个博士生祖生利和李泰洙(韩国留学生)开展对元代语言的研究。经过一番讨论,祖生利决定研究元代白话碑的语言,李泰洙研究朝鲜旧时的汉语会话读本《老乞大》的语言,本书就是泰洙在他的博士论文基础上修改而成的。

研究元代的语言,首先要从反映元代语言面貌的白话文献资料入手。元代白话文献大体可以分成两大类:一类是纯汉语的资

---

[*] 《〈老乞大〉四种版本语言研究》,李泰洙著,语文出版社2003年。

料,如元杂剧、散曲、南戏和讲史平话等。其中元人杂剧和散曲中可以看到一些受蒙古语词汇和语法影响的痕迹,而平话类作品中则有相当的文言成分。另一类是直讲、直译体白话。其中有典章吏牍体白话如《元典章》《通制条格》和蒙语直译体白话碑文等,还有白话讲章,如许衡《大学要略》《大学直解》、贯云石《孝经直解》、吴澄《经筵讲义》(大臣用当时的口语给皇帝讲解汉文典籍)等。会话课本《老乞大》《朴通事》的语言跟直讲体十分接近,比直讲体还要口语化,更能反映当时北方汉语口语的真实面貌。韩语跟蒙语的语法有许多共同点,作为一个韩国留学生,泰洙选择《老乞大》作为博士论文的研究对象是比较合适的。

起初(1997),我打算让作者对迄今所见《老乞大》的三种本子,即明初修改本《翻译老乞大》(与《老乞大谚解》内容相同,只有少数字形不同)跟清代乾隆年间的两种刊本《老乞大新释》和《重刊老乞大》(二本相隔34年)进行语言对比研究,计划决定不久,对于《老乞大》的研究者来说,一件令人庆幸的事发生了。1998年初,韩国庆北大学教授南权熙在整理一位私人藏书家的书籍时,发现了一种此前未曾见过的古代本《老乞大》,经南先生和郑光、梁伍镇等学者研究,此本跟高丽末编写朝鲜初刊行的《老乞大》原本很接近,是迄今流传的《老乞大》系列中最早的版本。泰洙1998年底回汉城休假时听到这个消息,立即与南权熙教授联系,并赶到大邱登门拜访,南权熙教授将此本的复印件无私地赠送给了他。1999年初,当我看到泰洙带回来的这个本子时,内心十分震惊与欣喜,我的第一个感觉是,它很可能就是崔世珍在为《老乞大》《朴通事》作注的《单字解》和《老朴集览》中所称的"古本"或"旧本",其内容编写于元代无疑。这样,新发现的本子成为作者对《老乞大》系列进行语言对比研究的更可靠的起始资料,不仅使他的研究扩大了时代跨度,而且在资料、方法和结论上更具科学性和前沿性。作者真的很幸运!作为论文的指导者,我想借本书正式出版的机会,由衷地向南权熙教授遥致谢忱。

除了利用了最新最可靠的资料外,与以往同类研究相比,本书对《老乞大》语言的研究有一个很明显的特点,即注意从语言接触的视角观察问题、解释问题,因而观察到许多前人所不曾发现的特殊语言现象,并做出了较为合理的解释。比如关于方位词的格附加成分用法,宾语置于动词之前的句式,否定系词位于被否定成分之后,副词远离所修饰成分,处所宾语位于"来/去"前面用作状语等现象,都是前人很少或根本未曾指出的。书中从阿尔泰语为黏着语,用格附加成分表示语法关系,语序为 SOV 等主要特点出发,对上述各特殊语言现象做了解释,而且,还举出现代西北方言中的类似语言现象加以印证,增强了解释的可信度。

本书运用历史比较法,从元代本、明改本、清改本的对比研究中,观察总结汉语与蒙古语相互接触、相互影响的一些特点和规律。在元朝蒙古族处于统治地位,蒙古语为强势语言时,汉语里或是较多地采取照搬直译蒙古语语法成分,或是使用兼容两种语言句式特点的叠加式;而当元蒙王朝灭亡,蒙古语处于弱势地位时,汉语或是对原先的直译式、叠加式加以改造,使之合乎汉语的句法要求,从而融进汉语之中,或是干脆将外来成分丢弃,回归汉语原来的句法形式。这样,从元代到清代,汉语在与以蒙古语为主的阿尔泰语接触中,大致经历了照搬直译—句式叠加—调整改造—回归复原的过程。这说明不同类型的语言在语法上具有很强的不可渗透性。我国一些周边国家如日本、朝鲜、越南,在历史上曾长期受到汉语和汉字的深刻影响,但是在语法上却始终保持自己的完整体系与特色,就是一个有力的证明。本书对《老乞大》诸本中所反映的元代汉蒙语言接触的现象和规律的解释与探讨,是一次创新性的尝试,很富于启发性,相信对这一领域的研究感兴趣的学者,一定可以在此基础上有更多的发现。

学语言不易,研究别国的语言更不易。泰洙在校期间,学习十分刻苦努力,早起晚睡,手不释卷;有疑必问,不耻再三。因而进步很快,令人刮目相看。但作者所面对的是难度较大的汉语语法史专题,受语言和文化知识的局限,对一些问题的认识还有待加深就是在所难免的了。我希望作者在做学问的道路上不畏艰难,继续努力,争取不断有所进步。

本书在附录中把《老乞大》的四种版本按句段分别对照排列,使人一目了然。手此一册,就等于有了四种版本的《老乞大》,而且内容一一相对照,使用起来十分方便,这也是本书值得称道的一个长处。

(2002年8月30日于北京听雨斋)

附　录：

古代白话说略

一　什么是"白话"

"白话"这个词儿意思挺多,在"空口说白话"里,它指的是没法儿实现或毫无根据的话;在"首长说的都是咱们老百姓的大白话"中,是指朴实无华、通俗易懂的话;而在某些方言里,"白话"就是闲聊天。这本小书所说的"白话"不是上面的意思,是指汉语书面语的一种形式。下面就请您听我说说"白话"。

白话是跟文言相对的书面语,要知道文言与白话的区别,先得知道口语和书面语的分别。

1. 口语与书面语

语言是人类交际的工具,口头上使用的语言叫口语,也叫口头语,它以语音(声音符号)为传播工具;书面上使用的语言叫书面语,也叫笔语,它以文字(形象符号)为传播工具。书面语的产生和发展,从根本上说是以口语为基础和源泉的。

从汉语发展的历史来看,大概自古以来书面语就跟口语不完全一致。试想,在发明造纸术和纸张广泛使用之前,书面语是一笔一笔刻在龟甲兽骨、铜器、石器或竹简上的,刻起来很费事;有的写在丝帛之上,这成本又多么昂贵!因此,我们推想,最初的书面语要比古人实际运用的口语简约得多,粗略得多,即所谓"书不尽言"。比如甲骨上的文字就多是占卜吉凶的,有少数记事文字也大都跟占卜有关。不过话又说回来,从本质上看,最初的书面语跟口语之间的差别是比较小的,书面语大体上反映了当时口语的实际面貌。《诗经》里的《国风》是民歌的记录,《论语》是孔子的门人弟子对老师言谈话语的记录,应该跟当时的口语大体一致。比如《论语·学而》:"有朋自远方来,不亦乐乎?"很可能就是当时口语的如实记录。这句话跟现代口语的差别主要是单音词与复合词的差别。古代尤其上古单音节词较多,"朋友"只用一个"朋"字、"快乐"只用一个"乐"字就行了。反问句式"不亦……乎"跟今天的"不是……吗"结构基本相同,只是所用词汇不同。晚清维新派人物王照就认为孔夫子的著作是用"当时俗言"写的,他说夏代、殷代书中所没有的"也、已、焉、乎"等助词,实际上就相当于今天白话文中的"呀、么、哪、咧"等,这个看法是很有道理的。

语言是不断发展变化的,现代汉语跟古代汉语在语音、语法、词汇等方面都有许多不同。按说,当口语里的语音、语法、词汇发生变化时,书面语也应该相应地变化,但是汉语的事实却不完全如此,书面语远远滞后于口语的发展,其原因主要有三:

(1)汉字的性质是形意文字,不以表音为原则,所以实际语音变了,汉字却可以不变,一个字在不同的时代或不同的地域可以代表不同的声音。比如"白"字在古代是入声字,而在现代普通话里是阳平字;"白"普通话读[pɑi](阳平),贵阳话读[pe](阳平),苏州话读[ba²](阳入),广州话读[pak](阳入),厦门话读[pe²](阳入),读音各不相同,却仍用"白"字表示。汉字的这个特点缩小了古今书面语的距离,也使不同方言区的人们借助于汉字可以畅通无阻地进行交流。

(2)书面语跟口语相比,比较保守。口语里早已消亡了的前代词汇和语法成分,往往仍在书面语中保存和复活。我们经常可以看到,在现代语体文中仍然使用一些文言虚词或格式。写到这里,我随手翻开桌旁一张《北京晚报》,在一篇不足500字的短文里就出现了"现已寸步难行""对其进行护理""将此情况报告"等二十几处使用了文言虚词的句子。由此可知,尽管是语体文,也跟实际口语有一定的距离。

(3)由于社会历史的原因,以先秦口语为基础加工而成的一些古代文献,被历代尊崇为经典,后世文人学士刻意模仿沿袭,逐渐形成了一种固定不变的书面语——文言文。这种文言文随着时代的推衍,跟口语的距离越来越大,以至发展到完全脱节的地步。中国历史上长期以文言文为正宗,文言文被认为是"雅"的,所谓"言之不文,行之不远",因而文言在书面语中占据着统治地位;白话文被认为是"俗"的,不登大雅之堂,只有小说、戏曲等才通篇采用白话。直到七八十年前,中国人的语言生活里,嘴上说的是方言,笔下写的是文言,两不相干。

如果说国人对于这一现象大多见怪不怪,外国人可就很难理解了。16世纪末到我国传教的意大利传教士利玛窦(1552－1610)晚年在札记中写道:"在风格和结构上,他们的书面语与日常生活中所用的语言差别很大,没有一本书是用口语写成的。一个作家用接近口语的体裁写书,将被认为是把他自己和他的书置于普通老百姓的水平。"他还描绘了如下的情况:"几个人在一起谈话,即使说得很清楚、很简洁,彼此也不能全部准确地理解对方的意思。有时候不得不把所说的话重复一次或几次,或甚至得把它写出来才行。如果手边没有纸笔,他们就沾水把符号写在什么东西上,或者用手指在空中划,或甚至写在对方的手上。这样的情况更经常地发生在有文化的上流阶级谈话的时候,因为他们说的话更纯正、更文绉绉,并且更接近于文言。"从这段描述可以知道,在知识分子圈内,文言是社交用语,口语中的文言成分也很重,这是一种很不健康的风气。这种言文分家的畸形现象直到1919年"五四"新文化运动才受到根本的冲击。"五四"新文化运动响亮地提出反对文言文,提倡白话文的口号。从那时起,以现代口语为基础的白话文(即语体文)才开始取代文言文,成为中国人普遍使用的书面语。

2. 文言与白话

如前所说,汉语的书面语可以分为文言和白话两大系统。什么是文言?什么是白话?简单点儿说,那些句中带有"之、乎、者、也、矣、焉、哉"的书面语是文言,而那些跟人们口头上讲的话大体一致的书面语是白话。文言最初也是建立在口语基础上的,但是后来日益脱离口语,变成一种僵化的、基本上保存先秦语法和词汇特点的书面语。当然,各个时代的口语也会对文言产生一定的影响,不必说明清时代的文言文跟先秦时代会有一些不同,就是位居唐宋古文派散文大家之首的韩愈的文章,在语法上也有跟先秦不尽一致的地方。比如他的《祭十二郎文》:"汝其知也邪?其不知也邪?"用了两个关系词"其",而在上古只能用一个。又比如他的《答刘正夫书》:"有文字来,谁不为文。"先秦只用"以来"或"而来",不单用"来",单用"来"是六朝前后的事。不过总的来说,这种区别不很大,文言从古到今都有比较固定的格局。

白话是跟文言相对的书面语,它跟一定时代的口语相接近。白话的产生也有悠久的历史,比较保守地说,它是以东汉末年佛教的传入和汉译佛经的大量出现为契机而发展起来的。为了宣传佛教教义,使目不识丁的平民百姓都能听得懂,一些僧人在翻译佛经时不得不放弃使用典雅的古文,而采用一种跟当时口语十分接近的文白夹杂的文体;另一方面,魏晋时期文人的笔记小说记录了当时民间的鬼怪传闻,其中的记言部分(即对话)较多地反映了当时的口语,晋人的尺牍(书信)是用语体写的。这样几股溪流就汇成了古代白话的源头。到了唐五代时期,出现了不少用当时口语做基础、搀杂了一些文言成分的半文半白的俗文学作品,如僧人的白话诗、民间曲子词、敦煌变文等,另外还有数量可观的禅宗语录,比较完整地记下了禅师们的话语。正是上述作品、资料奠定了早期白话的规模和基础,使我们得以从中窥见当时口语的大致面貌。

在漫长的封建社会,僵化的文言文占据着书面语的统治地位,这种现实成为普及教育和社会发展的障碍。从19世纪末以来,一些有识之士相继发起了改革书面语的运动,有清末白话文运动、"五四"白话文运动和30年代的大众语运动。这些运动一浪接一浪,对现代语体文的确立起了决定性的作用。今天,用语体文写作已成为理所当然的事,可是不要忘记,为了争得语体文的合法地位,在历史上曾经历过一段相当激烈的斗争呢!

3. 古代白话与近代汉语

古代白话跟汉语史的分期有直接关系。长期以来大学里教汉语只有古代汉语与现代汉语之分,把五四时期以前的语言统统称为古代汉语。这种分期忽略了文言与白话的区别,没有正确地反映汉语发展的历史阶段,因而是不太科学的。早在本世纪20年代末,著名语言文字学家黎锦熙先生就提出了"近代语"的概念,他说:

> 近来继承清代朴学家,更应用科学的方法,而从事于中国之"语言文字学"(philology)者,其取材仍偏重上古(先秦)与中古(隋唐),或参以现今之国语与方言,未免抹煞近代(宋元至清约九百年间一大段)。此大段实为从古语到现代语之过渡时期,且为现今标准国语之基础。(《中国近代语研究提议》1928.10《新晨报副刊》)

这里所谓"近代语",就是此后吕叔湘先生所说的"近代汉语"。黎先生把近代汉语的上限定为宋,吕先生则前移至晚唐五代,理由是:"尽管从汉魏到隋唐都有夹杂一些口语成分的文字,但是用当时口语做基础,而或多或少地搀杂些文言成分的作品是直到晚唐五代才开始出现的(如禅宗语录和敦煌俗文学作品),因此我们建议把近代汉语的开始定在晚唐五代即第九世纪。"(见为刘坚《近代汉语读本》所作的序)不管把近代汉语的上限定在宋,还是定在晚唐五代,都是以白话文献的出现为依据的,也就是说近代汉语是以古代白话文献为研究资料,主要以隋唐以后的口语为研究对象的。现在国内学者大都接受把近代汉语的上限定在晚唐五代,把下限定在明末清初。当然,也有人倾向于黎先生的观点。

把汉语史由古代和现代的二分法改成古代、近代、现代的三分法不仅符合汉语发展的历史事实,而且也便于研究者分段开展研究。不过,如果以"文言"和"白话"来划分,那么古代汉语属于文言的系统,而近代汉语和现代汉语都属于白话的系统。

二　古代白话文献一览

古代白话文献数量大,内容十分丰富,当然这些资料中所包含的白话成分有多少之别,纯杂之异。拿吕叔湘《汉语语法论文集》和日本汉学家太田辰夫《中国语历史文法》书后所附的引书目录来看,不下几百种,其中有的作品是文白夹杂、半文半白的,有的通篇纯用白话,因此这些作品阅读时的难易度不同,研究上的价值也不等。80年代初,中国社会科学院语言研究所的刘坚先生曾着力于古代白话文献的介绍和整理工作,写有《古代白话文献简述》一文(载《语文研究》1982年第1期),编著了供高等学校中文系开设近代汉语课程用的《近代汉语读本》(上海教育出版社1985;修订本1995)。此外,刘坚、蒋绍愚主编的《近代汉语语法资料汇编》三册(商务印书馆1990,1992,1995)也选收了一批最重要的古代白话文献选段。下面我们参考上述论著,按类扼要介绍一些最有代表性的白话文献及其语言特点。

1. 敦煌俗文学作品

敦煌文书出自甘肃省敦煌莫高窟藏经洞。据专家考证,藏经洞大约封闭于11世纪初瓜沙州曹氏地方割据政权覆亡前夕。为了躲避西夏进扰，洞窟僧人在出逃前把大批寺院经卷、文书隐藏在一个洞窟甬道的复壁内（今编号为16洞窟）。后来洞窟的僧人没有回来，这批文书就一直沉睡了900年，直到1900年（一说1899年）被一个姓王的道士无意中发现。藏经洞内藏各种经卷、文书约二万二千余卷，大部分是写本，只有百分之一二为刊本。这就是举世闻名的敦煌石室藏书。从1901-1907年间，英国人斯坦因(M. A. Stein)和法国人伯希和(P. Pelliot)劫走了其中的大部分精品。直到1910年清政府才派人把劫余部分运到北京，押运途中以及到京后又遭劫夺。劫余部分收藏在北京图书馆，约有八千余卷，斯坦因所获九千卷收藏在伦敦大英博物馆，编号以字母S打头；伯希和所获五千卷今藏巴黎国家图书馆，编号以字母P打头。此外还有一些散落在日本和俄罗斯。台湾黄永武主编的《敦煌宝藏》把藏于伦敦、巴黎和北京图书馆的卷子全部影印成书（共140册），使用十分方便。

在敦煌文书中，最能反映唐五代白话面貌的是一些俗文学作品，如变文、俗赋、曲子词、王梵志诗等，其中又以变文的价值最高。所谓变文，是指唐代寺院里盛行的一种又说又唱的文学形式。讲唱的题材十分广泛，有宣讲佛经教义的讲经文，如敦煌文书中的《维摩诘经讲经文》《父母恩重经讲经文》《无常经讲经文》等，一般先引一段经文，然后用散文加以解释，用韵文咏唱铺排；还有演绎佛经中神变故事的佛陀变文，如《降魔变文》《破魔变文》《大目乾连冥间救母变文》《丑女缘起》等。这类变文内容充满了浪漫色彩，情节曲折奇巧，语言形象生动，很有文学吸引力。还有一类变文内容取自民间传说或历史人物，如《孟姜女变文》《李陵变文》《王昭君变文》《伍子胥变文》等,除了少数两篇如《秋胡变文》《舜子变文》之外,也大都是有说有唱,散韵相间的。

敦煌俗文学中有一类篇名题为"话"或"话本",如《庐山远公话》《韩擒虎话本》等。话本小说大都通篇用散文叙述故事,大概是说书人的底本。

唐代僧侣的俗讲活动深受平民百姓的欢迎。韩愈《华山女》诗形容当时的盛况是"街东街西讲佛经,撞钟吹螺闹宫庭"。赵璘《因话录》说,当时一位有名的俗讲大师文溆"其声宛畅,感动里人","愚夫冶妇乐闻其说,听者填咽寺舍"。这类讲唱活动不限于寺院道观,民间也十分流行。唐末吉师老《看蜀女转昭君变》诗说:"翠眉嚬处楚边月,画卷开时塞外云。"可见讲唱者应有底本,并有图画展开,与讲唱相辅,使听众在视听两方面都得到满足。

讲唱文学的对象是平民百姓,为了使他们听而能懂,变文、话本的语言力求通俗,贴近生活。比如《破魔变文》写三个魔女企图用美色引诱世尊(佛祖),被世尊变为丑女,现摘引于下(括号内是笔者的简释):

> 于是世尊垂金色臂,指魔女身,三个一时化作老母。且眼如珠盏,面似火曹(即燆,烧焦的木头),额阔舌尖,胸高鼻曲,发黄齿黑,眉白口青,面皱如皮裹髑髅,项长一似箸头馉子(筷子头上的圆形面食)。浑身锦绣,变成两幅布裙;头上梳钗,变作一团乱蛇。身卷项缩,恰似害冻老鸱(怕冷的猫头鹰),腰曲脚长,一似过秋谷鹆(鸟名)。

《庐山远公话》中有一段写远公被强盗白庄虏去为奴,一夜远公念《涅槃经》,被白庄知觉,二人有大段对话,是当时口语的真实反映,略摘数语于下:

白庄于东岭上惊觉,遂乃问左右曰:"西边是甚声音?"左右曰:"启将军,西边是虏来者(的)贱奴念经声。"白庄闻语,大怒非常,遂唤远公直至面前,高声责曰:"你若在寺舍伽蓝,要念即不可;今况是(却是)随逐于我,争合(怎该)念经!"远公曰:"将军当日虏贱奴来时,许交(教)念经。"白庄曰:"我早晚(何时)许你念经?"远公当即不语,被左右道:"将军实是许他念经。"……

敦煌俗文学作品中有一类故事赋的口语程度也很高,如《燕子赋》《韩朋赋》《茶酒论》《㚻䶩书》等。《㚻䶩书》描绘出一个性格泼辣,敢闹敢斗的妇女形象:

斗唇合舌,务在喧争。欺儿踏婿,骂詈高声。翁婆共语,殊总不听。入厨恶发(发脾气),翻粥扑羹,轰盆打甑,雹釜打铛(雹:摔打)……阿婆嗔着,终不合觜(顶吵),将头自磕,筑天筑地(筑:碰击),摸著卧床,佯病不起。见婿入来,满眼流泪。夫问来由,有何事意?没可分疏,口称:"是翁婆骂我,作奴婢之相,只是耽眠夜睡,莫与饭喫,饿急自起。"阿婆向儿言说:"索(娶)得个屈期(奇)丑物入来,与我作底(抵)。"新妇闻之,从床忽起:"当初缘甚不嫌,便即下财下礼?色(索,即娶)我将来,道我是底(抵:对头)!未许之时,求神拜鬼,及至入来,说我如此!"新妇乃索离书:"废我别嫁可憎夫婿(另嫁如意郎君)!"

一个泼辣妇女的形象跃然纸上,简直呼之欲出。后来宋元话本《快嘴李翠莲》就受到此赋的影响。

敦煌文书中还有一类民间曲子词,是文人词作的先河。由于这类曲子词不少是乐工伶人创作的,又由歌伎传唱,因而内容有许多是反映爱情或妇女的不幸遭遇的,语言通俗如话。

> 莫扳(折)我,扳我太心偏。我是曲江池边柳,者(这)人折去那人扳,恩爱一时间。(《望江南》)

有一首《菩萨蛮》,一连用了六个咒誓,写出了对于爱情的忠贞不渝:

> 枕前发尽千般愿:要休(翻悔)直待青山烂;水面上秤锤浮,直待黄河彻底枯;白日参辰现,北斗回南面;休即未能休,且待三更见日头。

除了以上题材,还有描写战争和普通百姓如商人、书生、渔父等各种人物的生活的,虽然艺术上比较粗糙,但作为古代白话的资料还是很有价值的。这类作品收录在任二北编录的《敦煌歌辞总编》和饶宗颐、戴密微(P. Demiéville)编辑的《敦煌曲》中。

跟口语最为接近的韵文是敦煌本王梵志的五言白话诗(极少数为六言),如大家所熟悉的"城外土馒头(喻坟头),馅草在城里。一人吃一个,莫嫌没滋味"。据项楚《王梵志诗校注》考证,"王梵志诗"并非一人一时所作,而是若干无名白话诗人作品的总称,应是从初盛唐至晚唐五代乃至宋初的很长一段历史时期内由僧侣和民间文人陆续创作的。现举产生于初唐,内容有浓重世俗气息的一首为例:

> 世间慵懒人,五分向有二。例着一草衫,两膊成山字(形容瘦骨伶仃)。出语觜头高,诈作达官子。草舍元无床,无毡复无被。他家人定(十二时之一,指夜深)卧,日西展脚睡。诸人五更走,日高未肯起。朝庭(朋友)数十人,平章(商量)共博戏(赌博)。菜粥喫一桸(锅,钵),街头阔立地(叉腿而站)。逢人若共语,荒说(乱说)天下事。唤女作家生(把女儿当作家奴所生),将儿作奴使。妻即赤体行,寻常饥欲死。一群病癞(麻风病)贼,却撷(把)父母

耻。日月甚宽恩,不照五逆鬼(不孝之人)。

这首诗批判了懒汉二流子的可憎,从中不仅可以窥探当时社会生活的一个侧面,也可以了解当时平民百姓的语言风貌。

2. 禅宗语录

禅宗作为佛教宗派的名称,是唐代才出现的。它一方面与原始印度佛教保持着血缘关系,另一方面又对原始佛教进行了最彻底的变革,可以说,禅宗是佛教中国化的产物。禅宗的宗教观、禅宗的悟道方式集中反映在历代整理编辑的禅宗语录之中。所谓语录,是门徒对禅师口头说法的记录。禅师们大多出身贫苦,没有太高的文化(据说禅宗的创始人六祖慧能干脆就不识字),说法喜用口语,多采取一问一答、口耳传习的方式。因此他们的语录十分多,语录的口语化程度也很高。宋代正受撰《嘉泰普灯录》卷二十五记载了本觉法真一禅师如下一段话:

> 禅家语言不尚浮华,唯要朴实,直须似三家村里纳税汉及婴儿相似,始得相应。他又岂有许多般来此道? 正要还淳返朴,不用聪明,不拘文字。今时人往往嗤笑禅家语言鄙野,所谓不笑不足以为道。

"鄙野"二字,道出了禅宗语言朴质无文的本色。请看德山宣鉴禅师是怎么呵佛骂祖的:

> 我先祖见处即不然,这里无祖无佛。达磨是老臊胡,释迦老子是干屎橛,文殊、普贤是担屎汉,等觉、妙觉[①]是被执凡夫,菩提、涅槃是系驴橛,十二分教是鬼神簿、拭疮疣纸,四果、三贤、初心、十地[②]是守古冢鬼,自救不了。(《五灯会元》卷七)

〔注:①等觉、妙觉是佛的名字。②"四果"以下是修行达到的各种等级阶位。〕

再看慧海禅师是怎么回答如何修道这一问题的:

有源律师①来问:"和尚修道还用功否?"师曰:"用功。"曰:"如何用功?"师曰:"饥来吃饭,困来即眠。"曰:"一切人总如是,同师用功否?"师曰:"不同。"曰:"何故不同?"师曰:"他吃饭时不肯吃饭,百种须索;睡时不肯睡,千般计校②所以不同也。"律师杜口。(《景德传灯录》卷六)

〔注:①律师:佛典分经、律、论三部分,专门研究佛律的称律师。②计校:思考、谋算。〕

跟"饥来吃饭,困来即眠"类似的话有"困则睡,健则起"、"夏天赤骨力(指打赤膊),冬寒须得被"、"热即取凉,寒即向火"(景岑和尚语)等,意思是顺其自然,持平常心。禅宗语录的语言跟它的教旨一样,崇尚朴实、自然、不饰雕琢的风格。

禅宗语录中有许多口语虚词,对研究汉语语法史很有价值。比如下面所举石巩和尚(师)跟西堂(智藏)关于"捉虚空"的一段对话中,就有许多反映当时口语的代词、语气词、副词等。

师问西堂:"你还①解捉得虚空摩②?"西堂云:"捉得。"师云:"作摩生③捉?"西堂以手撮虚空势④。师云:"与摩⑤作摩生捉得虚空?"西堂却问师:"作摩生捉?"师便把西堂鼻孔拽着。西堂作忍痛声云:"太杀拽人鼻孔,直得脱去⑥!"师曰:"直须⑦与摩捉他虚空始得。"(《祖堂集》卷十四)

〔注:①还:疑问副词,相当于"可"。②摩:疑问语气词,相当于"吗"。③作摩生:怎么。疑问代词。生,词尾。④此句意为:西堂作出用手抓虚空的样子。⑤与摩:这么,这样。指示

代词。⑥"太杀"二句意为:你把我的鼻子拽得太厉害了,简直要拽掉下来。太杀,程度副词。⑦直须:就该,只应。〕

正因为禅宗语录在语言风格上有上述特点,所以它在语言史研究上的价值跟它在宗教史上的价值几乎同等重要。

尽管禅宗语录的白话程度很高,读起来却并非容易,这一方面由于对当时的口语词不甚了了,另一方面是由于禅宗的思想、传意方式十分独特。下面就这方面做一简单介绍。

(1)禅宗以不立文字,直指人心为宗旨,提倡直截了当认识自心的"顿悟",反对问佛问祖,反对在佛经词句、概念上纠缠不休,因此当僧徒问及此类问题时,禅师一般都不正面回答,往往是问东答西,所答非所问。例如:

> 僧问:"如何是祖师西来意?"师曰:"昨夜栏中失却牛。"(《五灯会元》卷四台禅师)

这是暗讽提问僧"骑牛觅牛",失掉了自心、本心。有时禅师以反问的方式作为回答,例如:

> (道信)来礼师,而问师曰:"如何是佛心?"师答:"汝今是什摩心?"对曰:"我今无心。"师曰:"汝既无心,佛岂有心耶?"(《祖堂集》卷二僧璨禅师)

这是禅师答问时经常使用的先"打得念头死",然后"救得法身活"的办法。有时禅师不用言语,只以动作示法,发展到极端,甚至动手动脚,用当头棒喝的方式施教。

(2)大量使用违背常理的悖论。比如有僧人问自满禅师:"如何是无诤之句?"(诤:争论,争吵)师曰:"喧天动地。"用"喧天动地"解释"无诤"显然不合常理,但这种不合逻辑的悖论正表达了禅宗无对立的思想。再如有僧人问道钦禅师"如何是道?"师曰:"山上有鲤鱼,海底有蓬尘。"按常理山上不可能有鲤鱼,海底也不会有蓬尘,禅师用显然荒谬的语句作答,是反讽僧人的问题十分荒谬,无法回答,也没有必要回答。禅家说"无心是道",佛法不可思议,开口即错,用心即乖。

(3)禅宗认为"行住坐卧、应机接物皆是道",因此禅师常用含有机锋的话语来验证对方悟道的程度。例如,四祖道性禅师有一天在路上遇到一个七岁的孩子,问他姓什么。

> 子答曰:"姓非常姓。"师曰:"是何姓?"子答:"是佛性。"师曰:"汝勿(无)姓也?"子答曰:"某姓空故。"(《祖堂集》卷二弘忍禅师)

孩子的答话用"性"换"姓",利用谐音应对,深得玄机,他就是后来的五祖弘忍禅师。

(4)禅宗讲究"以心传心"的传道方式,佛法不可思议,禅机不可道破,但是又要通过语言使对方开悟,于是禅录中运用了许多含蓄隐晦的讽喻和形象生动的类比。比如:

> (神赞禅师的业师)一日在窗下看经,蜂子投窗纸求出。师睹之曰:"世界如许广阔不肯出,钻他故纸,驴年去得!"(《景德传灯录》卷九)

用于纪年的十二生肖中没有驴,"驴年"表示不可能有的年月。这里神赞禅师用钻故纸讽喻那些只知死读经而不能解悟的僧人。

在禅宗语录中讽喻和比拟俯拾皆是,如用"镜花水月"比喻世界的虚幻不实;用"解铃还须系铃人"讽喻自求本心,不须他求;用"寰中天子,塞外将军"讽喻应自我为主;用"压良为贱"讽喻舍弃自我,到处他求的信徒;用"万古长空,一朝风月"比喻应立足目前;用"蒲华柳絮,竹针麻线"比喻佛法大意平凡无奇;用"鹦鹉学舌"比喻人云亦云,并未真正悟解佛法真谛;用"漆桶底脱"比喻处于暗昧中的众生,一旦智光透入顿然大悟的快感……

禅宗语录中那些充满思辨异彩的回答,那些有浓厚生活气息的口语,是一份宝贵的语言遗产,值得今人从中汲取营养。

现存最早的禅宗语录有敦煌本《六祖坛经》《神会语录》以及成书于五代的《祖堂集》。

《祖堂集》是现存最早的禅宗史料总集,共 20 卷,由五代南唐泉州招庆寺静、筠二禅师编成,书前序文作于保大十年(952)。这部书在我国失传,本世纪初在朝鲜庆尚南道海印寺发现,是高丽高宗三十二年(1245)的刻板。1972 年日本京都中文出版社出版了影印本,1994 年由上海古籍出版社在我国首次影印出版。

宋代的禅宗语录,以道原编辑的《景德传灯录》影响最大,此书共 30 卷,成书于北宋景德元年(1004),比《祖堂集》晚 50 年。所谓"传灯",是用灯火相传比喻佛法的传承。宋代还有把《景德传灯录》和另外四种灯录汇集在一起的《五灯会元》,今天看到的本子是淳祐年间普济把原来的 150 卷删为 20 卷的简本。中华书局 1984 年出版了《五灯会元》的点校本。宋代的语录还有雪窦(980-1052)的《碧岩录》和宗杲(1089-1163)的《大慧书》,也是很值得利用的白话资料。元明以后,禅宗语录大都沿袭唐宋僧人的套子,内容格式化,不再能反映当时语言的面貌,因而也没有什么价值了。

3. 宋儒语录

儒学到了宋代发展成为"理学"。宋儒致力于阐释儒家经典的义理,认为"理"先天地而存在。其代表人物是周敦颐、邵雍、张载、程颐、程颢、朱熹、陆九渊等。宋儒受禅宗口耳传习方式的影响,讲学之风很盛,弟子们把他们的讲话记录下来,集成语录,就是我们所说的宋儒语录。

宋儒语录中文言成分比较多,这跟他们都是理学大师、讲话比较文有关。宋儒语录中口语程度较高的数程颐、程颢兄弟(世称"二程")和朱熹,其中又以朱熹的语录更接近口语。

程颢(1032-1085),北宋洛阳人,世称明道先生;程颐(1033-1107),世称伊川先生。他们的语录收在《河南程氏遗书》(国学基本丛书本)中。

> 问你身上有几条骨头?血脉如何行动?腹中有多少藏府(脏腑)?皆冥然莫晓。今人于家里,有多少家活屋舍,被人问著,已(己)不能知,却知为不智。于此不知,曾不介意,只道是皮包裹,不到少欠。大小大不察!(第二下,二先生语)

这段话是程颢讲的,他批评学人对自身不了解却毫不介意,而对身外之事不了解则以为不智,这是十分糊涂的。其中"家活"(居家所用器物),"不到"(不至于,不见得)"大小大"(多么)等,都是口语词。再引一段:

> "人语言紧急,莫是气不定否?"曰:"此亦当习,习到言语自然缓时,便是气质变了。学至气质变,方是有功。人只是一个习。今观儒臣自有一般气象,武臣自有一般气象,贵戚自有一般气象,不成生来如此?只是习也。"(第十八,伊川先生语)

这段话强调人的气质是习练而成的,而不是天生的。"不成生来如此?"意思是:难道天生如此?"不成"是个口语疑问副词,宋时用在问句的前边,相当于"难道";到了现代,"不成"的位置移到了句尾,与"难道"或"莫不是"相呼应,作"难道……不成"或"莫不是……不成"。

朱熹(1130-1200),江西婺源人。他的语录收在《朱子语类》里,此书共120卷,篇幅浩大。清代张伯行编《朱子语类辑略》(正谊堂全书本)比较好用。朱子的语录中以《训门人》《总训门人》部分更为口语化,下面就从这两部分各引一段。

> 某尝喜那钝底人,他若是做得工夫透彻时,极好;却烦恼那敏底,他只是略绰(大致,粗略)看过,不曾深去思量。当下说也理会得,只是无滋味,工夫不耐久,如庄仲便是如此。某尝烦恼这样底,少间(不一会儿,以后)不济事。敏底人又却要做那钝底工夫方得。(《训门人》)

> 公们如此做工夫,大故(太)费日子。觉得今年只似去年,前日只是今日,都无昌大发越(发挥突破)底意思。这物事须教看得精透后,一日千里始得。而今都只泛泛在那皮毛上理会,都不曾抓著那痒处,济得甚事!做工夫一似穿井相似,穿到水处,自然流出来不住。而今都干燥,只是心不在,不曾著心。如何说道出去一日便不曾做得工夫?某常说:正是出去路上好做工夫。且如出十里外,既无家事炒,又无应接人客,正好提撕(聚精会神)思量道理。(《总训门人》)

朱子语录是研究南宋口语的宝贵资料,朱老夫子的为学之道也很值得今人体味。

4. 诗、词、曲

除了僧人的白话诗外,唐诗中很少有整首用白话写的。倒是一些谐谑诗不避俗语方言。例如郑綮《题中书壁》诗:"侧坡蛆蜣蜦

（曲躬爬行的样子），蚁子竞来拖，一朝白雨（暴雨）中，无钝（笨）无喽啰（精明）。"诗中说蛆在坡上爬行，一群蚂蚁竞相拖拽，如果大雨倾盆而下，它们就一起完蛋。唐诗中使用了许多口语中的虚词，这对研究汉语虚词演变史很有价值。李白《江夏行》诗："作个音书能断绝？"其中"作个"即"咋地，怎么"；"能"后来写作"恁"，义为"这么，那么"。这句诗用今天的话说，就是"怎么这么长时间也没个音讯？"杜甫《哭李尚书》诗："秋色凋春草，王孙若个边？""若个"即"哪个，哪"。唐诗的用韵是研究唐代语音的好材料，唐诗中还偶有几首诗直接谈方言语音的。比如唐末胡曾《戏妻族语不正》诗："呼十却为石，唤针将为真。忽然云雨至，总道是天因。"诗中反映胡曾妻子族人的口语中[-m]韵尾的"针、阴"已经混到[-n]韵尾，变得跟"真、因"同音了。据考，胡曾是湖南邵阳人，唐咸通（860－874）中曾在蜀地做官，他妻族的口音可能带有当时四川方音的特征。

词在盛唐出现，历经晚唐五代，到两宋时特别盛行。宋词句子长长短短，很接近自然话语。宋词吸收口语的情况很不相同，整首俚俗的较少，大都在雅俗之间，黄庭坚、辛弃疾的词口语成分较多。例如黄庭坚《卜算子》："要见不得见，要近不得近。试问得君多少怜，管不解、多于恨。禁止不得泪，忍管不得闷。天上人间有底愁，向个里（这里），都谙尽。"再看辛弃疾的词《清平乐》："茅檐低小，溪上青青草。醉里吴音相眉好，白发谁家翁媪。大儿锄豆溪东，中儿正织鸡笼，最喜小儿无赖，溪头卧剥莲蓬。"词中用大白话描绘出一幅恬静的农村风俗画，充满了盎然的生活情趣。女词人李清照的词也不避口语，她的《声声慢》词一开头就用"寻寻觅觅，冷冷清清，凄凄惨惨戚戚"一连串的重叠词渲染了无限凄苦的愁情，"守着窗儿，独自怎生得黑？""这次第，怎一个愁字了得！"都是如实道来的口语。

跟词相比,曲的口语化程度更高。这里说的曲,包括金代的诸宫调、宋元的戏文、元代的杂剧和散曲等。

诸宫调　诸宫调是一种有说有唱、以唱为主的民间文艺形式,因为用多种宫调的曲子联套演唱故事,所以称诸宫调。现存诸宫调主要有金代的《刘知远诸宫调》(残卷)和董解元《西厢记诸宫调》两种。《刘知远诸宫调》原本十二卷,现仅存第一、第二、第三、第十一、第十二卷,有的还有缺页。它是沙皇俄国柯兹洛夫(П·К·Козлов)探险队于1907-1908年间发掘西北黑水故城时出土的。这部作品语言古朴,包含着丰富的口语词汇和语法现象,历来受到汉语史学家们的重视。请看刘知远要到太原投军,妻子李三娘跟他话别的片段:

> 若太原闻(文)了面,早早来取。我怀身三个月,你咱(代词词尾)思虑。李洪义、李洪信,如狼虎;棘针棍、倒上树(两个嫂子的外号)曾想他劣缺(坏、恶劣)名目,向这懑(这些人,即他们)眉尖眼角上存住。神不和,天生是卯酉子午。我这口无虚语,道一句只一句。生时节是你妻,便死也是贤妇。

《西厢记诸宫调》一般简称《董西厢》,以区别于元代王实甫《西厢记》。董解元的生平无可考,"解元"只是当时对读书人的泛称。《董西厢》保存完整(共六卷),篇幅宏大,通篇运用了生动活泼的口语,随处可引。例如卷二【双调】(文如锦)描写法聪和尚等迎战来寇的一段:

> 细端详,见法聪生得挡搜(凶狠)相。刁厥(刁蛮)精神,跷蹊(古怪)模样。牛䩺(牛皮帮子鞋)阔、虎腰长,带三尺戒刀,提一条铁棒。一匹战马,似敲了牙的活象。……从者诸人二

百余,一个个器械不类寻常。生得眼脑瓯抠(眼窝深凹),人材猛浪(鲁莽)。或拿着切菜刀、秆(擀)面杖,把法鼓擂得鸣、打得斋钟响。着绫幡做甲、把钵盂做头盔戴着顶上。几个髯头(蓬头)的行者着铁褐直裰(黑褐色僧衣)走离僧房,骋无量(骋勇武,骋能),道俺咱(即俺,我们)情愿苦战沙场。

戏文 戏文又称南戏,产生于宋室南渡之后,流行在以浙江温州为中心的东南一带。现存宋元戏文有传本的仅十五本,收在《古本戏曲丛刊》初编。一般认为出自《永乐大典戏文三种》的《张协状元》是较为可靠的南宋戏文剧本,另两种《宦门子弟错立身》和《小孙屠》是元代的作品。南戏在用韵上反映南方方音,下以《张协状元》第二十六出为例:

> (旦出唱)【黄莺儿】一去更无耗音,使双双孤令。未知甚日挂绿袍,使奴家称心?它恁地我英俊,定必占魁名。早得个人往江陵,问及第是甚人?

唱词中以"音、令、心、俊、名、陵、人"为韵脚,反映了南人[-n]与[-ŋ]不分的方音特点。

元杂剧 元杂剧是元代新兴的艺术形式,它的剧本主要由曲词和宾白组成。曲词语言浅近,包含有丰富的白语词汇,例如关汉卿《诈妮子调风月》第二折【朱履曲】:

> 莫不是郊外去逢着甚邪祟?又不风又不呆痴,面没罗、呆答孩、死堆灰。这烦恼在谁身上(因谁而起)?末不在我根底,打听得些闲是非?

其中"面没罗""呆答孩""死堆灰"都是俗语词,形容表情木然颓丧的样子。

曲词中还能反映出一些元代特殊的语法现象,例如同上【上小

楼】曲:

> 我敢摔碎这盒子,玳瑁纳子(别针,关钮)交石头砸碎。这手帕剪了做靴檐(靴子的面盖),染了做鞋面,捯(摞,叠置)了做铺持(把碎旧布加衬纸糊成厚片)。一万分好待你,好觑你。如今刀子根底,我敢割得来粉零麻碎!

末两句的意思是:如今我将用刀子把这手帕割得粉碎。"刀子根底"意思是"用刀子","根底"表示工具格,这是元代白话文献中特有的现象。另如郑廷玉《看钱奴买冤家债主》第二折【滚绣球】曲末尾几句:

> 今日把俺子父情都撇在九霄云外,三口儿生忔插两处分开。做娘的剜心似痛杀杀刀攒腹,做爷的滴血似扑簌簌泪满腮,苦痛伤怀!

这是写周荣祖夫妻卖儿时内心痛楚的话语。其中"剜心似""滴血似"意为"似剜心""似滴血",把动词"似"放在宾语之后,这也是元代白话文献始见的特殊语法现象。上举"根底"表工具及此处"似"字后置,应该都是蒙古语语法对汉语的影响。从这一点也可以看出元杂剧对研究元代语言的重要性。

现存元杂剧的资料十分丰富,但作为语言研究资料其价值却各有分别。《元刊杂剧三十种》是现存元杂剧中唯一一种同时代刊本,因而最为可靠。明人编辑的元杂剧辑本很多,已收入《古本戏曲丛刊》。臧懋循编的《元曲选》影响最大,但臧氏编选时删改之处颇多,使用时须注意鉴别。

元人散曲(包括小令和套数两种主要形式)的语言也很通俗,限于篇幅不作介绍。今人隋树森辑有《全元散曲》,搜罗最全,可资利用。

5. 史书、史料

我国古代的正史都用文言写成,但魏晋南北朝的正史、《旧唐书》、《旧五代史》等书中有一些零星的白话,主要见于对话中。如《北齐书》卷九《文宣李后列传》:

> 武成践祚,逼后淫乱,云:"若不许,我当杀尔儿。"后惧,从之。后有娠,太原王绍德至阁,不得见,愠曰:"儿岂不知耶,姊姊腹大,故不见儿。"后闻之,大惭,由是生女不举。帝横刀诟曰:"尔杀我女,我何不杀尔儿!"对后前筑杀绍德。

太原王绍德是李后的儿子,李后原为太原公夫人。"生女不举"指把女婴溺死。从对话文中我们知道鲜卑人称母为姊姊。另,《北齐书·南阳王绰传》载:"绰兄弟皆呼父为兄兄,嫡母为家家,乳母为姊姊,妇为妹妹。"联系到敦煌本《董永变文》中称父母为"哥哥嬢嬢",可以知道当时北方亲属称谓中有不区分父兄辈与母姊辈的情况,这是否跟当时人,尤其是少数民族结婚不避忌不同辈分的人的习俗有关?可以研究。

正史之外,有些史籍如实录、别史之类,有时保留着一些诉状和谈话记录,是很好的白话资料。北宋沈括(1031-1095)《乙卯入国奏请》记录他于宋神宗熙宁八年(1075)出使辽国与契丹谈判领土问题的详细经过,收在《续资治通鉴长编》第 265 卷。沈括以文书为据指斥契丹侵占南朝(即宋朝)领土,辽方代表梁颖说:"只是紧执定这个文字。"(抓着契书不放)

> 臣括云:"这个文字不执,更执甚文字!"颖云:"这个只是州县一时错误行遣,当时官吏若在,必不轻恕。"臣括答云:"但没便宜的文字,便总道'错误',即休,怎生使得!"

沈括说:"只要对你们不利的契约,就说是错误的,就要反悔,这怎么行!"梁颖说:契丹人在那里"住坐放马,半年有余",怎么"无人发遣"? 沈括据理反驳:

> "譬如民家,去别人地内居住一世、两世,若执出契书,亦须夺却,住坐半年,岂足为凭!……当时纵不发遣,自是北人不合侵越。后来又拆却铺(边界兵寨),立却十八个烽堆,七个铺子,岂是不经发遣!"

宋徐梦莘《三朝北盟会编》是编年体史书,共 250 卷,记录了北宋末年和南宋初年跟金人和战的史实,材料十分丰富。其中《燕云奉使录》《茅斋自叙》《靖康城下奉使录》《山西军前和议录》《绍兴甲寅通和录》《采石战胜录》《秀水闲居录》等篇有比较完整的白话资料,口语程度在《乙卯入国奏请》之上。限于篇幅,只引卷四赵良嗣《燕云奉使录》中的一个片断。(括号内为笔者所注)

> 阿骨打(金太祖)与良嗣把手酬酢曰:"契丹煞大国土,被我杀散,我如今煞是大皇帝。昨来契丹要通和,只为不著'兄'字,以至领兵讨伐。自家、南朝(指宋)是天地齐生底国王、皇帝,有道有德,将来只怎地好相待通好,更不争要做兄弟。这个事是天教做。不怎地後(假设语气词),怎生隔着个怎大海便往来得? 我从生来不会说脱空(虚话),今日既将燕京许与南朝,便如我自取得亦与南朝。"

这段话把金人狂妄自大、得意洋洋的神情传摹得惟妙惟肖。

《元朝秘史》记述了帖木真(铁木真,元太祖成吉思汗)和斡歌歹(元太宗窝阔台)早年的事迹,有的内容近乎神话。原书为蒙文,明初洪武年间被译成汉文。下面引一段帖木真躲在锁儿罕失剌家里被追捕的惊险情节。

> 第三日，泰亦赤兀惕兄弟每说："帖木真莫是人藏了他？将俺自火里（自己一伙）搜一搜！"于是搜到锁儿罕失剌家，房里、车里、床下都搜遍了。落后上（后来）到载羊毛的车上，将车门内的羊毛掀出。掀到车后时，锁儿罕失剌说："似这般热天气，羊毛里若有人，如何当得（怎么受得了）？"搜的人所以下车去了。搜的人去了后，锁儿罕失剌对帖木真说："你险些将我断送得烟消火灭！如今你母亲兄弟行寻去。"

"如今"句意思是：现在你找你母亲兄弟去。"行"对译蒙古语表示对象的后置词。

《元典章》全名《大元圣政国朝典章》，汇集了元代的法制、案牍、诏令等文件，其中《刑部》收载了一些案例诉状等，白话成分最多，下引"诸恶门·不义目"中"烙烙前妻儿女"状片断。状中开始交待案由，郝六嫂的女佣对郝千驴的后妻端哥说：

> "你昨日城里来的晚了，您两个孩儿偷出小豆，客人处换梨儿吃。"道罢，端哥存心，随即还家发怒，将女子丑哥元穿衣服脱去，于灶窝内用破盆片取出元烧下柴火，又于屋内取到大团头铁鞋锥一个，用火烧红，将女子丑哥扑倒，用左脚踏住脖项，用左手将丑哥舌头扯出，用鞋锥烙讫三下。次后于两小腿上及腰胯连背脊，直至臀片前后，通烙讫七十二下。有女子丑哥疼痛难忍，以此言说："我是换了五个梨儿吃来。"才行放起。
> ……

文中做主语的第二人称代词用"你"，做定语的用"您"，"您"本是"你们"的合音。另外表示完成体的助词不用"了"而用"讫"（烙讫三下，通烙讫七十二下）是很独特的。这类讼状，要求与事实相符，又多是事主口头陈述的记录，所以采用白话。

明代的诏令敕书如《皇明诏令》也有一些白话资料。此外，明人编辑的《纪录汇编》里也有几种是白话资料，如卷十九哈铭（蒙古人，后赐名杨铭）《正统临戎录》记录了明英宗十四年(1449)"土木之变"前后的经过。当时英宗被蒙古瓦剌部首领也先俘获，哈铭随侍左右当翻译。这段记录纯用口语，其中有一些可看作是蒙古语词汇和语法的特征。比如句末用语助词"有"（"达子要伤害我有"），名词短语后加"上"表示原因（"今上天可怜见那颜上"），名词后加"上"表示动作的对象（"我有个比喻皇帝上说"）等，对于了解明代口语和蒙语对汉语的影响是很有用的材料。

6. 直讲和直译

元代蒙古统治者为了加强政治思想方面的统治，开始崇尚儒教，提倡程朱理学。他们让大臣用口语讲解儒家经典，或者把一些汉文典籍译成白话，以便学习推广，这就是直讲和直译。这些直讲一般都是先引一段文言文，然后再用口语加以串释和阐发。先看吴澄(1249－1333)《经筵讲义·帝范君德》中的一段：

"夫民乃国之本，国乃君之体。人主之体，如山岳焉，高峻而不动；如日月焉，圆明而普照；兆庶之所瞻望……"

唐太宗是唐家很好底皇帝，为教太子底上头，自己撰造这一件文书，说着做皇帝底体面。为头儿说做皇帝法度，这是爱惜百姓最紧要勾当。国土是皇帝底根本，皇帝主着天下，要似山岳高大，要似日月光明，遮莫（任凭）那里都照见有。做着皇帝，天下百姓看着，都随顺着。行的好勾当呵，天下百姓心里很快乐有；行的勾当不停当呵，天下百姓失望。……

吴澄的讲解不局限于字面,而是融会了全篇旨意,阐发得很透彻。直讲保存在某些儒臣的文集里,如许衡(1209-1281)《鲁斋遗书》中收了他为皇帝讲解经书的《直说大学要略》《大学直解》《中庸直解》等;吴澄的《经筵讲义》收在《吴文正集》中。

直译的作品有元代散曲家贯云石(1286-1324)的《孝经直解》,原题《新刊全相成斋孝经直解》,全一卷,元刊本。下面举两段以窥其一斑:

(1)子曰:"夫孝,德之本也,教之所由生也。"

孔子说:"孝道的勾当是德行的根本有。教人的勾当先从这孝道里生出来。"

(2)复坐,吾语汝。身体发肤受之父母不敢毁伤,孝之始也。

你再坐地,我说与你。身体、头发、皮肤,从父母生的,好生爱惜者,休教伤损者,么道。阿的是孝道的为头儿合行的勾当有。(坐地:坐着。么道:这么说。相当于句末的"云云"。阿的:这,这个。)

通过对照可以看出,古代的文言跟元代的白话差别何等之大!无论直讲还是直译,都真实地反映出元代口语的面貌,是研究这个时期语言不可不利用的宝贵资料。

7. 话本和长篇白话小说

话本 话本的"话",意思是故事。讲说故事的民间伎艺叫作"说话",话本就是"说话"艺人的底本。"说话"这种民间伎艺早在唐代已经出现,元稹《寄白乐天代书一百韵》诗里说:"翰墨题名尽，光阴听话移。"可见当时已很流行。敦煌文书中属于话本的有《韩擒虎话本》《庐山远公话》《叶净能诗》（"诗"应为"话"之误，因全文无一句诗）、《唐太宗入冥记》等，这些是宋元话本的先驱。到了宋元时候，"说话"伎艺更加盛行，在艺术上也更趋成熟。"说话"的听众是普通老百姓，这就要求它的语言通俗易懂。话本的内容主要分小说和讲史两家，其中小说家类的话本的语言比讲史类的更加口语化，几乎达到通篇白话的程度。小说类的话本集主要有明人洪楩编的《清平山堂话本》，全本应有60篇，现仅存29篇，除了两篇是文言，其余都是白话，而且多数是宋元作品，如《简帖和尚》《快嘴李翠莲记》《杨温拦路虎》等。《简帖和尚》中复数词尾用"懑"，"殿直道：'你懑不敢领他，这件事干人命。'"我们知道"懑"是宋金白话文献中复数词尾用字，宋徐梦莘《三朝北盟会编》所收《茅斋自叙》有"自家懑这里斗口做甚"句，"自家懑"即"咱们"；金刻本《刘知远诸宫调》有"畜生懑悄地"之句，也用"懑"表示复数，因此可以用这个关键词判断《简帖和尚》应是南宋的作品。

另有一话本集叫《京本通俗小说》，近人缪荃孙说是他据元人抄本影刻的。这是一个残本，只有《碾玉观音》《错斩崔宁》《西山一窟鬼》等七篇。国内外不少学者举出证据说此书出于缪氏伪托，是他从明人冯梦龙编辑的话本集《警世通言》和《醒世恒言》中抽出来刻的。这个意见比较可信，但并不妨碍我们把它作为宋元白话资料利用。

明代冯梦龙辑集的"三言"，即《古今小说》（又称《喻世明言》《警世通言》《醒世醒言》），共收宋元明话本和明代拟话本120篇，其中有些篇目的原写作时代不易确定，即使能断定为宋元旧篇的，也因在编辑和刊刻中难免有明人改动之处,使用时不得不十分谨慎。拿《简帖和尚》为例,它被冯氏收在《古今小说》中,题目改为《简帖僧巧骗皇甫妻》,"你懑不敢领他"一句中的"懑"已被改为"们","们"是明代中后期复数词尾通行的写法。拿"三言"当小说读,无须顾忌什么,但如果拿它做语言研究的资料,就不得不下一番鉴别的功夫了。

明代文人的拟话本还有凌濛初的"二刻"(即《拍案惊奇》《二刻拍案惊奇》,后来又有明梦觉道人等编的《三刻拍案惊奇》),是南方人模仿北方话写的,但语言上难以摆脱南方话的特点。

讲史类话本主要有《新编五代史平话》《大宋宣和遗事》和《全相平话》(五种)等,其中前两种一般被看作南宋的作品,后一种是元人所作。这类作品叙述部分半文半白,但对话部分却是地道的口语。例如《新编五代史平话·周史平话》郭威买剑一段中有"您也不是个买剑人,咱这剑也不卖归您"句,其中"卖归"的"归"是给予动词,相当于今天的"给"。《周史平话》中还有一例:"你且在此闲耍几时,却讨个生活归您做。"另外,《全相平话·秦并六国》中也有一例:"有能增损一字者,归千金。"这些"归"字应是当时人们口语音的记录,在其他文献里又写作"馈"(《老乞大》《朴通事》,详见下),在清代用山东方言写的长篇小说《醒世姻缘传》里又写作"己"。要搞清北京话"给"(gěi)音的来源,以上文献都不可忽略。

长篇白话小说　元末明初,开始产生了一些章回体的长篇白话小说,如《三国演义》《三遂平妖传》《水浒传》等;明代产生了《西游记》《金瓶梅词话》等重要作品;清代产生了不朽的文学巨著《红楼梦》。这些作品大家比较熟悉,特别是《红楼梦》跟现代汉语白话相一致,又限于本书的篇幅,这里就不详谈了。我们要提醒读者的是，作为文学作品来欣赏跟作为语言资料来利用不是一码事儿，后者特别要注意作品语言的方言背景和时代层次。下面以《水浒传》和《西游记》为例稍加说明。

先看《水浒传》。北宋末年宋江起义的故事长期在民间流传，到了宋末元初更成为艺人讲唱的题材，经过众多艺人的加工整理，其故事情节已初具雏形，最后由施耐庵（元末明初人）通过再创造，使它成为一部不朽的文学名著。从《水浒传》的成书过程，可以想见它的语言应包含有南宋、元及明初各代的成分，实际情况也正是如此。因此，我们在利用时要注意跟宋、元、明初的其他白话资料作横向比较，以正确地判别各种语言现象的时代层次。《水浒》现存版本很多，都是明刊本。有百回本系统（如天都外臣序本、容与堂本等）和百二十回本系统（如余象斗本、杨定见本等）。1954年人民文学出版社出版的《水浒全传》有王利器先生的校勘，这个本子使用方便，也比较可靠。

《西游记》的成书过程也很漫长，早在南宋话本《大唐三藏取经诗话》里已经出现了猴行者的形象，其情节也显现出后来《西游记》中某些章回的雏形。据专家考证，取经故事到元代已经定型，至迟在元末明初就已经有了一部类似平话的《西游记》，最终把取经故事创作为百回本白话小说的是吴承恩（1510？－1582？）。吴承恩是淮安府山阳县人（今江苏淮安），书中反映出不少江淮方言词汇和语法现象。例如"行者漫门缝儿钻将进去"（21回）"瞒墙跳过便罢"（38回），"漫、瞒"为介词，引介出动作经由的处所。另如第4回有"忙哈哈"一词，"哈哈"是形容词词尾，也很具方言特色。

最后说一下《金瓶梅》。此书一百回，署名兰陵笑笑生。兰陵为山东峄县,作者应是山东人,这从书中有大量山东方言俚语也可印证。《金瓶梅》的版本有两个系统,一是《金瓶梅词话》系统,现存万历刊本;一是《原本金瓶梅》系统,现存崇祯刊本。前者更适合做语言研究的资料。《金瓶梅》是我国第一部由文人独力创作的长篇小说,又以家庭生活为题材,纯用家常口语,是研究明代北方话的资料宝库。

8. 会话书

所谓会话书是指教外国人学习汉语口语的教科书。比如成书于元末的《老乞大》《朴通事》就是供朝鲜人学习汉语的课本。"乞大"是"契丹"的音译,指中国,"老乞大"犹言"中国通"。《朴通事》意思是姓朴的通事(翻译官)。到了明代,汉语口语有了很大变化,朝鲜李朝成宗有感于此,让人对这两部书加以修改。16世纪初,朝鲜著名学者崔世珍又奉敕用谚文(朝鲜15世纪创制的拼音文字)对这两部书进行注音和解释,称之为"谚解"。现在通行的《老乞大谚解》和《朴通事谚解》刊行于1670年、1677年,反映的虽是明初的口语,但其中仍然保存着一些元代语言的面貌。例如:

> "你是高丽人,却怎么汉儿言语说的好?""我汉儿人上学文书,因此上些少汉儿言语省的。""你谁根底学文书来。""我在汉儿学堂里学文书来。"(《老乞大谚解》上2a)

"我汉儿人上学文书"意思是"我跟着汉人学文书","上"跟在名词后边,表示动作的对象;"你谁根底学文书来"的"根底"也是同样的用法。这些相当于蒙古语里的后置词的用法,是元代汉语受蒙古语语法影响的反映。到了《老乞大新释》(18世纪中叶刊本)里,这段话被修改得更合汉语语法:

"你却是朝鲜人,怎么能说我们的官话呢?""我在中国人根前学书来着,所以些须知道官话。""你跟着谁学书来着?""我在中国人学堂里学书来着。"(1a)

从词汇上看,把"高丽人""汉儿人""汉儿言语"分别改为"朝鲜人""中国人""官话";从语法上看,把"汉儿人上""谁根底"这样的句式分别改为"在中国人根前""跟着谁",也就是说把原来的后置词改为前置的介词。通过对比可以看出汉语与阿尔泰语相互影响的痕迹,看出元代及明初的口语的特点,这对深入了解汉语发展的历程是很有价值的资料。

现在所能看到的《老乞大谚解》《朴通事谚解》有朝鲜奎章阁丛书本。《朴通事谚解》书后附有崔世珍所撰《老乞大集览》(上、下)及《单字解》,对于研读二书,了解当时的口语词汇和语法很有帮助。

古代白话资料十分丰富,上面只介绍了主要的几大类。此外在历代文人所写的笔记文中,在一些文集和历代编写的地方志中,都保存了不少的古代白话语料,值得我们进一步去发掘和利用。

三　学一点古代白话常识

古代白话是那么源远流长,那么丰富多彩、生动活泼,它是现代汉语语体文的源头,我们要通过对古代白话的了解去认识汉语的过去,从而更好地把握汉语的今天和明天。

英国历史学家爱德华·卡尔说:"只有借助于现在,我们才能理解过去;也只有借助于过去,我们才能充分理解现在。"古代白话是以古代口语为基础的书面语,现代语体文是在继承和吸收古代白话的基础上发展而来的,因此要更好地使用现代汉语、了解和研究现代汉语,就应该具备一些古代白话的常识。现代汉语中有些搞不清楚的问题,往往需要往上溯源才能得到合理的解释。举一个简单的例子。表示概数的助词"来"(三十来岁、五十来斤、十来里地),有人说它表示比那个数目略少,有人说表示略多,当然还有人说可以兼表略多或略少。究竟哪一种意见更正确呢? 只要对概数词"来"在古代白话中的使用情况做一番调查就清楚了。概数词"来"源自"以来"(字又作"已来"),"以来"最初只表示从过去某时刻到说话时的一段范围(如"秦汉以来"),但是从唐代开始,它又扩大到表示许多事物的范围,如地域处所、事物、人等,其中也包括数量的范围。它最初的意义只表示一个数量的范围,即不超过某数(等于或略少),而不表示略多,这从下面的例子可以知道:

  中使蜀州一百余里已来,忽见净能缓步徐行。(敦煌本《叶净能诗》)

在"一百余里"后边又用"已来",足见"已来"只表示约数。

  凡千叶牡丹,须于八月社前打剥一番,每株上只留花头四枝已来,余者皆可截。(《说郛·洛阳花木记》)

"四枝已来"是用"已来"限定一个数额,即不得超过四枝,超过者"皆可截"。可见"已来"也不表示略多。

  总之,从"以来""来"限定某一范围来说,它更倾向于表示略少;而从它表示约数来说,可以表示比限定的数量范围略多或略少一点。《现代汉语八百词》是这样概括概数词"来"的意义的:

  表示大概的数目。一般指不到那个数目,有时也指比那个数稍大或稍小。

这个表述非常精当,不仅完全符合现代汉语的实际情况,而且也反映了跟古代白话的相承关系。

某一时代的白话,是那个时代口语的反映。对于当时的人来说,那些白话一听就懂,无须解释(除了地域方言的障碍)。但是,随着历史的发展,语言也在不断的发展变化,尤其是词汇的变动更大。新词新义不断产生,一些旧词旧义逐渐消亡,唐人懂得的白话词语,宋元人未必全懂,更不用说今人了。唐代大诗人白居易的诗喜欢用口语,有的简直朴白如话,所以素有妇孺皆知的美誉。他跟元稹(字微之)是好友,二人唱和甚多。他在一首诗中写道:

　　由来才命相磨折,天遣无儿欲怨谁!(《酬微之》)

慨叹命不好,没有儿子。另有一首诗写道:

　　常忧到老都无子,何况新生又是儿。(《予与微之老而无子》)

从诗题我们知道白居易和元稹都"老而无子",可是诗句里却说"新生又是儿",这岂不是矛盾吗?问题就在"儿"字上。"儿"通常指儿子,古今皆然,白诗"天遣无儿"的"儿"正作此解;但是在唐代的口语里,"儿"又是女性自称之词,青年妇女多用来代称自己,相当于"我"。比如:

　　十娘答曰:"儿是清河公之末孙,适弘农杨府君之长子……"(唐·张文成《游仙窟》;十娘回答说:我是清河公末代子孙,嫁给弘农杨府君的长子为妻……)

　　玉环一枚,是儿婴年所弄。(元稹《莺莺传》;莺莺给张生的信中写道:送上一枚玉环,这是我幼年的玩物)

　　应是潇湘红粉继,不念当初罗帐恩,抛儿虚度春。(敦煌本《破阵子》词;想必是你有了红粉新欢,因而不念当初同枕共寝的恩情,把我抛弃,让我虚度青春)

上面各例中的"儿"都是女子自称之词。白诗"何况新生又是儿"的

"儿"是指女孩，因为女子自称用"儿"，所以白居易就用"儿"代指女子。这种借代义当时人是很容易理解的，而现代人如果不知道唐时"儿"的这一特殊用法，就会百思不得其解。唐郑棨《开天传信记》里记录了一则讼事，说是有位妇女为争一只猫而递状子打官司：

  状云："若是儿猫，即是儿猫；若不是儿猫，即不是儿猫。"

法官一看就笑了，可现在的人却莫名其妙，原因就在于不知道"儿"的特殊词义。"儿"一指雄性动物，如儿马、儿羊；一为妇人自称。那讼状的意思是："如果是公猫，就是我的猫；如果不是公猫，就不是我的猫。"原来如此也！这个例子很可以说明，如果没有一些古代白话词汇的知识，有些文献就读不懂，无法得其妙旨。

再举两个跟语法有关的例子。

五代南唐僧人编辑的禅宗语录《祖堂集》卷五"云岩和尚"条下有一句问话：

  那人还吃不？

其中的"还"，今人很容易理解为表示动作继续进行的副词。其实这里的"还"是个表示疑问语气的副词，没有动作继续进行的意义，相当于现代汉语"那人可吃？"的"可"。这从同时期的其他例子中看得很清楚：

  问言诸将："还识此阵？"（敦煌本《韩擒虎话本》；问诸将："可知道这是什么阵法？"）

  诸佛还有师也无？（《祖堂集》卷十三"报慈和尚"；"诸佛有老师吗？""还……也无"相当于"可……吗？"）

另外，"还"用于特指问句，含有追究的意味，相当于"究竟"，如敦煌本《庐山远公话》中的二例：

远公还在何处?(远公究竟在哪里?)

(夫人)启相公曰:"只如相公数年,于福光寺内听道安上人讲《涅槃经》,还听得何法?"(相公……究竟听到什么法?)

以上各例,如果没有近代汉语的知识,就会以今度古,把"还"理解为"仍、尚、再"等。

南宋抗金英雄岳飞的《满江红·写怀》是爱国主义名篇,抒发了满腔忠义奋发之气,激励了无数志士仁人。其下阕开头几句为:

靖康耻,犹未雪;臣子恨,何时灭。驾长车、踏破贺兰山缺。

其中"踏破贺兰山缺"一句的"缺"字不好解释。有的注本避而不注,有的注作"缺口",但"踏破贺兰山的缺口",诗味索然。要正确解读此句,还得从这句话的语法结构入手。

其实这是一个比较特殊的动补结构句。汉魏六朝以来,口语中有一种"动词+宾语+补语"的句式(以下称甲式),可以用"VOC"来表示(V:动词,O:宾语,C:补语);这种句式的语法意义是:动作使宾语产生某种结果。例如:

吹欢罗裳开(乐府诗《子夜四时歌》;把情人的罗衣吹开)

当打汝口破(刘义庆《幽明录》;将把你的嘴打破)

若为留客住(白居易《寒亭留客》诗;如何把客人留住)

遂即打其齿落(敦煌本《伍子胥变文》;当即把他的牙齿打落)

在这种句式中,充当动词宾语的名词在意义上又是后面的补语动词、形容词的主体,像个兼语。即:吹罗裳~罗裳开;打汝口~汝口破;留客~客住;打其齿~其齿落。

另有一种动补句式"V得OC"(乙式)产生于唐代,盛用于宋元。例如:

十三学得琵琶成(白居易《琵琶行》诗)

后妻设得计成(敦煌本《舜子变》)

　　读得《诗经》熟(《朱子语类》)

乙式跟甲式在结构上的区别在于一个动词后有补语助词"得",一个没有;在语法意义上,乙式中做宾语的名词不是后面补语动词或形容词的主语,即不是琵琶成,计成,《诗经》熟,而是学成(琵琶),设成(计),读熟(《诗经》)。

　　第三种动补句式"VC_1OC_2"(丙式)产生于晚唐五代,它跟乙式的区别在于不用"得"而用形容词"破、尽"等:

　　打破烦恼碎(敦煌本《坛经》;把烦恼打碎)

　　斫破项羽营乱(敦煌本《汉将王陵变》;把项羽军营袭击得大乱)

　　弹尽《相思》破(敦煌本《喜秋天》词;把《相思》曲弹尽)

在丙式中C_1与C_2是同义或近义词,由于表示结果如何的意义主要由句末的C_2承担,就使C_1的意义虚化,主要起语法作用,相当于补语助词"得"。岳飞《满江红》词"踏破贺兰山缺"的句式就是丙式"VC_1OC_2",其句义是:踏得贺兰山破缺,也就是把贺兰山(代指金国的脏腑之地)踏得粉碎。"缺"应释为破缺。可见,如果没有古代白话的语法知识,这句话是很难准确地加以解释的。

　　掌握古代白话知识对于校点整理文献典籍也很有帮助。比如《敦煌变文集》卷二《秋胡变文》:

　　　　今蒙娘教,听从游学,未季娘子赐许已不?(155页)

原书把"季"校改为"知",大概以为"季"与"知"音近而误。其实这里的"季"是"委"字之误,"委"有知义,唐宋文献中常见,又与"知"连用作"知委""委知"等。唐代刘知几《史通》杂说下:"夫以宋祖无学,愚所知委,安能援引古事以酬答群臣者乎?"有个本子把"知委"

的"委"改为"悉",也是因为不知道"委"字本有"知"义而错改的。再看由于不明白话词汇而把标点点错的例子。

　　今日不著,便被这汉当面涂糊。(《五灯会元》卷十九,提刑部祥正居士1250页,中华书局标点本)

　　今生不着,便共文邃个汉行脚,到处被他带累。(同上,卷七雪蜂义存禅士379页)

这两例中的"便"字都应该属上句。"不著便"为一俗语词,义为不走运,倒霉。

　　我商(适)来于门外设誓,与他将军为奴。来更久住不得,汝在后切须努力。(《敦煌变文集·庐山远公话》173页)

例文中的"来"字是个助词,表示曾经发生过什么事情,相当于普通话的"来着",因此应属上。这句话的意思是:我刚才在门外发誓给那位将军当奴仆来着。因而不能在这里久留,你今后务须好自为之。

　　看来,了解一些古代白话的常识很有必要,它能帮助您提高阅读古代文学作品的能力;有助于提高点校文献典籍的质量;对于汉语研究者来说更具有重要的意义,因为要了解汉语中古以后各个阶段的真实面貌,只能依赖于各种白话文献。而且,对于一个现代人来说,要更好地掌握现代汉语、更好地用现代语体文写作,都应该从人民群众生动活泼的口语中去汲取营养,当然也包括从丰富的古代白话文献中向古人学习那些至今仍极富表现力、极有生命力的语言,从而使您具有更高的文化素养和语言能力。

(《古代白话说略》为"百种语文小丛书"之一,
语文出版社2000)

代　跋：

游谈无根是所忌，龙虫并雕知行一

——随吕叔湘先生学步感悟

1978年，"文革"结束一年多后，恢复了研究生制度，我很幸运地成为我国著名语言学家吕叔湘先生的入室弟子，度过了一生中最重要、最值得留恋的幸福时光。当时社科院刚刚成立不久，百废待兴，吕先生时为语言所的所长，工作十分繁忙，为了带动其他老先生带研究生，不顾自己已是73岁高龄，招了现代汉语、近代汉语、英汉比较三个专业6名学生。我和师兄李崇兴从先生学习近代汉语。所谓近代汉语实际是汉语史的一个分期，大致从晚唐五代到清代前期，以古代白话为主要研究对象。这个专业由吕先生首创，刘坚先生作为他的助手具体辅导我们。

先生通常在家中的客厅兼饭堂里授课，个别辅导时就在他的书房。每次到先生家听课我们都又兴奋又紧张，兴奋的是得以当面聆听大师教诲，这是多少学子求之不得的机会啊，紧张的是怕先生提问我们回答不出来，让他老人家失望。

吕先生的书房不大，大约有十五六平米的样子，三面是书柜，临窗一面是矮桌和凳子，上面放着一摞摞书刊。书桌在屋子的中央，书桌的左右两侧摆放着木凳，上面也是摞得高高的书刊。整个书房被书环绕着,虽显得拥挤却不杂乱。先生坐拥书城,对每一类书的位置所在都了然于心,每当需要哪本书时,他都能很快地找到。他对面的椅子是供来访者坐的,我在1982年到1985年给先生做助手期间,每两周到他家一次,就坐在那里听先生论学和谈论时事。从1978年入学到1998年先生去世,我前后从先生学步20年,耳闻目睹,对先生的为人和治学有了一些了解和感悟。限于篇幅,下面仅从四方面谈谈我对他的治学思想、治学态度的粗浅认识,可用"游谈无根是所忌,龙虫并雕知行一"两句加以概括。

一 辩证、科学的学术思想

作为语言学大师级的学者,吕先生治学有个很突出的特点——具有辩证的学术思想,这是一般学者很难达到的境界。

十年动乱结束不久,学术研究开始启动,吕先生发表了《把我国语言学科学推向前进》一文,阐述了语言研究如何处理中和外、虚和实、动和静、通和专几对关系。这是他数十年来从事语言研究和语言教学工作的经验总结,集中反映了他的辩证、科学的学术思想。

在对待中和外的关系上,吕先生很注重对西方语言学理论和方法的借鉴,始终把国外的理论和方法当作研究汉语自身规律的工具和桥梁。他说:"重要的是学习西方学者研究语言的方法,而不是套用他们的研究成果。"吕先生批评了谨守中国语言学的旧传统,对国外的东西一概不闻不问或不结合中国实际,空讲、照搬外国学说的两种偏向,提出"如果从中国传统语言学入手的人能在吸收西方语言学方面下点工夫,如果从西方语言学入手的人能在结合中国语言实际上下点工夫,那就最好了"。他在为龚千炎的《中国语法学史稿》所作的序里说,过去中国没有系统的语法论著,所有的理论都是外来的,"问题是不论什么理论,都得结合汉语的实际,可是'结合'二字谈何容易,机械地照搬乃至削足适履的事情不是没有发生过"。这里,"谈何容易"四字正道出了吕先生在这方面苦苦探索的艰辛,而他的学术成就表明他是中西结合的典范。

虚和实指的是理论与实践的关系。吕先生很重视理论研究,认为正确的理论能引导人们去发现事实。即使在学术信息闭塞的"文革"期间,他仍十分关注国外语言学理论的新发展,在75岁高龄时仍然亲自或指导学生翻译介绍国外重要的语言学理论著作。但是他说:"理论从哪里来?从事例中来。事例从哪里来?从观察中来,从实验中来。"如果没有感性知识做基础,那个理性知识就靠不住,就可能是骗人的玩意儿。吕叔湘用明代两位理学家关于散钱和钱串子哪个有用的争论做比喻,生动形象地说明没有事实依据的空洞大道理是毫无用处的。他自己在研究过程中就很注意调查语言事实,认为解决问题的途径首先在于做调查。个别青年人误以为吕叔湘不重视理论研究,其实他反对的只是那种不想通过辛勤劳动就侈谈理论的路子,也就是那种用小本钱做大买卖或是根本没本钱就想做大买卖的空头理论家。

吕先生说对语言进行静态研究很重要,是根本,但不应到此为止,应当重视研究人们怎样使用语言,关注语言的动态变化。他很重视口语的研究,认为偏重书面材料,忽视口头材料的倾向是不对的,"口语至少跟文字同样重要,如果不是更重要的话。许多语言学家认为口语更重要,因为口语是文字的根本"。他鼓励研究人员做口语调查,使用转写材料进行研究。他要求词典搜集资料要书面与实际生活并重,一方面从当时的报刊、现代文学作品和解放后出版的通俗读物上搜集;另一方面,还特别强调要有系统地搜集各行各业中流通的词汇(他曾让词典室的同志到百货大楼去搜集商品名称),特别提倡动态地搜集口语里的新词新义。他说,为什么新词新义,特别是口语里的新词新义没有受到编词典的人重视呢?"第一,因为编词典的人是'读书人',对书本里的东西感兴趣,对生活中的东西不感兴趣,或者不太感兴趣;对书斋中来的东西比较敏感,对市场上来的,车间里来的,田野里来的就不那么敏感。找词汇只在著名作家、著名作品里找,一般报刊就不大理会,至于什么手册、传单、广告等等就更不在话下了。"这些谈话都充分反映了吕先生动态的语言观。

吕先生对处理好通和专的关系非常重视,看到我们读书过偏,经常提醒我们要抓紧补课。他指出语言学研究的几个方面(语音、词汇、语法)是有机联系的,不可有所偏废;要求我们搞历史语言的也要了解现代汉语,关注现实生活中的语言文字问题,要掌握一般语言学的理论等等。1982年1月13日先生约我到他家谈话。他说:"你研究生时期主要学习词汇,这是可以的;但从今后长远来看不能只及一点,不及其余,应该搞一些语法、语音问题,要了解整个历史演变的过程,纵的、横的都要有较全面的认识,当然自己研究要有重点。现在有些人把自己划在一个圈子里,这种现象很不健康。"他要求中文系出身的要多学习现代语言学的理论和方法,要求学外文的学生要读一些古书。他多次指出,我们的大学教员、研究人员专业分工过细,"画地为牢不是好办法,目光局限,不利于进步"。同时他认为教学跟研究分家,研究所跟大学分家,以及中文系跟外文系之间互不通气的现状有很多弊病,很难培养出大量合格的语言研究工作者。吕先生自己则既是专家,又是知识广博的通家。他自幼爱好读书,中学时代就阅读了大量中外优秀著作,在古文和外文方面打下了很好的基础。大学时代虽主修外国文学,但他还选修过中文、历史、化学、地学、生物学、心理学等课程。在英国留学期间,先后修习人类学和图书馆学。正确的思想方法、广博的知识、开阔的视野使他能够始终站在学术潮流的前面,取得一系列既有理论建树又有方法创新的成果,成为我国现代语言学的开创者之一。

二 坚韧、刻苦的奉献精神

1955年,国务院责成语言研究所编写《现代汉语词典》,主编的任务落在了吕先生身上。万事开头难,从1958年2月1日到10月底,他煞费苦心,花了整整7个月的时间拟定体例,创制编写细则。他在5月5日的日记中写道:"剩'释义'一节,最难。"6月13日写道:"这东西真吃功夫,外人不得知。"当时词典室办公地点在西单一带,吕先生家住中关村,他每天上班,早出晚归,都是乘坐公共汽车。中午带饭,带的只是馒头(有胃病),就白开水吃。根据工作进度,吕先生每天要审改定稿300多条,每周定稿2000条,每周一上午还要主持召开室务会议,工作非常繁重。一年多中,他每天下班都要带稿子回家看,每天都要开夜车。他在1958年12月10日的日记中说:"看一个'成'字(指这个字头的所有条目),平均一小时20条,不可算慢,但是这样也只能一天200条,还是赶不上,奈何!!"他在"奈何"后面打了两个惊叹号,可见他在竭尽全力仍不能完成超极限的工作量时的焦急、无奈心情。12月30日的日记中又写道:"今天实足看稿约 12 小时,也只看了 240 片光景,合一个小时 20 条,也还是赶不上,而况不可能每周 7×12 乎?"(指每周 7 天,每天 12 小时)他给自己上足了发条,一刻也不能喘息。1959 年元旦他还在赶着看稿,那天的日记写道:"今天看稿也有 6 个半小时……光一个'的'字就耗费两小时",1 月 31 日写道:"白天黑夜忙着看新吸收的意见,天天如此,日记也顾不上写了。"后来,每当谈到这一段艰苦的工作经历,吕先生都感慨万分,心有余悸。1992 年 2 月,他在给别人的信中说"编词典我吃过苦头"。1993 年 4 月,他在纪念《现代汉语词典》出版 20 周年学术研讨会上的简短书面发言中说:"我们编这部词典可以说尝尽了甘苦,或者说只有苦而没有什么甘。……我自己在一年多的时间里差不多每天都要工作到夜间 12 点钟,又不能太晚了,因为第二天还得早起照常工作。"吕先生这种坚韧的毅力和对自己近乎残酷的工作态度真是令人又痛惜、又敬佩。正是因为吕叔湘、丁声树等先生筚路蓝缕的开创精神和呕心沥血的奉献精神,才使我国辞书史上具有里程碑意义的《现代汉语词典》得以诞生。

三 严谨、务实的学风

吕先生在晚年一份自述的简历中把自己的治学原则总结为"强调广搜事例,归纳条理,反对摭拾新奇,游谈无根"。他的治学之道可以用"严""实"二字概括,凡是对吕叔湘有所了解的人,都对他的这两个特点有深切的感受。

吕先生说搞研究、写文章一定要占有丰富的语言材料,要凭材料说话,绝不能空口说白话。他经常告诫我们用材料尽可能用第一手材料,因为第二手材料有时候不可靠;引用译文最好要核对外文原文,因为有的译文靠不住。他自己做学问一直遵循这个原则,他的文章材料翔实,言必有据,有一份材料说一分话。抗战期间,为了深入研究近代汉语语法,他曾全面搜罗古今文献资料,特别是鲜为人重视的古代白话资料,边读边做资料卡片。1983年我在给先生整理《近代汉语指代词》一书时,先生拿出他过去做的资料,那是一张张贴满小纸条的发黄的纸张。原来,先生先将有用的资料随手抄在一张张纸上,然后逐张一条一条地剪下来,再分门别类地贴在另张纸上。这是多么细致而烦琐的活儿啊!从他的《汉语语法论文集》所附的引书目录中可以看出,他下过工夫的各类白话资料达数百种。从体裁上看,举凡笔记、小说、佛经、野史、诗词文集、释儒语录、变文、话本、平话、诸宫调、散曲、杂剧等,无不备载。先生对近代汉语资料的开掘是空前的,从而为这一学科的创立奠定了坚实的资料基础。

  吕先生告诉我们,做研究工作的第一步是阅读和了解前人和时贤的有关论著,千万不能闭塞耳目,对学术动态不闻不问,对别人的相关研究漠不关心,一切"从我开始"。有的人自以为有所发现,殊不知别人早有研究,他不过是低水平重复而已。先生特别提醒我们,参考了别人的论著,应该一一注明,即使是平时口头交谈听来的,写文章时也要注明是某某人说的,不能"窃为己有"。他自己在这方面为我们做出了表率。出版于20世纪40年代的《中国文法要略》是吕先生的成名之作,书中分"词句论"和"表达论"两部分,首创以表达范畴为纲论述汉语语法系统的先例。当学界盛赞"表达论"的创新价值时,吕先生却坦言,这本书的写作受到法国学者Ferdinand Brunot《思想和语言》一书的启发,"如果说我的书里有什么创造,那也只是在个别章节的细节上,至于全书的布局,我是不敢掠美的"。(见《吕叔湘全集》第十九卷《致郭绍虞》)吕先生的这番话,表现了一位真正的学者所具有的谦逊与诚实的品德。

吕先生对自己严刻,对自己的学生和同事要求也严,他见不得做学问浮光掠影、投机取巧,见不得对工作马虎、草率、掉以轻心。他给我们审看文章时,不仅关注选题和文章框架结构,而且还亲自动手核对材料,查找出处。有一次我把写好的一篇文章交给吕先生看,先生批改得很仔细,连标点符号也不放过。最让我汗颜的是,我这篇文章中有一条材料是从唐代类书中转引的,没想到吕先生亲自查找到了原始出处,并将原文用红笔抄在旁边,我看后顿时羞愧难当,仿佛听到先生在批评我:做学问怎么能偷懒取巧?从此我将此事引为教训,不是万不得已,绝不使用第二手材料。听词典室同志说,编写《现代汉语词典》初稿时,有一位年资不低的编写人员编一个词条,那个词条的资料卡片较多,他嫌时间太紧,就没有逐张分析语料,而是直接参照现成的字典把释义编了出来。吕先生审看时发现了这一问题,就把他叫去,严加批评,一点儿也不留情,使得那位同志痛哭流涕,承认错误。其他同志也从此事受到警戒。

吕先生的文章都是摆事实、讲道理,说话总带商量的口气,从来不说满话、过头话。他总是客观公允地评论他人之说,即使有不同意见也不全盘否定对方,而是心平气和地跟对方讨论,显现出大学者的风度。有些问题一时难以下结论,他就主张先搁下,留待以后再说,千万不可强为之说。他长期钻研汉语语法,深知其中问题复杂,而且解决的方法也不限于一种,因此他不赞成"说一不二"的绝对态度,主张要留有余地。曾有人说过:有时候一个人的胆子跟学问成反比。大概指的就是像吕先生这类情况。

吕先生的文章有高度的科学性、学术性，但读起来很有生活气息。他写的普及性语言学著作深入浅出，娓娓道来，连中学生都觉得饶有兴味。先生说，你著书立说为了什么，还不是宣传你的理论，让别人信服？这就不但要让人看懂，而且还要让人不费力就能看懂。他说写文章有两个理想：一是谨严，一个字不能加，一个字不能减，一个字不能换；一是流畅，像吃鸭儿梨，又甜又爽口。吕先生的文章"广搜事例，归纳条理"，有话则长，无话则短，是谨严和流畅兼具的典范。他说："文章写就供人读，何事苦营八阵图？洗尽铅华呈本色，梳妆莫问入时无。"这首诗正道出先生坚持严谨、务实学风的思想根源是他能一心一意为读者着想。

吕先生做学问既务实又立意创新，《中国文法要略》首创从表达论的角度描写汉语语法的路子，他主编的《现代汉语八百词》是第一部汉语语法词典，他打破古代汉语、现代汉语这种二分的汉语史分期，在其中划出近代汉语阶段，并创建和发展了近代汉语这个新学科。他反对做毫无新意，只是低水平重复的工作，而对于那些有理论和应用价值的课题、那些填补空白的工作，则热情鼓励，积极支持。1988年，语文出版社的冯瑞生同志准备编系列断代语言词典，其中第一部为《先秦语言词典》。吕先生知道后，直率地提出不同意见，理由是策划不切实际。他对冯瑞生同志说，已经出版的先秦典籍都不会是白文，一定有注释，读者完全可以凭借这些注解阅读古书。对先秦文献研究成就最高的是乾嘉学者，你的词典能超过乾嘉学者吗？乾嘉学者都没能解决的难点，你们是否能解决？如果你们没能突破乾嘉学者的范围，那又何须劳神费力编这么一部先秦词典？1989年12月，吕先生在致山东大学高更生教授的信里说:"已有两本同类词典出版——一本是张涤华先生领衔的《汉语语法修辞词典》,另一本的书名我忘了——是否值得编第三本,还可以再考虑。"在1981年5月致徐仲华先生的信里说:"听寿康说,你要组织一个班子写师范院校用的《现代汉语》,不知道准备怎么编?希望有点特色,不与已出版的雷同。"在1976年6月致郭绍虞先生的信里说:"语言活动本有授受两方:听人说话,看人文字,先接触形式,就形式以寻绎意义;自己说话或写文字,正好反过来,先有要表达的意思,用适当的形式把它表达出来。一种是由外而内,一种是由内而外,岂不是两种语法书都有需要,推而至于词典也应该有两种吗?"从上面的叙述可以看出,吕先生对于编词典和编教材都有一个一以贯之的思想,就是:要编,就要突破前人;要编,就要有特色、有新意,否则就没有必要编。凡是重复的、不能超越前人的,他不怕得罪人,会很直率地加以反对;而他认为确属空缺的,如范畴类词典,则主动提倡去编。

四 高度自觉的社会责任感

吕先生不是那种只埋头于书斋进行个人研究的学者,也不是那种把自己划定在一个狭小研究领域的学者。吕先生学术实践的一个显著特点是他十分关注社会的语文生活,关注语言学怎样为普及基础教育、提高全民族文化素质发挥作用。他平时看书、读报遇到语法、词语、文字上的毛病,都不厌其烦地记下来,著文指出,必定纠正之而后快。在他晚年写作的《语文常谈》(三联书店,1980)和《未晚斋语文漫谈》(语文出版社,1992)里有很多这类文章,从中可以看出他对语文规范工作的高度责任心。在担任全国人大常委会委员期间,他还经常应约为人大的文件把语言文字关,凡经他看过改过的文件,可以让人放心。语言学界同仁称他和王力先生一样,都是"龙虫并雕"的巨匠。香港中文大学授予他荣誉博士的赞词中说:"今日荣颁荣誉文学博士学位者,是一位语言结构与匡正文句通病之专家。英语世界中,英文之用字造句法度遇有争议,常以佛勒之意见为准则。在中文领域中,我们则惯于以吕叔湘先生之意见为依归。"这个评价反映了吕叔湘在语文规范方面的权威地位。

吕先生上个世纪50年代直接参与了国家语言文字政策的制定,不辞辛劳地为推进现代汉语语音、语法、词汇的规范化做了大量的基础性工作。他热心普及语文教育,以极其认真负责的态度参与中小学语文教材的编写和教学改革工作,77岁高龄时还认真准备了近万字的讲稿《怎样为中学生讲语法》。他几乎有求必应,认真回复中小学教师的来信,被称为中小学教师的挚友。他关心青年学者的成长,对他们寄予厚望,不仅当面传授治学经验,而且还亲自为许多认识的和不认识的人修改文章,有的,他还给予经济上的长期资助。他既是严师,又像慈父,他在后辈学子身上花费的心血根本无法计量。像他这样的大学者,能这样自觉地以学术为社会的文明与进步服务,能这样不惜花费自己大量的时间、精力和心血用于普及语文教育和培养人才的工作,能这样谦虚、亲切地跟人民群众沟通、交流,这是怎样一种精神境界啊!正因为吕叔湘先生一生治学始终贯穿着知行合一的原则和特色,所以,作为理论家,他的理论建树使他成为汉语语法学科的带头人;作为实践家,他的实践使语言研究对全社会做出了贡献。

吕叔湘先生虽然离开了我们,但语言研究所在他和罗常培、丁声树、陆志韦等一批老先生倡导和熏染下所形成的务实创新的优良学术传统,至今仍在延续并不断发扬光大,这是可以告慰前辈大师们的。吕先生虽然离开了我们,但他的道德文章连同那慈祥的目光一直激励着我,成为我自强不息的精神动力。在担任语言研究所领导和中国社会科学院副院长的18年中,不管工作多么忙,我都坚持读书写作,从不敢懈怠。吕先生虽然离开了我们,但他科学的学术思想和严谨务实的治学态度依然在指导和影响着全国的语言学后辈学人,引导他们在继承的基础上,不断获得超越前人的成绩。

(原载《学问人生——中国社会科学院名家谈》,
高等教育出版社 2007)